CODE

DES

USAGES PROFESSIONNELS

DEUXIÈME ÉDITION

REVUE ET AUGMENTÉE D'ANNEXES SUR LA LÉGISLATION OUVRIÈRE, INDUSTRIELLE ET COMMERCIALE

US ET COUTUMES DES MÉTIERS

PAR

Arthur BAILLY

Publiciste-Industriel, Membre du Conseil des Prud'hommes du département de la Seine
Conseil de Surveillance des Écoles professionnelles municipales de Paris, Chargé de mission du Ministère du Commerce et de l'Industrie,
Secrétaire-Rapporteur des Congrès des Chambres syndicales et des Chambres de commerce françaises à l'Étranger,

ET

HALLAM DE NITTIS

Ingénieur E. C. P., Industriel, Conseiller du Commerce extérieur, Membre du Comité des Expositions, Secrétaire de l'Alliance syndicale,
Chevalier du Mérite Agricole, Auteur de plusieurs ouvrages de droit industriel et commercial.

Cet ouvrage a été honoré d'une souscription de la Ville de Paris
et d'une Mention honorable de l'Exposition Universelle de 1900, Groupe XVI, Classe 103 de l'Économie Sociale

PARIS

J.-B. BAILLIÈRE ET FILS, ÉDITEURS

19, RUE HAUTEFEUILLE, 19

1904

CODE

DES

USAGES PROFESSIONNELS

US ET COUTUMES DES MÉTIERS

(Région de Paris)

CODE

DES

USAGES PROFESSIONNELS

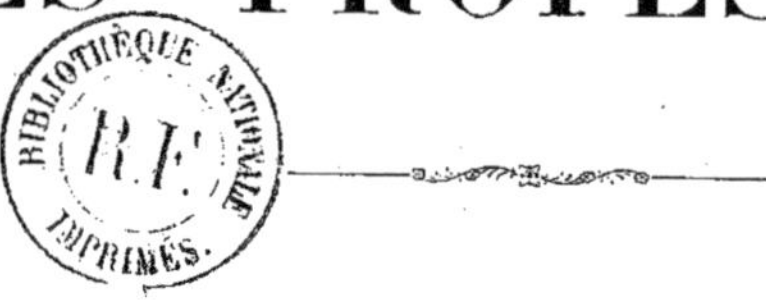

US ET COUTUMES DES MÉTIERS

(Région de Paris)

4ᵉ MILLE — 2ᵉ ÉDITION — REVUE ET AUGMENTÉE

PARIS

J. B. BAILLIÈRE ET FILS, ÉDITEUR

19, RUE HAUTEFEUILLE, 19

1903

CODE DES USAGES PROFESSIONNELS

US ET COUTUMES DES MÉTIERS

(RÉGION DE PARIS)

AVANT-PROPOS

I. — LE CONTRAT DE LOUAGE DE SERVICES.

Il existe sur tous les points du territoire français un code des usages locaux qui sert de règle dans tous les différends relatifs au droit de propriété. La connaissance de ces usages permet d'éviter une foule de procès longs, ennuyeux et coûteux.

Il n'existe pas d'ouvrage semblable pour les métiers, qui cependant possèdent leurs usages professionnels, lesquels, sauf conventions contraires, font loi devant les tribunaux.

Nous avons pensé à réunir, à condenser dans une suite de tableaux faciles à consulter et à retenir les usages professionnels, les us et coutumes des métiers, d'abord en ce qui concerne la région de Paris et ensuite en ce qui concerne les autres régions de la France et des colonies.

La loi du 27 décembre 1890 sur le contrat de louage nous fait une obligation de connaître et d'appliquer ces usages. Voici ce que dit cette loi : « L'article 1780 du Code civil est complété « comme il suit : Le louage de services, fait sans détermination de durée, peut toujours cesser par « la volonté d'une des parties contractantes. Néanmoins, la résiliation du contrat par la volonté « d'un seul des contractants peut donner lieu à des dommages-intérêts. Pour la fixation de « l'indemnité à allouer le cas échéant, il est tenu compte des USAGES, de la NATURE DES SERVICES « ENGAGÉS, du temps écoulé, des retenues opérées et en général de toutes les circonstances qui « peuvent justifier l'existence et déterminer l'étendue du préjudice causé. Les parties ne « peuvent renoncer à l'avance au droit éventuel de demander des dommages-intérêts en vertu « des dispositions ci-dessus. »

Donc l'application des usages est de règle dans toutes les professions et ils servent de base à la fixation des dommages-intérêts résultant du contrat de louage de travail. Connaître ces usages qui existent depuis des siècles et qui ne se modifient qu'autant que l'industrie qu'ils règlent se modifie elle-même est le seul moyen de savoir jusqu'où va le droit de chacun; et si chacun arrivait par là à connaître exactement ses devoirs et ses droits, combien de froissements inutiles, d'erreurs irréparables, de contestations fâcheuses et coûteuses seraient évités !

La solution de la question sociale est tout entière pour nous dans la paix sociale.

Le jour où cette paix sera conclue entre le capital et le travail, l'étude des améliorations à apporter au bien-être des travailleurs pourra être abordée sans aucune préoccupation personnelle,

1

et nous pourrons marquer ce jour-là d'une pierre blanche dans la voie du progrès industriel et commercial de notre cher pays.

Nous croyons donc contribuer à cette œuvre d'apaisement en publiant aujourd'hui la première édition des us et coutumes des professions, en commençant par celles exercées dans la région de Paris.

II. — Index.

Quelques erreurs ont pu se glisser dans la rédaction, dans la classification et dans l'impression d'un aussi considérable travail, entièrement documentaire. Nous serons particulièrement heureux qu'on nous les signale d'urgence, pour que nous puissions les faire disparaître dans les éditions suivantes.

Nos lecteurs trouveront dans la première partie de cette brochure les professions rangées par ordre alphabétique. Une première colonne donne le numéro d'ordre de chaque profession; la seconde colonne contient l'énumération de toutes les professions; la troisième colonne les juridictions dont elles dépendent. Les quatre conseils de prud'hommes de Paris et leurs catégories sont indiqués dans cette troisième colonne par une lettre suivie d'un numéro ; ainsi la désignation B. 4, ou 5 ou 6. indique : *conseil de prud'hommes du bâtiment, 4e, 5e ou 6e catégorie;* la désignation M. 1. indique : *conseil des métaux et industries diverses, 1re catégorie;* la désignation T. 2. indique : *conseil des tissus, 2e catégorie;* la désignation P. 3. indique : *conseil des produits chimiques, 3e catégorie.* Enfin la désignation J. P. désigne *le juge de paix* et T. C. *le tribunal de commerce.* La quatrième colonne de nos tableaux indique la moyenne des salaires, la cinquième colonne la durée du délai-congé ou l'indemnité le représentant à son défaut, et la sixième colonne la moyenne des heures de travail.

Le répertoire alphabétique est destiné à faciliter les recherches, mais il ne peut être utilement consulté qu'à l'aide du classement général des professions qui fait l'objet du second tome de ce volume (*voir la table à la fin du volume*). En effet, dans le *classement général*, on s'est attaché à grouper les professions suivant l'ordre naturel des choses. Les industries primaires et les industries du sol font l'objet de la première partie; les industries de l'alimentation occupent la seconde; les industries du bâtiment, la troisième; les industries des tissus, de l'ornement, de l'hygiène et de la toilette, la quatrième; les industries des métaux, la cinquième; les industries chimiques, du caoutchouc, du cuir, du papier et des métiers similaires ou tributaires, la sixième; les industries des transports et de la transmission, la septième; les industries des arts et des sciences, des sports et des jeux, la huitième; et enfin il existe une neuvième partie dans laquelle on a groupé sous le nom d'industries diverses toutes celles qui fabriquent, façonnent, manipulent ou transforment les fameux articles dits de Paris et les objets usuels en toute matière.

Si le *répertoire alphabétique* est indispensable pour trouver le plus rapidement possible les renseignements relatifs à un métier quelconque, le *classement général* n'est pas moins indispensable pour se rendre compte des usages réglant plusieurs métiers similaires appartenant au même groupe d'industries. L'un est le complément obligé de l'autre.

III. — Usages généraux.

Nous devons à l'obligeance des secrétariats des conseils de prud'hommes de Paris les quelques renseignements généraux qui vont suivre.

Il y a dans chaque métier une période d'essai par laquelle débute tout embauchage. C'est le temps pendant lequel l'ouvrier récemment embauché a à faire la preuve qu'il est bien un ouvrier du métier et qu'il sait utilement s'y exercer. Pendant toute cette période l'ouvrier n'est pas considéré comme embauché, il peut donc être remercié à tout moment au cours de cette période, sans qu'on ait à lui payer le salaire d'un ouvrier de métier et encore moins une indemnité quelconque pour brusque renvoi. Cet essai est, d'ailleurs, réciproque, en ce sens que l'ouvrier récemment embauché peut abandonner son travail à tout moment de la période d'essai sans avoir à prévenir son patron et sans lui devoir aucune espèce d'indemnité pour quoi que ce soit.

Il ne s'agit là que du contrat de louage verbal ; en cas de conventions écrites, stipulant la nature des services engagés, la période d'essai est supposée supprimée s'il n'en est pas fait mention dans l'acte écrit d'engagement.

Il y a toujours avantage pour le patron comme pour l'ouvrier à fixer par écrit les termes du contrat de louage, et si nul ne peut d'après la loi renoncer par avance à une indemnité résultant de la brusque rupture du contrat de louage de services fait sans délimitation de durée, rien dans la loi n'empêche non plus les contractants de fixer eux-mêmes lors de l'embauchage le montant de l'indemnité résultant d'une brusque rupture prévue et escomptée à l'avance par les parties.

L'ouvrier renvoyé ou démissionnaire a droit, au moment même où il quitte le travail pour en rechercher ailleurs, à un certificat que le patron ne peut lui refuser. Ce certificat doit mentionner seulement : 1° l'entrée et la sortie de l'ouvrier dans la maison ; 2° le poste qu'il y occupait ou la fonction dernière qui lui a été dévolue. Les formules habituelles de « libre de tout engagement, d'entière satisfaction », etc., sont inutiles et nullement exigées.

Voici, d'ailleurs, un modèle de certificat :

Je soussigné (*nom, prénoms, profession, domicile de l'employeur*) certifie avoir eu à mon service le nommé (*nom, prénoms, profession, domicile de l'employé*) en qualité de (*nature du dernier emploi du salarié dans la maison*) ; qu'il est entré chez moi le.................... 19.... et qu'il en est sorti le.................... 19....

Paris, le..............................

Signé : X..............

La signature du patron doit être légalisée. Le patron doit faciliter cette légalisation par tous les moyens en son pouvoir.

Il n'y a guère que la petite industrie ou tout au moins l'industrie façonnière qui jouit du délai-congé. Dans le cas de renvoi d'un ouvrier par son patron, celui-ci doit prévenir celui-là 5, 6, 7, 15 ou 30 jours avant la rupture définitive du contrat de louage verbal, c'est-à-dire fait sans détermination de durée, de son désir de se passer de ses services. L'ouvrier qui cesse de lui-même son travail chez un patron dans les mêmes conditions est tenu aux mêmes obligations. Là où le délai de prévenance est de rigueur, il y a indemnité due à celui qui n'a pu jouir librement de ce délai. Cette indemnité est égale aux salaires que représente l'ensemble des journées du délai-congé. Ainsi l'ouvrier qui gagne 50 francs par semaine et qui a droit à la huitaine de délai-congé peut revendiquer, ou l'on peut revendiquer contre lui, une indemnité de 50 francs pour défaut de prévenance dans les délais en usage.

Dans les industries du bâtiment le délai-congé n'existe pas, car ces industries, en chantier surtout, sont soumises à toutes sortes de fluctuations qui impliquent toute une suite de chômages forcés et imprévus. Donc, partout où le délai-congé existe, à son défaut, le renvoi brusque comporte toujours pour préjudice causé une indemnité. Au contraire, là où le délai-congé n'existe pas, le renvoi brusque ne comporte pas *de plano* qu'il y ait préjudice causé, et dans ce cas l'indemnité n'est due que lorsqu'un préjudice est nettement établi par le demandeur autrement que par le moyen du défaut de délai-congé.

Par contre, là où le travail, en atelier principalement, est fixe ou à peu près, le délai-congé est de règle générale.

Le salaire moyen dans chaque industrie s'applique à cinq catégories distinctes : 1° l'apprenti qui donne au lieu de recevoir ou qui reçoit hebdomadairement quelques gratifications ; 2° les petites mains ou aides qui se perfectionnent dans le métier et qui reçoivent les 2/3 environ du salaire des ouvriers de métier ; 3° les ouvriers de métier ou compagnons dont les salaires sont à quelques centimes près uniformes pour l'ensemble des ouvriers d'un même métier ; 4° les premiers ouvriers ou grandes mains dont le travail est rémunéré d'un quart en plus que les ouvriers de métier ; 5° les ouvriers à la tâche ou aux pièces, qui sont pour la plupart des sous-entrepreneurs. Ces cinq catégories correspondent aux anciennes classifications qui divisaient les artisans de chaque corps de métier: en apprentis, en aides, en compagnons, en maîtres ou varlets, et en entrepreneurs ou tâcherons. Mais la machine a promené sur ces catégories son niveau égalitaire et les a rapprochées les unes des autres au point de les confondre. Seul, le travail à la tâche dont le produit se détermine à l'aide de la force physique et de l'habileté des mains forme une catégorie immuable, quasi indépendante des autres, dans chaque profession.

La moyenne des heures de travail est à peu près partout de dix heures par jour. L'alimentation et quelques industries à feu continu conservent les douze heures ou de jour ou de nuit. Les industries de saison, celles de la mode ou de la toilette, celles dont les à-coups du travail restent subordonnés à la préparation des principales fêtes de l'année, font encore une moyenne de onze à douze heures de travail effectif par jour. La réglementation des heures de travail dans ces professions ainsi que dans celles dites domestiques semble être d'une application difficile, sinon impossible.

Les industries fabriquant ou façonnant des objets quelconques sont soumises à la juridiction des conseils de prud'hommes pour tout ce qui concerne les relations entre patrons et ouvriers. Il y a cependant de nombreuses exceptions. Ainsi les charcutiers relèvent des conseils de prud'hommes et les bouchers du juge de paix ; les épiciers doivent s'adresser au tribunal de commerce ou au juge de paix, tandis que les fabricants de produits alimentaires, les confituriers, les confiseurs, les apothicaires, les suifiers, les droguistes, etc., doivent s'adresser aux conseils de prud'hommes.

Les dessinateurs dans chaque métier appartiennent à la juridiction des prud'hommes, alors que les comptables, les livreurs, les vendeurs et les hommes de peine de ces mêmes métiers ne peuvent agir en justice que devant le juge de paix ou le tribunal de commerce. Une classification arbitraire jointe au décret institutif des conseils de prud'hommes en décide ainsi, on ne sait au juste pourquoi, bien que la loi se contente d'indiquer seulement comme justiciables des conseils de prud'hommes les patrons et leurs ouvriers fabricants.

Chaque conseil de prud'hommes a aussi sa jurisprudence spéciale, et plus d'un métier dépend à la fois de deux conseils de prud'hommes. Il s'ensuit une foule de décisions contradictoires relatives à l'exercice légal de ces métiers.

IV. — Usages généraux du bâtiment.

Au conseil des prud'hommes du bâtiment, l'apprentissage est mal défini et se confond généralement avec le temps passé en qualité d'aides payés à raison de 0 fr. 30, 40 et 50 centimes de l'heure. Le compagnonnage n'est plus reconnu et cependant il se fixe chez les ouvriers dont le salaire va de 0 fr. 60 à 0 fr. 80 et 90 centimes l'heure. Le délai-congé n'existe qu'en atelier seulement pour certains métiers qui ne sont que tributaires du bâtiment.

La durée moyenne de l'apprentissage dans l'industrie du bâtiment est de trois années, sauf pour les métiers artistiques tels que modeleurs, sculpteurs sur pierre, figuristes, etc., où cette durée peut varier de quatre à cinq années, suivant le point auquel l'apprenti doit être poussé et ses connaissances en dessin.

La durée de la journée pour les ouvriers du bâtiment travaillant à l'atelier est de 10 heures, été comme hiver.

Pour les ouvriers travaillant dans les chantiers, elle varie de 11 heures en été à 8 heures en hiver, et même à 7 heures, notamment pour les peintres en bâtiment.

On est d'ailleurs forcé de suivre la durée du jour d'hiver pour les industries qui ne peuvent travailler à la lumière.

Il faut également tenir compte de la baisse des travaux et du mauvais temps qui font subir à une bonne moitié des ouvriers du bâtiment un chômage forcé de trois à quatre mois et plus pour les moins privilégiés.

Les rares industries du bâtiment dans lesquelles l'indemnité de renvoi est d'usage sont les suivantes : scieurs et découpeurs à la mécanique, mouluriers et en général tous les ouvriers employés dans les scieries mécaniques ; encore cet usage cesse-t-il lorsque ces mêmes ouvriers travaillent chez un entrepreneur de menuiserie faisant lui-même son sciage ou découpage ;

Les encadreurs, les garçons et ouvriers marbriers de cimetière.

Le délai-congé peut être également appliqué lorsque l'ouvrier d'atelier travaille à la semaine, à la quinzaine ou au mois pour une somme fixe et invariable.

Aucun ouvrier de chantier n'a droit au délai-congé, l'usage n'en existant pas.

V. — Usages généraux des produits chimiques.

Au conseil des produits chimiques, le hasard a présidé au choix des industries relevant de sa compétence. Il en résulte parfois une indécision toujours préjudiciable aux justiciables. La moyenne des salaires s'établit à la journée et à la semaine pour les apprentis, les aides ou manœuvres, les petites mains ou ouvriers débutants, les préparateurs ou les façonniers, les compagnons ou les tâcherons. Le délai-congé est presque partout de règle, sauf pour les cuisiniers des restaurateurs, les ouvriers de l'industrie du papier et des industries qui le transforment. Il y a cependant ici et là de nombreuses exceptions consacrées par l'usage. Ainsi la cuisinière couchée a droit au délai-congé et la cuisinière non couchée n'y a pas droit. Le cuisinier, couché ou non, n'y a point droit. La porteuse de pain jouit du délai-congé, et le mitron-boulanger en est dispensé tandis que le mitron-pâtissier y est obligé. L'ouvrier d'imprimerie peut être renvoyé ou partir brusquement de son atelier sans indemnité de part ni d'autre ; mais l'ouvrier brocheur ou relieur a droit dans le cas à une indemnité.

VI. — Usages généraux et spéciaux des tissus.

La moyenne des heures de travail s'arrête à dix heures par jour ; mais cette moyenne varie suivant les saisons et suivant chaque spécialité.

Le conseil des tissus comprend aussi les coiffeurs, les brodeurs, les chapeliers, les passementiers, les storistes, les tisseurs, les apprêteurs d'étoffes, les chemisiers et les confectionneurs en étoffes diverses, la bourrellerie et la sellerie, l'équipement militaire, la ganterie, la cordonnerie, les tailleurs pour hommes et pour dames, les fleurs et plumes, etc., etc.

Selon les usages généraux appliqués à ce conseil, les patrons et les ouvriers se doivent mutuellement le mois, la quinzaine ou la huitaine de délai-congé suivant que l'ouvrier est payé au mois, à la quinzaine ou à la semaine. Ce délai-congé pour la semaine est de six jours de travail effectif ou, à défaut, le salaire correspondant à titre d'indemnité. Le délai-congé pour la quinzaine est de douze jours. Le paiement à la journée, même quand il est fait chaque soir, est considéré comme résultant d'un contrat à la semaine. Les ouvriers aux pièces n'ont pas droit au délai-congé; ils doivent ou on leur doit seulement l'achèvement du travail commencé ou commandé. Ce n'est que dans les cas de non-exécution ou de malfaçon que le contrat peut être rompu et le travail brusquement interrompu.

Le premier mois, la première quinzaine (les 12 premiers jours de travail), la première semaine ou les six premiers jours sont considérés comme temps d'essai pendant lequel il n'est dû aucune indemnité pour interruption de travail.

En cas de congé, les ouvriers ont droit pendant tout le temps de ce congé à deux heures par jour pour chercher du travail ailleurs; mais il doit y avoir entente entre le patron et l'ouvrier pour le choix de ces heures d'abandon du travail. Pendant toute la durée du délai-congé, le patron ne peut modifier les conditions du contrat de louage, ni changer l'ouvrier de travail ni d'atelier.

Coiffeurs.

Les ouvriers coiffeurs, posticheurs, implanteurs et douilleurs sont soumis à des usages spéciaux. Les coiffeurs sont employés généralement en qualité d'extra à la journée et au mois. Le prix de la journée est de six francs (nourriture et bénéfices compris). Le délai-congé est de huit jours. La première huitaine d'essai n'est pas exigible.

Toutes les cartes d'extra doivent être présentées et acceptées par le patron dans l'intérieur de Paris. En dehors des murs d'enceinte elles ne sont présentées que si le patron se trouve engagé sur la carte à payer les frais de déplacement. Les posticheurs travaillent à façon ou à la journée; ce n'est que dans ce dernier cas qu'ils ont droit au délai-congé. Les implanteurs et les implanteuses ont les mêmes usages que les posticheurs. Leur salaire est très variable, soit 6 francs pour les hommes et 4 francs pour les dames. Les douilleurs ou employés chez les marchands de cheveux ont droit à la huitaine de congé; mais, employés chez les coiffeurs pour un travail déterminé, ils n'ont pas droit à cette huitaine de délai-congé. Ils gagnent environ 5 fr. 50 par jour.

Storistes.

Les peintres de stores transparents sont à l'heure et gagnent un franc de l'heure et au-dessus. Les encolleurs de stores sont également payés à l'heure et gagnent 0 fr. 80, 1 franc s'ils sont fileteurs. L'apprenti donne trois ans de son temps pour apprendre le métier; il est d'usage toutefois de lui donner 5 francs de gratification par semaine au bout de six mois.

Les ouvriers poseurs de stores sont payés à l'heure et toutes les semaines; ils gagnent de 0 fr. 60 à 0 fr. 80 l'heure. Ceux qui travaillent aux pièces, ce qui a lieu en pleine saison, gagnent : pour la pose d'un store à compas à l'italienne, de 1 fr. 50 à 2 francs; pour la pose d'un store à conducteurs, 1 fr. 50; pour la pose d'un store à monture, ressort automatique ou store ordinaire d'intérieur de 0 fr. 75 à 1 fr. 25. Les ouvrières en stores sont employées à l'heure et payées toutes les semaines. Elles gagnent de 0 fr. 30 à 0 fr. 50 l'heure. Dans le store, la première semaine est faite à titre d'essai et ne comporte pas de délai-congé.

Les voiliers gagnent 0 fr. 60 l'heure et ont droit au délai-congé.

Tisseurs.

Dans le tissu en général, tisseur de châles, tisseur de meubles, tisseur de nouveautés, les ouvriers sont aux pièces, mais payés à la semaine ou à la quinzaine. L'usage de la corporation du tisseur n'est pas la pièce de congé, ainsi qu'on le croit généralement, mais la semaine de délai-congé, que ni les patrons ni les ouvriers n'ont jamais contestée.

Pour les tisseurs faisant des tissus en grande largeur et travaillant chez des façonniers, l'ouvrier a droit, comme salaire, aux deux tiers de la façon payée au façonnier, bien qu'il n'entre dans aucun des frais faits par ce dernier. L'ouvrage dit en grande largeur commence au galon de 0 m. 20 que les passementiers à la barre ne peuvent faire et qu'on est obligé de faire à la main.

Ainsi, dans la dorure, tous les galons de 0 m. 20, 0 m. 30, 0 m. 40 et 0 m. 50 sont considérés comme ouvrage en grande largeur, car on est obligé de les faire à la navette, et par ce fait les ouvriers ont droit aux deux tiers de la façon, tandis que les galons moindres sont considérés comme articles de passementerie à la barre et dans ce cas les ouvriers des façonniers n'ont droit qu'à la moitié de la façon.

Les ouvriers bonnetiers et les ouvrières en jerseys travaillent non pas aux pièces, mais au kilog. de matières employées. Ils sont généralement payés à la fin de chaque semaine ou de chaque quinzaine. Dans toute la corporation des tisseurs, la semaine de délai-congé est exigible. Tout ouvrier tisseur faisant des échantillons ou raccommodant des métiers (en fabrique) a droit à une journée de 5 francs pour dix heures de travail.

Brodeurs.

Les dessinateurs en broderies se divisent en deux classes bien distinctes : ceux qui travaillent à la journée et ceux qui travaillent au mois. Les premiers, qui sont les plus nombreux, sont les ponceurs, les piqueurs et les dispositeurs. La durée de la journée est de 10 heures. Le prix en est fixé suivant un tarif variable adopté par les chambres syndicales. La semaine de délai-congé est de rigueur. La seconde classe forme les dessinateurs-compositeurs généralement au mois, jouissant du délai-congé d'un mois, quoique payés chaque semaine.

Les brodeuses à la main et au métier, les brodeurs et les brodeuses à la machine ont les mêmes usages que les dessinateurs en broderies quand ils travaillent en atelier ; quand ils travaillent en dehors de l'atelier, chez eux, aux pièces par conséquent, la semaine de délai-congé ne leur est point due. Les prix du travail aux pièces sont débattus à l'avance entre patrons et ouvriers ; si ce prix n'a pas été déterminé à l'avance, les parties sont renvoyées devant un expert. Les dessinateurs pour étoffe, même lorsqu'ils travaillent aux pièces en atelier, ont droit au délai-congé.

Apprêteurs.

Les décatisseurs font chaque jour 12 heures de travail. Il en est de même des apprêteurs d'étoffes et de chiffons, de châles et de rideaux. Les hommes de peine, les cochers et les livreurs sont considérés comme des ouvriers et sont retenus comme justiciables par le conseil des prud'hommes des tissus. Tous ces ouvriers ont droit à une semaine de délai-congé ; ceux qui sont payés au mois ont droit à un mois.

Chemisiers.

Dans la corporation des chemisiers en gros et en détail, des lingers, etc., les coupeurs, couseurs et manutentionnaires, tous ceux qui à un titre quelconque contribuent à la transformation de la matière première sont justiciables du conseil des prud'hommes. Tous les coupeurs, tous les employés qui aident à la coupe, même ceux qui prennent une mesure pour la confection d'un objet quelconque, les garçons de magasins, qui détirent l'étoffe, ceux qui la préparent et qui la donnent à la fabrication sont soumis à la compétence du conseil. N'y sont pas soumis et relèvent soit du juge de paix, soit du tribunal de commerce, les employés vendeurs, placiers, étalagistes, comptables, caissiers et garçons des magasins de vente. Les piéçards sont ceux qui s'engagent à accomplir un travail déterminé dans un temps déterminé : ils peuvent travailler entre l'ouverture et la fermeture des ateliers aux heures qui leur conviennent, pourvu qu'ils ne se mettent pas par des retards exagérés dans l'impossibilité de remplir leurs engagements. Les coupeurs, quoique travaillant aux pièces, doivent être présents à l'atelier de l'ouverture à la fermeture. Les piéçards ne sont employés dans le gros et le détail que pour les chemises de magasin ; les coupeurs font tout travail commandé. Ceux-ci seulement ont droit au délai-congé, qu'ils soient payés aux pièces ou à appointements fixes. Le premier mois qui suit l'engagement pour les coupeurs et les autres ouvriers manutentionnaires des chemisiers est considéré comme mois d'essai pendant lequel le délai-congé n'existe pas.

Le délai-congé pour les coupeurs et autres employés est d'un mois. Dans le gros, ce délai est réduit à huit jours. Pendant tout le temps du délai-congé, l'ouvrier a droit à 2 heures par jour pour se chercher du travail. En cas de défaut du délai-congé, l'indemnité à payer est égale aux salaires qui le représentent, et si l'ouvrier était nourri, cette nourriture est due en sus et décomptée à raison de 82 fr. 50 pour un mois. En règle générale, la nourriture d'un ouvrier est comptée sur le pied de 2 fr. 75 par jour.

En cas de chômage, l'obligation des vacances imposées au coupeur ou à l'ouvrier chemisier et non acceptées par lui donne lieu à l'application du délai-congé en faveur de cet ouvrier. Dans tous les cas, une vacance imposée ne peut faire l'objet d'un renvoi. La partie lésée, l'ouvrier en l'espèce, peut dans de telles conditions réclamer à bon droit un mois d'indemnité ou le salaire correspondant à un mois de travail. Le patron dûment prévenu au cours de la vacance ne peut exciper de son droit au délai-congé. Les conditions d'appointements devront être consignées par écrit et en partie double pour être produites utilement en justice. Les apprentis chemisiers font soixante heures par semaine ; ils sont, comme dans les autres corps de métiers, justiciables des conseils de prud'hommes. Le refus qu'un coupeur oppose à l'ordre du patron de donner des leçons à un apprenti ne peut constituer un cas de renvoi immédiat à l'égard de ce coupeur. Les cas de renvoi immédiat pour les coupeurs et chemisiers sont : sévices et injures graves, actes d'indélicatesse ou d'immoralité, état d'ivresse manifeste, absence non autorisée pendant deux jours au moins, détérioration volontaire d'outils, de marchandises ou de patrons. L'embauchage des chemisiers se fait à l'aide d'affiches. Les affiches portant demandes de personnel doivent être enlevées aussitôt que les ouvriers ou employés auront été engagés ; les affiches doivent bien clairement indiquer l'adresse où l'embauchage se fait, sous peine de déterminer des actions en dommages-intérêts pour courses ou dérangements inutiles. Lorsque le casier judiciaire sera réclamé par le patron, la dépense imposée de ce fait à l'ouvrier devra lui être remboursée. En ce qui concerne les modèles appelés « patrons de série des chemisiers », les patrons dits de magasin et servant à la coupe des chemises, gilets, caleçons, etc., sont la propriété exclusive de celui qui les aura produits. Si c'est le coupeur qui en est l'auteur, il est en tous temps libre d'emporter ses modèles-patrons ou de les céder moyennant rémunération spéciale. Mais les modèles-patrons dits de commande sont toujours la propriété de la maison où ils ont été créés et toute soustraction ou altération des dits patrons constitue un véritable abus de confiance. Un ouvrier embauché pour un coup de main est considéré comme engagé définitivement après un mois d'exercice.

Tapissiers.

Les tapissiers se divisent en : contremaîtres et coupeurs au mois, à la quinzaine ou à la semaine, en ouvriers travaillant aux pièces et en ouvriers travaillant à la journée. Le délai-congé est de sept jours, quinze jours ou un mois, suivant le mode de paiement et d'embauchage. Le minimum, même pour les ouvriers à la journée, est de sept jours après la semaine d'essai. En l'absence de conventions spéciales, le salaire est fixé à 1 franc l'heure pour un ouvrier capable et l'indemnité pour défaut de délai-congé se base sur sept jours de 10 heures à 1 franc l'heure. Néanmoins, la libre rupture entre ouvriers et patrons, sans indemnité ni délai-congé, existe le samedi soir pour les ouvriers et les ouvrières à la journée. Les ouvriers allant travailler hors Paris, pour le compte d'une maison de Paris, ont droit à 1 fr. 50 d'indemnité de déplacement par jour, plus leurs frais de voyage, de nourriture et de coucher. Leur temps est compté de leur départ de Paris jusqu'à leur retour à Paris. Lorsqu'ils voyageront la nuit, leur temps sera compté comme heures de travail de jour. Les ouvrières ont les mêmes droits que les ouvriers.

Bourreliers.

Le taux des salaires dans la bourrellerie, y compris la courroie, est fixé d'après un minimum de 0 fr. 60 à 0 fr. 70 l'heure. Sont compris dans cet ordre de métiers les ouvriers divers des loueurs de voitures, des omnibus, des administrations de transport de matériaux divers et de messagerie, ainsi que du gros camionnage. La durée du délai-congé varie selon le mode de paiement et d'embauchage. Elle ne peut être inférieure à une semaine. Lorsque des maisons établies aux environs de Paris viendront demander des ouvriers à Paris, elles seront tenues de rembourser le prix du voyage à ces ouvriers, et aux ouvriers qui ne seront pas engagés il sera accordé une journée d'indemnité. L'ouvrier doit se présenter dans les 24 heures de la remise de la carte ; passé ce délai, il perd son droit à toute espèce d'indemnité.

Les usages de la bourrellerie sont applicables à tous les ouvriers du harnais, de la selle et de la sellette ; en colliers de tous systèmes, en articles de chasse, de voyage ; en sacs de dames, portefeuilles, musettes, malles, manchons, étuis jumelles, étuis à chapeaux ; à la ganterie, à la maroquinerie, etc.

Equipeurs militaires.

L'équipement militaire se trouve dans des conditions toutes spéciales d'après le cahier des charges des travaux à exécuter pour le compte de l'État. Les ouvriers sont embauchés et débauchés suivant les conventions écrites lors de l'engagement. Les chefs d'entreprise sont tenus de prévenir les ouvriers une livraison à l'avance en cas de débauchage ; ce délai de prévenance correspond généralement à une journée de travail.

L'ouvrier congédié a droit à deux heures par jour pour se procurer du travail ; ces deux heures sont à la charge du patron, même dans le cas où ce serait l'ouvrier qui aurait donné son congé. Suivant que l'ouvrier est embauché à la semaine, à la quinzaine ou au mois, la première semaine, la deuxième semaine ou le premier mois est considéré comme période d'essai.

Gantiers.

Dans la ganterie, les ouvriers travaillent aux pièces ; le travail étant livré ou accepté, patrons et ouvriers ne se doivent aucun délai, aucune prévenance, aucune indemnité. L'ouvrier n'est pas responsable des accidents pouvant survenir dans le travail de la peau, telles les coupures, gerçures, déchirures, etc. Le patron de ce fait ne peut réclamer aucune indemnité, à moins d'accidents volontaires ; mais il ne paye pas non plus la façon de l'ouvrage dont il ne peut tirer profit. Les quelques ouvrières employées dans la ganterie, soit à la semaine, soit au mois, ont droit au délai-congé de la semaine ou du mois correspondant.

Cordonniers.

Dans la cordonnerie, l'ouvrier travaille généralement aux pièces et chez lui ; après la livraison du travail, patron et ouvrier sont libres de se remercier sans se donner congé.

Le prix de la façon convenu est dû intégralement pour tout travail arrêté en cours d'exécution. Après réception, l'ouvrier est dégagé de toute responsabilité. En cas de malfaçon, l'ouvrier peut être privé du prix de la façon ; il peut aussi recommencer le travail, la matière première et la piqûre restant à la charge du patron. Le patron qui demande un ouvrier à un bureau de placement quelconque doit à l'ouvrier qui se présente chez lui à l'heure indiquée avec un bulletin du bureau de placement une paire d'essai, ou en place le remboursement du bulletin et une journée d'indemnité.

Pour tous les ouvriers à l'atelier, mais pour ceux-là seulement qui travaillent à l'heure et à la journée, le délai-congé d'une semaine entière est d'usage ; un mois, si l'ouvrier est payé au mois.

Le coupeur et en général tout ouvrier à l'atelier qui alternativement travaille aux pièces et à la journée, à l'heure et à la tâche, a droit à la huitaine de délai-congé.

Tailleurs.

Les tailleurs pour hommes travaillent aux pièces à l'atelier ou chez eux. Ils n'ont droit, dans ce dernier cas, à aucun délai-congé.

Tout ouvrier ou ouvrière à la semaine ou au mois a, au contraire, droit à la semaine ou au mois de délai-congé. Tout coupeur ou apprêteur d'étoffe de confection a droit à un délai-congé d'un mois, quand bien même il serait payé toutes les semaines ; mais il n'a droit qu'à un délai-congé de huit jours s'il est payé tous les soirs. Toute mise à pied qui n'est pas acceptée donne droit au délai-congé. Les malfaçons et les prix de façon contestés sont attribués à dire d'experts.

Les tailleurs pour dames sont assimilés aux couturiers et aux couturières, ils ont droit à la semaine de délai-congé. Il en est de même des pompiers, pompières et apiéceurs faisant les pièces et la pompe pour vêtements de dame.

Chapeliers.

Dans la chapellerie de détail, le délai-congé de huitaine est dû, que l'ouvrier soit à la journée, à la semaine ou au mois. Aucun ouvrier ne peut être rendu responsable des accidents du travail, mais il doit donner gratuitement le temps nécessaire pour réparer la faute commise, le patron fournissant à ses frais la marchandise.

Les ouvriers étrangers venant en France pour travailler dans l'industrie des chapeaux de paille ne reçoivent souvent que des à-comptes et le patron retient les sommes gagnées par l'ouvrier, s'il n'a pas achevé chez lui la saison, et ce à titre d'indemnité pour inexécution de contrat.

VII. — Usages généraux dans les métaux et industries diverses.

Dans la majorité des industries classées comme justiciables du conseil des prud'hommes des métaux et des industries diverses, le travail est payé à l'heure, à raison d'une moyenne de dix heures par jour. Cependant, dans les parties se rattachant à la mécanique principalement, un grand nombre de maisons règlent leurs ouvriers aux pièces, avec un boni ou tant pour cent à la fin du travail ou à la vente des objets faisant prime.

Ciseleurs-tabletiers.

Dans la ciselure, la tabletterie et dans toutes les industries spéciales demandant une certaine habileté de main, le travail est fait à façon suivant un tarif élaboré à l'avance, arrêté de gré à gré entre patrons et ouvriers, ou débattu par les chambres syndicales patronales et ouvrières.

Maréchaux.

Dans la maréchalerie, l'ouvrier est généralement payé à tant par semaine avec ou sans nourriture, déduite ou comprise, sur les bases de la dernière grève. L'ouvrier maréchal commence par être teneur de pied, c'est là son apprentissage; puis il monte d'une classe à l'autre au fur et à mesure qu'il devient plus habile dans son métier.

Chauffeurs-électriciens.

Les chauffeurs et électriciens à l'entretien sont le plus souvent embauchés au mois, ainsi que les dessinateurs-mécaniciens. On estime dans ce cas que le délai-congé, lorsqu'il existe, devrait être d'un mois; mais on suit généralement l'usage général de la corporation.

Façonniers.

Le temps d'essai après lequel l'ouvrier a droit au délai-congé est fixé dans les métaux et industries diverses à quinze jours ou trois semaines, suivant les métiers. Il n'y a pas sur ce point de jurisprudence bien établie; mais chacun convient que la période d'essai ne peut être moindre que celle fixée par la mesure la plus large, surtout chez les façonniers qui ne font pas tous les jours les mêmes types.

Dans les métaux, le délai-congé est ordinairement de six jours ou de soixante heures. L'ouvrier à l'heure ou aux pièces doit être prévenu six jours avant son renvoi. L'ouvrier à la semaine, à la quinzaine et au mois doit être prévenu une semaine, une quinzaine ou un mois avant, suivant l'usage de la profession et selon aussi le mode d'embauchage.

L'apprentissage est généralement de trois années, sauf dans quelques métiers où plus de fini et de soins dans le travail sont exigés, tels les ciseleurs et les graveurs en orfèvrerie par exemple. Un certain nombre de métiers n'exigent pas d'apprentissage, le jeune ouvrier commence par être petite-main ou aide et arrive peu à peu à la situation correspondant au compagnonnage de jadis. Tels sont en particulier les décolleteurs, fraiseurs et ouvriers d'une grande partie des industries du jouet.

La moyenne générale des heures de travail est de dix heures par jour. Quant au travail de nuit, on n'en a que peu d'exemples, sauf dans les usines à feu continu et pour les chauffeurs électriciens à l'entretien des usines. Aux approches du jour de l'an, les industries du jouet, de la gainerie et de la bijouterie imitation surtout font une moyenne de cinq à six heures de nuit en sus des dix heures de travail de jour.

Nous donnons ci-dessous deux modèles de conventions arrêtées à la suite d'un accord entre chambres syndicales patronales et ouvrières, pour fixer les us et coutumes d'une profession. Cette habitude de codifier les usages est excellente; elle devrait bien se propager partout et être la règle de toutes les professions, dans tous les ressorts de juridiction.

CONVENTIONS

ARRÊTÉES ENTRE LES CHAMBRES SYNDICALES PATRONALE ET OUVRIÈRE DE LA BLANCHISSERIE

ARTICLE PREMIER. — Le travail des hommes, des femmes, des adolescents et des adolescentes est fait à la pièce, à l'heure, à la journée, à la semaine ou au mois. Le travail des apprentis des deux sexes n'est pas réglementé et il n'existe pas de contrat d'apprentissage.

Les hommes, les femmes et les apprentis sont quelquefois nourris, et leur salaire s'en trouve réduit d'autant.

ART. 2. — Il existe, pour les hommes et pour les femmes au-dessus de dix-huit ans, un minimum de salaire, nourriture à part, qui est fixé à 0 fr. 50 l'heure pour les hommes et 0 fr. 30 l'heure pour les femmes. Au-dessous de dix-huit ans, ce minimum de salaire n'existe plus.

Le salaire accordé précédemment à l'ouvrier ayant moins de dix-huit ans servira de base, en cas de contestation, tant qu'il n'aura pas atteint sa dix-huitième année.

Il en sera de même pour les jeunes filles.

ART. 3. — En principe, le salaire est basé sur la capacité de l'ouvrier, sur son aptitude au travail, sur son assiduité et sur son intelligence. Le salaire varie donc, mais sans jamais descendre au-dessous du minimum fixé ci-dessus, quand il s'agit des adultes exerçant depuis longtemps le métier.

ART. 4. — L'article précédent ne peut profiter qu'aux ouvriers et aux ouvrières de la corporation. Tout autre ouvrier ou ouvrière d'un autre métier, qui, incidemment, exerce la profession de blanchisseur, rentre dans la catégorie des adultes apprentis et ne peut se prévaloir en aucune façon de la fixation du taux minimum de salaire.

ART. 5. — A moins qu'ils ne soient des spécialistes reconnus comme tels dans la corporation, les ouvriers et les ouvrières de la blanchisserie doivent, pour bénéficier des dispositions de l'article 3, connaître à fond les diverses opérations du métier et être capables de s'y exercer.

ART. 6. — En principe, le salaire est fixé d'un commun accord et de gré à gré entre le patron et l'ouvrier.

Celui qui a accepté un salaire quelconque ne peut en exiger un autre de son patron. De même, le patron qui a accordé un salaire ne peut en aucune façon le diminuer.

ART. 7. — Quel que soit le mode de paiement fait à l'ouvrier, et sauf les cas d'exceptions prévues ci-dessous et au dernier paragraphe de l'article 11, tout patron renvoyant un ouvrier doit le prévenir cinq jours à l'avance de ce renvoi. Tout ouvrier abandonnant son patron est également tenu d'avertir son patron cinq jours à l'avance de son départ.

Sauf les cas de maladies, d'affaires de famille ou urgentes pour l'ouvrier, sauf les cas où l'ouvrier ferait du scandale, causerait des troubles, proférerait des injures, serait en cas d'ivresse manifeste ou ferait des fautes lourdes répétées, ou bien encore en cas de chômage forcé pour le patron.

Dans tous ces cas particuliers et de force majeure, le patron peut renvoyer un ouvrier ou une ouvrière, de même que tout ouvrier et ouvrière peut quitter un patron sans se prévenir, comme il est dit plus haut, réciproquement cinq jours à l'avance.

ART. 8. — Le patron qui renverra, sans motif plausible et sans justifier de l'un des cas de force majeure prévus ci-dessus, un ouvrier ou une ouvrière, doit, à cette ouvrière ou à cet ouvrier, une indemnité établie sur les bases du taux minimum et représentant le montant de cinq journées pleines, soit cinq journées de dix heures chaque, et à 0 fr. 50 l'heure pour les hommes, soit un total de 25 francs; soit encore cinq journées de dix heures à 0 fr. 30 l'heure, soit un total de 15 francs pour les femmes. Cette indemnité est nulle et l'ouvrier n'y a aucun droit si le patron l'a prévenu cinq jours à l'avance de son renvoi.

L'ouvrier prévenu cinq jours à l'avance a le droit de prendre les deux dernières heures de chaque journée pour rechercher du travail. Ces deux heures ne lui sont pas payées.

ART. 9. — L'ouvrier ou l'ouvrière qui partira de chez son patron sans motif plausible, et sans justifier de l'un des cas de force majeure prévus au troisième paragraphe de l'article 8, et sans avoir prévenu cinq jours pleins à l'avance son patron de son départ, devra payer au patron une indemnité fixée comme suit :

25 francs quand il s'agit d'un ouvrier ;

15 francs quand il s'agit d'une ouvrière.

ART. 10. — L'ouvrier ou l'ouvrière ne donnant pas toutes ses journées au même patron se trouve par ce fait même placé en dehors de l'application des articles 8 et 9.

Si cet ouvrier ou cette ouvrière fait régulièrement, et aux mêmes jours de la semaine, deux, trois ou quatre journées chez un même patron, il ou elle est assimilé aux ouvriers ou aux ouvrières occupés toute la semaine du lundi matin au dimanche chez ce même patron, mais avec cette restriction que l'avertissement du départ ou du renvoi devra être donné deux jours à l'avance, si l'ouvrier ou l'ouvrière font régulièrement deux jours chez le patron renvoyeur ou abandonné, trois jours à l'avance s'ils font trois jours au lieu de deux, et ainsi de suite.

L'indemnité prévue et fixée aux articles 8 et 9 est due à l'ouvrier ou au patron, dans ce cas comme dans l'autre, lorsqu'il n'y a pas eu avertissement dans les délais voulus; mais elle est réduite d'autant et proportionnée à ces délais. Exemple : Pour un délai de deux jours dans le cas de non-avertissement et sauf les cas de force majeure indiqués plus haut, l'indemnité sera de 10 francs pour les hommes et de 6 francs pour les femmes.

Art. 11. — L'ouvrière ou l'ouvrier qui n'aura pas accompli huit journées pleines et consécutives chez un patron n'aura droit à aucune indemnité, quel que soit le cas de renvoi. De même, le patron ne devra rien exiger d'un ouvrier ou d'une ouvrière qui est employé par lui depuis moins de huit jours.

Dans les établissements où le service se fait tous les dix jours, on substituera pour les deux parties le mot « dix » au mot « huit », ces huit jours ou dix jours étant réputés jours d'essai.

L'embauchage accidentel, *quelle que soit sa durée*, ne comporte pas non plus aucune indemnité à l'égard du patron ou de l'ouvrier.

Art. 12. — Les patrons ne devront pas employer plus d'un cinquième d'étrangers, hommes ou femmes. Ceux qui ne rempliront pas strictement cet engagement seront traduits devant la Chambre syndicale à laquelle ils appartiennent ou dont ils relèvent. En cas de contestation entre un patron contrevenant aux dispositions de cet article et un ouvrier quelconque, ce dernier pourra invoquer à son bénéfice la situation créée par la faute du patron contrevenant à tous les ouvriers français.

Art. 13. — Il est formé dans chaque grand centre du Blanchissage une Chambre dite du Travail de la Blanchisserie, sorte de Commission arbitrale composée de deux patrons et de deux ouvriers.

La Commission sera présidée par un délégué toujours révocable qui sera désigné par un comité de délégués élus en nombre égal par les Chambres syndicales. Il sera désigné de plus un Président suppléant. Ils siégeront à tour de rôle. En cas de partage de voix, le Président aura voix délibérative et départagera les membres de la Commission. Les membres de cette Commission seront choisis respectivement par les Chambres syndicales intéressées. Ils siégeront à jour fixe et autant que possible au milieu du centre où leur action devra s'exercer. Leurs fonctions seront purement honorifiques, et ils seront désignés chaque année au mois de novembre pour entrer en exercice au 1er janvier de l'année suivante jusqu'au 31 décembre de la même année. Deux suppléants patrons et deux suppléants ouvriers seront désignés à la même époque et pour chaque exercice d'après les mêmes moyens.

Le présent règlement a été déposé au Conseil de prud'hommes, aux Tribunaux de Commerce de la Seine et de Seine-et-Oise, et sera déposé partout où besoin sera.

Accepté et approuvé en novembre mil huit cent quatre-vingt-onze par les Chambres syndicales patronales et ouvrières.

Ont signé, ayant pleins pouvoirs, les Délégués de ces Chambres.

USAGES SPÉCIAUX DES PASSEMENTIERS

Passementiers à la main.

Article premier. — Les ouvriers à l'heure, à la journée, à la semaine doivent recevoir et donner leur congé avec un préavis d'une semaine.

Art. 2. — Les délais des congés sont d'une semaine, d'une quinzaine ou d'un mois pour les ouvriers, contremaîtres, manutentionnaires, selon que leurs appointements sont réglés à la semaine, à la quinzaine ou au mois.

Art. 3. — Dans le cas de départ ou de renvoi immédiat, l'indemnité est calculée d'après le mode de paiement, soit à la semaine, à la quinzaine ou au mois.

Art. 4. — Les ouvriers aux pièces donnent et reçoivent leur congé en même temps qu'une dernière commande appelée, dans ce cas, pièce de congé, laquelle pièce de congé devra de part et d'autre être équivalente au moins à une journée de travail.

En cas de privation de part et d'autre de la pièce de congé, l'indemnité sera fixée sur le salaire moyen d'une journée gagnée par l'ouvrier partant.

Façonniers à la main.

Art. 5. — Dans le tissage de la passementerie à la main, un usage établit que le façonnier peut retenir 1/5 du prix de façon payé par le négociant et réserver les autres 4/5 pour la façon de l'ouvrier.

Façonniers retordeurs.

Art. 6. — Dans la spécialité dite des retordeurs, l'usage établit que le façonnier peut se réserver la moitié de la façon et qu'il a à sa charge le paiement de l'enfant qui tourne le rouet et qui aide l'ouvrier dans son travail.

Façonniers à la barre.

Art. 7. — Les articles 1, 2 et 3 des usages de la passementerie à la main sont applicables aux ouvriers, contremaîtres, manutentionnaires de la passementerie à la barre.

Art. 8. — Entre le façonnier et l'ouvrier, l'usage accorde la moitié de la façon à chacun.

Art. 9. — Tout chargement mis en train et commencé par l'ouvrier lui appartient, sauf le cas de malfaçon ou d'absence au travail pendant une journée sans avis et motifs valables.

Cet article est également applicable aux passementiers à la main.

Art. 10. — Le chargement n'appartient pas à l'ouvrier lorsque celui-ci n'a pas contribué à la mise en train; dans ce cas, le patron doit le prévenir une semaine d'avance de son intention de lui retirer le métier.

Art. 11. — A part le cas ci-dessus, l'ouvrier et le façonnier ne sont engagés que pour la durée du chargement.

Art. 12. — Le préjudice causé à l'ouvrier et au façonnier par la suppression d'un chargement en train est fixé après expertise.

Cet article est également applicable aux passementiers à la main travaillant aux pièces.

TOME I

RÉPERTOIRE ALPHABÉTIQUE

INDEX DES TABLEAUX DU RÉPERTOIRE ALPHABÉTIQUE

1re colonne : Numéros d'ordre de la liste alphabétique.

2e colonne : Liste alphabétique des professions désignées le plus souvent par le nom des produits.

3e colonne : Juridiction dont chaque profession relève : J. P. veut dire Juge de Paix ; M. 4, ou 5 ou 6 : Conseil des Prud'hommes pour les métaux et industries diverses 4e, 5e ou 6e catégorie ; P. 1, ou 2, ou 3, ou 4 : Conseil des Prud'hommes pour les produits chimiques 1re, 2e, 3e catégorie ; T. 1. Conseil des Prud'hommes pour les tissus 1re catégorie ; B. 2. Conseil des Prud'hommes pour le bâtiment 2e catégorie.

4e colonne : Chiffre moyen des salaires dans chaque profession, à la journée, à l'heure, au mois, ou à la pièce.

5e colonne : Durée de l'apprentissage ou des stages en qualité d'aides ou de petites-mains.

6e colonne : Délai-congé ou indemnité le représentant à son défaut, en cas de brusque renvoi ou d'abandon de travail.

7e colonne : Moyenne des heures de travail par jour et pour chaque ouvrier.

8e colonne : Observations se rapportant aux usages spéciaux de chaque métier.

NUMÉROS D'ORDRE	PROFESSIONS	JURIDICTION	MOYENNE DES SALAIRES	DURÉE DE L'APPRENTISSAGE	DÉLAI-CONGÉ	MOYENNE DES HEURES DE TRAVAIL	OBSERVATIONS
1	2	3	4	5	6	7	8

A

NUMÉROS D'ORDRE	PROFESSIONS	JURIDICTION	MOYENNE DES SALAIRES	DURÉE DE L'APPRENTISSAGE	DÉLAI-CONGÉ	MOYENNE DES HEURES DE TRAVAIL	OBSERVATIONS
1	**Abat-Jour** (fabricants d')	M.4	6 fr.	néant	6 jours	10	—La fabrication des abat-jour se divise en 2 parties : 1° les ouvriers faisant la carcasse et 2° les ouvriers faisant la garniture.
2	**Accordéons**, y compris la boîte (fab. d')	M.3	7 »	3 ans	6 —	10	
3	**Accumulateurs** (fab. d')	M.3	8 »	3 »	6 —	10	
4	**Acides** végétaux (oxalique, acétique, pyroligneux) (fab. d')	P.1	6 50	2 ans aide et élèv.	6 —	10	
5	**Acides** minéraux (sulfurique ou huile de vitriol) (fab. d')	P.1	6 50	—	6 —	10	
6	**Acide** muriatique ou chlorhydrique, ou hydrochlorydrique, ou esprit de sel (f. d')	P.1	6 50	—	6 —	10	Font partie des produits chimiques.
7	**Acide** nitrique ou azotique, ou eau-forte, etc. (fab. d')	P.1	7 »	—	6 —	10	
8	**Acide** sulfureux (fab. d')	P.1	8 »	—	6 —	10	
9	**Acier** (fab. d')	M.1	7 »	3 ans	6 —	10	
10	**Acier** poli (fab. d')	M.2	6 »	—	6 —	10	
11	**Aéromètres et Aréomètres** (fab. d')	M.3	8 »	4 ans	6 —	10	
12	**Aérostats** et autres (fab. d')	T.1	hommes 0,80 l'heure fem. de 0,30 à 0,50	3 ans —	6 — 6 —	10 10	—Congé suivant le mode de paiement, ouvriers aux pièces pas de congé.
13	**Affiches** peintes ou imprimées (fab. d')	P.3	dessinat. 10 à 12 fr. —tireurs de 6 à 8 fr.	de 4 à 5 ans 3 ans	néant —	10 10	—Dessinateurs à la pièce.
14	**Afficheurs** de toute espèce	P.3	7 à 8 f. et à la pièce	néant	—	10	
15	**Affineurs** de métaux	M.2	6 »	4 ans	6 jours	10	
16	**Agendas** et **albums** (fab. d')	P.3	7 »	3 ans	7 —	10	
16b	**Agent-voyer** de travaux publics		de 150 à 200 fr. p. m.	3 ans com. élève	un mois	10	
17	**Agrafes** en acier, fer et cuivre (fab. d')	M.2	5 fr.	4 ans pet. mains	6 jours	10	
18	**Agrémanistes** (passementerie)	T.2	aux pièces	3 ans	6 —	10	—Voir passementiers, usages généraux pour la passementerie.
19	**Agréments** en paille (fab. d')	T.4	—	petites mains	6 —	10	
19b	**Agriculteurs**		4 fr.	néant	un mois	10	
20	**Aiguilles** à coudre (pour tricot et métiers)	M.1	6 »	4 ans pet. mains	6 jours	10	
21	**Aiguilles** de montres, de pendules (f. d')	M.3	6 »	—	6 —	10	
22	**Aimants** (fab. d')	M.3	6 »	—	6 —	10	
23	**Ajusteurs** de balanciers	M.3	8 »	3 ans	6 —	10	
24	**Ajusteurs** de bronze, de ferblantine et de lampisterie	M.4	7 »	—	6 —	10	
25	**Ajusteurs** pour la canalisation du gaz	B.1	7 fr. ou 0,70 l'heure	3 ans, aides 0,50	néant	10	
26	**Ajusteurs** de métaux	M.1	8 »	3 ans	6 jours	10	
27	**Ajusteurs** de métiers	T.1	7 »	—	la journée restant à faire	10	
28	**Ajusteurs** pour plomberie et zingage	B.2	9 25	—	pas de délai	9	
29	**Ajusteurs** pour la serrurerie, la charpente et les planchers en fer	B.1	7 50	—	néant	9	
30	**Alambics** en métal (fab. d')	M.1	7 »	—	60 jours	10	—Voir chaudronniers.
31	**Albâtre** (fab. d'objets en)	M.6	7 »	3 ans aides	6 —	10	
32	**Albumine** pour la clarification des liquides (fab. d')	P.1	6 fr. au minimum.	2 ans aid. et élèv.	6 —	10	
33	**Alcalis** (soude, potasse, baryte, strontiane) (fab. d')	P.1	6 » — 4 »	—	6 —	10	
34	**Alcools** (fab. d')	P.2	7 » — 5 »	—	6 —	10	
35	**Alizarine** artificielle (fab. d')	P.1	6 » — 4 »	—	6 —	10	
36	**Allume-feux** et produits résineux (fab. d')	P.1	5 » femmes 2 50	néant	6 —	10	
37	**Allumettes** chimiques et ordinaires (fab. d')	P.1	7 » — 2 50	petites mains 3 ans	pas de congé	10	—Les femmes gagnent à la manutention de 3 à 4 fr. ; pas de délai-congé.
38	**Alphabets** d'acier (fab. d')	M.1	7 »	2 ans	6 jours	10	
39	**Alumine** (fab. de sulfate d'alumine, sels ammoniacaux)	P.1	6 »	2 ans aid. et élèv.	6 —	10	
40	**Aluminium** (fab. d')	P.1	6 »	—	6 —	10	
41	**Aluminium** (fab. d'objets en)	M.4	7 »	3 ans	6 —	10	
42	**Alun** (fab. d')	P.1	6 »	aid. et élèv. 3 ans	6 —	10	
43	**Amadou** (fab. d')	P.1	6 »	—	6 —	10	
44	**Amidon** (fécule) (fab. d')	P.2	6 »	—	6 —	10	
45	**Ammoniaque** (alcali volatil) (fab. d')	P.1	6 »	—	6 —	10	
46	**Amorces** (pour la partie métallique) (f. d')	M.5	6 »	3 ans	6 —	10	
47	**Amorces** (pour poudre fulminante) (f. d')	P.1	hom. 7 fr. fem. 4 fr.	2 ans aides	6 —	10	
48	**Ampasteleurs** (teinturiers)	P.1	hom. 7 fr. fem. 4 fr.	3 ans	6 —	10	
49	**Anatomie** (fab. de pièces d')	P.3	0 fr. 75 l'heure	néant	p. de délai, congé	10½	
50	**Aniline** et couleur d'aniline (fab. d')	P.1	6 »	2 ans aides	6 jours	10	
51	**Appareilleurs** de bas, d'étoffes	T.1	0 75	3 ans	6, 12 ou 30 jours	10½	—Le congé se donne suivant le mode de paiement ; au bout de 6 mois l'apprenti touche un salaire de 5 francs par semaine.
52	**Appareilleurs** de maillons	T.1	travail à la tâche	3 ans	huitaine	10	—Voir ferblantiers.
53	**Appareils** d'arrosage (fab. d')	M.1	7 »	—	60 heures	10	
54	**Appareils** d'ascenseurs (fab. d')	M.1	7 »	—	6 jours	10	
55	**Appareils** de chauffage en métal (f. d')	M.1	7 »	—	6 —	10	

NUMÉROS D'ORDRE	PROFESSIONS	JURIDICTION	MOYENNE DES SALAIRES	DURÉE DE L'APPRENTISSAGE	DÉLAI-CONGÉ	MOYENNE DES HEURES DE TRAVAIL	OBSERVATIONS
56	**Appareils** pour la distillerie (fab. d')...	M. 1	7 fr.	3 ans	60 heures	10	— Voir ferblantiers et chaudronniers.
57	**Appareils** d'éclairage (cuivre, bronze, fer blanc) (fab. d')................	M. 1	7 50	—	6 jours	10	
58	**Appareils** pour eaux gazeuses (fab. d').	M. 1	6 50	—	6 —	10	
59	**Appareils** électriques (fab. d')........	M. 3	8 50	—	6 —	10	
60	**Appareils** à gaz (poseurs d')...........	B. 1	7 50	—	6 —	10	
61	**Appareils** de graissage (fab. d').......	M. 1	7 »	—	6 —	10	
62	**Appareils** d'hydrothérapie (fab. d').....	M. 1	7 50	—	6 —	10	
63	**Appareils** à laver (fab. d').............	M. 5	6 50	—	6 —	10	— Voir mécaniciens.
64	**Appareils** de perforation (fab. d')......	M. 1	8 »	—	60 heures	10	
65	**Appareils** de plongeur, de sauvetage et d'incendie (fab. d').................	M. 1	8 »	—	6 jours	10	
66	**Appareils** réfrigérants en métal (fab. d').	M. 1	7 »	—	6 —	10	—Il entre dans cette fabrication deux corps de métier bien distincts : 1° la menuiserie; 2° le zingueur. La moyenne de la journée est à peu près égale.
67	**Apprêteurs** de chapeaux de feutre.....	T. 4	à la pièce 6 f. p. jour	petites mains	6 —	11	—Aucun ouvrier n'est responsable de la malfaçon, mais répare à son temps.
68	**Apprêteurs** et teinturiers pour chapeaux de paille.................	T. 4	à la pièce 7 ot 8 fr.	aides	6 —	10	—Un grand nombre d'étrangers viennent en France faire ce travail, le patron fait des retenues pour se couvrir des malfaçons et des manquants; travail aux pièces.
69	**Apprêteurs** d'étoffes, de châles, etc....	T. 1	7 fr. p. jour, hommes 5 fr. p. jour, femmes	3 ans —	huit. ou 1 mois si l'ouvrier est au mois.	12	
70	**Apprêteurs** en dentelles et broderies..	T. 1	8 fr. p. jour, hommes 3 fr. p. jour, femmes	— —	— —	12 12	
71	**Apprêteurs** de métaux..............	M. 1	7 »	—	6 jours	10	
72	**Apprêteurs** pour le décatissage........	T. 1	7 »	—	huitaine	12	—Si l'ouvrier est au mois, il a droit à un mois. Les hommes de peine et cochers livreurs sont considérés comme des ouvriers et s'emploient à la manutention.
73	**Arçons** pour selliers-harnacheurs (f. d').	T. 3	6 » à 7 »	—	6 jours	10	
74	**Ardoises** (fab. d')...................	B. 8	0 fr. 75 l'heure	—	sans délai-congé	9	— Tailleur-ardoisier.
75	**Argenteurs** et doreurs sur verre et produits céramiques................	P. 4	7 »	3 ans, aides	huitaine	10	
76	**Armes** (ciseleurs et sculpteurs sur bois pour)............................	M. 5	8 »	3 ans	6 jours	10	—Voir ces professions au conseil du bâtiment.
77	**Armures** pour le théâtre (fab. d').......	M. 5	8 50	—	6 —	10	
78	**Armuriers**.....................	M. 5	8 »	—	6 —	10	
79	**Aromates** (f. d'huile volatile, benjoin, etc.)	P. 1	6 50	2 ans, aides	huitaine	10	
80	**Arquebusiers**....................	M. 5	8 »	3 ans	6 jours	10	
81	**Arrimeurs**......................	B. 4	0 fr. 60 l'heure	néant, aides 40	sans délai-congé	11	— Débardeurs, travail à la pièce.
82	**Arsenic** (fab. d')...................	P. 1	5 fr., maximum 7 fr.	2 ans, aid. et élèv.	huitaine	10	
83	**Articles** de bureaux en bois, ivoire, ébène et os (fab. d').....................	M. 6	7 »	3 ans	6 jours	10	
84	**Artificiers**.....................	P. 1	8 fr., aides 5 fr.	—	7 —	10	
85	**Asphalte**, produits bitumeux (fab. d')..	P. 1	8 »	aides et garçons	huitaine	10	
86	**Assiettes** pour doreurs (fab. d')........	P. 1	7 »	2 ans, aides	—	10	
87	**Autographies** (entrepreneurs d')......	P. 3	8 »	3 ans	sans délai-congé	10	

B

NUMÉROS D'ORDRE	PROFESSIONS	JURIDICTION	MOYENNE DES SALAIRES	DURÉE DE L'APPRENTISSAGE	DÉLAI-CONGÉ	MOYENNE DES HEURES DE TRAVAIL	OBSERVATIONS
88	**Bâches** et tentes imperméables (fab. d').	T. 1	à la pièce 7 f. p. jour	3 ans	huitaine	10	—Congé suivant le mode de paiement: à la semaine, à la quinzaine, au mois. Le congé à la pièce s'emploie quelquefois, l'ouvrier à la pièce a droit aux 2/3 de la façon.
89	**Badigeonneurs**...................	B. 6	0 fr. 80 l'heure	—	sans délai-congé	9	
90	**Baignoires** en cuivre (fab. d').........	M. 1	7 »	—	6 jours	10	
91	**Baignoires** en zinc (fab. de)..........	M. 4	7 »	—	6 —	10	
91 b.	**Bains**..........................						
92	**Balais** en bouleau, chiendent, crin (fab. de)	M. 6	5 »	néant	6 —	10	
93	**Balanciers**.....................	M. 3	8 »	3 ans	6 —	10	
94	**Balayeuses** mécaniques (fab. de)......	M. 1	7 »	—	6 —	10	
95	**Baleine** (apprêteurs, coupeurs, refendeurs de)......................	M. 6	6 50	1 an	6 —	10	
96	**Baleine** (épurateurs de blanc de).......	P. 1	0 fr. 50 l'heure	2 ans	huitaine	10	
97	**Baleine** (apprêteurs et fondeurs de fanons de)........................	P. 1	0 fr. 60 —	3 —	6 jours	10	
98	**Balles** et ballons en caoutchouc et autres (fab. de).....................	P. 1	0 fr. 50 —	2 —	6 —	10	
99	**Bambou** et roseau (fab. d'objets en)....	M. 6	6 50	3 —	6 —	10	
100	**Bandagistes**, pour le tout............	M. 5	8 »	—	6 —	10	
101	**Bardeurs** pour la maçonnerie........	B. 5	0 fr. 60 l'heure	—	sans délai-congé	10	
102	**Baromètres** (fab. de)...............	M. 3	8 50	—	6 jours	10	
103	**Barques** et bateaux (constructeurs de)..	B. 4	0 70 à 0 80 l'heure	—	pas de délai	10	— Voir charpentiers de bateaux.
104	**Bas** élastiques (fab. de).............	P. 1	7 »	2 —	6 jours	10	
105	**Basanes** (fab. de).................	P. 5	6 »	—	sans délai-congé	10	
105 b.	**Bateliers**......................	juge d. paix	4 » à 5 »	néant, aides	un mois	12	

Numéros d'ordre	Professions	Juridiction	Moyenne des salaires	Durée de l'apprentissage	Délai-congé	Moyenne des heures de travail	Observations
106	**Bâtiments** (entrepreneurs de)	B. 5	conducteurs 8 à 10 f. métreurs 7 à 8 fr. appareill. 12 à 15 fr.	de 4 à 5 ans comme aides	néant	10	—. L'ouvrier d'entrepreneur est surtout maçon, charpentier, zingueur, etc.
107	**Batistes** (fab. de)	T. 1	7 fr.	3 ans	huitaine	12	
108	**Batteurs** de métaux, or, argent, etc.	M. 2	7 »	—	6 jours	10	
109	**Baudruche** (apprêteurs de)	P. 5	6 f. petit. mains 4 f.	2 ans, aides	huitaine	10	—Le travail de la femme est payé 3 fr. par jour avec délai-congé de 6 jours.
110	**Bazin** (fab. de)	T. 1	7 »	3 ans	—	12	
111	**Béliers** hydrauliques (fab. de)	M. 1	7 50	—	6 jours	10	
112	**Berceaux** de fer (fab. de)	M. 1	6 50	—	—	10	
113	**Béton** (apprêteurs, broyeurs, cuiseurs et poseurs)	B. 5	0 fr. 50 l'heure	néant	sans délai-congé	10	
114	**Bétons** agglomérés, pierres factices (f¹ de)	B. 8	compagnon 0 70 l'h. garçon 0 55 l'heure	3 ans	néant	10	
115	**Biberons** (fab. de)	P. 4	6 »	2 ans, aides	huitaine	10	
116	**Bijouterie** fine et fausse (fab. de)	M. 2	8 »	3 ans	6 jours	10	
117	**Bijouterie** en faïence, porcelaine et verre (fab. de)	P. 4	de 7 » à 8 »	—	huitaine	10	—Cet usage de la huitaine de congé n'est pas appliqué partout.
118	**Bijoutiers** et polisseurs en instruments de chirurgie	M. 5	9 »	—	6 jours	10	
119	**Billards** et objets accessoires en bois, ivoire, etc. (fab. de)	B. 3	8 »	—	néant	10	
120	**Bimbeloterie** (fab. d'articles de)	M. 6	7 »	—	6 jours	10	
121	**Biscuits**, façon de Reims et autres (f¹ de)	P. 2	de 6 » à 8 »	néant, aides	huitaine	11	—Heur. de nuit: 4 h. env. à cert. époq., payées doub.
122	**Bitume** (fab. de)	P. 1	6 » aides 4 »	—	—	10	
123	**Bitumes** et asphaltes (poseurs de)	B. 7	0 60 et 0 45 l'heure	3 ans	pas de délai	9	—L'applicateur et le garçon-applicateur: 0 fr. 60 et 0 fr. 45 l'heure.
124	**Blagues** à tabac (fab. de)	T. 3	0 fr. 60 l'heure	pet. mains 3 ans	6, 12 ou 26 jours	10	
125	**Blagues** à tabac en métal (fab. de)	M. 2	6 »	2 ans	6 jours	10	
126	**Blanc** d'argent (fab. de)	P. 1	7 »	2 ans, aides	huitaine	10	
127	**Blanc** de céruse (fab. de)	P. 1	7 »	—	—	10	
128	**Blanc** d'Espagne (fab. de)	P. 1	6 »	aides	—	11	
129	**Blanc** de Meudon (fab. de)	P. 1	6 »	—	—	11	
130	**Blanc** de zinc (fab. de)	P. 1	7 »	2 ans, aides	—	10	
131	**Blanchissage** et repassage de neuf et de linge de ménage	P. 1	hom. 6 fr.; fem. 4 fr.	2 ans	5 jours ou 25 fr.	11	—Ind. 15 francs pour les femmes ou 5 jours.
132	**Blanchisseurs** d'étoffes ouvragées	T. 1	hom. 7 fr.; fem. 5 fr.	—	—	11	
133	**Bleu** de Prusse, d'azur, de cobalt (fab. de)	P. 1	6 »	2 ans, aides	huitaine	10	
134	**Blondes** (fab. de)	T. 1	travail à la pièce	3 ans	—	10	—Suivant mode de paiement; en dehors des ateliers, l'usage du délai-congé n'existe pas; la pièce en grande largeur est payée 2/3 de la façon à l'ouvrier.
135	**Blouses** et sarraux (confection de)	T. 2	—	—	—	10	—Les coupeurs ont droit à un mois de congé.
136	**Blutoirs** (fab. de)	T. 1	—	—	—	11	
137	**Bois** à ouvrer (courbeurs, débiteurs, façonneurs, refendeurs)	B. 4	0 70 à 0 80 l'heure	—	pas de délai	10	—En grande largeur, l'ouvrier reçoit en salaire les 2/3 de la façon; en petite largeur, la moitié de la façon.
138	**Bois** de teinture	P. 1	7 »	2 ans, aides	huitaine	11	
139	**Boissellerie** métallique (fab. de)	M. 1	7 »	2 ans	6 jours	10	
140	**Boissons** rafraîchissantes (fab. de)	P. 2	7 »	aides	huitaine	10	
141	**Boîtes** à conserves (fab. de)	M. 4	6 50	néant	6 jours	10	
142	**Boîtes** à musique (fab. de)	M. 3	7 »	3 ans	sans délai-congé	10	—Voir ébénistes auxquels ils sont toujours assimilés.
143	**Boîtes** de mathématiques (fab. de)	M. 3	7 »	—	—	10	—
144	**Boîtes** de pendules en métal (fab. de)	M. 3	7 »	—	6 jours	10	
145	**Bombeurs** de verre	P. 4	de 6 » à 8 »	néant	quinzaine	11	—Une quinzaine pour les ouvriers de la partie, huit jours pour les autres.
146	**Bonneterie** (fab. de)	T. 2	à la tâche	2 ans, pet. mains	huitaine	10	—Dans la bonneterie, les ouvrières travaillent non pas aux pièces, mais au kil. de matière employée.
147	**Bonneterie** orientale (fab. de)	T. 2	—	—	—	10	
148	**Bonnets** grecs (fab de)	T. 2	à la pièce	—	—	10	
149	**Bonnets** montés (fab. de)	T. 1	—	3 ans	—	10	—En dehors de l'atelier, le délai-congé n'existe pas.
150	**Borax** (acide borique) (fab. de)	P. 1	6 »	2 ans, aides	—	10	
151	**Bordeurs** de noir	P. 3	7 fr. hom. 4 fr. fem.	néant	—	10	—Les premiers six mois petites mains.
152	**Bordures** pour chapeaux de paille (fab. de)	T. 4	à la pièce	petites mains	—	10	—Voir f. chapeaux de paille, ouvriers étrangers.
153	**Bottiers**	T. 3	aux pièces chez eux ou à l'atelier, à la pièce ou à la journée, 7 fr. env.	3 ans	6 jours, à l'atelier	10	—Voir cordonniers, travail aux pièces; chez l'ouvrier pas de congé; pas de malfaçon à la charge de l'ouvrier pendant la période d'essai à moins que les pièces ne soient coupées.
154	**Bouchage** métallique (fab. de)	M. 4	7 »	—	6 jours	10	
155	**Boucheurs** et ajusteurs de flacon à l'émeri	P. 4	7 »	2 ans ½	p. de délai, congé	10	
156	**Bouchons** (fab. de)	M. 6	6 50	néant	6 jours	10	
157	**Bouclerie** en argent, or et faux (fab. de)	M. 2	8 »	3 ans	—	10	

NUMÉROS D'ORDRE	PROFESSIONS	JURIDICTION	MOYENNE DES SALAIRES	DURÉE DE L'APPRENTISSAGE	DÉLAI-CONGÉ	MOYENNE DES HEURES DE TRAVAIL	OBSERVATIONS
158	**Boucles** en fer, acier, etc............	M.1	6 50	2 ans	6 jours	10	
159	**Boueurs** (engrais)............	P.1	6 »	néant	pas de délai	10	
160	**Bougies** (cires et autres matières) (fab. de)	P.1	6 »	aides	huitaine	10	—Le viennois gagne 60 fr. la semaine, la porteuse 15 fr. la semaine; elle a droit à la huit.; porteurs 35 fr., huit. également.
161	**Boulangers** (porteurs et porteuses de pain, mitrons, etc.)	P.2	6 f. 40 le pain et vin	facult. à 2 et 3 ans	pas de délai	10	
162	**Boules** d'acier (fab. de)	P.1	6 »	aides	huitaine	10	
163	**Boules** de bleu (fab. de)	P.1	6 »	—	—	10	
164	**Boulons** en fer (fab. de)	M.1	7 50	3 ans	6 jours	10	
165	**Bourrelets** (fab. de)	B.3	7 »	petites mains	néant	10	—Congé suivant mode de paiement.
166	**Bourrelets** d'enfants (fab. de)	T.2	à la pièce	—	huitaine	10	
167	**Bourses** et sacs en tissus, broderies, etc.	T.2	—	2 ans, pet. mains	—	10	—
168	**Bouteilles** de grès (fab. de)	P.4	5 » à 6 »	2 ans	—	10	—Assimilé aux fab. de grès.
169	**Bouteilles** de verre (fab. de)	P.4	7 » à 8 »	3 ans	15 jours	10	
170	**Boutonniers**	P.1	5 » à 8 »	néant	huitaine	10	
171	**Boutons** en corne, en os et en nacre (fab. de)	P.1	—	—	—	10	
172	**Boutons** en fer pour portes, etc. (fab. de)	B.1	0 fr. 75 l'heure	3 ans	pas de délai	10	
172 b.	**Bouchers**	J.P.	20 f. à 40 f. semaine	—	huitaine	12	—Sont nourris.
173	**Boyaudiers**	P.5	6 » à 7 »	néant, aides	—	10	
174	**Brai**, sorte de résine, goudron (fab. de)	P.1	6 »	aides	—	10	
175	**Brasseurs** de bière, cidre, vin	P.2	6 » et 7 »	aides manœuvr.	—	10	
176	**Brassières** (fab. de)	T.2	à la pièce	petites mains	—	10	
177	**Bretelles** et jarretières (fab. de)	T.1	—	2 ans pet. mains	—	10	—Tisseurs en petites largeurs, 1/2 de la façon à l'ouvrier.
178	**Brides** de sabots (fab. de)	T.3	—	—	6 jours	10	—Voir cordonniers.
179	**Briqueteurs** fumistes pour fourneaux et cheminées d'usine	B.2	comp. 0 80 garç. 0 50	3 ans	p. de délai-congé	9	
180	**Briqueteurs** pour la maçonnerie	B.5	0 fr. 80 l'heure	—	—	9	—Les jointoyeurs ont 1 fr. de l'heure.
181	**Briquetiers** (fab. de briques, carreaux, poterie, tuyaux, tubes pour le bâtiment et le drainage)	B.8	0 f. 40 à 0 f. 50 l'h.	porteur 2 ans, gagne 0 f. 20 l'h.	pas de délai	11	—Enfosseurs, manégeurs, enfourneurs, défourneurs, de 0 f.40 à 0 f.50 l'h., porteur de 0 f. 125 à 0 f. 20, cuiseur à tâche ou 0 f. 50 et 0 f. 60 l'h., chargeur à tâche ou de 0 fr. 375 et 0 fr. 45 l'heure.
182	**Briquets** (fab. de)	M.1	6 »	néant	6 jours	10	
183	**Briquets** chimiques (veilleuses) (fab. de)	P.1	6 »	aides	huitaine	10	
184	**Briquettes** et agglomérés (combustibles) (fab. de)	P.1	6 »	—	—	10	
185	**Brocheurs** et assembleurs	P.3	7 70	3 ans	—	11	
186	**Brocheurs** pour tissus	T.1	6 » à 7 »	2 ans	—	10	
187	**Broderies** (fab. de)	T.1	travail à la pièce	3 ans	—	10	— Ouvriers à la journée; dessinateurs, composit. au mois, avec congé 1 mois.
188	**Brodeurs** et brodeuses	T.1	—	—	—	10	—Ouvriers au mois: brodeurs et brodeuses, délai congé 1 semaine.
189	**Brodeurs**-galonniers en soie, laine et coton	T.1	—	—	—	10	—Ouvriers chez eux: travaillent aux pièces et n'ont pas droit au congé.
190	**Bronzes** (fab. de)	M.4	7 50	—	6 jours	10	
191	**Brosserie** métallique (fab. de)	M.1	7 »	—	—	10	
192	**Brosseries** (fab. de)	M.6	7 »	—	—	10	
193	**Broyeurs** de chanvre	T.1	6 fr., aides 4 fr.	3 ans, aides	6, 12 ou 26 jours	10	—Suivant le mode de paiement.
194	**Broyeurs** de couleurs	P.1	6 »	aides, 2 ans	huitaine	10	
195	**Brûleries** d'eau-de-vie de vin, de cidre, de betterave, de grain et autres	P.2	7 »	aides	—	10	
196	**Brûleurs** de café de toutes sortes	P.2	6 »	—	—	11	
197	**Brunisseurs**	M.2	6 »	2 ans	6 jours	10	
198	**Brunissoirs** en acier et pierres dures (fab. de)	M.2	7 50	3 ans	—	10	
199	**Buandiers**, blanchisseurs, lavoirs	P.1	h. 6 fr.; f. 3 à 4 fr.	2 ans	5 —	11	—Les garçons de jr, 15 f. la semaine et pourboires, ont la huit., les piéceuses non.
200	**Bûcherons**	B.4	0 fr. 83 l'heure	com. aides, 3 ans	pas de délai	10	
201	**Bûcherons**-équarrisseurs	B.4	0 90	—	—	10	
202	**Bûches** économiques (fab. de)	P.1	6 »	aides	huitaine	10	
203	**Buffle** (fab. d'objets en)	M.6	6 »	2 ans	6 jours	10	
204	**Buscs** en acier (fab. de)	M.2	5 »	néant	—	10	—En général, dans cette corporation, on n'emploie que des hommes de peine et des manœuvres.

C

NUMÉROS D'ORDRE	PROFESSIONS	JURIDICTION	MOYENNE DES SALAIRES	DURÉE DE L'APPRENTISSAGE	DÉLAI-CONGÉ	MOYENNE DES HEURES DE TRAVAIL	OBSERVATIONS
205	**Cabas** en paille, tissus et autres	T.4	à la pièce 3 à 5 fr.	petites mains	6, 12 ou 24 jours	10	—Suivant le mode de paiement, congé de 6, 12 ou 24 jours.
206	**Câbles** (fab. de)	T.1	à la pièce 6 fr.	3 ans (aides)	huitaine	10	
207	**Cachemires** (fab. de)	T.1	à la pièce	3 ans, pet. mains	—	10	
208	**Cactus** (fab. d'objets en)	M.6	6 50	3 ans	6 jours	10	
209	**Cadrans** de montres et pendules (fab. de)	M.3	7 50	3 ans	—	10	
210	**Cadres** et moulures (fab. de) (miroitiers)	P.4	7 »	2 —	huitaine	10	
211	**Cafetières** en cuivre (fab. de)	M.4	8 »	3 —	6 jours	10	
212	**Cages**, souricières, etc. (fab. de) pour la façon du bois et le montage	B.3	7 » aides 3 »	3 ans, aides	néant	10	
213	**Cailloux** (tireurs et casseurs de)	B.8	5 à 6 fr. p. j. à tâche	néant	—	10	

NUMÉROS D'ORDRE	PROFESSIONS	JURIDICTION	MOYENNE DES SALAIRES	DURÉE DE L'APPRENTISSAGE	DÉLAI-CONGÉ	MOYENNE DES HEURES DE TRAVAIL	OBSERVATIONS
214	**Caisses** de tambours en bois (fab. de)..	M. 3	8 fr.	3 ans	6 jours	10	
215	**Calandreurs**	T. 1	7 »	—	huitaine	12	—Cochers et livreurs, hommes de peine et manœuvres sont assimilés aux ouvriers et ont droit à leur huitaine de congé.
216	**Calicots** (fab. de)	T. 1	6 »	—	—	12	—Les ouvriers payés au mois ont droit à un délai-congé d'un mois.
217	**Calottes** (fab. de)	T. 4	à la pièce	petites mains	—	10	
218	**Cambreurs**	P. 5	7 »	2 ans	—	10	
219 / 220	**Cambruriers** (fab. de vieilles semelles pour premières)	T. 3	à la pièce	3 ans	(sans délai-congé huit. à l'atelier et à salaire fixe)	10	—Voir bottiers.
221	**Camelots** (fab. de)	T. 1	—	3 ans aid. pet. m.	huitaine	10	
222	**Camphre** (raffineurs de)	P. 1	6 » à 7 »	2 ans	—	10	
223	**Candelières** (trameuses)	T. 1	à la pièce	3 ans pet. mains	—	10	
224	**Canevas** (fab. de)	T. 1		3 ans	—	10	
225	**Canneleurs** pour l'ébénisterie	B. 3	7 f. et 8 f. aux pièces	—	néant	10	
226	**Cannes** (fab. de)	M. 6	7 »	—	6 jours	10	—Se divisent en plusieurs parties. Ex.: vernisseurs, sculpteurs, monteurs, etc.
227	**Cannetilles** pour chapeaux (fab. de)	T. 4	à la pièce	petites mains	néant	10	—Travail de femmes.
228	**Canneurs** pour sièges	B. 3	4 f. à 5 f. aux pièces	1 an	—	10	
229	**Canonniers**	M. 5	8 »	3 ans	6 jours	10	
230	**Caoutchouc** (fab. de)	P. 1	6 » à 7 »	3 ans pet. mains	huitaine	10	
231	**Caoutchouc** (fab. d'objets en)	P. 1	6 » à 7 »	—	—	10	
232	**Capsules** de bouchage en métal (fab. de)	M. 4	4 »	néant	6 jours	10	—Travail fait en général par des femmes.
233	**Caractères** à jour (graveurs de)	M. 2	8 »	3 ans	—	10	
234	**Caramels** (fab. de)	P. 2	6 »	pet. mains aides	huitaine	10	
235	**Carbonisation** (distillation des bois)	P. 1	5 » à 6 »	aides	—	10	
236	**Carcasses** en laiton pour modes (fab. de)	M. 4	6 50	2 ans	6 jours	10	
237	**Carderie** (entrepreneurs de)	T. 1	7 f. hom., 4 f. fem., et à la pièce	3 ans aides payés	huitaine	10	
238	**Cardeurs** pour matelas	T. 1	7 f. hom., 4 fr. fem.	—	—	10	
239	**Carmin** d'indigo, de cochenille (fab. de)	P. 1	6 » à 7 »	3 ans	—	10	
240	**Carreaux** (fab. de)	B. 8	0 fr. 80 l'heure	3 à 4 ans c. aide	néant	10	
241	**Carreaux** et mosaïque en ciment (fab. de)	B. 8	—	—	—	10	
242	**Carreleurs**	B. 5	0,80 comp. 0,50 garç.	3 à 5 ans c. aide	—	12	
	Carrés et clefs de montre mécan. (fab. de)	M. 3	6 »	néant	6 jours	10	
243	**Carrés** de montres (fab. de)	M. 3	6 »	—	—	10	
244	**Carriers**, mineurs	B. 8	à la tâche	—	néant	11	—Les mineurs sont payés 0 fr. 375 à 0 fr. 425 le m^3, les chargeurs de wagons de 0 fr. 35 à 0 fr. 40; de tombereaux, de 0 fr. 35 à 0 fr. 375 l'un.
245	**Carrossiers** pour le tout (serrurerie, caisse, sellerie, bourrellerie pour la garniture de la voiture et peinture)	M. 1	7 50	3 ans	6 jours	10	
246	**Cartes** à jouer (fab. de)	P. 3	6 » à 7 »	—	huitaine	10	
247	**Cartes** en feuilles (fab. de)	P. 3	5 » à 6 »	—	—	10	
248	**Carton** (fab. de)	P. 3	7 fr. et à la pièce	3 ans, pet. mains	—	10	
249	**Carton-pâte** (fab. de)	P. 3	—	petites mains	—	10	
250	**Carton** pour toitures (fab. de)	P. 3	6 »	aides	—	10	
251	**Cartonnages** (fab. de)	P. 3	6 » à 7 »	petites mains	—	10	
252	**Cartons-pierre** (fab. de)	B. 9	10 »	4 ans	néant	10	
253	**Cartouches** et bourres de chasse en papier (fab. de)	M. 5	6 »	néant	6 jours	10	
254	**Cascades** chimiques (fab. de)	P. 1	6 »	2 ans	huitaine	10	
255	**Casimir** (fab. de)	T. 1	à la pièce	3 ans pet. mains	—	10	
256	**Casques** (fab. de)	M. 5	7 »	3 ans	6 jours	10	
257	**Casquettes** (fab. de)	T. 4	à la pièce	pet. mains, 2 ans	huitaine	10	
258	**Cave** (fab. d'articles de)	M. 6	7 »	3 ans	6 jours	10	
259	**Ceinturonniers**	T. 3	à la pièce	3 ans com. aides	une journée	10	—Ouvriers responsables de la façon. Les 2 heures que l'ouvrier en congé prend pour se chercher du travail sont à la charge du patron.
260	**Celluloïd** (fab. de)	P. 1	6 » à 7 »	3 ans	huitaine	10	
261	**Celluloïd** (fab. d'objets en)	P. 1	—	—	—	10	
262	**Cendres** gravelées (la lie du vin, tartrate de potasse)	P. 1	5 » à 6 »	néant	—	11	
263	**Céramistes**	P. 4	7 50 à 8 50	3 ans	huit. peu appliq.	10	
264	**Céramotypie**	P. 4	6 » à 7 »	—	—	10	
265	**Cercles** et cerceaux (fab. de)	M. 6	5 50	3 ans, aides	6 jours	10	—Voir tonneliers.
266	**Chaînes** en fer pour câbles (fab. de)	M. 1	6 »	3 ans	—	10	
267	**Chaînes** en fer, cuivre (fab. de)	M. 1	7 50	—	—	10	
268	**Chaînes** en jaseron, or et argent (fab. de)	M. 2	8 50	—	—	10	
269	**Chaises** et fauteuils (fab. de)	B. 3	0 fr. 80 l'heure	—	néant	10	
270	**Chaises** rustiques et autres objets de jardin, bacs, caisses à fleurs, jardinières (fab. de)	B. 3	0 fr. 70 à 0 fr. 75	—	—	10	—Travail aussi aux pièces.
271	**Châles** (fab. de)	T. 1	à la pièce	—	huitaine	10	—Grande largeur, l'ouvrier a droit aux 2/3 de la façon pour son salaire.
272	**Châliers** (ouvriers à façon, maîtres gaziers)	T. 1	—	—	—	10	
273	**Chalumeaux** en cuivre pour souder	M. 4	7 »	—	6 jours	10	
274	**Chamoiseurs**	P. 5	6 »	néant	néant	10	
275	**Chandeliers** (fab. de chandelles)	P. 1	6 »	pet. mains, aides	huitaine	10	
276	**Chanvre** (filateurs de)	T. 1	6 fr. et à la tâche	—	—	10	—L'ouvrier au mois a droit à un délai-congé d'un mois.
277	**Chapeaux** (fab. d'étuis à)	P. 3	5 » à 6 »	3 ans	—	10	

NUMÉROS D'ORDRE	PROFESSIONS	JURIDICTION	MOYENNE DES SALAIRES	DURÉE DE L'APPRENTISSAGE	DÉLAI-CONGÉ	MOYENNE DES HEURES DE TRAVAIL	OBSERVATIONS
278	**Chapeaux** en feutre, soie, peluche (fab. de)	T. 4	6 » à 7 fr.	3 ans	huitaine	11	—Chapeaux de paille.
279	**Chapellerie** (fab. de)	T. 4	6 » à 7 »	—	—	11	
280	**Chapelure** (fab. de)	P. 2	5 » à 6 »	aides et garçons	—	10	
281	**Charbon** animal, de bois, de terre et composés (fab. de)	P. 1	5 » à 6 »	—	—	10	
282	**Charcutiers**	P. 2	6 f. chefs, 4 à 5 f. ouv.	1 an à 18 mois	—	12	—Les ouvriers nourris, couchés sont payés : les chefs 80 fr. par mois, les ouvriers de 25 à 30 fr.
283	**Charnières** en cuivre et en fer (fab. de)	M. 1	6 50	3 ans	6 jours	10	
284	**Charpentes** en fer (fab. de)	B. 1	0 fr. 75 l'heure	3 ans, 2 à 5 ans comme aides	néant	10	
285	**Charpentiers-mécaniciens**	B. 4	0 fr. 90 l'heure	—	—	10	
286	**Charpentiers** de bateaux	B. 4	0 f. 70 à 0 f. 80 l'h.	—	—	10	
287	**Charpentiers** de bâtiments	B. 4	0 f. 90 l'h., aide 4 f.	3 à 5 ans c. aides	—	10	
288	**Charrons**	M. 1	8 »	3 ans	6 jours	10	
288 b.	**Cantonniers**, exploitations particulières.		80 à 150 f. par mois	néant	un mois		
289	**Chasse** (fab. d'articles de)	T. 1	7 fr. hom. 4 fr. fem. et à la pièce	3 ans	huitaine	10	—Métier non classé.
289 b.	**Chasseurs** d'animaux nuisibles	....	....	....	....	....	
290	**Châssis** en bois (fab. de)	B. 3	0 fr. 80 l'heure	3 ans, aides	néant	10	
291	**Châssis** en fer, tôle, zinc (fab. de)	B. 1	0 fr. 75 l'heure	3 ans	—	10	
292	**Chasubles** et ornements d'églises (fab. de)	T. 1	à la pièce, à tâche	—	huitaine	10	—L'ouvrière qui travaille chez elle n'a pas droit au délai-congé.
293	**Chaudronnerie** (fab. de toute espèce de)	M. 1	7 »	3 ans, aides	60 heures	10	—L'aide-chaudronnier a une moyenne de salaire de 5 fr., pas d'apprentissage proprement dit.
294	**Chaufourniers**	B. 8	5 » à 7 »	aides, chargeurs et porteurs	néant	12	—Cette industrie disparaît à Paris.
295	**Chaufferettes** (fab. de)	M. 6	5 50	3 ans, aides	60 heures	10	—Pas d'apprentiss. proprement dit (petite main).
296	**Chauffeurs** de machines	M. 1	7 »	3 ans	—	10	—Le chauffeur doit passer un examen à la Préfecture de police pour recevoir une «Commission»; il n'y a donc pas d'apprentissage bien déterminé.
297	**Chaussetiers**	T. 2	à la pièce	3 ans, pet. mains	huitaine	10	
298	**Chaussons** de lisières, tresses, nattes (fab. de)	T. 3	—	petites mains	—	10	
299	**Chaux** (fab. de)	B. 8	0 fr. 40 0 fr. 50 l'h.	porteurs. charg.	néant	10	
300	**Cheminées** en marbre, stuc, etc. (fab. de)	B. 9	8 »	3 ans	—	11 à 12	
301	**Chemins** de fer (construct. de matériel de)	M. 1	6 »	—	60 heures	10	—Menuisier en voiture.
	— — — —	—	8 »	—	—	10	—Mécanic. et monteurs.
302	**Chemises** (fab. de), chemisiers	T. 2	8 »	—	1 mois ou 8 jours 2 fr. 75 par jour	10	—Piéçards et coup. aux pièces, dimanche repos, le chômage non accepté donne lieu au délai-congé; sont soumis à la juridic. du Cons. des Prud'h. tous les coup. et manutentionn. de cette indust. Les employés vend., étalag. et compt. et garç. de mag. ne sont pas justiciables. Piéçards et coup. aux pièces s'engag. pour un trav. déterminé et pour un temps déter. Les coupeurs sont astreints à se prés. à l'h. d'ouvert. de l'atel., seuls ces dern. ont droit au délai-congé. Un mois d'essai. L'indem. mens. est fixée à 82 fr. 50 pour la nourriture là où l'on est nourri.
303	**Chenilles** (fab. de)	T. 4	6 f. hom., 3 f. fem.	2 ans	huitaine	10	
304	**Chevaux**, voitures mécaniques (fab. de)	M. 1	7 » et 6 »	3 ans	60 heures	10	—Sculpteurs sur bois et menuisiers. Monteurs en jouets. (Au jour de l'an quelq. heures de nuit par équipes.)
304 b.	**Chevaux** (march. de)	J. P.	6 »	aides, 4 »	huitaine	10	
305	**Cheveux** (fab. d'ouvrages en), coiffeurs, posticheurs-douilleurs et marchands	T. 1	6 fr. nourriture et profits compris 4 fr. pour les fem.	3 ans	huitaine	10	—Employés en qualité d'extra, très souvent travaillent aussi à la journée et au mois.
306	**Chicorée** (fab. de)	P. 2	5 à 6 fr., fem. 3 fr.	aides, pet. mains	—	10	
307	**Chineurs**	T. 1	à la tâche	3 ans	—	10	
308	**Chlorates** de potasse (fab. de)	P. 1	5 » à 6 »	2 à 5 ans	—	10	—Les élèv. de laboratoire sont en dehors de cette classification relativement à l'apprentissage et aux salaires.
309	**Chlorures** de chaux (fab. de)	P. 1	5 » à 6 »	2 à 3 ans	—	10	
310	**Chocolatiers**	P. 2	6 »	néant	—	12	
311	**Chromates** (fab. de)	P. 1	5 » à 6 »	2 à 3 ans	—	10	
312	**Chromolithographies**	P. 3	0 fr. 50 à 1 fr. 10 l'h.	3 ans	néant	9	
313	**Ciments** (fab. de)	B. 8	0 fr. 40 à 0 fr. 60 l'h.	aides, porteurs ou chargeurs	—	11	
314	**Cimentiers**	B. 8	0 fr. 75 l'heure	3 ans, com. aides	—	10	

NUMÉROS D'ORDRE	PROFESSIONS	JURIDICTION	MOYENNE DES SALAIRES	DURÉE DE L'APPRENTISSAGE	DÉLAI-CONGÉ	MOYENNE DES HEURES DE TRAVAIL	OBSERVATIONS
315	**Cinabre** (vermillon) (fab. de)	P. 1	5 » à 7 »	3 ans et 5 ans	huitaine	10	
316	**Cirage** (fab. de) et cireurs	P. 1	6 » à 7 »	2 ans com. aides	—	10	
317	**Cire** à cacheter (fab. de)	P. 1	7 »	3 ans	—	10	
318	**Cire** à giberne (fab. de)	P. 1	7 »	—	—	10	
319	**Cire** jaune, blanche, etc. (fab. de)	P. 1	7 »	—	—	10	
320	**Cireurs** de taffetas et de toiles	P. 5	7 »	—	—	10	
321	**Ciseleurs** en cuivre	M. 4	8 »	4 ans	60 heures	10	
322	**Ciseleurs** pour armurerie et arquebuserie	M. 5	8 »	—	—	10	
323	**Clefs** de montres, pendules, etc. (fab. de)	M. 3	5 »	—	—	10	
324	**Clicheurs** stéréotypeurs	P. 3	6 » à 7 »	3 ans	néant	10	—Pas d'apprentissage. Industrie qui disparaît. Se fait plutôt par les bijout.
325	**Clinquant** (fab. de)	M. 2	6 »	néant	60 heures	10	—Pas d'apprentissage proprement dit.
326	**Cloches** et timbres (fondeurs de)	M. 1	9 »	3 ans.	—	10	—Le travail se paie par fonte dans la fonderie.
327	**Clôtures** métalliques (fab. de)	M. 1	6 »	2 ans	—	10	
328	**Cloutiers** de toute espèce	M. 1	6 »	—	—	10	
329	**Cobalt** (bleu de) (fab. de)	P. 1	5 » à 7 »	3 ans	huitaine	10	
330	**Coffres** de sûreté en fer (fab. de)	M. 1	8 »	—	60 heures	10	
331	**Coiffes** de chapeaux (fab. de)	T. 4	5 » à 8 »	petites mains	huitaine	10	
331 b.	**Coiffeurs**						—Voir implanteurs.
332	**Coke** (fab. de)	P. 1	5 » à 6 »	néant	—	10	
333	**Colle** de toute sorte (fab. de)	P. 1	6 »	2 ans com. aides	—	10	
334	**Colleurs** de papiers peints ou de tenture	B. 6	0 fr. 80 l'heure	3 ans	néant	10	
335	**Colliers** de chiens (fab. de)	T. 3	7 et 8 fr. par jour	—	6, 12 ou 26 jours		—Suivant que le mode de paiement des salaires est à la semaine, à la quinz. ou au mois.
335 b.	**Cochers** (palefreniers, piqueurs, livreurs)	J.P.	5, 4 et 6 fr.	2 ans	un mois	10	
336	**Colophane** (distillation de la térébenthine) (fab. de)	P. 1	5 » à 6 »	3 ans	huitaine	10	
337	**Coloration** des bois	P. 1	5 » à 7 »	—	—	10	
338	**Coloristes** (metteurs en cartes pour tissus)	T. 1	à la tâche	3 ans aides et petites mains	—	10	
339	**Coloristes** et enlumineurs	P. 3	6 à 8 fr. à la tâche femmes 3 et 4 fr.	3 à 5 ans, élèves	néant	10	—Assimilés aux compositeurs : ponceurs-dispositeurs en broderies et tissus.
340	**Cols** et faux-cols (fab. de)	T. 2	à la pièce	3 ans pet. mains et aides	1 mois et la huit.	10	—Les coupeurs ont droit à un mois, les autres ouvriers à la huitaine.
341	**Combustibles** de toute sorte (fab. de)	P. 1	5 » à 6 »	néant	huitaine	10	
342	**Comestibles** (march. et fab. de)	P. 2					—Voir charcutiers.
343	**Compas** de toutes sortes (fab. de)	M. 3				12	—Voir instr. de précision
344	**Compositeurs** typographes	P. 3	7 »	3 ans ½ à 4 ans	néant	10	—Metteur en pages : 8 à 15 fr.; chefs d'équipe, ouvriers auxil., hommes de bois ou en conscience, aides du metteur et corrigeurs (la plup. aux pièces).
345	**Composteurs** (fab. de)	M. 1	7 »	2 ans	60 heures	10	
346	**Compteurs** à gaz, à eau, etc. (fab. de)	M. 3	7 »	3 ans	—	10	
347	**Comptoirs** en étain (fab. de)	M. 1	8 »	—	—	10	
347 b.	**Conducteurs** de travaux		2 à 300 fr. par mois	3 à 5 ans, élèves	contrat régulier	10	
348	**Confectionneuses** en paille	T. 4	à la pièce	pet. mains, 3 ans	huitaine	10	
349	**Confection** d'habillements d'hommes (fab. d'articles de)	T. 5	à la pièce, à l'h. 0,70 et à la semaine	3 ans	à la pièce, néant à la sem. huit.	10	—Les ouvriers au mois ont droit à un mois. Tout coupeur-apprêteur a droit à un délai-congé d'un mois.
350	**Confections** pour dames (fab. d'art. de)	T. 5	à la pièce : hom. 7 fr. femmes 4 et 5 fr.	—	huitaine	11	—La huitaine n'est due qu'aux ouvriers et aux ouvrières travaillant en atelier. Assimilés aux couturiers et aux couturières. Même les coupeurs, pompiers, pompières et apiéceurs.
351	**Confections** pour enfants (fab. d'art. de)	T. 5	à la pièce : hom. 7 fr. femmes 4 et 5 fr.	—	—	11	
352	**Confiseurs**	P. 2	7 »	2 ans	—	10	
353	**Confitures** (fab. de)	P. 2	6 »	néant	—	10	
354	**Conserves** alimentaires (fab. de)	P. 2	6 »	néant, pet. mains	—	10	
355	**Constructeurs** de planchers en fer	B. 1	0 fr. 75 l'heure			10	—Voir charpent. en fer.
356	**Constructions** navales en fer (entr. de)	M. 1				10	—Voir chaudronnerie.
357	**Contre-poseurs** pour la maçonnerie	B. 5	0 fr. 70 l'heure	3 ans com. aides	néant	10	
358	**Copies** de musique (entrepreneur de)	P. 3	à la pièce 7 fr.	2 à 3 ans	—	10	
359	**Coquillages** (fab. d'articles en)	M. 6	5 50	petites mains	60 heures	10	—Pas d'apprentissage proprement dit.
360	**Corail** (fab. d'articles en)	M. 2	8 »	3 ans	—	10	
361	**Cordages**, ficelles, etc. (fab. de)	T. 1	à la tâche 6 fr.	3 ans, aides	huitaine	10	
362	**Cordes** à boyaux (fab. de)	P. 5	6 » à 7 »	3 ans	—	10	
363	**Cordes** et câbles métalliques (fab. de)	M. 1	7 »	—	60 heures	10	
364	**Cordiers**	T. 1	à la tâche	3 ans, aides	huitaine	10	
365	**Cordonniers** et fabricants de chaussures	T. 3	aux pièces 6 fr.	3 ans	8 jours, 1 mois	10	
366	**Corne** (fab. d'objets en)	P. 1	—	—	huitaine	11	—Aux pièces chez eux, pas de délai-congé, sauf pour les ouvriers d'atelier.
367	**Cornes** à lanternes, à peignes, etc. (f. de)	P. 1	à la pièce 5 à 6 fr.	—	—	10	
368	**Cornes** (aplatisseurs et préparateurs de)	P. 1	6 »	—	—	10	
369	**Correcteurs** typographes	P. 3	6 » à 8 »	—	néant	10	
370	**Corroyeurs**	P. 5	7 » à 8 »	2 ans	—	11	—Travail aux pièces.
371	**Corroyeurs-Chevriers**	P. 5	7 » à 8 »	—	—	11	—
372	**Corroyeurs** et **Tanneurs**	P. 5	6 » à 7 »	2 ans, aides	—	11	—
373	**Corsets** (fab. de)	T. 2	à la pièce	3 ans	huitaine	10	
374	**Costumiers**	T. 5				10	—Voir confectionneurs et tailleurs d'habit.

NUMÉROS D'ORDRE	PROFESSIONS	JURIDICTION	MOYENNE DES SALAIRES	DURÉE DE L'APPRENTISSAGE	DÉLAI-CONGÉ	MOYENNE DES HEURES DE TRAVAIL	OBSERVATIONS
375	**Cotons** (filateurs et retordeurs)	T. 1	5 et 6 fr. fem. 3 fr.	3 ans, aides	huitaine	10	
376	**Cotonniers**	T. 1	à la tâche 6 et 7 fr.	3 ans, aid. payés	—	10	
377	**Couleurs** (fab. de)	P. 1	5 » à 6 »	3 ans	—	10	
378	**Couperose** (sulfate de fer) (fab. de)	P. 1	5 » à 7 »	3 ans com. aides	—	10	
379	**Coupeurs** de peluche	T. 4	5 » à 7 »	2 ans	7 jours	10	
380	**Couronnes** et ornements funéraires en verre, porcelaine et faïence (fab. de)	P. 4	aux pièces : fem. 3 fr., hom. 5 fr.	2 ans, pet. mains	huitaine	10	
381	**Courroies** pour machines (fab. de)	T. 3	0 f.60 à 0 f.70 l'heure	3 ans	—	10	
382	**Couseurs** de coiffes pour chapeaux de soie	T. 4	à la pièce	3 ans, pet. mains	—	10	
383	**Coutellerie** (fab. de)	M. 5	8 »	3 ans	60 heures	10	—Le travail se divise en deux parties principales : la fabrication de la lame et le manche.
384	**Couture**, broderie et piqûre à la mécanique (entrep. de)	T. 2	à la pièce	3 ans, pet. mains	huitaine	10	
385	**Couturières**	T. 2	à la pièce de 3 à 6 fr. par jour.	—	—	10	
386	**Couverts** et service de table en métal (fab. de)	M. 2	7 »	3 ans	60 heures	10	
387	**Couvertures** en laine, soie, molleton, coton (fab. de)	T. 1	à la pièce	3 ans, aid. payés	huitaine	10	
388	**Couvreurs** en ardoises, tuiles, zinc, etc.	B. 2	0 fr. 80 l'h. le comp. 0 fr. 50 l'h. le garç.	3 ans com. aides	néant	10	
389	**Craie** (apprêteurs de)	B. 8				10	—Assimilés aux carriers-mineurs.
390	**Cravaches** et fouets (fab. de)	T. 3	0 f.60 à 0 f.70 l'heure	3 ans	huitaine	10	
391	**Cravates** (fab. de)	T. 2	à la pièce	2 ans, pet. mains	—	10	
392	**Crayons** et ardoises à écrire (fab. de)	P. 1	6 » à 7 »	3 ans, pet. mains	—	10	
393	**Crayons** de toute espèce et de mine de plomb (fab. de)	P. 1	—			10	
394	**Crémones** (fab. de)	B. 1	0 fr. 75 l'heure	3 ans	néant	10	
395	**Crêpes** et tulles (fab. de)	T. 1	à la pièce 5 à 6 fr.	—	huitaine	10	
396	**Crépins** en bois (fab. de)	T. 3	0 f.60 à 0 f.70 l'heure	petites mains	—	10	
397	**Creusets**, moufles et coupelles de chimie et autres (fab. de)	P. 4	5 » à 7 »	2 ans, pet. mains	—	10	
398	**Cribles** en métal et parchemins (fab. de)	M. 6	6 »	aides	60 heures	10	— Pas d'apprentissage proprement dit.
399	**Crics** (fab. de)	M. 1	7 »	3 ans	—	10	
400	**Crins** (fab. d'étoffes de)	T. 1	à la pièce	3 ans, aid. payés	huitaine	10	
401	**Cristaux** et verres (fab. de)	P. 4	6 » à 8 »	3 à 5 ans	quinzaine	10	
402	**Cuilleristes** en or, argent, vermeil, maillechort, cuivre et étain	M. 2	8 »	3 ans	60 heures	10	— Voir orfèvres.
403	**Cuirs** factices (fab. de)	P. 5	5 » à 7 »	2 ans	néant, sauf pour les ouv. à la jour.	10	
404	**Cuirs** à rasoirs et pierres (fab. de)	T. 3	0 f.60 à 0 f.70 l'heure	3 ans, aides	huitaine	10	
405	**Cuirs** en relief (repousseurs de)	P. 5	7 » à 10 »	3 ans, pet. mains et aides	—	10	
406	**Cuirs** et peaux	P. 5	6 fr. au mois ou à la pièce	néant	huitaine.	10	
407	**Cuirs** vernis (fab. de)	P. 5	8 » à 10 »	2 ans	néant	10	
408	**Cuisiniers** des restaurants, hôtels, cafés et leurs patrons	P. 2	chefs de 300 à 500 fr. p. mois; seconds de 130 à 150; troisièmes de 90 à 100.	15 à 24 mois	néant	13 à 14	— Les cuisinières couchées ont seules droit à la huitaine de congé, elles sont payées de 30 à 60 fr. par mois, nourries.
409	**Culottiers** (tailleurs)	T. 5	à l'h. 0 fr.70 et à la p. coup.-apprêt. 8 fr.	3 ans	à la sem. : huit à la sem. : néant	10	— Les coupeurs-apprêteurs ont droit à la huitaine de délai-congé.
410	**Cuves** et foudres (fab. de)	M. 6	cuves métall. 7 fr. cuves en bois 7 fr.	— —	60 heures 6 jours	10 10	—Pour les cuves métalliques, v. chaudronniers. — Pour les cuves et foudres en bois, v. tonneliers.
410 b.	**Cureurs**						
411	**Cyanures** (fab. de)	P. 1	6 » à 7 »	2 ans	huitaine	10	
412	**Cylindreurs** lamineurs pour étoffes, chapeaux de paille, etc.	T. 1	—	2 ans, aid. payés	huit. p. les ouv. à la semaine un mois pour les ouv. au mois	12	

<h2 style="text-align:center">D</h2>

NUMÉROS D'ORDRE	PROFESSIONS	JURIDICTION	MOYENNE DES SALAIRES	DURÉE DE L'APPRENTISSAGE	DÉLAI-CONGÉ	MOYENNE DES HEURES DE TRAVAIL	OBSERVATIONS
413	**Daguerréotypes** (fab. de)	M. 3					
414	**Dalles** et poseurs (fab. de)	B. 5	0 fr. 75 l'heure	3 ans, com. aides	néant	11	—Métier très rare actuellement.
415	**Damas** (fab. d'étoffes de)	T. 1	à la pièce	3 ans	huitaine	10	
416	**Damasquineurs**	M. 5	8 »	—	60 heures	10	
417	**Damasseurs**	T. 1	à la pièce	—	huitaine	10	
418	**Débardeurs** et ouvriers des docks	B. 4	0 f.60 l'h. et à tâche	néant	néant	11	— Travail fait par équipe et en commandite.
419	**Décatisseurs**, apprêteurs	T. 1	7 fr. les hommes, 4 fr. les femmes	3 ans, aid. payés	huitaine	12	— Hommes de peine, livreurs et cochers sont considérés comme ouvriers et peuvent s'employer à la manutention, ils ont droit au délai-congé.
420	**Déchireurs** de bateaux	B. 4	0 f.60 à 0 f.70 l'heure	néant, aides	néant	12	
421	**Décorateurs** sur porcelaine, verre, cristaux et faïences	P. 4	6 » à 7 50	3 à 4 ans	—	10	— Travail fait à la pièce et sur conventions spéciales.

NUMÉROS D'ORDRE	PROFESSIONS	JURIDICTION	MOYENNE DES SALAIRES	DURÉE DE L'APPRENTISSAGE	DÉLAI-CONGÉ	MOYENNE DES HEURES DE TRAVAIL	OBSERVATIONS
422	**Décorations**, ordres (fabricants de)...	M. 2	6 50	3 ans	60 heures	10	
423	**Décors** d'ameublement en or, argent, cuivre (fab. de)...	M. 2	7 »	—	—	10	—Faits en général par des estampeurs et des ciseleurs.
424	**Décors** sur métaux divers (fab. de)...	M. 4	8 »	—	—	10	
425	**Découpeurs** en or, argent, cuivre...	M. 2	hom. 7 fr., fem. 4 fr.	—	—	10	—Travail surtout de femmes dans la bijouterie.
426	**Découpeurs** de bois...	B. 3	0 fr. 80 l'heure	—	7 jours	10	—Sauf le cas où cet ouvrier travaille chez un menuisier.
427	**Découpeurs** de bois pour l'ébénisterie..	B. 3	0 fr. 90 —	3 à 5 ans	—	10	
428	**Découpeurs** de châles...	T. 1	7 fr. et à la pièce	3 ans comme aides payés	huitaine	10	—Assimilés aux tisseurs et aux apprêteurs.
429	**Découpeurs** en marqueterie...	B. 3	0 fr. 90 l'heure	3 à 4 ans	7 jours	10	—Sauf où ces ouvriers travaillent chez un entrepreneur du bâtiment.
430	**Découpeurs** en cuivre...	M. 4	7 »	3 ans	60 heures	10	
431	**Découpeurs** en cuivre et fer...	M. 1	7 »	—	—	10	
432	**Découpeurs** en papiers...	P. 3	hom. 5 à 6 f. fem. 3 à 4	aides et p. mains	huitaine	10	
433	**Découpeurs** pour la tabletterie...	M. 6	8 »	3 ans	60 heures	10	
434	**Dégraisseurs**...	P. 1	5 » à 7 »	néant	huitaine	10	
435	**Démolisseurs**...	B. 5	0 fr. 60 l'h. le comp. / 0 fr. 50 l'h. le garç.	aides-garçons	néant	10	—En double équipe et en triple équipe, 24 h. pr jour.
436	**Dentelles** (fab. de)...	T. 1	à la pièce	3 ans, pet. mains	huitaine	10	—Les ouvriers travaillant hors l'atelier n'ont pas droit au délai-congé.
437	**Dentelières** en papeterie...	B. 3	3 » à 5 »	2 ans, pet. mains	—	10	
438	**Dents** et râteliers artificiels (fab. de)...	P. 1	7 » à 10 »	3 à 5 ans c. élèves	—	9	
438 b.	**Dentistes**...	J.P.	7 » à 8 »	3 et 5 ans	—	9	
439	**Dépolisseurs** et biseauteurs de verre..	P. 4	6 » à 10 »	3 ans	—	10	
440	**Dés** à coudre en métal (fab. de)...	M. 4	6 »	petites mains	60 heures	10	— Pas d'apprentissage proprement dit.
441	**Désincrustants** et tartrifuges (fab. de).	P. 1	5 » à 7 »	3 ans, aid. ou élè.	huitaine	10	
442	**Désinfectants** de toute sorte (fab. de)..	P. 1	5 » à 6 »	2 ans —	—	10	
443	**Dessinateurs** lithographes...	P. 3	7 » à 8 »	3 ans	néant	9	
444	**Dessinateurs** d'architecture...	B. 5	7 » à 12 »	3 à 5 ans	—	9	
445	**Dessinateurs** de costumes...	T. 5	8 » à 12 »	3 à 5 ans, aides-élèves	un mois	10	—Le délai-congé d'un mois n'est de droit qu'autant que l'ouvrier travaille régulièrement à l'atelier depuis plus d'un mois.
446	**Dessinateurs** en ébénisterie, meubles.	B. 5	6 » à 12 »	3 à 5 ans	néant	9	
447	**Dessinateurs** en fleurs artificielles, modes, etc...	T. 4	à la pièce 8 fr.	3 à 4 ans	huitaine	9	—Deux jours de manque à l'atelier entraînent le remplacement, patron non prévenu; huit jours de manque, patron prévenu, entraînent également le remplacement sans indemnité.
448	**Dessinateurs** en instruments de chirurgie et armurerie...	M. 5	250 fr. par mois	sortent des écol.	un mois	10	
449	**Dessinateurs** en papiers peints...	P. 3	8 à 12 fr. par jour	—	néant	10	—Les dessinateurs dans les industries métallurgiques et autres sont en général payés au mois avec une moy. de 250 fr. On leur accorde donc dans ce cas dans les industries métallurgiques un mois de délai-congé. La moyenne de travail est de 10 h. Il n'y a pas d'apprentissage proprement dit; les jeunes dessinateurs sortent en général d'écoles spéciales.
450	**Dessinateurs** sur porcelaine, verre, cristaux et faïence...	P. 4	8 à 10 fr. —	—	quinzaine	10	
451	**Dessinateurs** en serrurerie...	B. 1	250 fr. par mois	—	néant	10	
452	**Dessinateurs** en mécanique et carrosserie...	M. 1	250 à 350 fr. p. mois	—	un mois	9	
453	**Dessinateurs** pour broderies, dentelles, châles et tissus...	T. 1	composit. 5 fr. à la pièce, poinçeurs, piqueurs, disposit., à la pièce et au tarif spécial.	3 à 5 ans	—	10	
454	**Dessinateurs** pour bronze et lampisterie...	M. 4	250 à 350 fr. p. mois	—	—	10	
455	**Dessinateurs** pour horlogerie, optique, instruments de précision et de musique.	M. 3	250 fr. par mois	—	—	10	
456	**Dessinateurs** pour orfèvres, joailliers, bijoutiers...	M. 2	250 à 400 fr. p. mois	—	—	10	
457	**Dessuintage** de laines...	P. 1	....	....	huitaine	11	—Assimilés aux blanchisseurs-laveurs.
458	**Détacheurs**...	P. 1	....	....	—	10	—Assimilés aux teinturiers-dégraisseurs.
459	**Devantures** et fermetures de boutiques (fab. de)...	B. 1	0 fr. 75 l'heure	3 ans	néant	10	
460	**Dévideurs** de soie, cachemire, laine et coton...	T. 1	à la tâche	3 ans com. aides	huitaine	10	
461	**Distillateurs**...	P. 2	4 » à 7 »	aides et élèves	—	10	
462	**Doreurs**...	B. 3	0 fr. 80 l'heure	3 ans	néant	10	
463	**Doreurs** sur cuivre, tôle, zinc, fer-blanc.	M. 4	7 »	—	60 heures	10	
464	**Doreurs** sur bois pour le bâtiment.	B. 6	1 fr. l'heure	4 ans	néant	10	
465	**Doreurs** et argenteurs sur métaux...	M. 2	7 »	3 ans	60 heures	10	
466	**Doreurs** et argenteurs sur cuir...	P. 5	5 50	petites mains	huitaine	10	
467	**Doublé** en or et en argent (fab. de)...	M. 2	6 50	3 ans	60 heures	10	

NUMÉROS D'ORDRE	PROFESSIONS	JURIDICTION	MOYENNE DES SALAIRES	DURÉE DE L'APPRENTISSAGE	DÉLAI-CONGÉ	MOYENNE DES HEURES DE TRAVAIL	OBSERVATIONS
468	**Dragées** (fabricants de)	P. 2	6 »	2 ans	huitaine	10	
469	**Draguage** (entrepreneurs de)	B. 8	0 fr. 60 l'heure	aides	néant	11	
470	**Drainage** (entrepreneurs de)	B. 7	—	—	—	11	
471	**Drapeaux** et Bannières (fab. de)	T. 1	à la pièce 6 et 7 fr.	3 ans, aides	huitaine	10	
472	**Draperie** (fab. de)	T. 1	à la pièce	3 ans	—	10	
473	**Droguistes**	P. 1	5 » à 7 »	3 ans, élèves	—	11	
474	**Dynamomètres** (fab. de)	M. 3	8 »	3 ans	60 heures	10	—Voir instruments de précision.

E

NUMÉROS D'ORDRE	PROFESSIONS	JURIDICTION	MOYENNE DES SALAIRES	DURÉE DE L'APPRENTISSAGE	DÉLAI-CONGÉ	MOYENNE DES HEURES DE TRAVAIL	OBSERVATIONS
475	**Eaux** dentifrices (fab. de)	P. 1	4 » à 6 »	2 ans, pet. mains	huitaine	10	
476	**Eau** de javelle (fab. de)	P. 1	4 » à 7 »	aides et élèves	—	11	
477	**Eaux-de-vie**, rhum, etc. (distillateurs d')	P. 2	5 » à 7 »	néant	—	10	
478	**Eaux de Seltz** et eaux gazeuses (fab. d')	P. 1	4 » à 6 »	aides	—	10	
479	**Eaux** filtrées	P. 1	—	—	—	10	
480	**Eaux** minérales artificielles (fab. d')	P. 1	—	aides et élèves	—	10	
481	**Ebénistes**	B. 3	0 fr. 80 l'heure	3 ans	néant	10	
482	**Ecaille** (fab. d'objets en)	P. 1	5 » à 6 »	3 ans, pet. mains	huitaine	10	
483	**Ecaille** (fondeurs d')	P. 1	4 » à 6 »	aides	—	10	
484	**Ecangueurs** (Broyeurs de lin)	T. 1	4 » à 5 »	aides, porteurs	—	10	
485	**Echafaudeurs**	B. 4	0 fr. 90 l'heure	aides, 3 ans	néant	10	
486	**Echappements** d'horlogerie (fab. d')	M. 3	7 »	3 ans	60 heures	10	
487	**Echelles** (fab. d')	B. 3	0 fr. 80 l'heure	—	néant	10	
488	**Echelles** de corde (fab. d')	T. 1	à la tâche 6 fr.	2 ans, aides	huitaine	10	
489	**Eclairage** (gaz et autres) (entrepren. d')	P. 1	4 » à 6 »	néant	—	11	
489 b.	**Eclusiers**	J. P.	4 » à 5 »	—	néant	12	
490	**Ecorce** à tan	P. 5	—	—	—	10	
491	**Ecorcheurs-équarrisseurs** (engrais artificiels)	P. 1	5 » à 6 »	2 ans	huitaine	10	
492	**Ecrans** en tissus (fab. d')	T. 2	à la pièce	—	—	10	
493	**Ecrans** en métal (fab. d')	M. 1	6 »	3 ans	60 heures	10	
494	**Ecrivains** lithographes	P. 3	7 » à 10 »	3 à 4 ans	néant	10	
495	**Effilocheurs** de chiffons	P. 1	4 » à 5 »	néant	huitaine	10	
496	**Effilocheurs** de laine et coton	T. 1	hom. 6 fr., porteurs, femmes 4 fr.	—	—	10	
496 b.	**Egouttiers**	J. P.	4 fr. par jour	—	néant	10	
497	**Ejarreurs** pour la chapellerie	T. 4	6 » à 7 » à la pièce	2 ans, pet. mains aides	huitaine	10	
497 b.	**Elagueurs**	J. P.	4 » à 5 »	néant	néant	10	—Travail à la journée.
498	**Elastiques** (fab. d')	. 1	5 » à 6 »	2 ans	huitaine	10	
498 b.	**Electriciens**, éclairage électrique	M. 1	5 »	3 ans	—	10	
499	**Elastiques** en laiton pour meubles (f. d')	M. 4	6 50	—	60 heures	10	
499 b.	**Eleveurs** d'animaux domestiques	J. P.	5 »	aides à 0 f. 20 l'h.	huitaine	10	
500	**Emailleurs** pour meubles, pendules, etc.	M. 2	7 »	3 ans	60 heures	10	
501	**Emailleurs** de photographie	P. 3	7 » à 8 »	3 ans, élèves	huitaine	10	—Travail fait à la pièce.
502	**Emailleurs** sur métaux	M. 2	7 »	3 ans	60 heures	10	
502 b.	**Employés**, comptables, receveurs, etc., expéditionnaires	J. P.	150 à 250 fr. p. mois	aides, 2 à 3 ans	un mois	10	
503	**Emballeurs** pour la chapellerie	T. 4	8 » à 7 »	aides	huitaine	10	
504	**Empailleurs** et rempailleurs	B. 3	aux pièces	2 ans, pet. mains	néant	10	
505	**Encadreurs**	B. 3	0 fr. 90 à 1 fr. l'heure	3 ans	huitaine	10	—Huitaine si l'ouvrier est à la semaine, quinzaine si l'ouvrier est à la quinz. ou au mois, à salaires fixes et invariables, autrement sans congé-délai.
506	**Enclumes** (fab. d')	M. 1	7 »	—	60 heures	10	
507	**Encre** de toute sorte (fab. d')	P. 1	5 » à 7 »	—	huitaine	10	
508	**Encre** d'imprimerie (fab. d')	P. 1	—	—	—	10	
509	**Encriers** de toute sorte (fab. d')	P. 4	—	néant	—	10	
510	**Enduiseurs** maçons	B. 5	0 fr. 80 l'heure	aides, 3 et 4 ans	néant	10	
511	**Enduiseurs** peintres	B. 6	1 fr. 10 —	3 ans	—	10	
512	**Enduits** hydrofuges (fab. d')	P. 1	0 fr. 75 —	aides	huitaine	10	
513	**Engrais** de toute sorte (fab. d')	P. 1	5 fr. par jour	néant; élèves	—	10	
514	**Enseignes** en toile et autres (fab. d')	B. 6	1 fr. l'heure	3 à 5 ans	néant	10	—Petites mains pend{t} 2, 3 et 4 années; les femmes gagnent de 5 à 6 fr. par jour, travail aux pièces.
514 b.	**Entrepreneurs** de travaux publics	B. 7	manœuv. 4 à 5 f. p. j.	aid. 0,30 à 0,40 l'h.	—	10	
515	**Enveloppes** (fab. d')	P. 3	4 » à 6 »	petites mains	huitaine	10	—Les femmes gagnent de 3 à 5 fr., trav. aux pièces.
516	**Enveloppes** en paille (fab. d')	M. 6	6 »	3 ans	60 heures	10	
517	**Eperonniers**	M. 1	7 »	—	—	10	
517 b.	**Epiciers**	J. P.	5 »	3 ans, aides	huitaine	10	
518	**Epingliers**	M. 1	5 »	3 ans	60 heures	10	
519	**Equarrisseurs**, écorcheurs	P. 1	5 » à 6 »	3 ans com aides	huitaine	10	
520	**Equipements** militaires (fab. d')	T. 3	à la p. 6 à 7 fr. p. jour	3 ans, aid. p. m	1 journée à l'av.	10	—Ouvriers responsables des malfaçons. Les 2 heures pour la recherche du travail étant en congé sont à la charge du patron. Essai : la première semaine, la première quinz. ou le premier mois suivant que l'ouvr. est payé à la sem., à la quinz. ou au mois.
521	**Escaliers** (ouvriers en)	B. 4	0 fr. 90 l'heure	3 ans	néant	10	
522	**Escot** (fab. d')	T. 1	à la pièce	2 ans, pet. mains	huitaine	10	

NUMÉROS D'ORDRE	PROFESSIONS	JURIDICTION	MOYENNE DES SALAIRES	DURÉE DE L'APPRENTISSAGE	DÉLAI-CONGÉ	MOYENNE DES HEURES DE TRAVAIL	OBSERVATIONS
523	**Escrime** (fabricants d'articles pour l')...	T. 3	0 fr. 70 l'h. et 0 fr. 60	3 ans, pet. mains	6, 12 et 26 jours	10	— Le délai-congé varie suivant le mode de paiement de l'ouvrier.
524	**Espagnolettes** (fab. d')...............	B. 1	0 fr. 75 l'heure	3 ans	néant	10	
525	**Essayeurs** de métaux...............	M. 2	7 50	—	60 heures	10	
526	**Essences** et aromates (distillateurs d')..	P. 1	6 » à 8 »	3 ans élév., aides	huitaine	10	
527	**Essieux** (fab. d')...............	M. 1	7 »	3 ans	60 heures	10	
528	**Estampeurs** en or, argent, plaqué.....	M. 2	7 »	—	—	10	
529	**Estampeurs** sur cuir, acier et feutre..	P. 5	6 » à 8 »	3 ans élév , aides	huitaine	10	
530	**Estampeurs** en cuivre, tôle, zinc......	M. 4	6 50	3 ans	60 heures	10	
531	**Estampeurs** en papiers.............	P. 3	6 » à 7 »	—	huitaine	10	
532	**Etain** à étamer (fab. de feuilles d')......	M. 1	7 »	—	60 heures	10	
533	**Etain** pour glaces et miroiterie (fab. d').	P. 4	5 » à 7 »	—	huitaine	10	
534	**Etameurs** (métal)...............	M. 1	6 »	—	60 heures	10	
535	**Etameurs** (polisseurs de glaces et miroiterie)...............	P. 4	6 » à 8 »	—	huitaine	10	
536	**Etamine** (fab. d')...............	T. 1	à la pièce	3 ans, pet. mains	—	10	
537	**Etaux** (fab. d')...............	M. 1	6 » à 8 »	3 ans	60 heures	10	
538	**Ether** (fab. d')...............	P. 1	5 » à 7 »	—	huitaine	10	
539	**Etiquettes** (fab. d')...............	P. 3	6 »	2 ans	néant	10	
540	**Etireurs** d'or, argent, etc...............	M. 2	7 »	3 ans	60 heures	10	
541	**Etireurs** de métaux...............	M. 1	7 »	—	—	10	
542	**Etoffes** apprêtées pour fleurs (fab. d')...	T. 4	à la pièce	—	huitaine	10	
543	**Etriers** (fab. d')...............	M. 1	6 50	—	60 heures	10	
544	**Etrilles** en fer et en tôle (fab. d').......	M. 1	6 50	—	—	10	
545	**Eventails** (fab. d')...............	M. 6	de 5 à 6 fr.	—	—	10	— Monture, garniture, trav. surtout de femmes.

<h2 style="text-align:center">F</h2>

NUMÉROS D'ORDRE	PROFESSIONS	JURIDICTION	MOYENNE DES SALAIRES	DURÉE DE L'APPRENTISSAGE	DÉLAI-CONGÉ	MOYENNE DES HEURES DE TRAVAIL	OBSERVATIONS
545 b	**Facteurs** des postes et des messageries.	J. P.	4 » à 6 »	néant	néant	10	
546	**Façonneurs** d'objets en bois et matières animales dures...............	M. 6	6 »	3 ans	60 heures	10	
547	**Farines** de toute sorte...............	P. 2	5 » à 8 »	3 ans et aides	huitaine	10	— Rhabilleurs et garde-moulins sont payés de 7 à 8 fr. par jour. Travail de 10 à 11 heures.
548	**Faïence** de toute sorte (terre et grès) (fab. de)...............	P. 4	5 » à 6 »	2 ans et aides	—	10	
549	**Fécules** (fab. de)...............	P. 2	—	aides	—	10	
550	**Fer**...............	M. 1	6 »	3 ans	60 heures	10	
551	**Fer** battu ou étamé (fab. d'ustensiles en).	M. 4	—	—	—	10	
552	**Fer-blanc** (fab. de)...............	M. 4	6 50	—	—	10	
553	**Ferblanterie** (fab. de)...............	M. 4	7 »	—	—	10	
554	**Ferrures** pour pianos et meubles (fab. de)	B. 1	0 75 l'heure	—	néant	10	
555	**Ferreurs** pour la serrurerie, la charpente et les planchers en fer...............	B. 1	—	—	—	10	
556	**Fers** galvanisés...............	M. 1	6 fr. par jour	—	60 heures	10	
557	**Feutre** (fab. de)...............	T. 4	7 » à 8 »	—	huitaine	10	
558	**Ficheurs** pour la maçonnerie...............	B. 5	0 fr. 675 l'heure	3 ans et aides	néant	10	
559	**Figuristes** en plâtre...............	B. 9	1 fr. 20 —	3 ans	—	10	
560	**Filasse** (fab. de)...............	T. 1	5 à 6 fr. par jour	aides	huitaine	10	
561	**Filateurs** en toutes matières...............	T. 1	5 à 6 fr. et à tâche	—	—	10	
562	**Filets** (fab. de)...............	T. 2	à la pièce	3 ans, pet. mains	—	10	
563	**Filières** et tarauds (fab. de)...............	M. 1	6 50	3 ans	60 heures	10	
564	**Filigranistes**...............	M. 2	7 »	—	—	10	
565	**Filoselle** (fab. de)...............	T. 1	à tant le k. de mat. empl. suiv. qualité	3 ans, pet. mains et aides	huitaine	10	
566	**Fils** de fer et d'acier (fab. de)...............	M. 1	6 »	3 ans	60 heures	10	
567	**Flanelle** (fab. de)...............	T. 1	à la pièce	3 ans, aides	huitaine	10	
568	**Fleuret** (tissus) (fab. de)...............	T. 1	—	3 ans, aid. et manœuvres.	—	10	
569	**Fleuristes** (fleurs artificielles et feuillagistes)...............	T. 4	—	3 ans	7 jours	10	— Les placiers travaillant à l'atelier entre temps sont justiciables des prud'hommes pour leur tant pour % et leur salaire. Le délai-congé de huit. leur est dû. Congé seulement pour ouvriers et ouvrières d'ateliers. Les porteurs de boîtes ne sont pas justiciables des prud'hommes. La malfaçon n'est imputable à l'ouvrière que si celle-ci travaille en dehors de l'atelier, chez elle.
570	**Folioteurs** en papeterie...............	P. 3	6 » à 7 »	—	huitaine	10	
571	**Fonceurs** en papier peint...............	P. 3	—	—	néant	10	
572	**Fondeurs** de bronze, cuivre et zinc d'art.	M. 4	8 »	—	60 heures	10	
573	**Fondeurs** de caractères d'imprimerie...	P. 3	6 » à 7 »	—	néant	10	
574	**Fondeurs** de roues et pignons.........	M. 3	7 50	—	60 heures	10	
575	**Fondeurs** en fer...............	M. 1	8 »	—	—	10	
576	**Fondeurs** en or, argent, platine.......	M. 2	—	—	—	10	
577	**Fondeurs** pour plomberie et zingage...	B. 2	9 fr. 25 par jour	—	néant	10	— Été et hiver, salaire égal.
578	**Fontainiers**...............	B. 9	8 fr. —	—	—	10	
579	**Fonte**...............	M. 1	6 »	—	—	10	
579 b	**Forestiers**...............	J. P.	....	....	....	...	— Voir sylviculture.
580	**Forgerons**...............	M. 1	7 »	3 ans.	60 heures	10	
581	**Forgerons** pour la serrurerie, la charpente et les planchers en fer...............	B. 1	grande forge 8 fr. 75 petite forge 8 fr.	—	néant	10	

NUMÉROS D'ORDRE	PROFESSIONS	JURIDICTION	MOYENNE DES SALAIRES	DURÉE DE L'APPRENTISSAGE	DÉLAI-CONGÉ	MOYENNE DES HEURES DE TRAVAIL	OBSERVATIONS
582	**Forges** portatives en fer (fabricants de).	M. 1	6 fr.	3 ans	60 heures	10	
583	**Formiers** pour chapellerie	T. 4	6 » à 7 »	aid. et pet. mains	huitaine	10	
584	**Fouleries** d'étoffes, bas et autres objets.	T. 1	7 fr., manœuvre 4 fr.	aides	—	12	
585	**Fourbisseurs**	M. 5	7 50	3 ans	60 heures	10	— Voir mécaniciens et tôliers.
586	**Fourneaux** en métal (constructeurs de).	M. 1	—	—	6 jours	10	
587	**Fourniers** (constructeurs de fours)	B. 5	0 fr. 85 l'heure	3 ans	néant	8	— Trois équipes par jour au besoin.
588	**Fourreaux** d'acier et tôle (fab. de)	M. 5	7 fr. par jour	—	60 heures	10	
589	**Fourreurs-pelletiers**	T. 4	à la pièce, env. 8 f. p. j.	3 ans, aides	huitaine	10	
590	**Franges** (fab. de)	T. 2	à la tâche	aides payés	—	10	
591	**Frappeurs** pour la serrurerie, la charpente et les planchers en fer	B. 1	grande forge 6 fr. 25 petite forge 6 fr.	néant	néant	10	— On nomme ainsi les tireurs de soufflets de forge et les aides-frappeurs.
592	**Friseurs** de drap et de laine	T. 1	6 » à 7 » p. jour	aides payés	huitaine	12	
592 b.	**Fromages** et crémiers (march. de)	J. P.	3 fr. les f. 5 fr. les h.	aides	—	12	
593	**Fromages** (fab. de)	P. 2	4 » à 6 »	aid. et pet. mains	—	10	— Les femmes gagnent de 3 à 4 fr.
593 b.	**Beurre et œufs** (march. de)	J. P.	4 » à 5 » fem. 3 f.	aides	—	10	
594	**Frotteurs** (mises en couleur)	B. 6	0 fr. 70 l'heure	—	néant	10	
594 b.	**Fruitiers**	J. P.	hom. 6 fr. fem. 3 f.	—	huitaine	12	
595	**Fumistes**	B. 2	comp. 0,75, garc. 0,45	3 ans com. aides	néant	10	
596	**Futailles** (marchands et réparateurs de).	M. 6	6 »	3 ans	60 heures	10	
597	**Futaine** (fab. de)	T. 1	à la pièce	3 ans, aides	huitaine	10	

G

NUMÉROS D'ORDRE	PROFESSIONS	JURIDICTION	MOYENNE DES SALAIRES	DURÉE DE L'APPRENTISSAGE	DÉLAI-CONGÉ	MOYENNE DES HEURES DE TRAVAIL	OBSERVATIONS
598	**Gainiers**	M. 2	7 »	3 ans	60 heures	10	— Quelques heures de nuit à l'approche du jour de l'an.
599	**Galoches** cuir et bois (fab. de)	T. 3	. . . .	. . . .	. . . .	. . . .	— Voir cordonniers.
600	**Galvanoplastie**	M. 3	6 »	3 ans	60 heures	10	
601	**Galvanotypie**	M. 3	6 50	—	—	10	
602	**Gantiers**	T. 3	à la pièce	3 ans, aides et petites mains	néant	10	— Travail aux pièces. Les ouvrières seules ont droit au congé. Les ouvriers ne sont pas responsables des accidents pouvant survenir dans le travail de la peau.
603	**Garance** (fab. de)	P. 1	6 »	3 ans	huitaine	10	
604	**Garde-robes**, sièges et appareils inodores (fab. de)	M. 1	6 50	—	60 heures	10	
605	**Gargouilleurs**	B. 5	0 fr. 85 l'heure	3 ans, com. aides	néant	10	
606	**Garnisseurs** en or, argent et cuivre	M. 3	7 »	3 ans	60 heures	10	
607	**Garnisseurs** pour chapeaux	T. 4	à la pièce	3 ans, aides	huitaine	10	— Les ouvriers ne sont pas responsables des malfaçons et des accidents, mais ils doivent réparer à leur temps.
608	**Gaufreurs** sur étoffes	T. 1	6 » à 7 »	3 ans, aid. payés	—	10	
609	**Gaufreurs** et frappeurs de papiers peints.	P. 3	5 » à 7 »	3 ans	néant	10	
610	**Gaufreurs** de papier	P. 3	5 » à 7 »	2 ans	huitaine	10	
611	**Gaz** (usines à)	P. 1	4 » à 7 »	3 ans, com. aides	—	11	— En deux équipes j. et n.
612	**Gaze** barège, grenadine (fab. de tissus de).	T. 1	à la pièce	3 ans, aides	—	10	
613	**Gazogènes** (fab. de)	M. 1	tôliers 7 fr. 50 mécaniciens 8 fr.	3 ans —	6 jours 60 heures	10 10	— Voir mécaniciens et tôliers.
614	**Gélatine** (fab. de)	P. 1	5 » à 6 »	—	huitaine	10	
615	**Gélatine** alimentaire (fab. de)	P. 2	6 »	—	—	10	
615 b.	**Géomètre-arpenteur**	J. P.	5 » à 7 » par jour	3 à 5 ans	un mois	10	
616	**Giletiers**	T. 5	0 fr. 70 l'h., à la pièce giletières 0,40 —	3 ans	huitaine	10	— L'ouvrier et l'ouvrière à la pièce n'ont pas droit au délai-congé.
617	**Glace** à rafraîchir (fab. de)	P. 2	4 à 6 fr. par jour	néant, aides	—	10	
618	**Glaces** (fab. de)	P. 4	5 » à 7 »	aides	—	10	
619	**Glaceurs** de papiers	P. 3	6 »	2 ans	—	10	
620	**Glaciers-confiseurs**	P. 2	5 » à 6 »	3 ans	—	10	
621	**Glaisiers** et extracteurs de terres à brique	B. 8	travail à la tâche	aid. et compag.	néant	10	— A tant le wagon ou le tombereau.
622	**Glands** (fab. de)	T. 2	à la pièce	aides payés	huitaine	10	— Voir passementiers.
623	**Globes** (bombeurs de verres) (fab. de)	P. 4	7 » à 10 »	néant	—	10	
624	**Gommes** élastiques et de toute sorte (fab. de)	P. 1	5 » à 6 »	—	—	10	
625	**Gommeurs** d'étoffes	P. 5	5 » à 6 »	—	—	10	
626	**Goudron** (fab. de)	P. 1	4 » à 5 »	—	—	10	
627	**Grainetiers**	P. 2	4 » à 6 »	—	—	10	
628	**Graisse** (fab. de tablettes de)	P. 1	4 » à 6 »	néant	huitaine	10	
629	**Granit** (piqueurs, tailleurs et poseurs de)	B. 7	tailleurs 0 fr. 85 l'h. poseurs 0 fr. 70 l'h.	3 ans 2 ans com. aides	néant —	10 10	
630	**Gravatiers**	B. 7	charret. à 1 che. 4 50 — 2 chev. 5 fr.	néant ou 1 an comme aide	—	11	
631	**Graveurs** de cadrans et aiguilles	M. 3	7 fr. par jour	3 ans	60 heures	10	
632	**Graveurs** de matrices et gaufroirs	M. 2	7 fr. par jour	—	—	10	
633	**Graveurs** de musique	P. 3	8 » à 10 »	3, 4 et 5 ans	néant	9	— A la pièce.
634	**Graveurs** de toute nature, sur métaux et pierres fines	M. 2	8 »	3 ans	60 heures	10	
635	**Graveurs** en lettres	M. 2	8 »	—	—	10	
636	**Graveurs** en taille-douce	P. 3	8 » à 9 »	—	néant	10	
637	**Graveurs** panicographes pour impressions	P. 3	8 » à 9 »	—	—	10	

NUMÉROS D'ORDRE	PROFESSIONS	JURIDICTION	MOYENNE DES SALAIRES	DURÉE DE L'APPRENTISSAGE	DÉLAI-CONGÉ	MOYENNE DES HEURES DE TRAVAIL	OBSERVATIONS
638	**Graveurs** pour broderies et armoiries sur tissus	T. 1	8 à 10 fr.	3 ans	huitaine	10	—L'ouvrier qui travaille chez lui à la pièce n'a pas droit au délai-congé.
639	**Graveurs** sur bois (ébénisterie, marqueterie)	B. 3	0 fr. 80 l'heure	5 et 3 ans	néant	10	
640	**Graveurs** sur bois et sur tous métaux pour papiers peints	P. 3	7 à 10 fr. par jour	3 et 5 ans	—	10	
641	**Graveurs** sur marbre et pierre	B. 9	8 fr. par jour	3 ans	—	10	
642	**Graveurs** sur porcelaine, verre, cristaux et produits céramiques	P. 4	6 » à 10 »	3 et 5 ans	—	10	
643	**Graveurs** sur toute matière pour impression	P. 3	6 » à 8 »	3 ans	—	10	
644	**Grès** pour les scieurs de pierrre (apprêteurs de)	B. 5	4 »	néant	—	10	
645	**Grès** vernis ou non vernis (fab. de)	P. 4	5 » à 6 »	2 ans	huitaine	10	
646	**Grillageurs** (cuivre, fer, zinc)	M. 1	6 »	3 ans	60 heures	10	
647	**Grillageurs** pour bâtiments	B. 1	0 fr. 85 l'heure	—	néant	10	
648	**Guêtriers** en drap, toile et autres tissus	T. 5	6 à 7 fr. hommes 3 à 4 fr. femmes	2 ans	huitaine	10	—A la pièce.
649	**Guillocheurs**	M. 2	7 50	3 ans	60 heures	10	
650	**Guillocheurs** sur cuivre	M. 4	—	—	—	10	
651	**Guimperie** (fab. de), guimpiers	T. 2	à la pièce	3 ans, pet. mains	huitaine	10	
652	**Gutta-percha** (fab. d'objets en)	P. 1	5 » à 6 »	néant, pet. mains	—	10	

H

NUMÉROS D'ORDRE	PROFESSIONS	JURIDICTION	MOYENNE DES SALAIRES	DURÉE DE L'APPRENTISSAGE	DÉLAI-CONGÉ	MOYENNE DES HEURES DE TRAVAIL	OBSERVATIONS
653	**Héliographie**	P. 3	7 » à 8 »	3 ans	huitaine	10	
654	**Herboristes**	P. 1	6 »	3 ans, élèves	—	11	
655	**Hongroyeurs**	P. 5	7 »	2 ans	néant	10	
656	**Horlogerie** de toute nature (fab. de)	M. 3	7 50	3 ans	60 heures	10	
656 b.	**Horticulteurs**	J. P.	5 »	aides	un mois	10	—Voir jardiniers; un mois de congé s'ils sont nourris et logés.
657	**Huile** de toute espèce (fab. d')	P. 1	6 »	2 ans, aid. payés	huitaine	10	
658	**Huiles** minérales (fab. d')	P. 1	—	néant	—	10	
658 b.	**Hydrauliciens**, moulins à eau, appareils hydrauliques	J. P.	....	....	....	...	—Voir charpentiers-mécaniciens et chaudronniers-plombiers.

I

NUMÉROS D'ORDRE	PROFESSIONS	JURIDICTION	MOYENNE DES SALAIRES	DURÉE DE L'APPRENTISSAGE	DÉLAI-CONGÉ	MOYENNE DES HEURES DE TRAVAIL	OBSERVATIONS
659	**Imagerie**	P. 3	6 »	2 ans	néant	10	
660	**Implanteurs** sur tissus (perruquiers-barbiers-coiffeurs)	T. 1	6 fr. hom., 4 fr. fem.	3 ans	8 jours	10	—Travail à la journée, pourboires en sus.
661	**Imprimeurs** en papiers peints	P. 3	6 » à 8 »	2 ans	néant	10	
662	**Imprimeurs** en taille-douce et musique	P. 3	7 »	petites mains	—	10	
663	**Imprimeurs** sur étoffes et tissus	T. 1	7 à 8 fr., aid. 3 à 4 fr.	3 ans, aid. payés	huitaine	11	
664	**Imprimeurs** lithographes	P. 3	6 » à 8 »	3 ans	néant	10	
665	**Imprimeurs** typographes	P. 3	7 »	3 ans, pet. mains	—	10	
666	**Incrusteurs** d'or, argent, cuivre	M. 2	8 »	3 ans	60 heures	10	
667	**Incrusteurs** sur bois	B. 3	0 fr. 90 l'heure	3 à 4 ans	néant	10	
668	**Incrusteurs** sur pierre, marbre, etc.	B. 9	8 fr. par jour	—	huitaine	10	—Huit. pour les ouvriers à salaires fixes à l'atelier. En chantier, pas de délai-congé.
669	**Indiennes** (fab. d')	T. 1	aux pièces	3 ans	6 jours	10	—Salaire représente les 2/3 de la façon.
670	**Indigo** (fab. de) (carmin d')	P. 1	6 » à 7 »	—	huitaine	10	
670 b.	**Ingénieurs** des ponts et chaussées, des mines, etc.	J. P.	250 à 500 fr. p. mois	sort. des écoles	contrat rég. lim.	9	
671	**Insecticides** (fab. de poudres et produits)	P. 1	5 » à 6 »	néant	huitaine	10	
672	**Instruments** acoustiques (fab. d')	M. 3	7 »	3 ans	60 heures	10	
673	**Instruments** aratoires (fab. d')	M. 1	6 50	—	—	10	
674	**Instruments** de chirurgie (fab. d')	M. 5	7 »	—	—	10	
675	**Instruments** de musique à cordes et à vent (fab. d')	M. 3	7 »	—	—	10	
676	**Instruments** d'optique (fab. d')	M. 3	7 50	—	—	10	
677	**Instruments** de précision (fab. d')	M. 3	8 »	—	—	10	
678	**Instruments** pour les sciences, en toute matière (fab. d')	M. 3	8 »	—	—	10	
679	**Ivoire** (fab. d'objets en)	M. 6	7 50	—	—	10	

J

NUMÉROS D'ORDRE	PROFESSIONS	JURIDICTION	MOYENNE DES SALAIRES	DURÉE DE L'APPRENTISSAGE	DÉLAI-CONGÉ	MOYENNE DES HEURES DE TRAVAIL	OBSERVATIONS
680	**Jalousies** et stores en rotins et joncs d'Espagne (fab. de)	B. 3	travail à la pièce	2 ans, aides	néant	10	—Délai-congé d'un mois quand ils sont logés.
680 b.	**Jardiniers**	J. P.	5 fr. par jour.	3 ans, aides	huitaine	10	
681	**Jaune** de chrome (fab. de)	P. 1	6 »	2 ans	huitaine	10	
682	**Jeux** en bois, os, ivoire, etc. (fab. de)	M. 6	7 »	3 ans	60 heures	10	
683	**Joaillerie** fine et fausse (fab. de)	M. 2	7 50	—	—	10	

NUMÉROS D'ORDRE	PROFESSIONS	JURIDICTION	MOYENNE DES SALAIRES	DURÉE DE L'APPRENTISSAGE	DÉLAI-CONGÉ	MOYENNE DES HEURES DE TRAVAIL	OBSERVATIONS
684	**Joncs** (apprêteurs et fendeurs de).......	M.6	6 50	pet. mains, 3 ans	60 heures	10	—Beaucoup de femmes dans cette partie.
685	**Jouets** d'enfants (fab. de).............	M.6	6 fr. hom., 3 fr. fem.	2 ans	—	10	
686	**Jute** (fab. d'objets en).................	T.4	—	—	6 jours	10	—Deux jours d'absence quelle qu'en soit la cause peuvent motiver le remplacement.
	L						
687	**Lacets** cordons, tresses, ganses (fab.de).	T.2	à la pièce	petites mains aides payés	huitaine	10	
688	**Lacets** (ferreurs de).................	M.2	6 »	2 ans	60 heures	10	— Pas d'apprentissage proprement dit.
689	**Laceuses** de cartons (qui font les filets, lacs)......	T.2	à la pièce	p. mains payées	huitaine	10	
690	**Laines** de toutes sortes (filateurs de)....	T.1	à la tâche, 5 à 6 fr.	aid. p. 3 ans env.	—	10	
691	**Laineurs**............	T.1	—	—	—	10	
692	**Laitiers** (march. de lait)...........	P.2	5 » à 6 »	néant	—	12	—Au mois, de 30 à 50 fr., commissions en sus.
693	**Lames** de sabre et épée (fab. de)........	M.5	7 »	3 ans	60 heures	10	
694	**Lamiers-rôtiers** (tissus)............	T.1	à la pièce	3 ans, pet. mains	huitaine	10	
695	**Lamineurs** de métaux..............	M.1	7 50	3 ans	60 heures	10	
696	**Lampisterie** (fab. de).............	M.4	6 50	—	—	10	
697	**Lanceurs**............	T.1	à la tâche	2 ans, aid. payés	huitaine	10	
698	**Laneurs** (ceux qui frisent les étoffes)...	T.1	6 » à 7 »	aid. pet. mains	—	12	
699	**Lanternes** de voitures (fab. de)........	M.4	6 50	3 ans	60 heures	10	
700	**Lapidaires**............	M.2	8 »	—	—	10	
701	**Laques** diverses (matières colorantes) (fab. de)	P.1	6 »	2 ans	huitaine	10	
702	**Landanum** (fab. de).................	P.1	6 »	3 ans, élèves	—	10	
703	**Laveurs** de cendres............	P.1	5 »	néant	—	10	
704	**Laveurs** et trieurs de chiffons	P.3	hom.6 fr., fem.3 f.50	1 an	—	10	
705	**Layetiers-emballeurs**...........	M.6	7 »	3 ans	60 heures	10	
706	**Lettres** et chiffres en relief en métal (fab. de)........	M.4	7 50	3 ans	60 heures	10	
707	**Liège** (fab. d'objets en).............	M.6	6 50	—	—	10	
708	**Limes** (tailleurs de)............	M.1	7 »	—	—	10	
709	**Limes** en acier fondu et ordinaires (f.de).	M.1	6 50	—	—	10	
710	**Limeurs**............	M.1	7 »	—	—	10	
711	**Lin** (filateurs de)............	T.1	4 à 6 fr. et à la tâche	2 ans, aid. payés	huitaine	10	
712	**Lingerie** (fab. de)............	T.2	à la pièce	3 ans	—	10	
713	**Lingers**, lingères............	T.2	—	—	—	10	
714	**Linographie**............	P.3	6 » à 7 »	—	néant	10	
715	**Linoléum** (fab. de)............	P.5	—	aides	huitaine	10	
716	**Linons** (fab. de)............	T.1	à la tâche	3 ans, pet. mains	—	10	
717	**Liqueurs** de toute sorte (fab. de).......	P.2	4 » à 6 »	aides et élèves	—	10	—Voir distillateurs.
718	**Liseurs** et **liseuses** de dessins pour fabrication d'étoffes.................	T.1	7 » et 4 »	3 ans, aides	—	10	—Un mois de délai-congé quand l'ouvrier est à demeure et au mois.
719	**Lisseurs-brunisseurs** tissus........	T.1	7 fr., aides 4 fr.	3 ans, aid. payés	—	12	—Voir apprêteurs.
720	**Lisseurs** de papiers peints........	P.3	6 »	1 an	néant	10	
721	**Literie** (fab. d'articles de)............	T.1	—	petites mains	huitaine	10	
722	**Litharge** (oxyde de plomb pour la peinture) (fab. de).................	P.1	—	2 ans, élèves	—	10	
723	**Lithopeinture**.................	P.3	7 » à 8 »	3 et 5 ans	néant	10	
724	**Lits** et fauteuils mécaniques (fab. de)....	M.1	6 50	3 ans	60 heures	10	
725	**Lits** et meubles en fer plein et creux (fab. de)..	M.1	—	—	—	10	
726	**Livrets** de batteurs d'or (fab. de).......	P.3	7 » à 8 »	—	néant	10	
727	**Lorgnettes** de spectacles (fab. de).....	M.3	7 50	—	60 heures	10	—Voir opticiens.
728	**Lunetiers** en tous métaux...........	M.3	7 »	—	—	10	
729	**Lustres** (fab. de)............	M.4	6 50	—	—	10	
730	**Lustreurs** d'étoffes............	T.1	7 »	3 ans, aid. payés	huitaine	12	—Voir apprêteurs-cylindreurs.
731	**Lustreurs** de soie en écheveaux........	T.1	—	3 ans	—	12	
732	**Luthiers**.................	M.3	7 50	—	60 heures	10	
	M						
733	**Machines** à coudre (fab. de)..........	M.3	8 »	3 ans	60 heures	10	—Voir mécaniciens.
734	**Machines** de toute sorte (constructeurs de)............	M.1	—	—	—	10	—
735	**Machinistes** pour toute industrie......	M.1	—	—	—	10	—
736	**Maçonnerie** (entrepreneurs de)........	B.5	compagn. 0 fr.80 l'h. limousin 0 fr.675 l'h. garç. 0 fr.50 l'h., gardien de nuit ou de rue, 3 fr.50 p. jour.	2 à 4 ans	néant	10	—La moyenne en été est de 11 h., en hiver de 8 h.
737	**Maçons** et garçons maçons...........	B.5		3 à 4 ans comme aide-garçon	—	10	
738	**Maillechort** (fab. d'objets en).........	M.2	7 »	3 ans	60 heures	10	
739	**Maillons** (garnisseurs de).............	T.1	à la tâche	2 ans, aid. payés	huitaine	10	
740	**Malletiers-coffretiers**	M.6	6 50	3 ans	60 heures	10	

NUMÉROS D'ORDRE	PROFESSIONS	JURIDICTION	MOYENNE DES SALAIRES	DURÉE DE L'APPRENTISSAGE	DÉLAI-CONGÉ	MOYENNE DES HEURES DE TRAVAIL	OBSERVATIONS
741	**Malletiers** en cuir	T.3	0 60 à 0 70 l'heure	3 ans, aides	6, 12 et 26 jours	10	—Délai-congé suivant le mode de paiement des salaires.
742	**Mannequins** (fab. de)...............	T.5	7 fr. et à la pièce	2 —	huitaine	10	—Le délai-congé n'existe pas pour les ouvriers à la pièce.
743	**Maquettes** pour peintres (fab. de)	T.5	—	3 —	—	10	— —
744	**Marbre** factice (fab. de)...............	B.9	5 » à 6 »	néant, aides	néant	10	—Ce travail se fait surtout en province.
745	**Marbreurs** en papiers................	P.3	6 » à 7 »	3 ans	huitaine	10	
746	**Marbriers**..........................	B.9	0 fr. 85 l'heure	—	—	10	—Huitaine si l'ouvrier est à la semaine, quinzaine s'il est à la quinzaine ou au mois, à salaires fixes et invariables; autrement et en chantier, pas de délai-congé.
746 b.	**Maraîchers**	J.P.	4 à 5 fr. par jour	aides	—	10	
747	**Maréchaux-ferrants.** Teneurs de pied.	M.1	0 fr. 75 l'heure	L'apprentissage se fait en montant de classe, c'est-à-dire que l'ouvrier commence par être teneur de pied.	60 heures	10	—Depuis la dernière grève des maréchaux-ferrants, l'entente suivante existe : Teneurs de pieds, 0 f. 75 ou 22 fr. par semaine nourris ; brocheurs, 0 f. 80 l'h. ou 25 fr.; ferreurs, 0 fr. 85 l'h. ou 28 fr. par semaine nourris. Les ouvriers maréchaux sont en général payés suivant le tarif ci-dessus, mais avec réductions lorsqu'ils sont logés et nourris, ce qui est assez fréquent. Dans ce cas, ils sont généralement embauchés à la semaine.
—	— — Brocheurs......	—	0 fr. 80 —		—	10	
—	— — Ferreurs.......	—	0 fr. 85 —		—	10	
748	**Margarine** (fab. de).................	P.2	5 fr. par jour.	aides	huitaine	10	—Assimilés aux fabric. de beurre.
749	**Maroquins** (fab. de).................	P.5	5 à 6 fr. par jour.	néant	néant	10	
750	**Maroquinerie** (fab. d'objets en)........	T.3	0f.60 à 0 f.70 l'heure	3 ans, aides	6, 12 et 24 jours	10	—Assimilés aux fabric. de cuirs et peaux.
751	**Marqueterie**......................	B.3	7 fr. par jour.	3 à 4 ans	en atel. et salaire fixe, huitaine.	10	
752	**Marqueteurs**......................	B.3	0 fr. 90 l'heure	3 ans	néant, sauf à salaire fixe.	10	
753	**Masques** (fab. de)...................	P.3	6 » à 7 »	pet. mains, 3 ans	huitaine	10	
754	**Mastics** de toutes sortes (fab. de).......	P.1	5 » à 6 »	2 ans, aides	—	10	
755	**Matelassiers**.......................	T.1	6 à 7 fr., femmes 4 fr.	aides, pet. mains	—	11	
756	**Matières** animales (engrais, équarrissage, noir d'os, noir animalisé).........	P.1	5 » à 6 »	aides	—	10	
757	**Mécaniciens**.......................	M.1	8 »	3 ans, aid. 5 et 6 f.	60 heures	10	—La mécanique comprend le mécanicien proprement dit, le mécanicien conducteur (qui est en général remplacé par un chauffeur-conducteur), l'ajusteur mécanicien, le tourneur, le fraiseur (qui dans beaucoup de parties est assimilé à l'homme de peine), le raboteur, et quantité de manœuvres et hommes de peine. Les deux principaux agents sont l'ajusteur et le tourneur.
758	**Mèches** et veilleuses (fab. de)..........	T.1	à la pièce, 6 fr. les hom., 3 fr. les fem.	2 ans, pet. mains	huitaine	10	
759	**Mégissiers**........................	P.5	6 »	2 ans	néant	10	
760	**Menuisiers-antiquaires**............	B.3	0 fr. 80 l'heure	3 à 5 ans c. aides	—	10	
761	**Menuisiers-machinistes**............	B.3	—	3 ans	—	10	
762	**Menuisiers-mécaniciens**...........	B.3	—	—	—	10	
763	**Menuisiers** en meubles...............	B.3	—	—	—	10	
764	**Menuisiers-modeleurs**...............	B.3	—	4 et 5 ans	huit. ind. de renv.	10	—Cette indemnité de renvoi n'est due que lorsque l'ouvrier travaille en atelier, à salaires fixes.
765	**Menuisiers-outilleurs**...............	B.3	—	3 ans	néant	10	
766	**Menuisiers** en bâtiments..............	B.3	—	—	—	10	
767	**Menuisiers** en sièges, fauteuils, chaises, etc	B.3	—	—	huit. en atelier	10	
768	**Menuisiers** pour articles de ménage...	B.3	—	—	—	10	
769	**Merceries** (fab. de)...................	T.2	à la pièce	aid. et pet. mains	un mois	10	—Un mois d'essai.
770	**Mercure** (sels de mercure, chlorure, etc.) (fab. de)	P.1	6 » à 7 »	aid. et élèv., 3 ans	huitaine	10	
771	**Mérinos** (fab. de)...................	T.1	à la pièce	3 ans, pet. mains	—	10	
772	**Mesures** linéaires (fab. de)............	M.3	8 »	3 ans	60 heures	10	—Voir instruments de précision.
773	**Métiers** pour le tissage et pièces accessoires.......................	M.1	7 »	—	—	10	
774	**Metteurs** au point....................	B.9	15 fr. par jour.	5 ans, élèves	néant	10	
775	**Metteurs** en bronze..................	M.4	6 50	3 ans	60 heures	10	
776	**Metteurs** en œuvre pour les métaux....	M.2	7 »	—	—	10	
777	**Metteurs** en œuvre (tissus)............	T.1	6 » à 7 »	pet. mains, 4 fr.	huitaine	10	
778	**Metteuses** en mains..................	T.1	3 » à 4 »	aides	—	10	

NUMÉROS D'ORDRE	PROFESSIONS	JURIDICTION	MOYENNE DES SALAIRES	DURÉE DE L'APPRENTISSAGE	DÉLAI-CONGÉ	MOYENNE DES HEURES DE TRAVAIL	OBSERVATIONS
779	**Meules** à aiguiser (fab. de)	B. 9	7 » à 8 »	3 ans et aides	néant	11	
780	**Meules** à moulins (fab. de)	B. 9	6 » à 8 »	—	—	11	
781	**Meulières** et moellons (piqueurs, équar-risseurs, emmétreurs de)	B. 5	0 fr. 85 l'heure	3 ans comme aid.	—	10	
782	**Meuniers** et minotiers	P. 2	5 » à 6 »	1 et 2 ans	huitaine	11	— Trav. en deux équipes; rhabilleurs et garde-moulins, 6 et 7 fr. par jour.
783	**Miel** (fab. de)	P. 1	4 » à 5 »	néant	—	10	— Métier qui ne s'exerce guère dans la région de Paris.
783 b.	**Mineurs**	B. 9.	5 » à 6 »	aides	néant	10	
784	**Minium** (oxyde de plomb pour la peinture) (fab. de)	P. 1	5 » à 6 »	aid. et élèv. 3 ans	huitaine	10	
785	**Miroitiers**	P. 4	6 » à 7 »	3 ans	—	10	
786	**Modeleurs** en instruments de chirurgie et d'armurerie	M. 5	7 »	—	60 heures	10	
787	**Modeleurs** en machines et carrosserie	M. 1	—	—	—	10	
788	**Modeleurs** en serrurerie	B. 1	8 à 12 par jour.	4 à 5 ans	huit. en atelier et salaires fixes.	10	
789	**Modeleurs** pour bronze et lampisterie	M. 4	7 »	3 ans	60 heures	10	
790	**Modeleurs** pour fonderies	M. 1	8 »	3 ans	—	10	
791	**Modeleurs** pour horlogerie, optique, instruments de précision et de musique	M. 3	8 »	—	—	10	
792	**Modeleurs** pour orfèvrerie, joaillerie, bijouterie	M. 2	8 »	—	—	10	
793	**Modeleurs** sur bois	B. 3	7 » à 12 »	4 à 5 ans	huitaine	10	— Le délai n'est en usage que dans les ateliers et pour les ouvrières à salaires fixes et invariables. Sur les chantiers et pour travaux du courant, il n'y a pas de délai-congé.
794	**Modeleurs** sur plâtre	B. 9	7 » à 10 »	—	—	10	
795	**Modeleurs** en porcelaine, verre et produits céramiques	P. 4	7 » à 8 »	3 ans	—	10	
796	**Modistes** (fabricantes de modes)	T. 4	à la pièce, 5 à 6 f. p. j.	—	—	10	
797	**Moireurs** d'étoffes	T. 1	7 » à 8 »	3 ans, aides pay.	—	12	
798	**Molettes** en acier pour tourneurs en cuivre (fab. de)	M. 4	7 50	3 ans	60 heures	10	
799	**Molettes** en acier pour tourneurs en or et argent (fab. de)	M. 2	7 50	—	—	10	
800	**Monteurs** de boîtes (horlogerie)	M. 3	7 »	—	—	10	
801	**Monteurs** de chaînes (tissus)	T. 1	à tâche	3 ans, aides	huitaine	10	
802	**Monteurs** de couteaux	M. 5	7 »	3 ans	60 heures	10	
803	**Monteurs** de métiers pour le tissage	T. 1	6 »	3 ans, aides	huitaine	10	— Tout ouvrier tisseur faisant ou raccommandant des métiers a droit à 5 fr. pour 10 heures de travail.
804	**Monteurs** mécaniciens pour plomberie et zingage	B. 2	9 25	3 ans	néant	10	
805	**Monteurs** pour fonderies, bronze et cuivre	M. 4	8 »	—	60 heures	10	
806	**Monteurs** pour la canalisation du gaz	B. 1	0 fr. 70 l'heure	3 ans, com. aid.	néant	10	
807	**Montres** et étalages en métal (fab. de)	B.1 M.1	7 50 par jour	3 ans	60 heures	10	— Cette industrie classée à la 1re du B doit être assimilée à l'horlogerie-bijouterie M. 3 ou M. 2.
808	**Monuments** funèbres (entrepren. de)	B. 9	0 fr. 70 l'heure sculpteurs 0 fr. 90	— / 3 et 5 ans	néant / huitaine	10	
809	**Moquettes** (fab. de)	T. 1	7 fr. par jour	3 ans	6 jours	10	
810	**Mosaïques** en ciment et autres (fab. de)	B. 8	0 f. 80 et 0 f. 70 l'h.	garçons, 0 fr. 50	néant	10	
811	**Mosaïstes**	B. 8	0,50 comp. 0,45 garç.	aides	—	10	
812	**Moteurs** à gaz (fab. de)	M. 1	7 fr. par jour	3 ans	60 heures	10	— Travail de mécanicien.
813	**Mottes** à brûler (fab. de)	P. 5	4 » à 5 »	néant	néant	10	
814	**Moules** en bois pour boutons, passementerie (fab. de)	B. 3	0 fr. 80 l'heure	3 ans	huitaine	10	
815	**Moules** en fer, cuivre, etc. (fab. de)	M. 1	8 »	—	60 heures	10	— En atelier seulement pour le délai-congé.
816	**Mouleurs**	M. 5	8 »	—	—	10	
817	**Mouleurs** en carton	P. 3	6 à 8 fr. hommes 3 à 5 fr. femmes	—	huitaine	10	— Travail fait le plus souvent à la pièce.
818	**Mouleurs** en cire	P. 1	7 » à 8 »	4 ans, élèves	—	10	
819	**Mouleurs** en plâtre pour bijouterie, etc.	M. 2	8 »	3 ans	60 heures	10	
820	**Mouleurs** en plâtre pour le bâtiment	B. 8	à tâche 8 fr.	—	huitaine	10	— Travail de chantiers ne comporte pas de délai-congé; les aides gagnent de 0 fr. 50 à 0 fr. 60 l'heure.
821	**Mouleurs** pour fonderies	M. 2	8 »	—	60 heures	10	
822	**Mouleurs** sur cuir, acier et feutre	P. 5	6 » à 8 »	3 ans, aides	huitaine	10	
823	**Mouliniers** en soie	T. 1	à la tâche	3 ans, c. aid. pay.	—	10	
824	**Moulins** à café (fab. de)	M. 1	6 50	3 ans	60 heures	10	— Petite mécanique.
825	**Moulures**, cadres et bordures pour le bâtiment (fab. de)	B. 3	0 fr. 80 l'heure	—	huitaine (v. note ci-contre)	10	— En ateliers le délai-congé est dû, sur le chantier pas de délai-congé.
826	**Mousseline** (fab. de)	T. 1	à la pièce	3 ans, aides pay.	huitaine	10	
827	**Moutarde** (fab. de)	P. 2	4 » à 6 »	néant, aides	—	10	
828	**Moutons** (peaux de) (fab. de)	P. 5	6 »	2 ans	néant	10	
829	**Mouvements** de pendules (fab. de)	M. 3	7 50	3 ans	60 heures	10	— Voir horlogers.
830	**Musquiniers** (qui fabriquent les toiles fines avec du lin)	T. 1	à la pièce	3 ans, aides	huitaine	10	

N

NUMÉROS D'ORDRE	PROFESSIONS	JURIDICTION	MOYENNE DES SALAIRES	DURÉE DE L'APPRENTISSAGE	DÉLAI-CONGÉ	MOYENNE DES HEURES DE TRAVAIL	OBSERVATIONS
831	**Nacre** (fab. d'objets en)	M. 2	7 50	3 ans	60 heures	10	
832	**Nankin** (fab. de)	T. 1	à la pièce	3 ans, aides pay.	huitaine	10	
833	**Nattiers** de toutes sortes	T. 4	à la pièce ou 0,60 l'h.	2 ans, aides et petites mains	—	10	
834	**Naturalistes** (empailleurs d'animaux pour les sciences)	P. 1	6 » à 7 »	3 ans, élèves	néant	10	

N° d'ordre	PROFESSIONS	JURIDICTION	MOYENNE DES SALAIRES	DURÉE DE L'APPRENTISSAGE	DÉLAI CONGÉ	MOYENNE DES HEURES DE TRAVAIL	OBSERVATIONS
835	**Nécéssaires** en vermeil, or et argent (fab. de)	M. 2	8 »	3 ans	60 heures	10	— Voir orfèvres, bijou-tiers, ciseleurs, suivant le genre de travail et le fini de l'objet.
836	**Nécessaires** et petits meubles (fab. de)	B. 3	0 fr. 80 l'heure	—	néant	10	
837	**Nettoyeurs** de devantures de boutiques	B. 6	à tâche env. 4 à 6 fr. par jour	néant	—	9	
838	**Nickel** (fab. d'objets en)	M. 2	7 »	3 ans	60 heures	10	
839	**Nickeleurs**	M. 2	7 50	—	—	10	
840	**Nitre** (nitrate de potasse, salpêtre) (f. de)	P. 1	6 »	3 ans, élèves	huitaine	10	
841	**Noir** animal (fab. de)	P. 1	5 » à 6 »	néant, aides	—	10	
842	**Noir** de fumée, d'ivoire et autres (fab. de)	P. 1	5 » à 6 »	—	—	10	
843	**Nouveautés** (fab. de confection de)	T. 1	à la pièce	3 ans, pet. mains	—	10	
844	**Nouveautés** soieries (fab. de hautes)	T. 1	—	—	—	10	
844 b.	**Nouveautés** (marchands de)	J. P.	3 à 8 fr. par jour, et bénéfices	aides, 3 ans	un mois	12	

O

N° d'ordre	PROFESSIONS	JURIDICTION	MOYENNE DES SALAIRES	DURÉE DE L'APPRENTISSAGE	DÉLAI CONGÉ	MOYENNE DES HEURES DE TRAVAIL	OBSERVATIONS
845	**Ocres** diverses pour la teinture (fab. de)	P. 1	5 » à 6 »	aides, élèves	huitaine	10	— Pas d'apprentissage proprement dit.
846	**Œillets** métalliques (fab. d')	M. 1	6 »	2 ans, aides	60 heures	10	
847	**Oignons** brûlés, colorants (fab. de)	P. 1	5 » à 6 »	aides	huitaine	10	
848	**Oléine** pour la fabrication des savons (f. de)	P. 1	5 » à 6 »	—	—	10	
849	**Opticiens**	M. 3	7 50	3 ans	60 heures	10	—Monteurs en optique. Instrum. de précision.
850	**Orfèvres**	M. 2	8 »	—	—	10	
851	**Orgues** et buffets d'orgues (fab. d')	M. 3	7 »	—	—	10	—Ebénistes et mécani-ciens.
852	**Ornemanistes**	B. 9	1 fr. l'heure	3 à 5 ans, élèves	néant	10	
853	**Orthopédistes**	M. 5	7 fr. par jour	3 ans	60 heures	10	
854	**Os** (fab. d'objets en)	M. 6	7 fr. par jour	—	—	10	
855	**Os** (débiteurs et scieurs d')	M. 6	6 50	—	—	10	
856	**Os** et fondeurs de suif (casseurs d')	P. 1	5 » à 6 »	aides	huitaine	10	
857	**Osier** pour la tonnellerie (préparateurs d')	P. 2	5 » à 6 »	—	—	10	
858	**Ouates** (fab. de)	T. 1	à la tâche, 6 f. hom. 3 fr. femmes	pet. mains, aides	—	10	
859	**Ourdisseuses**	T. 1	3 à 4 fr. par jour, à la tâche	2 ans, pet. mains	—	10	
860	**Outils** en fer et en acier (fab. d')	M. 1	7 50	3 ans	60 heures	10	
861	**Outils** et manches en bois (fab. de)	B. 3	0 fr. 80 l'heure	2 ans, pet. mains	néant	10	
862	**Outremer** minéral (fab. de)	P. 1	5 » à 6 »	3 ans, com. aides ou élèves	huitaine	10	

P

N° d'ordre	PROFESSIONS	JURIDICTION	MOYENNE DES SALAIRES	DURÉE DE L'APPRENTISSAGE	DÉLAI CONGÉ	MOYENNE DES HEURES DE TRAVAIL	OBSERVATIONS
863	**Paillassons** (fab. de)	T. 4	à la pièce ou 0,60 l'h.	2 ans, com. aides	huitaine	10	—Un grand nombre d'ou-vriers étrangers travail-lent dans cette industrie, ils ne reçoivent que des à-comptes et le patron leur retient la différence pour les malfaçons.
864	**Paille** (apprêteurs et fendeurs de)	M. 6	6 »	3 ans	60 heures	10	
865	**Paille** (fab. de chapeaux de)	T. 4	à la pièce	3 ans, pet. mains	huitaine	11	
866	**Paille** teinte, blanche (fab. de)	T. 4	hom. 6 f. fem. 3 f. 50	aides pet. mains, 2 ans	—	11	
867	**Paillettes** et paillons or, argent, cuivre (fab. de)	M. 2	6 »	3 ans	60 heures	10	— Actuellement, il existe l'industrie des paillettes de gélatine. Travail sur-tout de femmes, à environ 3 fr. 50 par jour.
868	**Pains** à cacheter (fab. de)	P. 2	6 fr. par jour	aides	huitaine	10	
869	**Pains** d'autel (fab. de)	P. 2	0 fr. 60 l'heure	2 ans	—	10	
870	**Pains** d'épices (fab. de)	P. 2	—	—	—	12	
871	**Pantoufles** (fab. de)	T. 3	aux pièces	—	néant	10	—Délai-congé de huit. ou du mois suivant le mode de paiement pour les ou-vriers à salaires fixes tra-vaillant à l'atelier.
872	**Papiers** (fab. de)	P. 3	4 à 6 fr. par jour	aides, pet. mains	huitaine	11	
873	**Papiers** à cartons pour peindre, toiles et taffetas à peindre (fab. de)	P. 1	5 » à 6 »	—	—	10	
874	**Papiers** à cigarettes (fab. de)	P. 3	4 » à 6 »	—	—	10	—Travail de la femme 3 fr. par jour et 3 fr. 50.
875	**Papiers** de fantaisie (fab. de)	P. 3	4 » à 6 »	—	—	10	
876	**Papier** de verre et d'émeri (fab. de)	P. 4	4 » à 6 »	—	—	10	— — — —
877	**Papiers** goudronnés et vernis pour l'emballage et autres	P. 5	4 à 6 f., fem. 3 à 4 f.	petites mains	—	10	— Les mécaniciennes n'ont pas droit au délai-congé.
878	**Papiers** peints (fab. de)	P. 3	4 à 7 f. conducteurs, tireurs, margeurs, encreurs.	3 ans	néant	10	—Entre ouvriers à la main et leurs tireurs, là hui-taine existe.
879	**Papiers** pour décalcage (fab. de)	P. 3	5 » à 7 »	2 ans	huitaine	10	
880	**Papiers** et taffetas préparés pour usages médicinaux (fab. de)	P. 1	5 » à 6 »	2 ans, aides	—	10	
881	**Parapluies** et ombrelles (fab. de man-ches et monteurs de)	M. 6	7 »	2 ans	60 heures	10	—Pour la monture méca-nique et pour le manche, voir Canniers.
882	**Parapluies** et ombrelles (garniss. de)	T. 2	hom. 5 fr. fem. 3 fr. à la pièce	—	huitaine	10	

NUMÉROS D'ORDRE	PROFESSIONS	JURIDICTION	MOYENNE DES SALAIRES	DURÉE DE L'APPRENTISSAGE	DÉLAI-CONGÉ	MOYENNE DES HEURES DE TRAVAIL	OBSERVATIONS
883	**Parcheminiers**	P. 5	5 » à 6 »	2 ans	néant	10	
884	**Parfumeurs** et **Parfumerie** (march.)	P. 1	6 »	2 et 3 ans	huitaine	10	
885	**Parqueteurs**	B. 3	0 fr. 90 l'heure	aides, 3 ans	néant	11	—Le travail se fait aussi aux pièces.
886	**Parqueteurs** sur bitume	B. 3	toujours aux pièces 7 fr. par jour	aides	—	11	
887	**Parquets** (fab. et poseurs de)	B. 3	—	—	—	11	
888	**Passementerie** de tout genre (or, argent, soie, fil et coton) (fab. de)	T. 2	façonniers, ouv. et ouvrières à la pièce	pet. mains, 3 ans	huitaine	10	—Délai-congé d'une semaine pour les ouvriers à la journée; pour les ouvriers à la quinzaine et au mois, le délai-congé est de 12 jours ou un mois; les ouvriers aux pièces ont le délai-congé d'une commande d'une journée. Pour le tissage à la main, le façonnier retient 1/5 de la façon et réserve les 4/5 à son ouvrier. Chez les retordeurs, le façonnier se réserve moitié de la façon, mais il a à sa charge le salaire du tourneur de rouet; d° pour le façonnier à la barre qui a moitié de la façon, l'autre moitié à l'ouvrier. — Le délai-congé n'existe que si l'ouvrier a commencé un chargement, car il n'est engagé que pour la durée de ce chargement.
889	**Pastels** divers (préparateurs de)	P. 1	5 » à 7 »	3 ans, élèves	—	10	
890	**Pastilleurs** décorateurs	P. 2	—	—	—	10	
891	**Pâtes** alimentaires de toute nature (f{t} de)	P. 2	6 »	3 ans, aides	—	10	
892	**Pâtes** moulées en carton (fab. de)	B. 9	10 fr. par jour	3 ans	huit., en atelier seulement	10	
893	**Patins** pour le bois (fab. de)	T. 3	aux pièces	—	néant	10	
894	**Pâtissiers**	P. 2	55 fr. par mois et nourris	2 ans payant, 3 ans gratuit	huitaine	12 à 14	
895	**Pavage** (entrepreneurs de)	B. 7	0 fr. 75 l'h. le comp. 0 fr. 50 l'h. le garç.	3 ans, com. aide	néant	10	
896	**Pavage** en bois, bitume, etc. (entrepreneurs de)	B. 7	—	—	—	10	
897	**Paveurs**	B. 7	dresseurs 0 f. 75 l'h. garçons 0 fr. 50 l'h.	aides, 3 ans	—	10	
898	**Peaussiers**	P. 5	4 » à 8 »	4 à 5 ans	huitaine	10	—Dans certains cas, le délai-congé n'est pas admis, surtout lorsque le contrat de louage de travail se limite par la production elle-même faite ou à faire.
899	**Peaux** tannées ou en tripes (scieurs de)	P. 5	—	—	néant	10	
900	**Pêche** (fab. d'articles de)	T. 1	à la pièce	3 ans, pet. mains	huitaine	10	
900 b.	**Pêcheurs**	J. P.	2 à 4 fr. nourris	3 ans, com. aides	un mois	10	
901	**Peignes** en corne, buffle, écaille, os, buis et ivoire (fab. de)	M. 6	8 »	3 ans	60 heures	10	
902	**Peignes** et de lisse à lisser (fab. de)	T. 1	à la pièce	3 ans, pet. mains et aides	huitaine	10	
903	**Peigneurs** de chanvre	T. 1	5 » à 6 »	aides payés	—	11	
904	**Peintres** d'attributs	B. 6	1 fr. 20 l'heure	3 à 5 ans, élèves	néant	10	
905	**Peintres** en bâtiments	B. 6	0 fr. 80 —	3 ans	—	10	
906	**Peintres** en décors et décorateurs	B. 6	1 fr. 20 —	4 —	—	10	
907	**Peintres** en lettres	B. 6	1 fr. —	4 à 5 ans	—	10	
908	**Peintres** en voitures	M. 1	7 fr. par jour	3 ans	60 heures	10	
909	**Peintres** sur étoffes	T. 1	7 à 8 fr. et à la tâche	3 ans, aid. élèves	huitaine	10	
910	**Peintres** sur porcelaine, verre, faïence et terre cuite	P. 4	6 à 7 fr. 50, travail à la pièce	3 ans	—	10	
910 b.	**Peintres** céramistes	P. 4	6 à 7 fr. 50	—	—	10	
911	**Pelles** en bois (fab. de)	B. 3	travail aux pièces, 6 à 7 fr.	—	néant	10	
912	**Peluches** (fab. de)	T. 4	aux pièces	—	huitaine	10	—Voir horlogers.
913	**Pendules** portatives de voyage (fab. de)	M. 3	7 50	—	60 heures	10	—Voir jardiniers.
913 b.	**Pépiniéristes**	J. P.	6 »	3 ans com. aides	néant	10	
914	**Percale** (fab. de)	T. 1	à la pièce	3 ans, aides	huitaine	10	
915	**Perceurs**	B. 1	0 fr. 60 l'heure	aides	néant	10	
916	**Perceurs** de cadrans	M. 3	6 » à 7 »	2 ans	60 heures	10	—Travail à façon.
917	**Perceurs** de trous (brosserie)	M. 6	—	petites mains	—	10	—Travail à façon.
918	**Perceurs** pour plomberie et zingage	B. 2	9 25	3 ans com. aides	néant	10	
919	**Perles** (enfileurs et monteurs de)	M. 2	8 »	3 ans	60 heures	10	
920	**Perles** fausses (joaillerie) (fab. de)	M. 2	6 »	2 ans	—	10	
921	**Pétrole** (raffineurs, rectificateurs et épurateurs de)	P. 1	5 » à 6 »	aides	huitaine	10	
922	**Photographie**	P. 3	6 » à 8 »	3 et 4 ans, élèves-aides	—	10	
923	**Photographie** (fab. d'instruments de)	M. 3	7 » 8 »	3 ans	60 heures —	10 10	—Voir ébénistes. —Voir mécanic{iens} de préc.
924	**Photogravure**	P. 3	6 » à 8 »	3 et 5 ans, aides-élèves	huitaine	10	
925	**Photolithographie**	P. 3	—	3 et 4 ans, aides-élèves	—	10	
926	**Phototypie**	P. 3	6 » à 7 »	3 ans, aid.-élèves	—	10	
927	**Pianos**, y compris la caisse (fab. de)	M. 3	ébénistes 7 fr. clavistes 8 fr.	3 ans	60 heures	10	—Ébénistes en pianos et mécaniciens-clavistes.
928	**Pierres** (marchands de)	B. 5	chargeurs et convoyeurs, 6 fr., marqueurs, 5 et 6 fr.	néant	néant	10	

NUMÉROS D'ORDRE	PROFESSIONS	JURIDICTION	MOYENNE DES SALAIRES	DURÉE DE L'APPRENTISSAGE	DÉLAI-CONGÉ	MOYENNE DES HEURES DE TRAVAIL	OBSERVATIONS
929	**Pierres** (casseurs, emmétreurs de)	B. 5	travail aux pièces, 6 et 7 fr.	aidés	néant	10	
930	**Pierres** factices ou artificielles pour la joaillerie (fab. de)	P. 4	6 » à 7 »	3 ans	—	10	
931	**Pierres** lithographiques (préparateurs de)	P. 3	5 » à 6 »	—	—	10	
932	**Pierristes** en horlogerie	M. 3	7 »	—	60 heures	10	
933	**Pignons** de pendules et montres (fab. de)	M. 3	8 »	—	—	10	
934	**Pinceaux** et brosses à peindre (fab. de)	M. 6	7 »	—	—	10	
935	**Pinceurs** pour la maçonnerie	B. 5	0 fr. 75 l'heure	aidés	néant	10	
936	**Pipes** en bois (fab. de)	M. 6	8 fr. par jour	3 ans	60 heures	10	
937	**Pipes** en terre (fab. de)	P. 4	5 » à 6 » et 7 »	3 ans com. aidés	néant	10	
938	**Piqué** (fab. de)	T. 1	à la pièce	3 ans, aides et petites mains	huitaine	10	
939	**Piqueurs** de cartons	T. 1	—	aides payés	—	10	
940	**Piqueurs** de grès	B. 7	0 fr. 85 l'heure	aidés	néant	10	
941	**Planches** et ifs à bouteilles (fab. de)	M. 6	6 fr. par jour	—	60 heures	10	
942	**Planeurs** en cuivre, bronze, etc.	M. 4	7 »	—	—	10	— Pas d'apprentissage proprement dit.
943	**Planeurs** en orfèvrerie, joaillerie et plaqué	M. 2	8 » —	3 ans	—	10	
944	**Planeurs** sur tous métaux	M. 1	8 » —	—	—	10	
945	**Plaqué** (fab. de)	M. 2	7 » —	—	—	10	
946	**Plaqueurs** (brosserie)	M. 6	6 » —	—	—	10	
947	**Platine** (fab. d'objets en)	M. 2	8 » —	—	—	10	
948	**Platineurs** armuriers	M. 5	8 » —	—	—	10	
949	**Plâtre** (fab. de)	B. 8	chargeurs et convoyeurs, 5 et 6 fr.	néant	néant	11	
950	**Plâtriers**	B. 8	caveurs à tâche, 6 à à 7 fr.; coupeurs, 0 fr. 40 et 0 fr. 45 l'h.; poseurs de bois, 0 fr. 40 et 0 fr. 45 l'h.	aides	—	11	
951	**Plieurs** et dévideurs de fil et soie	T. 1	4 à 6 fr. et à la pièce	aides payés	huitaine	12	
952	**Plomb** de chasse (fab. de)	M. 1	6 »	—	60 heures	10	— Pas d'apprentissage proprement dit.
953	**Plomb** laminé, saumons, tuyaux (fab. de)	M. 1	7 »	3 ans	—	10	
954	**Plomberie** (fab. de) et plombiers pour plomberie et zingage	B. 2	compagnon 9 fr. 25, garçon 6 fr. 15	3 ans	néant	10	
955	**Plombiers** pour la canalisation du gaz	B. 1	7 50	—	—	10	
956	**Plumassiers**	T. 4	à la pièce	—	huitaine	10	— Pour les placiers et porteurs de boîtes, voir fleuristes.
957	**Plumeaux** (fab. de)	T. 4	à la pièce 4 à 6 fr.	2 ans	—	10	
958	**Plumes** d'oies (appréteurs de)	P. 1	hom. 6 fr., fem. 3 fr.	2 ans, pet. mains	—	10	
959	**Plumes** métalliques (fab. de)	M. 5	6 »	petites mains	6 jours	10	
960	**Plumes** pour matelas (duvets, laines et crins)	T. 4	hom. 6 fr., fem. 4 fr.	pet. mains, aides	huitaine	10	
961	**Plumes** pour ornements (fab. de)	T. 4	à la pièce	3 ans	—	10	
962	**Poêles** en faïence et en terre cuite (f. de)	P. 4	6 » à 7 »	3 ans, aides	—	10	
963	**Poêliers**	B. 2	compagnon 7 fr. 50, garçon 4 fr. 50	3 ans	néant	11	
964	**Poils** de lièvres et de lapins (coupeurs de)	T. 4	à la pièce ou au kil.	aides, 2 ans	huitaine	10	
965	**Pointes** et poinçons (fab. de)	M. 1	6 »	2 ans, aides	6 jours	10	
965 b	**Pois** d'iris (fab. de)	P. 1	—	—	huitaine	10	
966	**Poivre** (appréteurs-concasseurs de)	P. 2	—	—	—	10	
967	**Poix**, résine, goudron (fab. de)	P. 1	—	—	—	10	
968	**Polisseurs** de verres et cristaux pour l'optique	P. 4	6 » à 7 »	3 ans	—	10	
969	**Polisseurs** en orfèvrerie, bijouterie	M. 2	8 50	1 an	6 jours	10	
970	**Polisseurs** en pendules	M. 3	—	2 ans	—	10	
	Polisseurs en plâtre	B. 9	0 fr. 75 l'heure	3 ans	néant	10	
971 972	**Polisseurs** et tourneurs sur terre et pierre	B. 9	—	—	huit. à l'atelier et à salaire fixe.	10	—En chantier il n'y a pas de délai-congé. — Huitaine à l'atelier.
973	**Polisseurs** sur bois	B. 3	0 fr. 80 l'heure	—	néant	10	
974	**Polisseurs** sur cuivre, bronze, etc.	M. 4	8 50	2 ans	6 jours	10	
975	**Polisseurs** de et tourneurs sur marbre	B. 9	7 50	3 ans	huit. à l'atelier	10	
976	**Pompes** de bois et pièces pour la conduite des eaux (fab. de)	M. 1	7 »	—	6 jours	10	
977	**Pompes** à incendie (fab. de)	M. 1	7 50	—	—	10	
978	**Pompes** en métal (fab. de)	M. 1	—	—	—	10	
978 b	**Ponts** (constructeurs de)	B. 5	0 fr. 70 l'heure	aide, 0 fr. 50 l'h.	néant	10	
979	**Porcelaines** de toutes sortes (fab. de)	P. 4	6 50 à 8 50	3 ans	huitaine	10	
980	**Porte-bouteilles** (fab. de)	M. 1	7 »	aides	6 jours	10	
981	**Portefeuilles** (fab. de)	T. 3	0 fr. 60 à 0 fr. 70 l'h.	3 ans, aides	huit. ou quinz.	10	— Suivant le mode de paiement des salaires.
982	**Porte-monnaie** (fab. de)	T. 3	—	—	—	10	— — —
983	**Porte-plumes** (fab. de)	M. 5	6 »	aides	6 jours	10	
984	**Poseurs** de carreaux en terre, marbre, etc.	B. 5	travail aux pièces, 8 fr. par jour	3 ans, com. aides	néant	10	
985	**Poseurs** de sonnettes	B. 1	0 fr. 80 l'heure	—	—	10	
986	**Poseurs** pour la maçonnerie	B. 5	0 fr. 90 —	—	—	10	
987	**Potasse** (fab. de)	P. 1	6 » à 5 »	2 ans, aides	huitaine	10	
988	**Poterie** de terre (fab. de)	P. 4	6 » à 7 »	3 —	—	10	

NUMÉROS D'ORDRE	PROFESSIONS	JURIDICTION	MOYENNE DES SALAIRES	DURÉE DE L'APPRENTISSAGE	DÉLAI-CONGÉ	MOYENNE DES HEURES DE TRAVAIL	OBSERVATIONS
989	**Poterie** de terre pour le bâtiment (f. de).	B. 8	6 à 8 fr. par jour	3 ans com. aides	néant	10	
990	**Potiers** d'étain	M. 1	8 »	3 ans	6 jours	10	
991	**Poudre** de chasse et de guerre (fab. de).	P. 1	6 fr., moyenne	3 ans, aides	néant	10	
992	**Poudres** diverses pour la droguerie et les arts (fab. de)	P. 1	—	—	huitaine	10	
993	**Poudrette** (fab. de)	P. 1	4 » à 5 »	néant	néant	10	
994	**Poupées** (fab. de)	M. 6	4 50	—	6 jours	10	—Travail exécuté surtout par des femmes.
995	**Praticiens** (sculpteurs)	B. 9	8 » à 15 »	4 à 5 ans	suivant contrat	10	—Suivant le talent, le travail est payé.
996	**Presses** en bois (fab. de)	M. 1	6 50	3 ans, aides	6 jours	10	
997	**Presses** mécaniques (fab. de)	M. 1	7 »	3 ans	—	10	
998	**Presseurs**	T. 1	6 »	2 ans, aides	—	12	
999	**Produits** ammoniacaux	P. 1	6 »	2 ans, élèves	huitaine	10	
1000	**Produits** chimiques et pharmaceutiques (fab. de)	P. 1	6 et 7 fr. moyenne,	3 et 4 ans, élèves	—	10	
1001	**Puisatiers**	B. 7	manœuvre 4 et 5 fr.; chefs d'équipe 0 f.90 l'h.; mineurs 0 f.75 l'h.; aides 0 f.55 l'h.;	2 ans, com. aide	néant	10	
1002	**Puits** (pour la terrasse et la maçonnerie) (constructeurs et foreurs de)	B. 7	constructeurs et foreurs 0 fr. 75 l'h.; garçon puisatier 0 fr. 55 l'h.	—	—	10	
1003	**Puits** artésiens (foreurs de)	B. 7	foreurs 0 fr. 80 l'h. aides 0 fr. 50 l'h.	—	—	10	

Q

NUMÉROS D'ORDRE	PROFESSIONS	JURIDICTION	MOYENNE DES SALAIRES	DURÉE DE L'APPRENTISSAGE	DÉLAI-CONGÉ	MOYENNE DES HEURES DE TRAVAIL	OBSERVATIONS
1004	**Queues** de billards (fab. de)	B. 3	6 fr. par jour	3 ans	—	10	
1005	**Quincaillerie** en tous genres (fab. de)	M. 5	7 50	—	6 jours	10	
1006	**Quinquina** (sulfate de quinine) (fab. de)	P. 1	6 »	2 ans	huitaine	10	

R

NUMÉROS D'ORDRE	PROFESSIONS	JURIDICTION	MOYENNE DES SALAIRES	DURÉE DE L'APPRENTISSAGE	DÉLAI-CONGÉ	MOYENNE DES HEURES DE TRAVAIL	OBSERVATIONS
1006 b.	**Rabatteurs** de chasses	J. P.	4 »	néant	néant	10	
1007	**Raccommodeurs** de tissus, de châles, etc.	T. 1	à la pièce	3 ans, pet. mains	huitaine	10	—Le délai-congé n'est dû qu'aux ouvriers travaillant régulièrement.
1008	**Ramoneurs**	B. 2	compagnon 7 fr. 50 garçon 4 fr. 50	2 à 3 ans, c. aides	néant	10	
1009	**Rampistes**	B. 3	0 fr. 75 l'heure	3 ans	—	10	—A l'atelier et à demeure il est accordé une huitaine de congé.
1010	**Raquettes** (fab. de)	M. 6	6 50	—	6 jours	10	
1011	**Raseurs** de velours	T. 1	6 à 7 fr. par jour	3 ans, aides et petites mains	huitaine	10	
1012	**Ratine** (fab. de)	T. 1	à la pièce	3 ans, aides	—	10	
1013	**Registres** (fab. de)	P. 3	8 à 9 fr. par jour	3 ans	—	10	
1014	**Régleurs**	P. 3	6 » à 8 »	néant, p. mains	—	10	
1015	**Régleurs** de montres et de pendules	M. 3	180 et 200 f. p. mois	3 ans	un mois	11	—Ces ouvriers sont appointés au mois et comme délai-congé doivent être prévenus ou prévenir un mois à l'avance.
1016	**Réglisse** (fab. de)	P. 2	6 fr. par jour	aides, pet. mains	huitaine	10	
1017	**Relieurs**	P. 3	6 » à 8 »	3 ans	—	10	
1018	**Reliures** diverses (fab. de)	P. 3	6 » à 8 »	—	—	10	
1019	**Remetteurs** de brins aux lisses ou maillons	T. 1	4 à 6 fr., à la tâche	aides	—	10	—La libre rupture existe le samedi soir.
1020	**Rentrayeurs** de tapis	T. 2	7 » à 8 »	3 ans, aides	—	10	
1021	**Repasseurs** pour chapeaux de paille	T. 4	à la pièce, environ 6 fr. par jour	pet. mains, aides	—	10	
1022	**Repasseurs** et repasseuses pour l'apprêt	T. 1	6 f. hom., 3 f. fem.	2 ans, aides	—	10	
1023	**Reperceurs** en or, argent, cuivre, etc..	M. 2	7 50	3 ans	6 jours	10	
1024	**Reperceurs** en bois	B. 3	0 fr. 80 l'h. en moy.	—	néant	10	
1025	**Reperceurs** en cuivre	M. 4	7 fr. 50 par jour	—	6 jours	10	
1026	**Reperceurs** sur tous métaux	M. 1	7 »	—	—	10	
1027	**Replanisseurs** et raboteurs de parquets	B. 3	0 fr. 90 l'heure	—	néant	10	
1028	**Repousseurs** en or, argent, etc.	M. 2	8 fr. 50 par jour	—	6 jours	10	
1029	**Repousseurs** en cuivre, etc.	M. 4	7 50	—	—	10	
1030	**Repriseuses** en châles, cachemires, dentelles et autres étoffes	T. 1	4 à 5 fr. et à la pièce	3 ans, aides et petites mains	huitaine	10	—Pas de délai congé pour les ouvriers ne travaillant pas régulièrement à l'atelier.
1031	**Résine**, poix, goudron (fab. de)	P. 1	6 »	aides et élèves	—	10	
1032	**Ressorts** de montres (fab. de)	M. 3	6 »	1 an, aides	6 jours	10	
1033	**Ressorts** de toutes sortes (fab. de)	M. 1	6 »	3 ans, aides	—	10	
1034	**Ressorts** de voitures, wagons et tramways (fab. de)	M. 1	7 50	3 ans	—	10	
1034 b.	**Restaurateurs** et cafés, garçons	J. P.	6 fr., y comp. bénéf.	aides	néant	10	
1035	**Retordeurs**	T. 1	5 » à 6 »	aides payés	huitaine	10	
1036	**Rhabilleurs** de boîtes d'horlogerie	M. 3	7 »	3 ans	6 jours	10	
1037	**Robinets** en cuivre et en étain (fab. de).	M. 1	7 50	—	—	10	
1038	**Rocailleurs**	B. 5	0 fr. 80 l'heure	—	néant	10	
1039	**Rogneurs** de papier	P. 3	6 fr. par jour	2 ans, pet. mains	huitaine	10	
1040	**Rotins** (apprêteurs de)	M. 6	7 »	3 ans	6 jours	10	
1041	**Rouennerie** (fab. de)	T. 1	à la pièce	3 ans, aides	huitaine	10	

NUMÉROS D'ORDRE	PROFESSIONS	JURIDICTION	MOYENNE DES SALAIRES	DURÉE DE L'APPRENTISSAGE	DÉLAI-CONGÉ	MOYENNE DES HEURES DE TRAVAIL	OBSERVATIONS
1042	**Roues** hydrauliques (fab. de)	M.1	7 30	3 ans	6 jours	10	
1043	**Rouge** à polir (ocre rouge, émeri) (f. de)	P.1	6 »	aides, 3 ans	huitaine	10	
1044	**Rouge** de carthame (fab. de)	P.1	6 »	aides et élèves, 3 ans	—	10	
1045	**Roulettes** pour lits, meubles, etc. (f. de)	M.1	7 »	3 ans	6 jours	10	
1046	**Rubans** (fab. de)	T.1	à la pièce	3 ans, aides	huitaine	10	
1047	**Ruches** à abeilles (fab. de)	P.1	6 »	pet. mains, aides	—	10	

S

NUMÉROS D'ORDRE	PROFESSIONS	JURIDICTION	MOYENNE DES SALAIRES	DURÉE DE L'APPRENTISSAGE	DÉLAI-CONGÉ	MOYENNE DES HEURES DE TRAVAIL	OBSERVATIONS
1048	**Sable** (tireurs et passeurs de)	B.8	passeurs 5 f. travail à la drague 6 et 7 f. trav. à la main 8 f.	aides 0 f. 40 l'h.	néant	10	—A la tâche surtout.
1049	**Sabots** (fab. de)	T.3	4 » à 5 »	aides, 2 ans	huitaine	10	
1050	**Sacs** de toile (fab. de)	T.2	à la pièce	aides	—	10	
1051	**Sacs** en papier (fab. de)	P.3	5 à 7 fr. aux pièces, femmes de 3 à 4 f.	6 mois, p. mains	—	10	
1052	**Salaisons** (fab. de)	P.2	6 fr. les chefs, 4 à 5 fr. les aides	aides de 1 an à 18 mois	—	12	—Voir charcutiers, mêmes usages, mêmes salaires.
1053	**Salpêtre** (fab. de)	P.1	6 »	aides, 2 ans	—	10	
1054	**Salpêtriers**	P.1	6 »	—	—	10	
1055	**Sang** coagulé (engrais)	P.1	5 » à 6 »	aides-garçons	—	10	
1056	**Sangles** (fab. de)	T.1	à la pièce	aides	—	10	
1057	**Satin** (fab. de)	T.1	—	aides, 3 ans	—	10	
1058	**Satineurs** de papier	P.3	6 à 8 fr., aides 4 fr.	3 ans, com. aides	—	10	
1059	**Satineurs** de papiers peints	P.3	6 à 7 fr., aides 4 fr.	—	néant	10	
1060	**Savons** de toute espèce (fab. de)	P.1	6 »	2 ans, élèves	huitaine	10	
1061	**Schiste** et huile de schiste (fab. de)	P.1	6 »	2 ans, aides	—	10	
1062	**Scies** (fab. de)	M.1	7 50	3 ans	6 jours	10	
1063	**Scieurs** de long	B.4	1 fr. 675 l'heure pour les 2 scieurs	2 ans, aides de chantier	néant	10	—Travail fait au trait et à la tâche, par couple de scieurs.
1064	**Scieurs** à la mécanique	B.4	0 fr. 80 l'heure en moyenne	1 an, com. aides	huitaine	10	—Sans délai-congé en dehors des ateliers-usines de scierie mécanique.
1065	**Scieurs** de marbre	B.9	0 fr. 85 l'heure	3 ans	—	10	—L'ouvrier doit fournir ses outils.
1066	**Scieurs** de pierres	B.5	—	3 ans, com. aides	néant	10	
1067	**Scieurs** et fendeurs de bois à brûler	B.4	0 fr. 60 l'heure	néant	—	11	
1068	**Sculpteurs** sur plâtre	B.9	12 fr. par jour	4 à 5 ans	—	8	
1069	**Sculpteurs** en instruments de chirurgie et armurerie	M.5	10 à 12 fr. par jour	—	huitaine	8	—Voir sculpteurs en serrurerie et inst. de préc.
1070	**Sculpteurs** en mécanique et carrosserie	M.1	10 » à 12 »	3 à 5 ans	—	8	—V. sculpteurs sur bois.
1071	**Sculpteurs** en serrurerie	B.1	8 » à 10 »	3 à 4 ans	néant	9	
1072	**Sculpteurs** pour bronze et lampisterie	M.4	12 » à 15 »	4 à 5 ans	huitaine	10	—Le congé-délai n'est admis que lorsqu'il y a conventions pour une certaine durée d'engagement.
1073	**Sculpteurs** pour horlogerie, optique, instruments de précision et de musique	M.3	12 » à 15 »	—	—	10	
1074	**Sculpteurs** pour orfèvres, joailliers et bijoutiers	M.2	12 » à 15 »	—	—	10	
1075	**Sculpteurs** sur bois	B.3	1 fr. l'heure	—	—	9	
1076	**Sculpteurs** sur pierre et marbre	B.9	1 fr. 25 l'heure	—	néant	9	"
1077	**Sceaux** à incendies, tuyaux et conduits (fab. de)	T.3	0 fr. 60 à 0 fr. 70 l'h.	aides, pet. mains	6, 12 et 26 jours	10	—Suivant mode de paiement.
1078	**Selliers** en métal	M.1	7 fr. 50 par jour	3 ans	6 jours	10	
1079	**Selliers-bourreliers**	T.3	0 fr. 60 à 0 fr. 70 l'h.	pet. mains, 3 ans	8 jours et un mois	10	—Délai-congé suivant mode de paiement.
1080	**Sels** (raffineurs de)	P.1	6 fr. par jour	2 ans, aides	huitaine	10	
1081	**Sels** divers (fab. de)	P.1	—	—	—	10	
1082	**Serge** (fab. de)	T.1	à la pièce	3 ans, aides pay.	—	10	
1082b	**Sériciculteurs**	J.P.	....	....	....	...	—Industrie qui n'existe autant dire pas dans la région de Paris.
1083	**Serrurerie** pour le bâtiment et pour meubles (entrepreneurs de)	B.1	0 fr. 75 l'heure	3 ans	néant	10	
1084	**Serruriers** en voitures	M.1	8 »	—	6 jours	10	
1085	**Serrurerie** et poseurs de rails pour la charpente et les planchers en fer	B.1	0 fr. 75 l'heure	—	néant	10	
1086	**Sertisseurs** en or et argent	M.2	9 fr. par jour	—	6 jours	10	
1087	**Sertisseurs** en cuivre, etc	M.4	7 50	—	—	10	
1088	**Sirops** (fab. de)	P.2	6 » à 7 »	3 ans, aid. et élèv.	huitaine	10	
1089	**Socques** (fab. de)	T.3	0 fr. 60 à 0 fr. 70 l'h.	petites mains	—	10	
1090	**Soie** pour chapeaux (fab. de)	T.3	—	—	6, 12 et 26 jours	10	—Congé suivant mode de paiement.
1091	**Soies** pour la brosserie (apprêteurs de)	M.6	7 fr. par jour	3 ans	6 jours	10	
1092	**Soieries** (fab. de)	T.1	à la pièce	aides pay., 3 ans	huitaine	10	
1093	**Sommiers** élastiques (fab. de)	M.1	7 fr. par jour	3 ans	6 jours	10	
1094	**Soude** artificielle (fab. de)	P.1	6 fr. manœuvre 4 f.	3 ans, aid. et élèv.	huitaine	10	
1095	**Soufflets** (fab. de)	M.6	6 50	2 ans	6 jours	10	
1096	**Souffleurs** de verre, de perles	P.4	10 fr., très variable	4 ans	huitaine	9	—La variation des salaires dans cette industrie donne une moyenne de 8 à 10 fr. par jour.
1097	**Soufre** en fleurs, en poudre et en canon (raffineurs et fab. de)	P.1	6 et 7 f. man. 4 f. 50	3 ans, com. aides	—	10	
1098	**Sparterie** (fab. de, et ouvrages en)	T.4	à la pièce, env. 8 f. p. j.	3 ans, aides pay.	—	10	

NUMÉROS D'ORDRE	PROFESSIONS	JURIDICTION	MOYENNE DES SALAIRES	DURÉE DE L'APPRENTISSAGE	DÉLAI-CONGÉ	MOYENNE DES HEURES DE TRAVAIL	OBSERVATIONS
1099	**Sphères** et globes pour les sciences (fabricants de)	M. 3	8 fr.	3 ans	6 jours	10	
1100	**Spiraux** (fab. de)	M. 3	8 »	—		10	
1101	**Stéarine** (fab. de)	P. 1	6 fr. manœuvre 4 fr.	3 ans, com. aides	huitaine	10	
1102	**Stores** (fab. de)	T. 1	1 fr. l'h. et 0 fr. 80 fem. 0 f. 30 à 0 f. 50 l'h.	3 ans, au bout de 6 mois 5 fr. par semaine	7 jours	10	— Travail à l'heure, comprend : peintres, encolleurs, poseurs. Ces derniers sont aux pièces.
1103	**Strontiane** (fab. de)	P. 1	6 » à 7 »	3 ans, com. aides et élèves	néant	10	
1104	**Stucateurs**	B. 9	compositeur et tailleur 8 fr., polisseur de stuc 7 fr.	3 à 5 ans, aides	—	9	—Délai-congé de huitaine pour les ouvriers à l'atelier et à demeure.
1105	**Substances** tinctoriales (fab. de)	P. 1	6 à 7 fr. manœuv. 4 fr.	3 ans, com. aides	huitaine	10	—Les femmes employées chez les raffineurs et casseurs de sucre gagnent de 2 fr. 50 à 3 fr. 50 et n'ont pas droit au délai-congé; elles ne font pas d'apprentissage.
1106	**Sucre** de canne et betterave (raffin. de)	P. 2	—	—	néant	10	
1107	**Suifs** en branche ou fondus (fab. de)	P. 1	6 fr. manœuvre 4 fr.	2 ans, com. aides	huitaine	10	
1107 b.	**Superstructeurs-niveleurs**	B. 7	0 fr. 75 l'heure	aides, 0 fr. 40	néant	10	
1108	**Suspensions** (fab. de)	M. 4	7 50 par jour	3 ans	6 jours	10	
1109	**Suspensions** de montres marines (f. de)	M. 3	7 50 —	—	—	10	
1109 b.	**Sylviculteurs**	J. P.	....	....	....	...	— Voir pépiniéristes, bûcherons, etc.

T

NUMÉROS D'ORDRE	PROFESSIONS	JURIDICTION	MOYENNE DES SALAIRES	DURÉE DE L'APPRENTISSAGE	DÉLAI-CONGÉ	MOYENNE DES HEURES DE TRAVAIL	OBSERVATIONS
1110	**Tabacs** (fab. de)	P. 1	6 »	3 ans, p. mains	néant	10	— Les femmes 3 f. p. jour.
1111	**Tabatières** en bois, buffle, corne, écaille, ivoire, os, etc. (fab. de)	M. 6	7 »	3 ans	6 jours	10	—Spécialités de femmes; celles-ci sont payées aux pièces et gagnent de 3 à 4 fr. par jour.
1112	**Tabletiers**	M. 6	8 50	—	—	10	
1113	**Tablettes** de couleur (fab. de)	P. 1	6 fr. hom. 3 fr. fem.	2 ans, com. aides	huitaine	10	
1114	**Taffetas** (fab. de)	T. 1	6 » à 7 »	aides payés	—	10	
1115	**Taffetas** gommé pour les vernis (fab. de)	P. 5	6 » à 7 »	2 ans	—	10	
1116	**Taillandiers**	M. 1	8 »	3 ans	6 jours	10	
1117	**Tailleurs** de cristaux et verres	P. 4	8 » à 10 »	4 ans	huitaine	10	
1118	**Tailleurs** d'habits pour dames	T. 5	à la pièce et à l'h.	3 ans	néant	10	— Les ouvriers à la semaine ou au mois ont droit au mois de congé.
1119	**Tailleurs** d'habits pour enfants	T. 5	à la pièce	—	p. de délai-congé	10	—Le coupeur et l'apprêteur ont droit à un congé d'un mois; pompiers, pompières, coupeurs et apprêteurs de conf., 8 jours de délai-congé seulement.
1120	**Tailleurs** d'habits pour hommes	T. 5	—	—	—	10	
1121	**Tailleurs** de pierres	B. 5	0 fr. 55 l'h. 1 fr. 20 les ravaleurs	3 ans, aides	néant	10	
1122	**Talons** en cuir, bois, gutta-percha pour chaussures (fab. de)	T. 3	6 f. par jour, à la pièce	3 ans	huitaine	10	
1123	**Tamis** (fab. de)	T. 1	à la pièce, 6 fr.	aides payés	—	10	
1124	**Tampons** pour impressions (fab. de)	P. 1	7 fr. par jour	3 ans, com. aides petites mains	—	10	
1125	**Tan**	P. 5	6 »	aides-manœuvr.	néant	10	
1126	**Tanneurs**	P. 5	4 »	2 ans	—	10	
1127	**Tapis** (tentures, tapisserie) (fab. de)	T. 1	à la pièce	3 ans et 5 ans	huitaine	10	— Délai-congé d'un mois pour les ouvriers au mois.
1128	**Tapisserie** à l'aiguille, à la main	T. 1	—	3 ans, aides, petites mains	—	10	—Pas de délai-congé pour les ouvrières travaillant chez elles.
1129	**Tapissiers**	T. 2	1er ouvrier 8 à 10 f. 1re ouvrière 5 à 6 f. ouvriers 7 fr., ouvrières 4 fr. et aux pièces.	3 ans, pet. mains	huitaine, 1 mois ou 15 jours	10	— Contre-maîtres et coupeurs travaillant au mois et à la quinzaine ont droit soit à un mois, soit à 15 jours de délai-congé. Les contre-maîtresses ont les mêmes usages. Les 15 premiers jours ou le 1er mois étant réputés jours d'essai. Le prix des salaires moyens est de 1 f. l'h. Pour les ouvr. à la journée, la libre rupture existe le samedi soir. Les ouvr. travaillant hors Paris ont droit à 1 fr. 50 par jour de supplément pour leur déjeuner, plus le chemin de fer; loin de Paris, ils doivent être défrayés de tout en sus de leur journée. Le temps compte du départ au retour à l'atelier.
1130	**Tartrate** (bitartrate de potasse, crème de tartre) (fab. de)	P. 1	6 »	2 ans, aides-élèv.	huitaine	10	
1130 b.	**Taupiers**	J. P.	....	....	....	...	Métier non classé.
1131	**Teinturiers**	P. 1	6 f. chefs de poste 8 fr.	3 ans, aides	huitaine	10	
1132	**Teinturiers** dégraisseurs	P. 1	6 fr., chefs 7 fr., femmes 4 à 5 fr.	—	—	10	

NUMÉROS D'ORDRE	PROFESSIONS	JURIDICTION	MOYENNE DES SALAIRES	DURÉE DE L'APPRENTISSAGE	DÉLAI-CONGÉ	MOYENNE DES HEURES DE TRAVAIL	OBSERVATIONS
1133	**Teinturiers** en peaux...............	P. 1	6 » à 7 fr.	2 ans	néant	10	
1134	**Teinturiers** en plumes...............	T. 4	7 » à 8 »	3 ans, aides	huitaine	10	
1135	**Télégraphie** et téléphonie (fab. d'appareils pour la)......................	M. 3	8 50	3 ans	6 jours	10	
1136	**Terrassements** (entrepreneurs de)....	B. 7	charretiers, chargeurs, convoyeurs 5 à 6 fr.	aides	néant	10	
1137	**Terrassiers**.................	B. 7	0 fr. 60 l'heure	néant	—	10	
1138	**Terre** de pipe (préparateurs de).........	P. 4	6 fr. manœuvres 4 fr.	aides	—	10	
1139	**Thermomètres** (fab. de).............	M. 3	8 »	3 ans	6 jours	10	
1140	**Tiges** de bottes, bottines, etc............	T. 3	6 et 7 fr. aux pièces	—	huitaine	10	
1141	**Timbres** en acier fondu et cuivre (f. de).	M. 2	7 50	—	6 jours	10	
1142	**Timbres** en caoutchouc (fab. de)........	P. 1	6 à 7 fr., aides 4 fr.	4 ans	huitaine	10	
1143	**Timbres** pour mouvements de pendules, sonnerie (fab. de).................	M. 3	8 »	3 ans	6 jours	10	
1144	**Tire-bourres** (fab. de).................	M. 5	6 50	néant	—	10	
1145	**Tisserands** et tisseurs.................	T. 1	6 » à 8 »	3 ans, aides	7 jours	10	—Tisseurs de châles, de meubles, de nouveautés, ouvriers bonnetiers et en jersey.
1146	**Tissus** de toutes sortes (fab. de)........	T. 1	à la pièce	3 ans, aid. payés	huitaine	10	
1147	**Tissus** imperméables (fab. de).........	P. 1	6 fr., aides 4 fr.	2 ans, aides	—	10	
1148	**Toiles** (fab. de).................	T. 1	à la pièce	3 ans, aid. payés	—	10	
1149	**Toiles** et papiers cirés, gommés et vernis (fab. de).................	P. 5	6 » à 7 »	2 ans	—	10	
1150	**Toiles** et taffetas cirés, vernis et toiles imperméables (fab. de).................	P. 5	—	—	—	10	
1151	**Toiles** métalliques (fab. de)........	M. 1	7 »	3 ans	6 jours	10	
1152	**Tôle** émaillée (fab. de).................	M. 1	—	—	—	10	
1153	**Tôle** perforée (fab. de).................	M. 1	—	—	—	10	
1154	**Tôliers**.................	M. 1	7 50	—	—	10	
1155	**Tondeurs** de châles.................	T. 1	6 et 7 fr. et à la pièce	3 ans, aid. payés	huitaine	10	
1156	**Tonneliers** et sommeliers pour les vins.	P. 2	6 fr. et le vin	2 ans, aides	—	10	—Avec 50 litres de vin par mois, ou de 7 fr. 50 à 8 fr. par jour sans le vin.
1157	**Tonnellerie** d'emballages et autres (f. de).	M. 6	7 »	3 ans	6 jours	10	
1158	**Torderies** de soie.................	T. 1	6 et 7 fr. et à la tâche	3 ans, aid. payés	huitaine	11	
1159	**Tordeurs** de chaînes.................	T. 1	—	—	—	10	
1160	**Tourbe** (fab. de).................	P. 1	6 »	aides, 4 fr.	néant	10	
1161	**Tournesol** (fab. de).................	P. 1	6 »	2 ans, aides	huitaine	10	
1162	**Tourneurs**.................	M. 5	7 »	3 ans	6 jours	10	
1163	**Tourneurs** sur bois.................	B. 3	0 fr. 80 l'heure	—	huitaine	10	—Le délai-congé est d'usage peu précis, le travail se fait surtout aux pièces.
1164	**Tourneurs** en chaises.................	B. 3	—	—	—	10	
1165	**Tourneurs** en cuivre.................	M. 4	7 fr. par jour	—	6 jours	10	
1166	**Tourneurs** en cuivre, fer, acier, etc....	M. 1	7 »	—	—	10	
1167	**Tourneurs** en plâtre.................	B. 9	8 fr. par jour	—	néant	10	
1168	**Tourneurs** en or, argent et cuivre.....	M. 2	8 50	—	6 jours	10	
1169	**Tourneurs** en pierre et terre...........	B. 5	0 fr. 85 l'heure	—	néant	10	
1170	**Tournuriers** (pour la chapellerie)......	T. 4	à la pièce	3 ans, pet. mains	huitaine	10	
1171	**Tranchefiles** (reliure) (fab. de)......	P. 3	7 fr. par jour	3 ans	néant	10	
1172	**Tréfilerie** (filature d'or et d'argent pour la passementerie et la broderie).......	T. 2	à la pièce	3 ans, aides	huitaine	10	—Voir passementerie.
1173	**Tréfilerie** en cuivre.................	M. 4	7 50	3 ans	6 jours	10	
1174	**Tréfileurs** en fer, en plomb........	M. 1	7 »	—	—	10	
1175	**Tréfileurs** en or, argent et cuivre......	M. 2	8 »	—	—	10	
1176	**Treillageurs** en bois.................	B. 3	0 fr. 70 et les copeaux	—	néant	10	—Les copeaux appartenant aux ouvriers qui les vendent 0 fr. 50 le sac.
1177	**Tresses** pour chapeaux et autres (f. de).	T. 4	à la pièce	3 ans, aid. pet. m.	huitaine	10	
1178	**Tricot** (fab. de).................	T. 1	—	2 ans, pet. mains	—	10	
1179	**Trottoirs** (constructeurs de)..........	B. 7	0 fr. 70 l'heure	aides, 0 f. 40 l'h.	néant	10	
1180	**Tuiles** (fab. de).................	B. 8	0 f. 40 et 0 f. 50 l'h.	porteurs, 2 ans gagn. 0 f. 20 l'h.	—	10	—Assimilés aux briquetiers, travaillent aussi à la tâche.
1181	**Tuyaux** de toutes sortes, en cuir et toile (fab. de).................	T. 3	0 f. 60 à 0 f. 70 l'h.	aides et p. mains	huitaine	10	
1182	**Tuyaux** et tubes en pierre et terre pour le bâtiment et le drainage (fab. de).....	B. 8	compagn. 0 f 80 l'h. garçon 0 f. 50 l'h.	3 ans, aides	néant	10	
1183	**Tuyaux** étirés et à froid (métal)........	M. 1	8 par jour	3 ans	6 jours	10	

U

1184	**Useurs** sur porcelaine, verre et terre cuite.................	P. 4	7 fr. aides 4 et 5 fr.	3 ans com. aides	huitaine	10	

V

1185	**Vaisselle** et ustensiles de ménage en bois (fab. de).................	B. 3	5 » à 7 »	2 ans, pet. mains	néant	11	—Travail fait surtout en prov., dans le Jura princip.
1186	**Vanniers**.................	M. 6	7 50	3 ans	6 jours	10	
1187	**Vélocipèdes**, etc. (fab. de)............	M. 1	8 »	—	60 heures	11	—Voir mécaniciens, ajusteurs, tourneurs, monteurs, etc.
1188	**Velours** (fab. de).................	T. 1	à la pièce	3 ans, aides	huitaine	10	
1189	**Ventilateurs** pour fonderies et autres..	M. 1	7 »	3 ans	6 jours	10	
1190	**Verges** d'horlogerie (poseurs de).......	M. 3	7 50	—	60 heures	10	—Voir horlogers.
1191	**Vergetiers**.................	M. 6	7 50	—	6 jours	10	

NUMÉROS D'ORDRE	PROFESSIONS	JURIDICTION	MOYENNE DES SALAIRES	DURÉE DE L'APPRENTISSAGE	DÉLAI-CONGÉ	MOYENNE DES HEURES DE TRAVAIL	OBSERVATIONS
1192	**Vermillon** (fab. de)	P. 1	6 fr. par jour	3 ans, aides-élèv.	huitaine	10	
1193	**Vernis** de toutes sortes (fab. de)	P. 1	6 »	3 ans, aides	—	10	
1194	**Vernisseurs** sur bois	B. 3	0 fr. 80 l'heure	3 ans	néant	10	—Travail surtout fait à la pièce, sans délai-congé.
1195	**Vernisseurs** sur caoutchouc	P. 5	7 fr. par jour	3 ans, aides-élèv.	huitaine	10	
1196	**Vernisseurs** sur cuivre	P. 5	8 » à 10 »	2 ans	néant	10	
1197	**Vernisseurs** sur feutre	P. 5	7 » à 9 »	—	huitaine	10	
1198	**Vernisseurs** sur toile	P. 5	6 » à 7 »	—	—	10	
1199	**Vernisseurs** sur tôle, zinc et fer blanc.	P. 5	7 » à 8 »	—	—	10	
1200	**Verreries** et verroteries (fab. de)	P. 4	6 » à 8 »	3 ans, aides et élèves	quinzaine	9	—Dans le travail du verre, en fabrique, le délai-congé est ordinairement de 15 jours ou la quinzaine, 1/2 mois.
1201	**Vert-de-gris** (matière pour peindre) (fab. de)	P. 1	6 »	2 ans, aides	huitaine	10	
1202	**Vidange** (entrepreneurs de)	P. 1	6 et 7 fr. les conduct.	aides, 5 et 6 fr.	—	10	—Equipes de nuit, 1 heure en moins et 1 fr. en plus.
1203	**Vinaigre** (fab. de)	P. 2	6 »	aides, 5 fr.	—	10	—Quelques manœuvres qui passent bientôt ouvriers en pied.
1204	**Vins** (marchands de vins en gros)	P. 2	—	néant	—	10	
1204 b.	**Vins** (marchands de vins en détail et garçons de café)	J. P.	—	—	—	10	
1205	**Vis** à bois en fer et en cuivre (fab. de)	M. 1	7 »	3 ans	6 jours	10	
1206	**Vis** cylindriques en fer et en cuivre (fab. de)	M. 1	6 50	—	—	10	
1207	**Visières** et maroquin pour la chapellerie (fab. de)	T. 4	0 fr. 60 à 0 fr. 70 l'h.	3 ans, pet. mains	huitaine	10	
1207 b.	**Viticulteurs**	J. P.	4 fr. par jour	aides	—	10	—Voir agriculteurs.
1208	**Vitraux** (ajusteurs, poseurs, peintres) (fab. de)	B. 6	0 fr. 85 l'heure	aides et élèves, 4 ans	néant	10	
1209	**Vitriers**, coupeurs, poseurs de vitres et glaces	B. 6	—	aides et élèves, 3 ans	—	10	
1210	**Voiliers**	T. 1	à la pièce, 7 fr. par jour environ	3 ans, aid. payés	huitaine	10	
1211	**Voliges** (fab. et poseurs de)	B. 3	travail aux pièces, 7 et 8 fr.	3 ans com. aides	néant	10	
1211 b.	**Voituriers** (messagers et camionneurs-déménageurs)	J. P.	6 »	néant	—	10	

W

NUMÉROS D'ORDRE	PROFESSIONS	JURIDICTION	MOYENNE DES SALAIRES	DURÉE DE L'APPRENTISSAGE	DÉLAI-CONGÉ	MOYENNE DES HEURES DE TRAVAIL	OBSERVATIONS
1212	**Wagons** et tramways (constructeurs de).	M. 1	serruriers, 8 fr. p. j. menuis^rs, 0 fr. 80 l'h.	3 ans —	6 jours —	10 10	—Voir menuisiers et serruriers en voitures.

Y

NUMÉROS D'ORDRE	PROFESSIONS	JURIDICTION	MOYENNE DES SALAIRES	DURÉE DE L'APPRENTISSAGE	DÉLAI-CONGÉ	MOYENNE DES HEURES DE TRAVAIL	OBSERVATIONS
1213	**Yeux** artificiels (fab. de)	P. 4	7 à 8 fr. par jour	3 ans	huitaine	10	

Z

NUMÉROS D'ORDRE	PROFESSIONS	JURIDICTION	MOYENNE DES SALAIRES	DURÉE DE L'APPRENTISSAGE	DÉLAI-CONGÉ	MOYENNE DES HEURES DE TRAVAIL	OBSERVATIONS
1214	**Zincographie**	P. 3	7 » à 8 »	3 ans	huitaine	10	
1215	**Zingueurs-ferblantiers**	M. 4	8 »	—	6 jours	10	
1216	**Zingueurs** pour plomberie et zingage...	B. 2	compagnon, 9 fr. 25; garçon, 6 fr. 15	aides, 3 ans	néant	10	

TOME II

CLASSEMENTS GÉNÉRAUX ET PARTICULIERS

SOMMAIRE

1re PARTIE

Industries du sol. — Industries primaires.

2e PARTIE

Industries de l'alimentation.

3e PARTIE

Industries du bâtiment et des habitations.

4ᵉ PARTIE

Industries des tissus, de l'habillement, de l'hygiène et de la toilette.

5ᵉ PARTIE

Industries des métaux. — Alliage. — Mécanique.

6ᵉ PARTIE

Industries des produits chimiques, caoutchouc, cuir, verre et produits céramiques, éclairage et chauffage.

7ᵉ PARTIE

Industries des transports et de la transmission.

INDEX DES TABLEAUX DU CLASSEMENT GÉNÉRAL

La 1ʳᵉ colonne des tableaux indique le numéro du répertoire alphabétique.

La 2ᵉ colonne donne les sections et le titre des chapitres ou classes et nomenclature des professions.

La 3ᵉ colonne indique le prix moyen des salaires à l'heure, à la journée ou au mois.

La 4ᵉ colonne, la durée de l'apprentissage ou du stage à faire comme aide ou petites mains.

La 5ᵉ colonne, la durée du délai-congé, ou temps de prévenance ; l'indemnité pour brusque renvoi au départ se compte en multipliant le nombre de jours du délai-congé par le prix moyen d'une journée de salaire.

La 6ᵉ colonne, le nombre d'heures de travail fait chaque jour par chaque salarié.

La 7ᵉ colonne, la juridiction compétente pour en connaître ; s'il faut s'adresser au juge de paix, l'indication en est donnée par ces deux lettres J. P.; s'il faut s'adresser au Conseil des Prud'hommes, pour les métaux par exemple, l'indication en est donnée par ce signe M avec un chiffre 1, 2, 3, 4 ou 5 qui indique en outre la catégorie du Conseil compétent. Chaque Conseil des Prud'hommes de Paris est indiqué par une lettre spéciale : M pour les métaux, T pour les tissus, B pour le bâtiment et P pour les produits chimiques. Le numéro qui suit indique la catégorie du Conseil désigné. Ainsi P. 3 signifie : « Conseil des Prudhommes pour les produits chimiques, 3ᵉ catégorie de ce Conseil. »

La 8ᵉ colonne : *Observations*, les conditions particulières de chaque métier et la période ordinaire de chômage.

Pour certaines observations particulières il est nécessaire de consulter le répertoire alphabétique, pour lequel d'ailleurs on a employé sous la même forme le même système de classification et les mêmes abréviations. (Voir l'index en tête du répertoire alphabétique.)

INDUSTRIES DU SOL - INDUSTRIES PRIMAIRES

NUMÉROS DU RÉPERTOIRE ALPHABÉTIQUE	PROFESSIONS	MOYENNE DES SALAIRES	DURÉE DE L'APPRENTISSAGE	DÉLAI-CONGÉ	MOYENNE DES HEURES DE TRAVAIL	JURIDICTION	OBSERVATIONS
1	2	3	4	5	6	7	8
	1re SECTION						
	Chapitre premier						
	INDUSTRIES MINÉRALOGIQUES						
	Mineurs :						
783 *bis*	Ouvriers des mines.	5 fr. par jour.	Aides.	Néant.	10	B. 8	—Les chargeurs et les convoyeurs gagnent 4 fr.
—	Ouvriers des minières.	5 fr. par jour.	—	—	10	B. 8	
	Chapitre II						
	INDUSTRIES ET PRODUITS DU SOUS-SOL						
	Carriers :						
244	Ouvriers carriers.	0 fr. 375 le mètre cube.	Néant.	Néant.	11	B. 8	—à la tâche, chômage en hiver.
	Ouvriers piqueurs-extracteurs.				11	B. 8	—à la tâche.
—	Chargeurs de wagons.	0 fr. 35 à 0 fr. 40 le m. cube.	—	—	11	B. 8	—à la tâche.
—	Chargeurs de tombereaux.	0 fr. 35 à 0 fr. 375 le m. cube.	—	—	11	B. 8	—à la tâche.
	Plâtriers :						
950	Caveurs à tâche.	6 à 7 fr. par jour.	Aides.	—	11	B. 8	—à la tâche.
—	Coupeurs.	0 fr. 40 à 0 fr. 45 l'heure.	—	—	11	B. 8	—à l'heure.
—	Poseurs de bois.	0 fr. 40 à 0 fr. 45 l'heure.	—	—	11	B. 8	—à l'heure.
949	Chargeurs et convoyeurs.	De 5 à 6 fr. par jour.	Néant.	—	11	B. 8	—à l'heure et à la tâche.
	Sablonniers :						
1048	Tireurs-extracteurs.	0 fr. 35 le m. cube, environ 5 fr. par jour.	Aides 0 fr. 40 l'heure.	—	10	B. 8	—à la tâche et à la journée, chôm. hiver.
—	Passeurs.	5 fr. par jour.	—	—	10	B. 8	—à la journée.
—	Dragueurs à la machine.	6 et 7 fr. par jour.	—	—	10	B. 8	—à la journée.
—	Dragueurs à la main.	8 fr. par jour.	—	—	10	B. 8	—à la journée.
1053	Fabricants de salpêtre.	6 fr. par jour.	Aides 2 ans.	Huitaine.	10	P. 1	
1054	Salpêtriers.	6 fr. par jour.	—	—	10	P. 1	
392	Fabricants de crayons et ardoises.	6 à 7 fr. par jour.	Petites mains, 3 fr.	—	10	P. 1	
	Chaufourniers :						
294	Ouvriers fabricants de chaux.	De 5 à 7 fr. par jour.	Aides 0 fr. 35 l'heure.	Néant.	10	B. 8	—en 2 équipes altern. jour et nuit.
	Fabricants de chaux :						
389	Apprêteurs de craie.	6 fr. par jour.	Aides 0 fr. 35 l'heure.	—	10	B. 8	—à la journ. et à la tâche
299	Convoyeurs-porteurs.	0 fr. 40 à 0 fr. 50 l'heure.	Néant.	—	10	B. 8	—à la journée.
—	Chargeurs.	0 fr. 50 l'heure.	—	—	10	B. 8	—à la journée.
	Ciment :						
313	Fabricants de ciment.	0 fr. 60 l'heure.	Aides 0 fr. 40 l'h.	—	10	B. 8	—à la journée, chôm. en hiver.
	Ardoisiers :						
74	Extracteurs.	0 fr. 70 l'heure.	3 ans.	—	9	B. 8	—à l'heure.
—	Tailleurs.	0 fr. 75 l'heure.	—	—	9	B. 8	—à l'heure.
	Glaisiers :						
621	Extracteurs de terre à brique.	Compagnons 5 fr. par jour.	Aides 0 f. 35 l'heure.	—	10	B. 8	—à l'heure et à la tâche
	Grès :						
940	Extracteurs-tireurs.	0 fr. 70 l'heure.	Aides 0 f. 30 l'heure.	—	10	B. 7	—
—	Casseurs-tailleurs de grès.	0 fr. 75 l'heure.	Aides 0 f. 35 l'heure.	—	10	B. 7	—
—	Piqueurs.	0 fr. 85 l'heure.	Aides 0 f. 40 l'heure.	—	10	B. 7	—
	Marchands de pierres :						
928	Marqueurs.	De 5 à 6 fr. par jour.	Aides 0 f. 40 l'heure.	—	10	B. 5	—à la journée.
—	Chargeurs-convoyeurs.	6 fr. par jour.	—	—	10	B. 5	—à la journée.
929	Casseurs de pierres.	5 à fr. 6 par jour.	—	—	10	B. 5	—Travail à la tâche.
—	Emmétreurs de pierres.	6 à 7 fr. par jour.	—	—	10	B. 5	—
781	Piqueurs, équarrisseurs et emmétreurs de meulières et de moellons.	0 fr. 85 l'heure.	3 ans comme aides payés.	—	10	B. 5	—

NUMÉROS DU RÉPERTOIRE ALPHABÉTIQUE	PROFESSIONS	MOYENNE DES SALAIRES	DURÉE DE L'APPRENTISSAGE	DÉLAI-CONGÉ	MOYENNE DES HEURES DE TRAVAIL	JURIDICTION	OBSERVATIONS
	Scieurs de pierres :						
1066	Scieurs de pierres.	0 fr. 85 l'heure.	3 ans c. aides payés.	Néant.	10	B. 5	—à l'heure et à la tâche.
644	Apprêteurs de grès pour les scieurs de pierres.	4 fr. par jour.	Néant.	—	10	B. 5	—à la journée. Chômage en hiver et à l'automne
	Marbriers et stucateurs :						
1065	Scieurs de marbre.	0 fr. 85 l'heure.	3 ans.	Huitaine.	10	B.	
1104	Compositeurs-tailleurs.	8 fr. par jour.	De 3 à 5 ans.	—	9	B. 9	—La huitaine de délai-congé n'est due qu'autant que l'ouvrier travaille à l'atelier et à demeure; sur le chantier, il n'y a pas droit.
—	Polisseurs.	7 fr. par jour.	—	—	9	B. 9	
746	Marbriers.	0 fr. 85 l'heure.	3 ans.	—	10	B. 9	
31	Fabricants d'albâtre.	7 fr. par jour.	—	6 jours.	10	M. 6	
744	Ouvriers en marbre factice.	De 5 à 6 fr. par jour.	Aides 0 fr. 40 l'heure.	Néant.	10	B. 9	—Travail fait surtout en province.
240	Ouvriers fabricants de carreaux et mosaïque en ciment.	0 fr. 80 l'heure.	—	—	10	B. 8	
	Meuliers :						
780	Ouvr. fab. de meules à moulins.	De 6 à 8 fr. par jour.	3 ans.	—	10	B. 9	—Chômage en été, mai et juin.
779	Ouvr. fab. de meules à aiguiser.	De 6 à 8 fr. par jour.	—	—	10	B. 9	

CHAPITRE III

INDUSTRIES CÉRAMIQUES

NUMÉROS DU RÉPERTOIRE ALPHABÉTIQUE	PROFESSIONS	MOYENNE DES SALAIRES	DURÉE DE L'APPRENTISSAGE	DÉLAI-CONGÉ	MOYENNE DES HEURES DE TRAVAIL	JURIDICTION	OBSERVATIONS
	Céramistes :						
263	Ouvriers céramistes.	De 6 à 7 fr. par jour.	3 ans.	Huitaine.	10	P. 4	
	Briquetiers :						
181	Briquetiers.	0 fr. 40 à 0 fr. 50 l'heure.	2 ans comme porteurs à 0 fr. 20 l'h.	Néant.	10	B. 8	—Chômage en hiver.
—	Enfosseurs.	0 fr. 40 l'heure.	Aides.	—	10	B. 8	
—	Manégeurs.	0 fr. 40 à 0 fr. 45 l'heure.	Néant.	—	10	B. 8	
—	Enfourneurs.	0 fr. 50 l'heure.	—	—	10	B. 8	
—	Défourneurs.	0 fr. 55 l'heure.	—	—	10	B. 8	
—	Porteurs.	0 fr. 125 à 0 fr. 20 l'heure.	—	—	10	B. 8	
—	Cuiseurs.	0 fr. 50 à 0 fr. 60 l'heure.	Aides.	—	10	B. 8	—à la tâche.
1180	Ouvriers fab. de tuiles.	0 fr. 40 à 0 fr. 50 l'heure.	2 ans comme aides-porteurs à 0 f. 20 l'h.	—	10	B. 8	—Travail à l'heure et à la tâche.
239	Ouvriers fab. de carreaux.	0 fr. 80 l'heure.	3 à 4 a. comme aides	—	10	B. 8	
	Tubeurs :						
1181	Tubeurs en pierre et en terre.	0 fr. 80 l'heure.	Aides 3 a. 0 fr. 50 l'h.	—	10	B. 8	
	Potiers :						
988	Ouvriers fab. de poterie de terre.	De 6 à 7 fr. par jour.	3 ans.	Huitaine.	10	P. 4	
989	Ouvriers fab. de poterie de terre pour le bâtiment.	De 6 à 8 fr. par jour.	—	Néant.	10	B. 8	

2e SECTION

CHAPITRE IV

INDUSTRIES DU BOIS

NUMÉROS DU RÉPERTOIRE ALPHABÉTIQUE	PROFESSIONS	MOYENNE DES SALAIRES	DURÉE DE L'APPRENTISSAGE	DÉLAI-CONGÉ	MOYENNE DES HEURES DE TRAVAIL	JURIDICTION	OBSERVATIONS
	Forestiers et débiteurs de bois :						
603 bis	Gardes forestiers.	80 à 100 fr. par mois.	Néant.	1 mois pour les gardes logés	10	Juge de paix.	
	Sylviculteurs :						
1109 bis	Sylviculteurs.	4 fr. par jour.	2 ans aides payés à 0 fr. 20 l'heure.	1 mois.	10	—	—Chômage en été.
	Arboriculteurs :						
913 bis	Pépiniéristes.	5 fr. par jour.	—	—	10	—	—Chômage en été.
497 bis	Elagueurs.	5 fr. par jour.	Néant.	Néant.	10	—	— —
200	Bûcherons.	0 fr. 83 l'heure.	3 ans aides payés.	—	10	B. 4	— —
201	Bûcherons-équarrisseurs.	0 fr. 90 l'heure.	—	—	10	B. 4	— —
	Débiteurs de bois :						
684	Apprêteurs et fendeurs de joncs.	6 fr. 50 par jour.	Aides.	60 heures	10	M. 6	
1040	Apprêteurs de rotins.	7 fr. par jour.	3 ans.	6 jours.	10	M. 6	
1067	Scieurs et fendeurs de bois.	0 fr. 60 l'heure.	Néant.	Néant.	11	B. 4	
1064	Scieurs à la mécanique.	0 fr. 80 l'heure.	1 an.	Huitaine.	10	B. 4	— En dehors des atel. le délai-congé n'existe pas.
1063	Scieurs de long.	1 fr. 675 de l'heure pour les 2 scieurs.	2 ans comme aides de chantier payés à 0 fr. 25 l'heure.	Néant.	10	B. 4	
92	Ouvriers fab. de balais en bouleau et fagottiers.	5 fr. par jour.	Néant.	6 jours.	10	M. 6	
707	Fabricants d'objets en liège.	6 fr. 50 par jour.	3 ans.	60 heures	10	M. 6	

NUMÉROS DU RÉPERTOIRE ALPHABÉTIQUE	PROFESSIONS	MOYENNE DES SALAIRES	DURÉE DE L'APPRENTISSAGE	DÉLAI-CONGÉ	MOYENNE DES HEURES DE TRAVAIL	JURIDICTION	OBSERVATIONS
	Charbonniers *(Fabricants de charbon de bois)* :						
281	Ouvriers fab. de charbon de bois.	5 à 6 fr. par jour.	Aides.	Huitaine.	10	P. 1	— Chômage en été.
	Carbonisateurs :						
234	Ouvriers distillateurs de bois.	De 5 à 6 fr. par jour.	—	—	10	P. 1	
	Sériciculteurs :						
1082	Ouvriers sériciculteurs.	4 fr. par jour.	—	Néant.	10	Juge de paix.	— Industrie n'existant pas à Paris.
	Chasseurs :						
289 *bis*	Chasseurs d'animaux nuisibles.	4 fr. par jour ou à la pièce.	Néant.	—	10	—	— travail à la pièce.
1130 *bis*	Taupiers.	A la pièce.	—	—	10	—	
1006 *bis*	Rabatteurs de chasses.	4 fr. par jour.	—	—	12	—	— à la journée.
603 *bis*	Garde-chasse.	80 à 100 fr. par mois.	—	1 mois.	10	—	— 1 demi-trimestre de congé quand ils sont logés.
499 *bis*	Eleveurs de gibier.	5 fr. par jour.	Aides payés à 0 fr. 20 l'heure.	Huitaine.	10	—	
	CHAPITRE V						
	AGRICULTEURS						
19 *bis*	Ouvriers et employés agronomes dessinateurs, etc.	De 6 à 7 fr. par jour.	De 3 à 5 ans.	1 mois.	10	—	
—	Ouvriers cultivateurs.	4 fr. par jour.	Néant.	Néant.	12	—	— à la journ. à la tâche.
—	Domestiques de ferme.	De 20 à 30 fr. par mois.	—	1 mois.	12	—	
681 *bis*	Jardiniers.	4 et 5 fr. par jour.	2 et 3 ans comme aides	Huitaine.	10	—	— 1 mois de congé s'ils sont logés.
746 *bis*	Maraîchers.	4 et 5 fr. par jour.	Aides 0 fr. 25 l'heure.	—	10	—	— 1 mois s'ils sont nour.
656 *bis*	Horticulteurs.	4 et 5 fr. par jour.	Aides 0 fr. 25 l'heure.	—	10	—	et logés.
673	Fab. d'instruments aratoires.	6 fr. 50 par jour.	3 ans.	60 heures.	10	M. 3	
	Pisciculteurs :						
913 *bis*	Alevineurs.	De 4 à 5 fr. par jour.	Aides 0 fr. 30 l'heure.	Huitaine.	10	Juge de paix.	
900 *bis*	Pêcheurs.	De 3 à 5 fr. nourris.	Aides 2 fr. nourris.	—	10	—	— Un mois de congé s'il est employé depuis un an.
900	Ouvriers fab. d'articles de pêche.	De 6 à 7 fr. par jour.	3 ans.	—	10	T. 1	
	Éleveurs :						
499 *bis*	Eleveurs.	5 fr. par jour.	3 ans comme aides, payés 0 fr. 20 l'h.	—	10	Juge de paix.	
	Viticulteurs :						
1207 *bis*	Ouvriers vignerons.	4 fr. par jour.	Aides payés.	—	12	—	— chômage en hiver.
615 *bis*	Géomètres-arpenteurs, employés	De 5 à 7 fr. par jour.	De 3 à 5 ans.	1 mois.	10	—	
	Engrais :						
159	Boueurs (engrais).	6 fr. par jour.	Néant.	Néant.	10	P. I	
1202	Vidangeurs.	6 à 7 fr. par jour.	Aides 5 fr.	Néant. Huitaine.	10	P. I	
756	Matières animales, noir d'os, noir animalisé, etc.	5 à 6 fr. par jour.	Aides 4 fr.	—	10	P. I	

NUMÉROS DU RÉPERTOIRE ALPHABÉTIQUE	PROFESSIONS	MOYENNE DES SALAIRES	DURÉE DE L'APPRENTISSAGE	DÉLAI-CONGÉ	MOYENNE DES HEURES DE TRAVAIL	JURIDICTION	OBSERVATIONS
	3e SECTION						
	CHAPITRE VI						
	OUVRIERS ET EMPLOYÉS DES TRAVAUX PUBLICS						
	Ponts et chaussées :						
670 *bis*	Ingénieurs particuliers.	250 à 500 fr. par mois.	Sortant des écoles.	Contrat licite et régulier.	9	J. de p. ou Tribunal de commerce.	
347 *bis*	Conducteurs —	200 à 300 fr. par mois.	De 3 à 5 ans comme aides.	—	10	—	
288 *bis*	Cantonniers —	80 à 150 fr. par mois.	2 ans comme aides.	1 mois.	10	Juge de paix.	— Ouvrier à l'entretien, l'industrie du patron indique la juridiction.
16 *bis*	Agents-voyers et chefs cantonniers.	150 à 200 fr. par mois.	3 ans comme élèves.	—	10	Tribunal de commerce. ou J. de p.	
	Ouvriers d'entrepreneurs de travaux publics :						
514 *bis*	Ouvriers d'entrepreneurs et manœuvres.	4 à 5 fr. par jour et 0 fr. 40 l'heure.	Néant.	Néant.	10	B. 8	
1137	Terrassiers.	0 fr. 60 l'heure.	—	—	10	B. 7	
737	Limousins.	0 fr. 675 l'heure.	2 ans comme aides, payés 0 fr. 35 l'h.	—	10	B. 5	
1102	Puisatiers, foreurs, constructeurs.	0 fr. 75 l'heure.	2 ans comme aides, payés 0 fr. 55 l'h.	—	10	B. 7	— chômage en hiver.
1007 *bis*	Superstructeurs niveleurs.	0 fr. 75 l'heure.	Aides 0 fr. 40 l'heure.	—	10	B. 7	
978 *bis*	Ouvriers constructeurs de ponts.	0 fr. 70 l'heure.	Aides 0 fr. 50 l'heure.	—	10	B. 5	
213 *bis*	Empierreurs.	0 fr. 50 l'heure.	Aides 0 fr. 40 l'heure.	—	10	B. 7	
1048	Balasteurs.	0 fr. 60 l'heure.	Aides 0 fr. 45 l'heure.	—	10	B. 8	

NUMÉROS DU RÉPERTOIRE ALPHABÉTIQUE	PROFESSIONS	MOYENNE DES SALAIRES	DURÉE DE L'APPRENTISSAGE	DÉLAI-CONGÉ	MOYENNE DES HEURES DE TRAVAIL	JURIDICTION	OBSERVATIONS
	Ouvriers d'entrepreneurs de travaux publics (*Suite*) :						
113	Apprêteurs de béton.	0 fr. 50 l'heure.	Néant.	Néant.	10	B. 5	
123	Bitumiers.	0 fr. 60 l'heure.	3 ans comme aides, payés 0 fr. 40 l'h.	—	10	B. 7	
213	Casseurs de cailloux.	à la tâche, 5 fr. par jour.	Néant.	—	10	B. 8	
1179	Constructeurs de trottoirs.	0 fr. 70 l'heure.	Aides 0fr.40 l'heure.	—	10	B. 7	—à la tâche.
1085 *bis*	Poseurs de rails.	0 fr. 75 l'heure.	3 ans.	—	10	B. 1	
418	Ouvriers des docks.	De 5 à 7 fr.	Aides à 0 fr. 50 l'h.	—	10	B. 4	—à la tâche le plus souv.
	4e SECTION						
	CHAPITRE VII						
	HYDRAULICIENS						
81	Ouvriers des ports et manœuvres.	4 fr. par jour.	Aides.	Néant.	10	B. 4	—à la journée et à la tâche.
707	Fabricants de bouées et objets en liège.	6 fr. 50 par jour.	3 ans.	60 heures	10	M. 6	—
881	Arrimeurs.	0 fr. 60 l'heure.	3 ans comme aides payés.	Néant.	11	B. 4	—
418	Débardeurs.	0 fr. 60 l'heure.	Néant.	—	11	B. 4	—
489 *bis*	Éclusiers.	De 4 à 5 fr. par jour.	—	—	12	Juge de paix.	—au mois.
410 *bis*	Cureurs.	De 4 à 5 fr. par jour.	—	—	10	—	—à la journée.
496 *bis*	Égouttiers.	De 5 à 6 fr. par jour.	Aides p. 0 fr. 40 l'h.	—	10	—	—à la journée.
1048	Dragueurs à la machine.	De 6 à 7 fr. par jour.	Aides.	—	10	B. 8	—à la tâche.
1048	Dragueurs à la main.	8 fr. par jour.	—	—	10	B. 8	—à la tâche.
470	Draineurs.	0 fr. 60 l'heure.	—	—	11	B. 7	—chômage en hiver.
1042	Ouvriers fab. de roues hydrauliques.	7 fr. 50 par jour.	3 ans.	6 jours.	10	M. 1	
1181	Ouvriers fab. de tuyaux en cuir et toile.	0 fr. 60 à 0 fr. 70 l'heure.	Aides et petit. mains 3 ans.	Huitaine.	10	T. 3	
1182	Ouvriers fab. de tuyaux et tubes en pierre et en ciment.	Compagnons, 0 fr. 80 l'heure	3 ans comme garçons, 0 fr. 50 l'h.	Néant.	10	B. 8	
1083	Ouvriers fab. de tuyaux étirés à froid.	8 fr. par jour.	3 ans.	6 jours.	10	M. 1	
285 *bis*	Constructeurs de moulins à eau.	0 fr. 90 l'heure.	—	Néant.	10	B. 4	
757	Constructeurs de turbines.	8 fr. par jour.	—	60 heures	10	M. 1	
346	Fabricants de compteurs à eau.	7 fr. par jour.	—	—	10	M. 3	
976	Fabricants de pompes en bois.	7 fr. par jour.	—	6 jours.	10	M. 1	
978	Fabricants de pompes en métal.	7 fr. 50 par jour.	—	—	10	—	—chômage en hiver.
977	Fabricants de pompes à incendie.	7 fr. 50 par jour.	—	—	10	—	
91 *bis*	Ouvriers des stations thermales	hommes 6 fr., femmes 3 fr.	Aides.	Huitaine.	10	Juge de paix.	—3 fr. p. jour et pourb.
—	Bains (manœuvres, employés).	—	—	—	10	—	—
—	Baigneurs.	De 5 à 6 fr. par jour.	—	—	10	—	—
—	Masseurs.	De 7 à 8 fr. par jour.	3 ans.	—	10	—	—
—	Manicures.	De 5 à 7 fr. par jour.	—	Huitaine et 1 mois.	10	—	
—	Pédicures.	De 8 à 10 fr. par jour.	De 3 à 5 ans.	—	10	—	
90	Fabric. de baignoires en cuivre.	7 fr. par jour.	3 ans.	6 jours.	10	M. 1	
91	Fabricants de baignoires en zinc.	7 fr. par jour.	—	—	10	M. 4	
757	Fabricants d'appareils hydrauliques.	8 fr. par jour.	—	60 heures	10	M. 1	
199	Laveries et lavoirs.	homme 6 fr., femme 3 fr.	2 ans.	5 jours.	10	P. 1	
62	Fabricants d'appareils d'hydrothérapie.	7 fr. 50 par jour.	3 ans.	6 jours.	10	M. 1	—chômage en hiver.
479	Fabricants d'eaux filtrées.	4 à 6 fr. par jour.	Aides.	Huitaine.	10	P. 1	
480	Fabricants d'eaux minérales.	4 à 6 fr. par jour.	—	—	10	—	
65	Fabricants d'appareils de plongeurs.	8 fr. par jour.	3 ans.	6 jours.	10	M. 1	—chômage en hiver.
66	Fabricants d'appareils réfrigérants.	7 fr. par jour.	—	—	10	—	—chômage en hiver.
578	Fontainiers.	8 fr. par jour.	—	Néant.	10	B. 9	

IIᴱ PARTIE

INDUSTRIES DE L'ALIMENTATION

NUMÉROS DU RÉPERTOIRE ALPHABÉTIQUE	PROFESSIONS	MOYENNE DES SALAIRES	DURÉE DE L'APPRENTISSAGE	DÉLAI-CONGÉ	MOYENNE DES HEURES DE TRAVAIL	JURIDICTION	OBSERVATIONS
	1ʳᵉ SECTION						
	CHAPITRE PREMIER						
	GRAINS ET FARINES						
627	Grainetiers, grainiers.	4 à 6 fr. par jour.	Néant.	Huitaine.	10	P. 2	
782	Meuniers, minotiers.	5 à 6 fr. par jour.	1 an.	—	10	P. 2	— chôm. en juin et juil.
—	Chefs, garde-moulins.	7 fr. par jour.	2 et 3 ans.	—	10	P. 2	—
780	Fabricants de meules de moulins	6 fr. par jour.	3 ans.	Néant.	10	B. 9	—
—	Rhabilleurs de meules.	8 fr. par jour.	—	—	10	B. 9	
136	Fabricants de bluttoirs.	7 fr. par jour.	—	Huitaine.	10	T. 1	— à la tâche.
—	Raccommodeurs de bluttoirs.	7 fr. par jour.	—	—	10	T. 1	
547	Fariniers.	5 à 7 fr. par jour.	Aides 3 ans.	—	10	P. 2	
549	Féculiers.	5 à 6 fr. par jour.	Aides.	—	10	P. 2	
280	Fabricants de chapelure.	5 à 6 fr. par jour.	Aides.	—	10	P. 2	
	CHAPITRE II						
	BOULANGERIE, PATISSERIE						
161	Ouvriers boulangers.	6 fr. 40 par jour, pain et vin.	2 et 3 a. facul., aides	Néant.	12	P. 2	
—	Ouvriers viennois.	60 fr. la semaine.	3 ans.	—	8	P. 2	
—	Porteurs de pains.	35 fr. la semaine.	10 jours.	Huitaine.	10	P. 2	
—	Porteuses de pains.	16 fr. la semaine.	—	—	10	P. 2	— le patron fournit le tablier.
869	Fabricants de pains d'autel.	0 fr. 60 l'heure.	2 ans.	—	10	P. 2	
870	Fabricants de pain d'épices.	0 fr. 60 l'heure.	—	—	10	P. 2	
894	Pâtissiers.	55 fr. par mois et nourris.	2 ans pay. 3 ans grat.	—	12	P. 2	
121	Biscuitiers, façons Reims et autr.	6 à 8 fr. par jour.	Aides 3 ans.	—	11	P. 2	
891	Fabricants de pâtes alimentaires	6 fr. par jour.	3 ans.	—	10	P. 2	
	2ᵉ SECTION						
	CHAPITRE III						
	SUCRES						
	Glaces et sirops, Essences, Chocolatiers, Eaux, Confiseries :						
1088	Fabricants de sirops.	6 à 7 fr. par jour.	Aides 3 ans.	Huitaine.	10	P. 2	
617	Fabricants de glace à rafraîchir.	4 à 6 fr. par jour.	Aides.	—	10	P. 2	— chômage en hiver.
526	Fabric. d'essences et d'aromates.	6 à 8 fr. par jour.	3 ans.	—	10	P. 1	
233	Fabricants de caramels.	6 fr. par jour.	Petites mains.	—	10	P. 2	
1106	Raffineurs et casseurs de sucre.	6 à 7 fr. les hom., 3 fr. les fem.	Manœuvres.	—	10	P. 1	
310	Chocolatiers.	6 fr. par jour.	Aides.	—	10	P. 2	
478	Fabricants d'eaux gazeuses.	4 à 6 fr. par jour.	—	—	10	P. 1	— chômage en hiver.
479	Fabricants d'eaux filtrées.	4 à 6 fr. par jour.	—	—	10	P. 1	
480	Fabric. et marchands d'eaux min.	4 à 6 fr. par jour.	—	—	10	P. 1	
352	Confiseurs.	7 fr. par jour.	2 ans.	—	10	P. 2	
353	Fabricants de confitures.	6 fr. les hom., 3 fr. les fem.	Néant.	—	10	P. 2	— chômage en hiver.
620	Glaciers-confiseurs.	5 et 6 fr. par jour.	3 ans.	—	10	P. 2	— chômage en hiver, avril et mai.
468	Fabricants de dragées.	6 fr. par jour.	2 ans.	—	10	P. 2	
79	Fabricants d'aromates.	6 fr. 50 par jour.	—	—	10	P. 1	
	3ᵉ SECTION						
	CHAPITRE IV						
	VIANDE						
	Boucherie, Charcuterie :						
172	Garçons bouchers.	20 à 40 fr. la semaine, nourris	3 ans.	—	10	Juge de paix.	— chômage ord. le Vendredi-Saint.
—	Caissières vendeuses.	15 à 25 fr. la sem., nourries	1 mois d'essai.	—	10	—	
173	Boyaudiers.	6 à 7 fr. par jour.	Aides.	—	10	P. 5	—
856	Fondeurs de suifs.	5 à 6 fr. par jour.	—	—	10	P. 1	—
—	Casseurs d'os.	5 à 6 fr. par jour.	—	—	10	P. 1	—

NUMÉROS DU RÉPERTOIRE ALPHABÉTIQUE	PROFESSIONS	MOYENNE DES SALAIRES	DURÉE DE L'APPRENTISSAGE	DÉLAI-CONGÉ	MOYENNE DES HEURES DE TRAVAIL	JURIDICTION	OBSERVATIONS
	Boucherie, Charcuterie *(Suite)* :						
1107	Suifiers (suifs en branches ou fondus).	6 fr. par jour.	Manœuvres, 4 fr.	Huitaine.	10	P. 1	—Chômage le Vendredi Saint.
282	Charcutiers chefs.	6 fr. par jour.	18 mois.	—	12	P. 2	—Nourriture à déduire, env. 2 fr. 50 par jour.
—	Charcutiers ouvriers.	4 et 5 fr. par jour.	1 an.	—	12	P. 2	
—	Charcutiers (caissières de).	De 20 à 28 fr. la semaine.	1 mois d'essai.	—	11	Juge de paix.	
1052	Fabricants de salaisons.	Chefs 6 fr. par jour.	Garçon, 4 fr. 1 an.	—	12	P. 2	
—	Marchands de salaisons (ouvriers et employés).	5 et 6 fr. par jour.	Aides, 4 fr.	—	11	Juge de paix.	
342	Fabricants de comestibles.	Chefs 6 fr. par jour.	Garçon, 4 fr.	—	12	P. 2	
—	March. de comest. (ouv. et empl.).	6 fr. par jour.	Aides, 4 fr.	—	11	Juge de paix.	—Vendeurs et livreurs.
615	Fabric. de gélatine alimentaire.	6 fr. par jour.	3 ans.	—	10	P. 2	
491	Ecorcheurs-équarrisseurs.	5 à 6 fr. par jour.	2 ans aides p. 3 et 4 f.	—	10	P. 1	
519	Equarrisseurs.	5 à 6 fr. par jour.	3 ans.	—	10	P. 1	—Travail à la tâche.
628	Fabricants de tablettes de graisse.	4 à 6 fr. par jour.	Néant.	—	10	P. 1	

4° SECTION

CHAPITRE V

ÉPICERIE

NUMÉROS DU RÉPERTOIRE ALPHABÉTIQUE	PROFESSIONS	MOYENNE DES SALAIRES	DURÉE DE L'APPRENTISSAGE	DÉLAI-CONGÉ	MOYENNE DES HEURES DE TRAVAIL	JURIDICTION	OBSERVATIONS
517 *bis*	Epiciers vendeurs.	5 et 6 fr. par jour.	Garçon 3 ans, 4 fr.	Huitaine et 1 mois.	12	Juge de paix.	—Le mois de délai-congé est dû si l'ouvrier est payé au mois.
—	Epiciers acheteurs.	6 fr. par jour.	Garçon, 4 fr.	—	12	—	
—	Epiciers livreurs.	5 fr. par jour.	Néant.	—	12	—	
—	Epiciers, caissières et comptables.	15 et 20 fr. la sem. nourries.	1 mois à l'essai.	1 mois.	11	—	
196	Brûleurs de café.	6 fr. par jour.	Aides.	Huitaine.	11	P. 2	
306	Fabricants de chicorée.	Hommes, 5 et 6 fr. par jour, femmes, 3 fr. par jour.	Petites mains.	—	10	P. 2	—Chômage en janvier, février et mars.
827	Fabricants de moutarde.	4 et 6 fr. par jour.	Néant.	—	10	P. 2	
847	Fabricants d'oignons brûlés.	5 et 6 fr. par jour.	Aides.	—	10	P. 1	
1203	Fabricants de vinaigre.	6 fr. par jour.	Aides, 4 fr.	—	10	P. 2	
354	Fabricants de conserves alimentaires.	Hom., 6 fr. fem., 3 fr. p. j.	Néant. Pet. m. 3 f.	—	10	P. 2	
921	Raffineurs de pétrole.	5 à 6 fr. par jour.	Aides, 4 fr.	—	10	P. 1	
783	Fabricants de miel.	4 à 5 fr. par jour.	Néant.	—	10	P. 1	—Chômage en juin, juillet et août.
657	Fabricants d'huile.	6 fr. par jour.	2 ans aides payés à 0 fr. 25 l'heure.	—	10	P. 1	
966 *bis*	Apprêteurs et concas. de poivre.	6 fr. par jour.	Aides, 4 fr.	—	10	Juge de paix.	—Métier non classé.
1080	Raffineurs de sels.	6 fr. par jour.	2 ans aides payés 4 fr.	—	10	P. 1	
160	Fab. de bougies cire et autres.	6 fr. par jour.	Aides.	—	10	P. 1	—Chômage en juin, juillet.
658	Fabricants d'huiles minérales.	6 fr. par jour.	Néant.	—	10	P. 1	

5° SECTION

CHAPITRE VI

FRUITIERS

NUMÉROS DU RÉPERTOIRE ALPHABÉTIQUE	PROFESSIONS	MOYENNE DES SALAIRES	DURÉE DE L'APPRENTISSAGE	DÉLAI-CONGÉ	MOYENNE DES HEURES DE TRAVAIL	JURIDICTION	OBSERVATIONS
594 *bis*	Fruitiers.	Hommes, 6 fr., femmes, 3 fr.	Aides.	Huitaine.	10	Juge de paix.	—Vendeurs, vendeuses.
	Laitiers, Beurre et œufs :						
593 *bis*	Ouvr. march. de beurre et œufs.	Hommes, 5 fr., femmes, 3 fr.	—	—	10	—	—Vendeurs, livreurs.
748	Fabricants de margarine.	6 fr. par jour.	—	—	10	P. 2	
593	Fabricants de fromages.	4 et 5 fr. par jour.	Aides, 3 fr.	—	10	P. 2	—Chômage en été, juin et juillet.
533	Marchands de fromages et crémiers.	Hommes, 6 fr., femmes, 3 fr.	Aides.	—	10 et 12	Juge de paix.	
692 *bis*	Nourrisseurs.	60 fr. par mois nourris.	Garçon, 30 fr.	—	11	—	
692	Laitiers marchands de lait et nourrisseurs laitiers.	45 à 50 fr. par mois, nourris. 4 à 5 fr. par jour.	Garçon, 30 fr. par mois.	—	11	P. 2	—Commission en sus.

6° SECTION

CHAPITRE VII

CUISINE

NUMÉROS DU RÉPERTOIRE ALPHABÉTIQUE	PROFESSIONS	MOYENNE DES SALAIRES	DURÉE DE L'APPRENTISSAGE	DÉLAI-CONGÉ	MOYENNE DES HEURES DE TRAVAIL	JURIDICTION	OBSERVATIONS
	Cuisiniers :						
408	Cuisiniers chefs nourris.	300 à 500 fr. par mois.	Au bout de 5 ans env.	Néant.	13 et 14	P. 2	—Travail de 4 à 5 h. la nuit. L'usage de la huitaine de délai-congé est tombé depuis peu en désuétude.
—	Cuisiniers seconds nourris.	130 à 150 fr. par mois.	Au bout de 3 ans env.	—		P. 2	
—	Cuisiniers troisièmes nourris.	90 à 100 fr. par mois.	De 15 à 24 mois.	—		P. 2	
—	Cuisinières nourries et couchées.	30, 35 et 40 fr. par mois.	3 ans aides payées.	Huitaine.	11	P. 2	
—	Cuisinières non couchées.	35, 40, 50 et 60 fr. par mois.	3 ans aides payées 20 à 25 fr. par mois.	Néant.	11	P. 2	

Numéros du répertoire alphabétique	Professions	Moyenne des salaires	Durée de l'apprentissage	Délai-congé	Moyenne des heures de travail	Juridiction	Observations
	7e SECTION						
	Chapitre VIII						
	LA CAVE, LE VIN, LA TABLE						
	Restaurateurs, Cafés, Marchands de vins :						
1204	Marchands de vins en gros (garçons).	6 fr. par jour.	Néant.	Huitaine.	10	P. 2	
1204 bis	Marchands de vins en détail (garçons).	Bénéfices et 10 et 15 fr. fixe la semaine.	—	—	12	Juge de paix.	—Conventions particulières.
—	Garçons de salle de café et restaurant.	Bénéfices.	—	—	12	—	—
408	Plongeurs.	15 et 20 fr. la sem. nourris.	—	Néant.	12	P. 2	
—	Officiers.	15 et 20 fr. la sem. nourris.	—	—	12	P. 2	
1156	Sommeliers (garçons de cave).	6 fr. et le vin.	Garçons, 3 f. et le vin, 2 ans.	Huitaine.	12	P. 2	
175	Brasseurs de cidre, de vin et de bière.	6 à 7 fr. par jour.	Aides payés 4 fr.	—	10	P. 2	—Chômage en janvier, février et mars.
140	Fabricants de boissons rafraîchissantes.	7 fr. par jour.	2 ans.	6 jours.	10	P. 2	—
195	Brûleurs d'eau-de-vie.	7 fr. par jour.	Aides.	Huitaine.	10	P. 2	—Chômage en hiver.
461	Distillateurs.	6 et 7 fr. par jour.	Aides, 4 fr.	—	10	P. 2	
717	Fabricants de liqueurs.	5 à 6 fr. par jour.	Aides, 4 fr.	—	10	P. 2	
262	Cendres gravelées, lie de vin, tartrate de potasse.	5 à 6 fr. par jour.	Néant.	—	10	P. 1	
477	Fabricants d'eau-de-vie et distillateurs de rhum.	5 à 7 fr. par jour.	—	—	10	P. 2	
383	Fabricants de coutellerie.	8 fr. par jour.	3 ans.	60 heures.	10	M. 5	—Travail à la pièce.
386	Fabricants de couverts et services de table.	7 fr. par jour.	—	—	10	M. 2	
402	Cuilléristes.	8 fr. par jour.	—	—	10	M. 2	—
	Ouvriers de la cave :						
1156	Tonneliers pour les vins et liqueurs.	6 fr. et le vin.	2 ans.	Huitaine.	10	P. 2	—
857	Fabricants d'osier pour la tonnellerie.	5 à 6 fr. par jour.	1 an aides.	—	10	P. 2	
258	Fabricants d'articles de cave.	7 fr. par jour.	3 ans.	6 jours.	10	M. 6	
707	Fabricants de bouchons.	6 fr. 50 par jour.	—	60 heures.	10	M. 6	
410	Fabricants de cuves et foudres en métal.	7 fr. par jour.	—	Néant.	10	M. 6	—A la pièce, pas de délai-congé ; à la semaine, délai-congé de la huitaine.
—	Fabricants de cuves et foudres en bois.	7 fr. par jour.	—	Huitaine.	10	M. 6	
139	Tonnellerie (ouvriers de la).	7 fr. par jour.	2 ans.	6 jours.	10	M. 1	
596	Marchands de futailles.	6 fr. par jour.	3 ans.	60 heures.	10	M. 6	
265	Marchands de cercles et cerceaux.	5 fr. 50 par jour.	—	6 jours.	10	M. 6	
—	Réparateurs de futailles.	6 fr. par jour.	—	60 heures.	10	M. 6	—Travail aussi à la pièce.
941	Fabricants de planches et ifs à bouteilles.	6 fr. par jour.	Aides, 0 f. 35 l'heure.	—	10	M. 6	
980	Fabricants de porte-bouteilles.	7 fr. par jour.	3 ans.	6 jours.	10	M. 1	
169	Fabricants de bouteilles en verre.	7 à 8 fr. par jour.	—	15 jours.	10	P. 4	
988	Fabricants de poterie de terre pour les liquides.	6 à 7 fr. par jour.	—	Huitaine.	10	P. 4	
990	Fabricants de poterie d'étain pour marchands de vins.	8 fr. par jour.	—	6 jours.	10	M. 1	
1037	Fabricants de robinets en bois, cuivre et étain.	7 fr. 50 par jour.	—	6 jours.	10	M. 1	
32	Fabricants d'albumine pour clarifier les liquides.	6 fr. par jour.	Manœuvres, 4 fr.	6 jours.	10	P. 1	
	Fabricants de tabacs et tabletiers :						
1110	Fabricants de tabacs.	Hommes, 6 fr., femmes, 3 fr.	Petites mains, 3 fr.	Néant.	10	P. 1	
1111	Fabricants de tabatières en toutes matières.	7 fr. par jour.	3 ans.	6 jours.	10	M. 6	
112	Tabletiers.	8 fr. 50 par jour.	—	—	10	M. 6	—Travail à la pièce.
347	Fabricants de comptoirs en étain et articles pour café-marchand de vins.	8 fr. par jour.	—	60 heures.	10	M. 1	
120	Fabricants de bimbeloterie.	7 fr. par jour.	3 ans.	—	10	M. 6	
124	Fabricants de blagues à tabac.	0 fr. 60 l'heure.	3 ans petites mains.	6, 12 ou 24 jours.	10	T. 3	—Délai-congé suivant mode de paiement.
125	Fab. de blagues à tabac en métal.	6 fr. par jour.	2 ans.	6 jours.	10	M. 2	—Travail à la pièce.
433	Découpeurs en tabletterie.	8 fr. par jour.	3 ans.	60 heures.	10	M. 6	—
936	Fabricants de pipes en bois.	8 fr. par jour.	—	—	10	M. 6	—
937	Fabricants de pipes en terre.	5, 6 fr. par jour.	—	Néant.	10	P. 4	
1138	Préparateurs de terre de pipes.	6 fr. par jour.	Aides, 4 fr.	—	10	P. 4	

INDUSTRIES DES BATIMENTS ET DES HABITATIONS

NUMÉROS DU RÉPERTOIRE ALPHABÉTIQUE	PROFESSIONS	MOYENNE DES SALAIRES	DURÉE DE L'APPRENTISSAGE	DÉLAI-CONGÉ	MOYENNE DES HEURES DE TRAVAIL	JURIDICTION	OBSERVATIONS
	1ʳᵉ SECTION						
	CHAPITRE PREMIER **GROS ŒUVRE**						
	Terrasse :						
1136	Entrepreneurs de terrassements.	à la tâche.	Aides.	Néant.	10	B. 7	
—	Chargeurs-convoyeurs.	De 5 à 6 fr. par jour.	—	—	10	—	
1187	Terrassiers piocheurs et pelleurs.	0 fr. 60 l'heure.	Manœuvres.	—	10	—	
630	Gravatiers, charretiers à 1 chev.	4 fr. 50 par jour.	—	—	11	—	
—	Gravatiers, charretiers à 2 chev.	5 fr. par jour.	—	—	11	—	
	Pavage et clôture :						
895	Entrepreneurs de pavage.	0 fr. 75 l'heure.	Garçons, 0 f. 50 l'h.	—	10	—	
896	Pavage en bois, en bitume, etc.	0 fr. 75 l'heure.	—	—	10	—	
897	Paveurs.	Dresseurs, 0 fr. 75.	—	—	—	—	
1176	Treillageurs.	0 fr. 70 plus les copeaux vendus 0 fr. 50 le sac.	3 ans.	—	10	B. 3	— chômage en hiver.
435	Démolisseurs.	0 fr. 60 l'heure.	Garçons, 0 fr. 50.	—		B. 5	
736	Limousins (compagnons).	0 fr. 675 l'heure.	Garçons, 0 fr. 45.	—	10	B. 5	
	Echafaudage :						
485	Echafaudeurs (compagnons).	0 fr. 90 l'heure.	Aides, 0 fr. 50.	—	10	B. 4	— chômage en hiver.
	Fondations :						
1002	Puisatiers constructeurs.	0 fr. 75 l'heure.	Aides, 2 ans payés à 0 fr. 55 l'heure.	—	10	B. 7	—
—	Puisatiers foreurs.	0 fr. 75 l'heure.	Aides, à 0 fr. 40.	—	10	B. 7	—
	Cimentiers :						
314	Cimentiers.	0 fr. 75 l'heure.	Garçons, 3 ans à 0 fr. 40 l'heure.	—	10	B. 8	
114	Ouvriers fabricants de bétons agglomérés.	0 fr. 70 l'heure.	Garçons, 3 ans à 0 fr. 55 l'heure.	—	10	B. 8	
113	Apprêteur de béton.	0 fr. 50 l'heure.	Néant.	—	10	B. 5	— chômage déc., janv.
	Dalleurs :						
414	Ouvriers fabricants de dalles.	0 fr. 75 l'heure.	3 ans, aides à 0fr.50.	—	10	—	
—	Dalleurs.	0 fr. 80 l'heure.	—	—	10	—	— à la journée.
1038	Rocailleurs.	0 fr. 80 l'heure.	3 ans.	—	10	—	—
629	Piqueurs de granit.	0 fr. 85 l'heure.	—	—	10	B. 7	=
—	Tailleurs de granit.	0 fr. 85 l'heure.	—	—	10	—	=
—	Poseurs de granit.	0 fr. 70 l'heure.	2 ans, aides à 0 fr. 50.	—	10	—	—
359	Fabricants de coquillages.	5 fr. 50 par jour.	Petites mains.	60 heures.	10	M. 6	— à la pièce.
123	Bitumeurs.	0 fr. 60 l'heure.	3 ans, aides à 0fr.45.	Néant.	10	B. 7	
	Façonnage des pierres :						
1121	Tailleurs de pierres.	0 fr. 85 l'heure.	3 ans, aides à 0fr.45.	—	10	B. 5	— chômage en hiver.
—	Epanneleurs.	0 fr. 90 l'heure.	3 ans.	—	10	—	
—	Ravaleurs.	1 fr. 20 l'heure.	4 et 5 ans.	—	10	—	— chômage en hiver.
808	Entrepr. de monuments funèbres.	0 fr. 70 l'heure.	3 ans.	—	10	B. 9	
—	Sculpteurs.	0 fr. 90 l'heure.	5 ans.	Huitaine.	9	B. 9	
380	Couronnes et ornements funér.	hommes 6 fr., femmes 4 fr.	2 ans.	—	10	P. 4	
444	Dessinateurs d'architecture.	6 à 12 fr. par jour.	3 à 5 fr.	Néant.	9	B. 5	
	2ᵉ SECTION						
	CHAPITRE II						
	CONSTRUCTEURS EN MAÇONNERIE						
106	Ouvriers de bâtiments (calpineurs-conducteurs).	8 à 10 fr. par jour.	4 à 5 ans.	Néant.	10	B. 5	— chômage en hiver.
—	Métreurs.	7 à 8 fr. par jour.	De 3 à 4 ans.	—	10	—	
—	Appareilleurs.	12 à 15 fr. par jour.	De 4 à 5 ans.	—	10	—	

NUMÉROS DU RÉPERTOIRE ALPHABÉTIQUE	PROFESSIONS	MOYENNE DES SALAIRES	DURÉE DE L'APPRENTISSAGE	DÉLAI-CONGÉ	MOYENNE DES HEURES DE TRAVAIL	JURIDICTION	OBSERVATIONS
	Constructeurs en maçonnerie *(Suite)* :						
774	Metteurs au point.	15 fr. par jour.	5 ans élèves.	Néant.	10	B. 9	—Chômage en hiver.
101	Bardeurs.	0 fr. 60 l'heure.	3 a'. aides, 0fr.50 l'h.	—	10	B. 5	— —
935	Pinceurs.	0 fr. 75 l'heure.	—	—	10	—	— —
986	Poseurs.	0 fr. 90 l'heure.		—	10	—	— —
736	Maçons.	0 fr. 80 l'heure.	2 à 4 ans garçons, aides, à 0 fr. 50 l'h.	—	10	—	— —
—	Traîneurs.	0 fr. 80 l'heure.	—	—	10	—	— —
—	Laraudeurs.	0 fr. 80 l'heure.		—	8	—	— —
587	Fourniers.	0 fr. 85 l'heure.	3 ans.	—	10	—	— —
180	Briqueteurs.	0 fr. 85 l'heure.	3 ans aides, 0f.50 l'h.	—	10	—	— —
—	Briqueteurs-jointoyeurs.	1 fr. l'heure.	2 ans aides, 0f.60 l'h.	—	10	—	— —
510	Enduiseurs.	0 fr. 80 l'heure.	3 ans aides, 0f.50 l'h.	—	10	B. 8	— —
820	Mouleurs.	10 fr. par jour.	3 ans.	—	10	—	— —
357	Contre-poseurs.	0 fr. 70 l'heure.	3 ans aides, 0f.40 l'h.	—	10	—	— —
558	Enduiseurs-ficheurs.	0 fr. 675 l'heure.	3 ans garç. 0fr.40 l'h.	—	10	B. 5	— —
241	Carreleurs.	0 fr. 80 l'heure.	3 ans garç. 0fr.50 l'h.	—	10	—	— —
984	Poseurs de carreaux.	8 fr. par jour.	3 ans, à 0 fr. 50 l'h.	—	10	—	— —
810	Marchands fab^ts de mosaïques en ciment et autr. matières.	0 fr. 80 et 0 fr. 70 l'heure.	3 ans aides, 0 f.50 l'h.	—	10	B. 8	— —
811	Mosaïstes.	Compagnons, 0f.50 l'heure.	Garçons, 0 f. 45 l'h.	—	10	B. 8	— —
737	Gardiens de chantiers.	3 fr. 50 par jour.	Néant.	—	12	B. 5	— —
	Chapitre III						
	CHARPENTIERS						
284	Fabricants de charpentes en fer.	0 fr. 75 l'heure.	3 ans aides, 0f.50 l'h.	Néant.	10	B. 1	—à la tâche et à la jour.
287	Charpentiers en bâtiments.	0 fr. 90 l'heure.	3 ans aides, à 4 fr par jour.	—	10	B. 4	
286	Charpentiers mécaniciens.	0 fr. 90 l'heure.	3 à 5 ans, aides.	—	10	—	
521	Ouvriers en escaliers.	0 fr. 90 l'heure.	3 ans.	—	10	—	
29	Charpentiers ajusteurs.	7 fr. 50 par jour.	—	—	10	B. 1	
581	Charpentiers forgerons.	Grande forge, 8 fr. 75, petite forge, 8 fr. par jour.	3 ans comme aides.	—	10	—	
591	Forgerons frappeurs.	Grande forge, 6 fr. 25, petite forge, 6 fr.	Néant.	—	10	—	
1211	Fabricants et poseurs de voliges.	7 et 8 fr. par jour.	3 ans.	—	10	B. 3	—à la tâche et à la jour.
	Chapitre IV						
	MENUISIERS						
706	Menuisiers en bâtiments.	0 fr. 80 l'heure.	3 ans.	Néant.	10	B. 3	—Chômage en hiver.
762	Menuisiers-mécaniciens.	0 fr. 80 l'heure.	—	—	10	—	
761	Menuisiers-machinistes.	0 fr. 80 l'heure.	—	—	10	—	
825	Fabricants de moulures et cadres.	0 fr. 80 l'heure.	—	—	10	—	
1024	Reperceurs en bois.	0 fr. 80 l'heure.	—	—	10	—	
1019	Rampistes.	0 fr. 75 l'heure.	—	—	10	—	
885	Parqueteurs.	0 fr. 90 l'heure.	—	—	10	—	
886	Parqueteurs en bâtiment.	7 fr. par jour.	—	—	10	—	
887	Fabricants et poseurs de parquets	7 fr. par jour.	—	—	10	—	
1027	Replanisseurs.	0 fr. 90 l'heure.	—	—	10	—	
768	Menuisiers en articles de ménage.	0 fr. 80 l'heure.	—	Huitaine.	10	—	
767	Menuisiers en sièges.	0 fr. 80 l'heure.	—	—	10	—	
765	Menuisiers outilleurs.	0 fr. 80 l'heure.	—	Néant.	10	—	
764	Menuisiers modeleurs.	0 fr. 90 l'heure.	4 et 5 ans.	Huitaine.	10	—	
763	Menuisiers en meubles.	0 fr. 80 l'heure.	3 ans.	Néant.	10	—	
760	Menuisiers antiquaires.	0 fr. 80 et 0 fr. 90 l'heure.	3 et 4 ans.	—	10	—	
1194	Vernisseurs sur bois.	0 fr. 80 l'heure.	3 ans.	—	10	—	
768	Menuisiers emballeurs.	0 fr. 80 l'heure.	—	—	10	—	
290	Fabricants de châssis en bois.	0 fr. 80 l'heure.	—	—	10	—	
	Chapitre V						
	SERRURIERS						
1085	Serruriers pour la charpente.	0 fr. 75 l'heure.	3 ans.	Néant.	10	B. 1	—Chômage en hiver.
1083	Serruriers pour le bâtiment.	0 fr. 75 l'heure.	—	—	10	—	
29	Ajusteurs en serrurerie.	7 fr. 50 par jour.	—	—	10	—	
915	Perceurs.	0 fr. 60 l'heure.	—	—	10	—	
581	Forgerons.	Grande forge, 8 fr. 75, petite forge, 8 fr.	—	—	10	—	
591	Frappeurs.	Grande forge, 6 fr. 25, petite forge, 6 fr.	—	—	10	—	
647	Grillageurs pour bâtiment.	0 fr. 85 l'heure.	—	—	10	—	
646	Grillageurs.	6 fr. par jour.	—	60 heures.	10	M. 1	—à la tâche et à la journ.
172	Fabricants de boutons de porte.	0 fr. 75 l'heure.	—	Néant.	10	B. 1	— —
524	Fabricants d'espagnolettes.	0 fr. 75 l'heure.	—	—	10	—	— —
394	Fabricants de crémones.	0 fr. 75 l'heure.	—	—	10	—	— —

Serruriers
(Suite) :

Numéros du répertoire alphabétique	Professions	Moyenne des salaires	Durée de l'apprentissage	Délai-congé	Moyenne des heures de travail	Juridiction	Observations
985	Poseurs de sonnettes.	0 fr. 80 l'heure.	3 ans.	Néant.	10	B. 1	
291	Fabricants de châssis.	0 fr. 75 l'heure.	—	—	10	B. 1	
605	Gargouilleurs.	0 fr. 85 l'heure.	—	—	10	B. 5	
459	Fabricants de devantures et fermetures de boutiques.	0 fr. 75 l'heure.	—	—	10	B. 1	—Chômage en janvier.
283	Fabricants de charnières cuivre et fer.	6 fr. 50 par jour.	—	6 jours.	10	M. 1	—à la pièce et à la jour.
328	Cloutiers pour le bâtiment.	6 fr. par jour.	2 ans.	60 heures.	10	M. 1	
451	Dessinateurs en serrurerie.	250 fr. par mois.	Sortant des écoles.	1 mois.	9	M. 1	

CHAPITRE VI

COUVREURS, PLOMBIERS, ZINGUEURS

Numéros du répertoire alphabétique	Professions	Moyenne des salaires	Durée de l'apprentissage	Délai-congé	Moyenne des heures de travail	Juridiction	Observations
388	Couvreurs.	0 fr. 80 l'heure.	3 ans garç. 0fr.60 l'h.	Néant.	10	B. 2	—Chômage en hiver.
—	Couvreurs en ardoises.	0 fr. 80 l'heure.	Garçons, 0 fr.-60 l'h.	—	10	—	
954	Fabricants de plomberie.	Compagnons, 9 fr. 25 p. jr.	Garçons, 6 fr. 15.	—	10	—	
—	Plombiers.	—	—	—	10	—	—Chôm. pend. la gelée.
1216	Zingueurs pour plomberie et zingage.	—	—	—	10	—	
918	Perceurs pour plomberie.	—	Garçons, 0fr.55 l'h.	—	10	—	
804	Monteurs mécaniciens pour plomberie et zingage.	—	3 ans garç. 0fr.55 l'h.	—	10	—	
806	Monteurs pour la canalisation.	0 fr. 70 l'heure.	Garçons, 0fr.55 l'h.	—	10	B. 1	
955	Plombiers pour la canalisation.	7 fr. 50 par jour.	3 ans.	—	10	B. 1	
28	Ajusteurs pour plomb et zinc.	9 fr. 25 par jour.	3 ans.	—	10	B. 2	
250	Fabricants de cartons pr toitures et poseurs.	6 fr. par jour.	Aides 3 ans.	Huitaine.	10	B. 3	—Chômage en hiver.
577	Fondeurs pour plombiers.	9 fr. 25 par jour.	3 ans.	Néant.	10	B. 2	

3e SECTION

CHAPITRE VII

FUMISTES, POÊLIERS

Numéros du répertoire alphabétique	Professions	Moyenne des salaires	Durée de l'apprentissage	Délai-congé	Moyenne des heures de travail	Juridiction	Observations
595	Fumistes.	Compagnons, 0fr. 75 l'h.	3 ans garç. 0fr.45 l'h.	Néant.	10	B. 2	—Chômage en mai, juin, juillet.
179	Fumistes-briqueteurs.	0 fr. 80 l'heure.	3 ans garç. 0fr.50 l'h.	—	10	B. 2	
962	Fumistes poéliers en faïence et terre cuite.	6 à 7 fr. par jour.	3 ans.	Huitaine.	10	P. 4	
586	Fumistes-constructeurs de fourneaux en métal.	7 fr. 50 par jour.	3 ans.	6 jours.	10	M. 1	
963	Fumistes poéliers.	Compagnons, 7 fr. 50 p. jr.	Garçons, 4fr. 50.	Néant.	10	B. 2	—Chômage en été.
1154	Tôliers.	7 fr. 50 par jour.	3 ans.	6 jours.	10	M. 1	
1183	Fabricants de tuyaux.	8 fr. par jour.	—	—	10	M. 1	
300	Fabricants de cheminées en marbre, stuc, etc.	8 fr. par jour.	—	Néant.	10	B. 9	—Chômage en hiver.
55	Fab. d'appareils de chauffage.	7 fr. par jour.	—	60 heures.	10	M. 1	
1008	Ramoneurs.	Compagnons, 7 fr. 50 par jour.	Garçons, 4 fr. 50, aides 2 ans.	Néant.	10	B. 2	—Chômage en été.

4e SECTION

CHAPITRE VIII

PEINTRES, VITRIERS

Numéros du répertoire alphabétique	Professions	Moyenne des salaires	Durée de l'apprentissage	Délai-congé	Moyenne des heures de travail	Juridiction	Observations
905	Peintres en bâtiments.	0 fr. 80 l'heure.	3 ans.	Néant.	10	B. 6	—Chômage en hiver.
89	Badigeonneurs.	0 fr. 80 l'heure.	2 ans.	—	10	—	—
511	Enduiseurs-peintres.	1 fr. 10 l'heure.	3 ans.	—	10	—	
334	Colleurs de papiers.	0 fr. 80 l'heure.	3 ans.	—	10	—	—Chômage en juillet.
906	Peintres en décors.	1 fr. 20 l'heure.	4 ans.	—	10	—	—Travail aussi à tache.
—	Fileteurs.	1 fr. 20 l'heure.	—	—	10	—	
—	Marbreurs.	1 fr. 20 l'heure.	—	—	10	—	
594	Frotteurs.	0 fr. 70 l'heure.	Néant.	—	10	—	—Chômage en été, juillet et août.
—	Metteurs en couleurs.	0 fr. 70 l'heure.	—	—	10	—	
907	Peintres en lettres.	1 fr. l'heure.	4 à 5 ans.	—	40	—	
904	Peintres d'attributs.	1 fr. 20 l'heure.	3 à 5 ans.	—	10	—	
514	Peintres d'enseignes.	1 fr. l'heure.	3 à 5 ans.	—	10	—	
462	Doreurs.	0 fr. 80 l'heure.	3 ans.	—	10	B. 3	
1194	Vernisseurs sur bois.	0 fr. 80 l'heure.	—	—	10	B. 3	
1209	Vitriers coupeurs.	0 fr. 85 l'heure.	—	—	10	B. 6	
—	Vitriers poseurs.	0 fr. 85 l'heure.	—	—	10	—	
1208	Fabricants de vitraux.	0 fr. 85 l'heure.	—	—	10	—	—Chôm. en mai et août.
—	Ajusteurs de vitraux.	0 fr. 85 l'heure.	—	—	10	—	

NUMÉROS DU RÉPERTOIRE ALPHABÉTIQUE	PROFESSIONS	MOYENNE DES SALAIRES	DURÉE DE L'APPRENTISSAGE	DÉLAI-CONGÉ	MOYENNE DES HEURES DE TRAVAIL	JURIDICTION	OBSERVATIONS
	Peintres, Vitriers (*Suite*) :						
1208	Poseurs de vitraux.	0 fr. 85 l'heure.	3 ans.	Néant.	10	B. 6	
—	Peintres de vitraux.	1 fr. 20 l'heure.	5 ans.	—	10	—	
837	Nettoyeurs de devantures de boutiques.	4 fr. par jour.	Néant.	—	10	—	—A la pièce.
910	Peintres sur porcelaine.	5 à 8 fr. à la pièce.	3 ans.	Huitaine.	10	P. 4	—A la pièce.
934	Fabricants de pinceaux et brosses à peindre.	7 fr. par jour.	—	60 heures.	10	M. 6	

5e SECTION

CHAPITRE IX

TAPISSIERS, DÉCORATEURS ET MEUBLEURS

NUMÉROS DU RÉPERTOIRE ALPHABÉTIQUE	PROFESSIONS	MOYENNE DES SALAIRES	DURÉE DE L'APPRENTISSAGE	DÉLAI-CONGÉ	MOYENNE DES HEURES DE TRAVAIL	JURIDICTION	OBSERVATIONS
1129	Tapissiers.	1er ouvrier 8 à 10 fr. p. jour.	3 ans.	Quinz.	10	T. 2	—Chômage en août.
		Ouvrier, 5 à 6 fr. par jour.	—	Huitaine.	10	T. 2	
—	Tapissières.	1re ouvrière, 7 fr. par jour.	—	Quinz.	10	T. 2	
		Ouvrière, 4 fr. par jour.	—	Huitaine.	10	T. 2	
1127	Fabricants de tapis et tentures.	Homme 8 fr., femme 4 fr.	—	—	10	T. 1	—A la pièce.
1128	Tapisserie à l'aiguille.	Femme, 4 à 5 fr. par jour.	—	—	10	T. 1	—On peut rompre librement chaque samedi.
1020	Rentrayeurs de tapis.	7 à 8 fr. par jour.	—	—	10	T. 2	
1007	Raccommod. tapis et tentures	5 fr. par jour.	—	—	10	T. 1	
—	Raccommod. tapis et tentures.	4 fr. par jour.	—	—	10	—	
1130	Repriseuses de tapis et tentures.	4 à 5 fr. par jour.	—	—	10	—	
1093	Fab. de sommiers élastiques.	7 fr. par jour.	—	6 jours.	10	M. 1	
269	Fabricants de chaises et fauteuils	0 fr. 80 l'heure.	—	Néant.	10	B. 3	
504	Empailleurs et rempailleurs.	Homme 6 fr., femme 3 fr.	2 ans, petites mains.	Huitaine.	10	B. 3	
1102	Fabricants de stores et poseurs, peintres, encolleurs.	Homme, 7 fr. ou 1 fr. l'h., femme, 4 fr. ou 0 fr. 50 l'h.	3 ans comme petites mains.	—	10	T. 1	—Poseurs et encolleurs aux pièces ; les appr. 5 fr. par semaine au bout de 6 mois.
863	Fabricants de paillassons.	0 fr. 60 l'heure.	2 ans aides à 0 fr. 30	—	10	T. 4	—A la pièce.
423	Fab. de décors d'ameublement.	7 fr. par jour.	3 ans.	60 heures.	10	M. 2	
421	Décorateurs sur porcelaines, cristaux, verres, faïences.	8 à 12 fr. par jour.	3 à 5 ans.	Néant.	10	P. 4	
729	Fabricants de lustres et poseurs.	6 fr. 50 par jour.	3 ans.	60 heures.	10	M. 1	
1108	Fab. de suspensions et poseurs	7 fr. 50 par jour.	—	6 jours.	10	M. 4	
505	Encadreurs-doreurs.	0 fr. 90 et 1 fr. l'heure.	—	Huitaine.	10	B. 3	
1087	Sertisseurs pour meubles et agencements.	7 fr. 50 par jour.	—	6 jours.	10	M. 4	
481	Ebénistes.	0 fr. 80 l'heure.	—	Néant.	10	B. 3	
446	Dessinateurs en ébénisterie.	5 à 12 fr. par jour.	3 à 5 ans.	—	9	—	
224	Canneleurs.	7 et 8 fr. par jour.	3 ans.	—	10	—	
270	Fabricants de chaises rustiques et meubles de jardin.	0 fr. 70 l'heure.	—	—	10	—	—Chômage en novembre et décembre.
427	Découpeurs de bois pour l'ébénisterie.	7 fr. par jour.	3 ans comme aides à 0 fr. 40 l'heure.	Huitaine.	10	T. 1	
510	Emailleurs pour meubles.	7 fr. par jour.	3 ans.	—	10	M. 2	
604	Fabricants de sièges et appareils pour garde-robe.	6 fr. 50 par jour.	—	60 heures.	10	M. 1	
680	Fabricants de jalousies.	6 fr. par jour.	2 ans.	Néant.	10	B. 3	—Chômage en hiver.
1149	Fab. de toiles cirées gommées.	6 à 7 fr. par jour.	—	Huitaine.	10	P. 5	
1150	Fabricants de toiles vernies.	6 à 7 fr. par jour.	—	—	10	—	
724	Fab. de lits et fauteuils mécaniq.	6 fr. 50 par jour.	3 ans.	60 heures.	10	M. 1	
725	Fab. de lits et meubles en fer.	6 fr. 50 par jour.	—	—	10	—	
1045	Fabricants de roulettes pour lits et meubles.	7 fr. par jour.	—	6 jours.	10	—	
1194	Vernisseurs sur bois, cireurs.	0 fr. 80 l'heure.	—	Néant.	10	B. 6	—A la tâche.
755	Matelassiers.	7 fr. par jour.	Aides, 0 fr. 30 l'h.	Huitaine.	10	T. 1	—Chômage en hiver.
—	Matelassières.	4 fr. par jour.	Aides, 0 fr. 20 l'h.	—	10	—	—A la tâche.
237	Cardeurs pour matelas.	Homme 6 fr., femme 3 fr.	Aides.	—	10	—	
499	Fab. d'élastiques pour meubles.	6 fr. 50 par jour.	2 ans.	60 heures.	10	M. 4	
721	Fabricants d'articles de literie.	6 fr. par jour.	Petit. mains 3 et 4 fr.	Huitaine.	10	T. 1	
960	Apprêteurs de plumes, duvets, laines et crins.	Homme 6 fr., femme 4 fr. par jour.	2 ans petites mains à 2 et 3 fr.	—	10	T. 4	
162	Fabricants de boules d'acier.	6 fr. par jour.	Aides.	—	10	P. 1	
165	Fabricants de bourrelets.	7 fr. par jour.	Petites mains.	Néant.	10	B. 3	
429	Découpeurs en marqueterie.	0 fr. 90 l'heure.	3 à 5 ans.	7 jours.	10	B. 3	—Chez les entrepren. pas de délai-congé.
471	Fabricants de drapeaux et bannières.	6 et 7 fr. les hommes, 3 et 4 fr. les femmes.	3 ans.	Huitaine.	10	T. 1	—Chômage en hiver.
751	Fabricants de marqueterie.	7 fr. par jour.	3 à 4 ans.	—	10	B. 3	—En atelier seulem. on a droit au délai-congé.
752	Marqueteurs.	0 fr. 90 l'heure.	3 ans.	Néant.	10	—	

INDUSTRIES DES TISSUS, DE L'HABILLEMENT, DE L'HYGIÈNE ET DE LA TOILETTE

NUMÉROS DU RÉPERTOIRE ALPHABÉTIQUE	PROFESSIONS	MOYENNE DES SALAIRES	DURÉE DE L'APPRENTISSAGE	DÉLAI-CONGÉ	MOYENNE DES HEURES DE TRAVAIL	JURIDICTION	OBSERVATIONS
	1ʳᵉ SECTION						
	CHAPITRE PREMIER						
	TRAVAIL DE LA LAINE, DU CHANVRE, DU LIN ET DU COTON						
	Filateurs :						
194	Broyeurs de chanvre.	6 fr. par jour.	Aides.	Huitaine.	10	P. 1	—Chômage en hiver.
481	Ecangueurs (broyeurs de chanvre).	4 à 5 fr. par jour.	—	—	10	T. 1	—
276	Filateurs de chanvre.	Hommes, 5 fr. à la pièce.	Aides payés 2 fr.	—	10	—	—A la pièce.
375	Filateurs de coton.	Hommes, 5 fr., femmes, 3 fr. à la pièce.	3 ans aides payés 2 et 3 fr.	—	10	—	—
550	Fabricants de filasses.	5 à 6 fr. par jour.	Aides.	—	10	—	
561	Filateurs.	5 à 6 fr. par jour.	—	—	10	—	
691	Laineurs.	4 à 6 fr. à la tâche.	Aides 3 ans.	—	10	—	—A tâche et à la journée.
690	Filateurs de laine.	4 à 6 fr. à la tâche.	Aides 2 ans.	—	10	—	
711	Filateurs de lin.	4 à 6 fr. à la tâche.	Aides 2 ans.	—	10	—	
1035	Retordeurs.	5 à 6 fr. par jour.	Aides payés 3 fr.	—	10	—	—Chômage en hiver.
903	Peigneurs de chanvre.	5 à 6 fr. par jour.	Aides payés 3 fr.	—	10	—	—
902	Fabricants et réparateurs de peignes et lisses.	5 à 6 fr. à tâche.	3 ans.	—	10	—	
376	Cotonniers.	6 et 7 fr. à tâche.	3 ans aides.	—	10	—	
496	Effilocheurs de laine.	Hommes, 5 fr., femmes, 3 fr.	Néant.	—	10	—	
495	Effilocheurs de chiffons.	4 fr. par jour.	Néant.	—	10	P. 1	
460	Dévideurs de soie.	Hommes, 6 fr., femmes, 3 fr. à tâche.	Aides payés 2 fr.	—	10	T. 1	—Chômage en hiver.
823	Mouliniers en soie.	4 à 6 fr. à tâche.	3 ans aides p. 2 fr.	—	10	—	
951	Plieurs et dévideurs de soie.	4 à 6 fr. à tâche.	Aides payés 2 et 3 fr.	—	10	—	
1158	Torderies de soie.	6 et 7 fr. à tâche.	3 ans aides p. 3 fr.	—	10	—	
1159	Torderies de chaîne.	6 à 7 fr. à tâche.	3 ans aides p. 3 fr.	—	10	—	
	CHAPITRE II						
	TISSAGE						
	Fabrication des étoffes et vente :						
1145	Tisserands et tisseurs.	6 à 8 fr. à tâche.	3 ans aides payés 3 fr.	Huitaine.	10	T. 1	—A tâche et à la journée.
1146	Fabricants de tissus de toutes sortes.	6 à 8 fr. à tâche.	—	—	10	—	
1148	Fabricants de toiles.	6 à 7 fr. à tâche.	—	—	10	—	—A la pièce.
830	Musquiniers (fabricants de toile fine).	5 à 6 fr. à tâche.	—	—	10	—	—A la pièce.
803	Monteurs de métiers.	6 fr. par jour.	—	—	10	—	
773	Fabricants de métiers.	7 fr. par jour.	3 ans.	60 heures.	10	M. 1	
777	Raccommodeurs de métiers.	6 fr. par jour.	2 ans.	Huitaine.	10	T. 1	
718	Liseurs de carton.	7 fr. par jour.	3 ans.	—	10	—	
—	Liseuses de carton.	4 fr. par jour.	3 ans.	—	10	—	
689	Laceuses de carton.	3 à 5 fr. par jour.	3 ans aides p. 2 fr.	—	10	T. 2	
939	Piqueurs de carton.	4 à 6 fr. à tâche.	3 ans aides p. 3 fr.	—	10	T. 1	
801	Monteurs de chaîne.	4 à 6 fr. à tâche.	3 ans aides p. 2 et 3 fr.	—	10	—	
859	Ourdisseuses.	3 à 4 fr. à tâche.	2 ans aides p. 2 fr.	—	10	—	
400	Fabricants d'étoffes de crins.	6 fr. à tâche.	3 ans aides p. 3 fr.	—	10	—	
567	Fabricants de flanelle.	5 à 6 fr. à tâche.	—	—	10	—	—A la pièce et à la journée.
771	Fabricants de mérinos.	4 à 6 fr. à tâche.	—	—	10	—	
387	Fabricants de couvertures en laine.	4 et 5 fr. à tâche.	3 ans aides payés 2 et 3 fr.	—	10	—	
472	Fabricants de draperies.	6 à 7 fr. à tâche.	—	—	10	—	—Chômage en avril, mai, juin.
1127	Fabricants de tapis et tentures.	6 à 8 fr. à la pièce.	3 à 5 ans aides 3 fr.	—	10	—	
832	Fabricants de nankin.	4 à 6 fr. à tâche.	3 ans.	—	10	—	—Chômage en décembre et janvier.
597	Fabricants de futaine.	4 à 6 fr. à tâche.	3 ans aides p. 2 et 3 fr.	—	10	—	
207	Fabricants de cachemire.	4 à 7 fr. à tâche.	—	—	10	—	
1012	Fabricants de ratine.	4 à 6 fr. à tâche.	—	—	10	—	
1082	Fabricants de serge.	4 à 6 fr. à tâche.	—	—	10	—	
271	Fabricants de châles.	6 à 7 fr. à tâche.	—	—	10	—	—Chômage en mai, juin.
272	Châliers et maîtres gaziers.	6 à 7 fr. à tâche.	3 ans.	—	10	—	
415	Fabricants d'étoffes en damas.	6 et 7 fr à tâche.	3 ans.	—	10	—	

NUMÉROS DU RÉPERTOIRE ALPHABÉTIQUE	PROFESSIONS	MOYENNE DES SALAIRES	DURÉE DE L'APPRENTISSAGE	DÉLAI-CONGÉ	MOYENNE DES HEURES DE TRAVAIL	JURIDICTION	OBSERVATIONS
	Fabrication des étoffes et vente (*Suite*) :						
536	Fabricants d'étamine.	4 à 6 fr. à tâche.	3 ans aides payés 3 fr.	Huitaine.	10	T. 1	
565	Fabricants de filoselle.	A tant le kilogr. de matière, salaire variable.	3 ans aides.	—	10	—	
568	Fabricants de tissus fleuret.	5 fr. à tâche.	—	—	10	—	
612	Fab. de gaze, barège et grenadine.	4 à 6 fr. à tâche.	—	—	10	—	
699	Fabricants d'indiennes.	4 à 6 fr. à tâche.	3 ans aides p. 3 fr.	—	10	—	
716	Fabricants de linons.	4 à 6 fr. à tâche.	3 ans aides p. 2 et 3 fr.	—	10	—	
686	Fabricants de jute.	4 à 6 fr. à tâche.	Aides payés 3 fr., 2 ans à 2 fr.	—	10	T. 4	
255	Fabricants de casimir.	4 à 6 fr. à tâche.	Aides payés 2 et 3 fr.	—	10	T. 1	— à la pièce ou à la journée, chômage en fin de saison.
307	Chineurs.	4 à 6 fr. à tâche.	Aides payés 2 et 3 fr.	—	10	—	
809	Fabricants de moquettes.	7 fr. par jour.	3 ans.	6 jours.	10	—	
522	Fabricants d'escot.	4 à 5 fr. à tâche.	2 ans aides p. 2 et 3 fr.	Huitaine.	10	—	
826	Fabricants de mousseline.	4 à 6 fr. à tâche.	3 ans aides p. 2 et 3 fr.	—	10	—	
216	Fabricants de calicots.	6 fr. à tâche.	—	—	10	—	
562	Fabricants de filets.	4 à 6 fr. par jour.	—	—	10	T. 2	
914	Fabricants de percale.	5 à 6 fr. à tâche.	—	—	10	T. 1	
107	Fabricants de batistes.	7 fr. à tâche.	3 ans.	—	10	—	
110	Fabricants de bazin.	7 fr. à tâche.	—	—	10	—	
938	Fabricants de piqué.	4 à 6 fr. à tâche.	3 ans aides p. 2 et 3 fr.	—	10	—	
1092	Fabricants de soieries.	6 à 7 fr. à tâche.	3 ans aides p. 3 fr.	—	10	—	
1057	Fabricants de satin.	6 à 7 fr. à tâche.	—	—	10	—	
1188	Fabricants de velours.	6 à 8 fr. à tâche.	—	—	10	—	
417	Damasseurs.	6 à 7 fr. à tâche.	3 ans aides p. 2 et 3 fr.	—	10	—	
777	Metteurs en œuvre.	6 à 7 fr. à tâche.	—	—	10	—	
778	Metteurs en mains.	4 à 6 fr. à tâche.	—	—	10	—	
1011	Raseurs de velours.	6 à 7 fr. à tâche.	—	—	10	—	
843	Fabricants de nouveautés.	5 à 7 fr. à tâche.	3 ans aides.	—	10	—	
844	Fabricants de hautes nouveautés en soieries.	6 à 7 fr. à tâche.	—	—	10	—	
1046	Fabricants de rubans.	4 à 6 fr. à tâche.	—	—	10	—	
912	Fabricants de peluches.	4 à 6 fr. à tâche.	—	—	10	T. 4	
557	Fabricants de feutre.	7 à 8 fr. à tâche.	3 ans aides p. 3 fr.	—	10	T. 4	
844 bis	Marchands de nouveautés (vendeurs).	Premiers, 7 à 8 fr., seconds, 5 à 6 fr., avec les bénéfices.	Aides.	1 mois.	12	Juge de paix.	— Dans la plupart des grands magasins les employés hommes et femmes sont nourris. Cette nourriture suivant le grade se compte de 2 à 3 fr. par jour, à déduire du salaire ci-contre.
—	Marchands de nouveautés (vendeuses).	Premières, 5 à 6 f., secondes, 3 à 4 fr., avec les bénéfices.	—	—	11	—	
—	Marchands de nouv. (acheteurs).	6 à 8 fr. par jour.	—	—	10	—	
—	Marchands de nouv. (livreurs).	4 à 6 fr. par jour.	Néant.	—	12	—	
—	Marchands de nouv. (essayeurs).	5 à 6 fr. par jour.	Aides.	—	12	—	
—	Marchands de nouv. (essayeuses).	4 à 5 fr. par jour.	—	—	11	—	
—	Marchands de nouveautés (échantillonneurs).	3 à 5 fr. par jour.	—	Huitaine.	11	—	
—	Marchands de nouv. (comptables-caissiers, garçons et divers).	5 à 6 fr. par jour.	—	1 mois.	10	—	

2ᵉ SECTION

CHAPITRE III

BLANCHIMENT, BLANCHISSAGE, TEINTURES, APPRÊTS

NUMÉROS DU RÉPERTOIRE ALPHABÉTIQUE	PROFESSIONS	MOYENNE DES SALAIRES	DURÉE DE L'APPRENTISSAGE	DÉLAI-CONGÉ	MOYENNE DES HEURES DE TRAVAIL	JURIDICTION	OBSERVATIONS
199	Buandiers-blanchisseurs.	Hommes, 6 fr., femmes, 3 et 4 fr. par jour.	2 ans.	5 jours.	11	P. 1	— chômage alternativement août et janv.
704	Laveurs et trieurs de chiffons.	Hommes, 6 fr., fem., 3 fr. 50.	1 an.	Huitaine.	11	P. 3	— délai congé ou 25 fr. pour les hommes et 15 fr. pr les femmes.
63	Fabricants d'appareils à laver et réparateurs.	6 fr. 50 par jour.	3 ans.	6 jours.	10	M. 5	
419	Décatisseurs.	Hommes, 7 fr., femmes, 3 fr.	3 ans aides p. 2 fr.	Huitaine.	10	T. 1	
457	Dessuintage des laines.	Hommes, 6 fr., femmes, 3 fr.	2 ans aides p. 2 fr.	—	10	P. 1	
584	Foulonniers.	7 fr. par jour.	Manœuv. aides 4 fr.	—	10	T. 1	
—	Fouleurs d'étoffes.	7 fr. par jour.	Man. et aides 4 fr.	—	10	T. 1	
1131	Teinturiers en fils, etc.	Chefs, 7 fr., ouvriers, 5 et 6 fr.	3 ans.	—	10	P. 1	— chômage août, sept.
48	Ampastelleurs teinturiers.	Hommes, 7 fr., femmes, 4 fr.	3 ans.	6 jours.	10	P. 1	
132	Blanchisseurs d'étoffes ouvragées	Hommes, 6 fr., fem., 4 et 5 fr.	2 ans.	5 jours.	11	T. 1	
131	Blanchissage et repassage.	Hommes, 6 fr., fem., 4 et 5 fr.	2 ans.	—	11	P. 1	— chômage en juillet et août.
458	Détacheurs.	Hommes, 5 à 6 fr., femmes, 3 et 4 fr. par jour.	2 ans.	—	11	P. 1	
434	Dégraisseurs de vêtements.	5 à 6 fr. par jour.	Néant.	Huitaine.	10	P. 1	
338	Coloristes metteurs en carte pour tissus.	De 5 à 7 fr. à tâche.	3 ans.	—	10	T. 1	
663	Imprimeurs sur étoffe.	Hommes, 7 à 8 fr., femmes, 3 à 4 fr. par jour.	3 ans aides payés 2 et 3 fr.	—	10	T. 1	
909	Peintres sur étoffe.	7 à 8 fr. à tâche.	3 ans.	—	10	—	— chômage en hiver.
1022	Repasseurs pour l'apprêt.	6 fr. par jour.	2 ans.	—	10	—	— à la pièce
—	Repasseuses pour l'apprêt.	3 fr. par jour.	—	—	10	—	

NUMÉROS DU RÉPERTOIRE ALPHABÉTIQUE	PROFESSIONS	MOYENNE DES SALAIRES	DURÉE DE L'APPRENTISSAGE	DÉLAI-CONGÉ	MOYENNE DES HEURES DE TRAVAIL	JURIDICTION	OBSERVATIONS
	Blanchiment, Blanchissage, Teintures - apprêts (*Suite*) :						
1132	Teinturiers-dégraisseurs.	Chefs, 7 fr., ouvriers, 6 fr., femmes, 4 et 5 fr.	3 ans.	Huitaine.	10	P. 1	—Chômage en juillet.
697	Lameurs.	3 à 5 fr. à tâche.	2 ans.	—	10	T. 1	
698	Laneurs.	Hommes, 6 à 7 fr., femmes, 3 à 4 fr. par jour.	Aides.	—	10	—	
719	Lisseurs-brunisseurs.	7 fr. par jour.	Aides payés 2 et 3 fr.	—	10	—	
797	Moireurs d'étoffes.	7 et 8 fr. par jour.	3 ans.	—	10	—	
730	Lustreurs d'étoffes.	7 fr. par jour.	3 ans.	—	10	—	
998	Presseurs.	6 fr. par jour.	2 ans.	—	10	—	
694	Laniers-rotiers.	4 à 6 fr. à tâche.	3 ans aides p. 2 et 3 fr.	—	10	—	—à la tâche et à la jour.
419	Apprêteurs de toile.	Hommes, 7 fr., femmes, 3 fr.	3 ans aides p. 2 fr.	—	10	—	
69	Apprêteurs d'étoffes, de châles, etc.	Hommes, 7 fr., femmes, 5 fr. par jour.	3 ans.	—	10	—	
72	Apprêteurs pour le décatissage.	7 fr. par jour.	3 ans aides p. 2 et 3 fr.	—	10	—	
215	Calandreurs.	7 fr. par jour.	3 ans.	—	10	—	—à la pièce.
412	Cylindreurs-lamineurs d'étoffes.	Chefs, 6 et 7 fr., ouv., 4 fr.	2 ans aides payés 2 et 3 fr.	Huitaine et 1 mois.	10	—	—Suivant mode de paiement.
731	Lustreurs de soie en écheveaux.	6 fr. et 7 fr. par jour.	3 ans aides p. 2 et 3 fr.	Huitaine.	10	—	—Chômage en hiver.
592	Friseurs de draps et de laine.	6 et 7 fr. par jour.	2 ans aides p. 3 et 4 fr.	—	10	—	—Chômage en été, juin et juillet.
1115	Tondeurs de châles.	6 à 7 fr. par jour.	3 ans aides p. 3 et 4 fr.	—	10	—	
625	Gommeurs d'étoffes.	5 à 6 fr. par jour.	Néant.	—	10	P. 5	
1147	Fabric. de tissus imperméables.	6 à 8 fr. à tâche.	3 ans.	—	10	P. 1	
1114	Fabricants de taffetas.	6 à 7 fr. par jour.	2 ans aides p. 2 et 3 fr.	—	10	T. 1	
1115	Fabricants de taffetas gommé.	6 à 7 fr. par jour.	2 ans aides p. 2 et 3 fr.	—	10	P. 5	
88	Fabricants de bâches et toiles imperméables.	7 fr. à tâche.	3 ans aides payés 2 et 3 fr.	—	10	T. 1	
109	Fabricants de baudruche.	Hommes, 4 à 6 fr., fem., 3 fr.	2 ans aides p. 2 et 3 fr.	—	10	P. 5	—Chômage en mai et juin.
—	Fabr. d'appareils en baudruche.	4 à 6 fr. par jour.	2 ans aides.	—	10	P. 5	
186	Brocheurs pour tissus.	6 fr. par jour.	2 ans aides.	—	10	T. 1	
379	Coupeurs de peluche.	Hommes, 5 à 7 fr., femmes, 3 à 4 fr. par jour.	3 ans aides payés 2 et 3 fr.	—	10	T. 4	
434	Dégraisseurs d'étoffes, laines, etc.	4 à 5 fr. par jour.	Néant.	—	10	P. 1	

3e SECTION

CHAPITRE IV

BONNETERIE, MERCERIE, ÉPINGLES, BOUTONS

NUMÉROS DU RÉPERTOIRE ALPHABÉTIQUE	PROFESSIONS	MOYENNE DES SALAIRES	DURÉE DE L'APPRENTISSAGE	DÉLAI-CONGÉ	MOYENNE DES HEURES DE TRAVAIL	JURIDICTION	OBSERVATIONS
146	Fabricants de bonneterie.	4 à 6 fr. à tâche.	3 ans petites mains.	Huitaine.	10	T. 1	—A l'atelier, la huit.
207	Chaussetiers.	3 à 6 fr. à tâche.	3 ans petites mains.	—	10	T. 2	—
1178	Fabricants de tricots.	4 à 6 fr. à tâche.	2 ans petites mains.	—	10	T. 1	—
51	Appareilleurs de bas.	0 fr. 75 l'heure.	3 ans aides payés 0 fr. 30 l'heure.	Huitaine ou 6, 12 ou 24 jours.	10	—	— Suivant mode de paiement.
52	Appareilleurs de maillons.	0 fr. 70 l'heure et à tâche.	Aides payés 0 fr. 20 et 0 fr. 30 l'heure.	Huitaine.	10	—	— Suivant mode de paiement.
584	Fouleries de bas et de maillons.	7 fr. par jour.	Manœuvres. 4 fr.	—	10	—	—Suiv. mode de paiem.
739	Garnisseurs de maillons.	4 à 6 fr. à tâche.	2 ans aides payés 3 fr.	—	10	—	—A l'atelier, la huit.
1019	Remetteurs de brins aux lisses et maillons.	4 à 6 fr.	Aides.	—	10	—	—
220	Fabricants de camelots.	3 à 5 fr. à tâche.	3 ans aides.	—	10	—	—
1041	Fabricants de rouennerie.	4 à 6 fr. à tâche.	3 ans petites mains payées 3 fr.	—	10	—	—
177	Fabricants de bretelles et jarretières.	3 et 5 fr. à tâche.	2 ans petites mains.	—	10	—	—Travail à la pièce et à la journée.
498	Fabricants d'élastiques.	Hommes, 5 à 6 fr., fem., 3 fr.	2 ans.	—	10	P. 1	
687	Fabricants de lacets et cordons.	4 à 6 fr. à tâche.	2 ans aides payés 0 fr. 20 et 0 fr. 30.	—	10	T. 2	
088	Ferreurs de lacets.	6 fr. à tâche.	2 ans.	60 heures.	10	M. 2	
769	Fabricants de mercerie.	3 à 6 fr. par jour.	2 ans aides.	1 mois.	10	T. 2	
846	Fabricants d'œillets métalliques.	6 fr. par jour.	2 ans.	60 heures.	10	M. 1	
17	Fabricants d'agrafes.	5 fr. à tâche.	4 ans petites mains.	6 jours.	10	M. 2	
20	Fabricants d'aiguilles à coudre.	6 fr., aides, 3 fr.	4 ans.	6 jours.	10	M. 1	
518	Epingliers.	Hommes, 5 fr., femmes, 3 fr.	3 ans.	60 heures.	10	M. 1	
19	Fabricants d'agréments en paille.	3 à 4 fr. aux pièces.	Petites mains.	6 jours.	10	T. 4	—Chômage en hiver.
602	Gantiers.	6, 7 et 8 fr. à tâche.	3 ans aides.	Néant.	10	T. 3	
170	Boutonniers.	Hommes, 6 à 8 fr. par jour. Femmes, 4 fr. par jour.	Néant. Pet. mains, 2 et 3 fr.	Huitaine.	10	P. 1	— à la pièce.
171	Fabricants de boutons en toutes matières.	Hommes, 5 à 8 fr. par jour. Femmes, 4 fr. par jour.	Néant. Pet. mains, 2 et 3 fr.	—	10	P. 1	
814	Fabr. de moules pour boutons.	0 fr. 80 l'heure.	3 ans.	—	10	B. 3	
440	Fabricants de dés à coudre.	6 fr. par jour.	Petites mains.	60 heures.	10	M. 4	
705	Layetiers-emballeurs.	7 fr. par jour.	3 ans.	—	10	M. 6	

NUMÉROS DU RÉPERTOIRE ALPHABÉTIQUE	PROFESSIONS	MOYENNE DES SALAIRES	DURÉE DE L'APPRENTISSAGE	DÉLAI-CONGÉ	MOYENNE DES HEURES DE TRAVAIL	JURIDICTION	OBSERVATIONS
	4ᵉ SECTION						
	CHAPITRE V						
	DENTELLES						
436	Fabricants de dentelles	Hommes, 6 fr. à tâche. Femmes, 4 fr.	3 ans petites mains.	Huitaine et 1 mois.	10	T. 1	—A tâche.
453	Dessinateurs pour dentelles.	6 à 8 fr. à la pièce.	5 ans.	1 mois.	9	—	—A la pièce et à la journée.
—	Ponceurs.	6 à 7 fr. à la pièce.	3 ans.	—	10	—	
—	Piqueurs.	6 à 7 fr. par jour.	3 ans.	—	10	—	
	Dispositeurs.	6 à 8 fr. par jour.	4 ans.	—	10	—	
70	Apprêteurs en dentelles.	Hommes, 8 fr., femmes, 5 fr.	3 ans.	Huitaine.	10	—	
134	Fabricants de blondes.	5 fr. à tâche.	—	—	10	—	—Chômage en novembre et décembre.
395	Fabricants de crêpe et tulle.	5 à 6 fr. à tâche.	—	—	10	—	
	Broderies :						
187	Fabricants de broderies.	4 à 6 fr. à tâche; les hommes, 5 à 7 fr.	3 ans.	Huitaine.	10	T. 1	—A l'atelier, la huit.
188	Brodeurs.	6 à 7 fr. à tâche.	—	—	10	—	
—	Brodeuses.	5 à 6 fr. à tâche.					
453	Dessinateurs pour broderies.	6 à 8 fr. à la pièce.	5 ans.	1 mois.	10	—	
—	Ponceurs.	6 à 7 fr. à la pièce.	3 ans.	—	10	—	
—	Piqueurs.	6 à 7 fr. à la pièce.	—	—	10	—	
—	Dispositeurs.	6 à 8 fr. à la pièce.	4 ans.	—	10	—	
638	Graveurs pour broderies et armoiries sur tissus.	8 à 10 fr. à la pièce.	3 ans.	Huitaine.	10	—	
292	Fabricants de chasubles et ornements d'église.	6 et 8 fr. à tâche.	—	—	10	—	—A l'atelier, la huit.
1128	Tapisserie à l'aiguille.	3 à 5 fr. à tâche.	—	—	10	—	
384	Brodeurs, brodeuses à la machine.	4 à 6 fr. et à tâche.	—	—	10	T. 2	
	Fourreurs :						
589	Fourreurs-pelletiers.	8 fr. à la pièce.	3 ans. aides 3 et 4 fr.	Huitaine.	10	T. 4	—Chômage en été.
1098	Fabricants de sparterie.	8 fr. à la pièce.	3 ans petites mains 3 et 4 fr.	—	10	—	
	5ᵉ SECTION						
	CHAPITRE VI						
	CONFECTIONNEURS						
385	Couturières.	3 à 6 fr. et à tâche.	3 ans.	Huitaine.	10	T. 2	—A l'atelier, la huit.
384	Couturières-piqueuses à la machine.	4 à 6 fr. à tâche.	—	—	10	—	
712	Fabricants de lingerie.	3 à 5 fr. à tâche.	—	—	10	—	
713	Lingers, lingères.	3 à 5 fr. à tâche.	—	—	10	—	
1050	Fabricants de sacs de toile.	3 à 5 fr. à tâche.	Aides.	—	10	—	
391	Fabricants de cravates.	3 à 4 fr. à tâche.	1 an.	—	10	—	—A l'atelier seulement.
651	Guimpiers, fabricants de guimperie.	3 à 5 fr. à tâche.	2 ans petites mains.	—	10	—	
734	Fabricants de machines à coudre.	8 fr. par jour.	3 ans.	60 heures.	10	M. 1	—Voir mécaniciens.
742	Fabricants de mannequins.	7 fr. par jour.	2 ans.	Huitaine.	10	T. 5	
1007	Raccommodeurs de tissus.	Hommes, 6 fr. à tâche, Femmes, 3 et 4 fr.	2 ans petites mains.	—	10	T. 1	
1030	Repriseuses de châles et autres tissus.	3 à 5 fr. par jour.	3 ans petites mains.	—	10	—	—Chômage en été.
167	Fabricants de bourses et sacs en tissus.	Femmes, 3 et 4 fr.	2 ans petites mains.	—	10	T. 2	
166	Fabricants de bourrelets d'enfant.	Femmes, 3 et 4 fr.	Petites mains.	—	10	—	
176	Fabricants de brassières.	Femmes, 3 et 4 fr.	2 ans petites mains.	—	10	—	
135	Fabricants de blouses et sarreaux.	4 à 6 fr. par jour.	3 ans.	—	10	—	—Chômage en hiver.
	Corsets :						
373	Fabricants de corsets, corsetières.	4, 5 et 6 fr. à la pièce.	3 ans.	Huitaine.	10	T. 2	
204	Fabricants de buscs en acier.	5 fr. par jour.	Néant.	6 jours.	10	M. 2	
95	Apprêteurs de baleine.	6 fr. 50 par jour.	1 an.	—	10	M. 6	
—	Coupeurs de baleine.	6 fr. 50 par jour.	—	—	10	—	
—	Refendeurs de baleine.	6 fr. 50 par jour.	—	—	10	—	
	Chemisiers :						
302	Chemisiers fabricants de chemises.	7 et 8 fr. par jour.	3 ans.	1 mois.	10	T. 2	—A l'atelier seulement, la huitaine.
—	Piéçards.	7 fr. par jour.		Huitaine.	10	—	
—	Coupeurs.	8 fr. par jour.		1 mois.	10	—	
340	Fabricants de cols et faux-cols.	5 à 7 fr. à tâche.	3 ans.	—	10	—	—A la pièce et à la journée.

NUMÉROS DU RÉPERTOIRE ALPHABÉTIQUE	PROFESSIONS	MOYENNE DES SALAIRES	DURÉE DE L'APPRENTISSAGE	DÉLAI-CONGÉ	MOYENNE DES HEURES DE TRAVAIL	JURIDICTION	OBSERVATIONS
	Costumiers :						
374	Costumiers.	7 fr. par jour.	3 ans.	Huitaine.	10	T. 5	
—	Costumières.	4 et 5 fr. par jour.	3 ans.	Huitaine.	10	—	
445	Dessinateurs en costumes.	8 à 12 fr. par jour.	3 à 5 ans.	1 mois.	10	—	
520	Fabricants d'équipements militaires.	Hommes, 6 à 7 fr., femmes, 3 à 4 fr.	3 ans.	1 journée.	10	T. 3	—Comme congé, ou la fin du lot adjugé.
428	Découpeurs de châles.	7 fr. à tâche.	3 ans.	Huitaine.	10	T. 1	
405	Fabricants de cabas en paille, réticules et autres.	3 et 4 fr. à tâche.	2 ans petites mains.	Huitaine ou 6, 12 et 24 jours.	10	T. 4	—Suivant mode de paiement.
	Tailleurs d'habits :						
409	Culottiers (tailleurs).	4 à 7 fr. à la pièce.	3 ans.	Huitaine.	10	T. 5	—A la pièce, pas de délai-congé.
—	Culottiers coupeurs.	8 fr. par jour.	—	—	10	—	
—	Culottiers apprêteurs.	0 fr. 70 l'heure.	—	—	10	—	
616	Giletiers.	0 fr. 70 l'heure et à la pièce.	—	—	10	—	—A l'atelier.
—	Giletières.	3 à 4 fr. à la pièce.	—	—	10	—	—A l'atelier.
349	Confectionneurs pour hommes.	0 fr. 70 l'heure.	—	—	10	—	
350	Confectionneurs pour dames.	Hommes, 7 fr., fem., 4 et 5 fr.	—	—	10	—	
351	Confectionneurs pour enfants.	Hommes, 6 fr., femmes, 4 fr.	—	—	10	—	
1120	Tailleurs d'habits pour hommes.	6 à 7 fr. et à la tâche.	—	—	11	—	
—	Tailleurs coupeurs.	8 fr. par jour.	4 ans.	1 mois.	10	—	
—	Tailleurs apprêteurs.	7 fr. par jour.	3 ans.	8 jours.	11	—	Le travail à la pièce ne comporte pas de délai-congé.
—	Tailleurs pompiers.	6 fr. par jour.	—	—	11	—	
—	Tailleuses pompières.	4 et 5 fr. par jour.	—	—	11	—	
—	Apprêteurs pour confections.	6 fr. par jour.	—	—	11	—	
1118	Tailleurs d'habits pour dames.	6 à 8 fr. et à tâche.	—	Huitaine et 1 mois pour les coupeurs.	11	—	
1119	Tailleurs d'habits pour enfants.	6 à 7 fr. et à tâche.	—	—	11	—	

6ᵉ SECTION

CHAPITRE VII

MODES

NUMÉROS DU RÉPERTOIRE ALPHABÉTIQUE	PROFESSIONS	MOYENNE DES SALAIRES	DURÉE DE L'APPRENTISSAGE	DÉLAI-CONGÉ	MOYENNE DES HEURES DE TRAVAIL	JURIDICTION	OBSERVATIONS
	Chapeaux et coiffures :						
447	Dessinateurs en modes.	6 à 8 fr. par jour.	3 à 5 ans.	Huitaine.	9	T. 4	—Chôm. en fin saison.
796	Modistes.	4, 5 et 6 fr. et à la pièce.	3 ans petites mains.	—	10	T. 4	
149	Fabricants de bonnets montés.	5 à 6 fr. et à la pièce.	3 ans petites mains 2 et 3 fr.	—	10	T. 1	
331	Coiffes de chapeaux.	Hom., 5 à 7 fr., fem., 4 à 5 fr.	Petites mains.	—	10	T. 4	
226	Fabricants de cannetilles pour chapeaux.	3 et 5 fr. à la pièce.	—	—	10	—	
67	Apprêteurs de chapeaux de feutre.	7 à 8 fr. à tâche.	3 ans pet. mains 2 fr.	—	10	—	—Chômage en hiver, nov. et décemb.
348	Confectionneurs en paille.	3 à 5 fr. à tâche.	3 ans pet. mains 2 fr.	—	10	—	
68	Apprêteurs et teinturiers pour chapeaux de paille.	Hommes, 7 et 8 fr. à tâche. Femmes, 4 et 5 fr.	3 ans.	6 jours.	10	—	
152	Fabricants de bordure pour chapeaux de paille.	4 à 6 fr. à tâche.	3 ans petites mains.	Huitaine.	10	—	
1021	Repasseurs pour chap. de paille.	4 à 6 fr. à tâche.	Aides.	6 jours.	10	—	
1177	Fabricants de tresses pour chapeaux de paille.	4 à 6 fr. à tâche.	3 ans aides.	Huitaine.	10	—	
235	Fabricants de carcasses en laiton pour modes.	6 fr. 50 par jour.	2 ans.	6 jours.	10	M. 4	
864	Apprêteurs et fendeurs de paille.	4 à 6 fr. par jour.	3 ans petites mains.	60 heures.	10	M. 6	—Chômage en hiver.
865	Fabricants de chapeaux de paille.	4 à 6 fr. à tâche.	3 ans petites mains.	Huitaine.	10	T. 4	
866	Fabricants de paille teintée et blanche.	4 et 6 fr.; femmes, 3 fr. 50.	2 ans aides.	—	10	T. 4	
147	Fabric. de bonneterie orientale.	4 à 6 fr. par jour.	2 ans aides.	—	10	T. 2	
148	Fabricants de bonnets grecs.	4 à 6 fr. par jour.	3 ans aides.	—	10	T. 2	
217	Fabricants de calottes.	3 et 4 fr. par jour.	Petites mains.	—	10	T. 4	
257	Fabricants de casquettes.	3 à 5 fr. par jour.	2 ans petites mains.	—	10	—	
1207	Fabricants de visières et maroquin pour la chapellerie.	0 fr. 60 à 0 fr. 70 l'heure.	3 ans aides.	—	10	—	—Chômage en juin et juillet.
1170	Tournuriers pour la chapellerie.	5 à 6 fr. à tâche.	3 ans.	—	10	—	
1197	Vernisseurs sur feutre.	6 à 7 fr. à tâche.	2 ans.	—	10	P. 5	
1090	Fabricants de soie pour chapeaux.	0 fr. 60 à 0 fr. 70 l'heure.	2 ans petites mains.	6 jours.	10	T. 3	
379	Coupeurs de peluche.	6 fr. par jour.	3 ans.	Huitaine.	10	T. 1	
964	Coupeurs de poils.	A tant le kilog., salaire variable.	2 ans aides.	—	10	T. 4	
583	Formiers pour la chapellerie.	6 à 7 fr. par jour.	2 ans aides.	—	10	—	
497	Ejarreurs pour la chapellerie.	4 à 6 fr. à tâche.	Néant, pet. mains.	—	10	—	—Travail à la pièce.
607	Garnisseurs de chapeaux.	6 à 7 fr. par jour.	2 ans aides.	—	10	—	
278	Fabricants de chapeaux de soie et peluche.	6 à 7 fr. par jour.	3 ans.	—	10	—	
279	Fabricants de chapellerie.	6 à 7 fr. par jour.	—	8 jours.	10	—	

NUMÉROS DE RÉFÉRENCE ALPHABÉTIQUE	PROFESSIONS	MOYENNE DES SALAIRES	DURÉE DE L'APPRENTISSAGE	DÉLAI-CONGÉ	MOYENNE DES HEURES DE TRAVAIL	JURIDICTION	OBSERVATIONS
	Chapeaux et coiffures *(Suite)* :						
382	Couseurs de coiffes.	6 à 7 fr. à tâche.	3 ans.	Huitaine.	10	T. 4	
513	Emballeurs pour la chapellerie.	6 à 7 fr. par jour.	2 ans aides.	—	10	—	—Chôm. en juil., août.
277	Fabricants d'étuis à chapeaux.	5 à 6 fr. par jour.	3 ans.	—	10	P. 3.	—
286	Fabricants de casques.	7 fr. par jour.	—	6 jours.	10	M. 5	
	Coiffeurs :						
600	Perruquiers, posticheurs-douilleurs.	Hommes, 6 fr., femmes, 4 fr. par jour.	—	8 jours.	10	T. 1	—Chômage juin, juil.
—	Implanteurs sur tissus.	Hommes, 6 fr., femmes, 4 fr.	—	—	10	—	—
—	Coiffeurs barbiers.	6 et 7 fr. avec les bénéfices.	—	—	11	—	
305	Fabricants d'ouvrages en cheveux	5 à 7 fr. par jour.	2 ans.	7 jours.	10	—	
304 bis	Marchands de cheveux.	Hommes, 6 fr., femmes, 4 fr.	2 ans aides.	Huitaine.	10	Juge de paix.	—Vendeuses avec cons

7e SECTION

CHAPITRE VIII

CHAUSSURES

NUMÉROS DE RÉFÉRENCE ALPHABÉTIQUE	PROFESSIONS	MOYENNE DES SALAIRES	DURÉE DE L'APPRENTISSAGE	DÉLAI-CONGÉ	MOYENNE DES HEURES DE TRAVAIL	JURIDICTION	OBSERVATIONS
363	Cordonniers et fabricants de chaussures.	5 à 7 fr. à tâche.	3 ans.	8 jours et 1 mois.	10	T. 3	—A l'atel. et à la pièce pas de délai-congé.
153	Bottiers.	7 fr. par jour.	—	Huitaine.	10	—	—Huitaine à l'atel. seulement.
871	Fabricants de pantoufles.	3 à 5 fr. à tâche.	2 ans.	Néant.	10	—	
1089	Fabricants de socques.	0 fr. 60 à 0 fr. 70 l'heure.	Petites mains.	Huitaine.	10	—	— Chômage en été.
1049	Fabricants de sabots.	4 à 5 fr. par jour.	2 ans aides.	—	10	—	
578	Fabricants de brides de sabots.	5 à 6 fr. à tâche.	—	6 jours.	10	—	
599	Galochiers.	5 à 7 fr. à tâche.	3 ans petites mains payées.	8 jours et 1 mois.	10	—	—Suiv. mode de paiement, congé.
853	Cordonn.-bottiers orthopédistes.	7 fr. par jour.	3 ans.	60 heures.	10	M. 5	
1140	Fabricants de tiges de bottes et de bottines.	6 à 7 fr. à tâche.	—	Huitaine.	10	T. 3	
105	Fabricants de basanes.	6 fr. par jour.	2 ans.	Néant.	10	P. 5	
648	Fabricants de guêtres en drap, toile et autres tissus.	Hommes, 6 à 7 fr., femmes, 3 à 4 fr. par jour.	—	Huitaine.	10	T. 5	— Chômage en hiver.
1122	Talons en cuir et autres.	6 fr. à tâche.	3 ans.	—	10	T. 3	
218	Cambreurs pour chaussures.	7 fr. à tâche.	2 ans.	Néant.	10	P. 5	
219	Cambruriers fabricants de vieilles semelles pour premières semelles.	4 à 6 fr. à tâche.	3 ans.	Huitaine à l'atelier.	10	T. 3	
396	Fabricants de crépins en bois.	0 fr. 60 à 0 fr. 70 l'heure.	3 ans petites mains.	Huitaine.	10	—	
1196	Vernisseurs sur cuir.	8 à 10 fr. par jour.	2 ans.	—	10	P. 5	
1140	Fabricants de tiges de bottes.	6 à 7 fr. à tâche.	3 ans.	—	10	T. 3	
298	Fabric. de chaussons de lisière.	4 à 6 fr. à tâche.	1 an aides.	—	10	—	— Chômage nov., déc.

8e SECTION

CHAPITRE IX

FLEURS ET PLUMES

NUMÉROS DE RÉFÉRENCE ALPHABÉTIQUE	PROFESSIONS	MOYENNE DES SALAIRES	DURÉE DE L'APPRENTISSAGE	DÉLAI-CONGÉ	MOYENNE DES HEURES DE TRAVAIL	JURIDICTION	OBSERVATIONS
447	Dessinateurs en fleurs.	6 à 7 fr. à la pièce.	3 à 4 ans.	Huitaine,	9	T. 4	— Chômage en hiver.
542	Apprêteurs d'étoffes pour fleurs.	4 à 6 fr. à tâche.	3 ans.	—	10	—	—
569	Fleuristes (fleurs artificielles).	4 à 6 fr. par jour.	—	7 jours.	10	—	—
956	Plumassiers.	Hom., 6 et 7 fr., fem., 3 et 4 fr.	—	Huitaine,	10	—	— Chômage en été.
961	Fab. de plumes pour ornements.	3 à 5 fr. à tâche.	—	—	10	—	
1134	Teinturiers en plumes.	6 à 8 fr. par jour.	3 ans aides.	—	10	—	—

CHAPITRE X

PASSEMENTERIES

NUMÉROS DE RÉFÉRENCE ALPHABÉTIQUE	PROFESSIONS	MOYENNE DES SALAIRES	DURÉE DE L'APPRENTISSAGE	DÉLAI-CONGÉ	MOYENNE DES HEURES DE TRAVAIL	JURIDICTION	OBSERVATIONS
888	Fabricants de passementeries en tous genres.	Façonniers, 6 à 8 fr., ouvriers, 6 fr., ouvrières, 4 fr.	3 ans petites mains payées 2 et 3 fr.	Huitaine,	10	T. 2	—A la p. et à la journ.
189	Brodeurs galonniers.	Hommes, 6 à 7 fr. à tâche, femmes, 3 à 4 fr.	3 ans.	—	10	T. 1	
823	Nattiers en toutes sortes.	0 fr. 40 et 0 fr. 60 l'heure et à tâche.	2 ans aides.	—	10	T. 4	
18	Agrémanistes.	5 à 7 fr. à tâche.	3 ans.	6 jours.	10	T. 2	
303	Fabricants de chenilles.	4 à 6 fr. par jour.	2 ans aides.	Huitaine,	10	T. 4	—Chômage en été.
590	Fabricants de franges.	4 à 6 fr. à tâche.	—	—	10	T. 2	
622	Fabricants de glands.	4 à 6 fr. à tâche.	—	—	10	—	
814	Moules en bois pour passementerie.	0 fr. 80 l'heure.	3 ans.	—	10	B. 3	
1172	Tréfilerie.	5 à 7 fr. à tâche.	—	—	10	T. 2	
223	Fabricants de canevas.	3 à 5 fr. à tâche.	—	—	10	T. 1	
222	Trameuses de candélières.	3 à 5 fr. à tâche.	—	—	10	T. 1	—A la p. et à la journ.

NUMÉROS DU RÉPERTOIRE ALPHABÉTIQUE	PROFESSIONS	MOYENNE DES SALAIRES	DURÉE DE L'APPRENTISSAGE	DÉLAI-CONGÉ	MOYENNE DES HEURES DE TRAVAIL	JURIDICTION	OBSERVATIONS
	9e SECTION						
	Chapitre XI						
	HYGIÈNE ET TOILETTE						
	Ornements divers, Accessoires de la toilette :						
884	Parfumeurs.	6 fr. par jour.	2 ans.	Huitaine.	10	P. 1	
884 bis	Marchands de parfumerie.	Hommes, 6 fr., femmes, 3 fr. 50 à 4 fr.	Petites mains et aides.	—	10	Juge de paix.	
91 bis	Maîtres et garçons de bains, masseurs.	5 à 6 fr. par jour.	Aides 3 ans.	—	10	—	—Chômage en hiver.
—	Pédicures.	8 à 10 fr. par jour.	3 à 5 ans.	1 mois.	10	—	
—	Manicures.	5 à 7 fr. par jour.	3 ans.	—	10	—	
442	Fabricants de désinfectants.	5 à 6 fr. par jour.	2 ans.	Huitaine.	10	P.	
	Dentistes.	7 à 8 fr. par jour.	5 ans.	—	10	Juge de paix.	—1 mois de délai-congé à demeure.
475	Eaux dentifrices.	4 à 6 fr. par jour.	2 ans.	—	10	P. 1	
438	Fabricants de dents et de râteliers.	7 à 10 fr. par jour.	5 ans.	—	10	—	
1213	Fabricants d'yeux artificiels.	7 à 8 fr. par jour.	3 ans.	—	10	P. 4	
100	Bandagistes.	8 fr. par jour.	—	6 jours.	10	M. 5	
853	Orthopédistes.	7 fr. par jour.	—	60 heures,	10	—	
104	Fabricants de bas élastiques.	7 fr. par jour.	2 ans.	6 jours.	10	P. 1	
545	Fabricants d'éventails.	5 à 6 fr. par jour.	3 ans.	60 heures.	10	M. 6	—A la pièce.
—	Garnisseuses —	Femmes, 4 fr. par jour.	—	—	10	—	
—	Monteurs —	Hommes, 6 fr. par jour.	—	—	10	—	
—	Peintres —	8, 10 et 12 fr. par jour.	5 ans.	Néant.	8	—	—A la pièce.
225	Fabricants de cannes.	7 fr. par jour.	3 ans.	6 jours.	10	—	
684	Apprêteurs de joncs et fendeurs.	6 fr. 50 par jour.	Petites mains 3 et 4 fr.	60 heures.	10	—	
1040	Apprêteurs de rotins.	7 fr. par jour.	3 ans.	6 jours.	10	—	
881	Fabricants de parapluies et ombrelles.	4 à 7 fr. par jour.	—	60 heures.	10	M. 6 et T. 2	
—	Fabricants de manches.	6 fr. par jour.	—	—	10	M. 6	
—	Monteurs.	7 fr. par jour.	—	—	10	—	
882	Garnisseurs.	3 et 5 fr. à tâche.	2 ans.	Huitaine.	10	T. 2	
753	Fabricants de masques.	Hommes, 6 à 7 fr., fem., 4 fr.	Petites mains 3 ans.	—	10	P. 3	
867	Fabric. de paillettes et paillons.	6 fr. par jour.	3 ans.	60 heures.	10	M. 2	—Chôm. janv. et févr.
835	Fabricants de nécessaires.	8 fr. par jour.	—	—	10	—	
422	Fabricants de décorations.	6 fr. 50 par jour.	—	—	10	—	
492	Fabricants d'écrans en tissus.	3 à 6 fr. à tâche.	2 ans aides.	Huitaine.	10	T. 2	
683	Fabricants de joaillerie fine et fausse.	7 fr. 50 par jour.	3 ans.	60 heures.	10	M. 2	
700	Lapidaires.	8 fr. par jour.	—	—	10	—	
919	Enfileurs et monteurs de perles.	8 fr. par jour.	—	—	10	—	—Femmes 4 fr. et tâche
920	Fabricants de perles fausses et joaillerie en perles.	6 fr. par jour.	2 ans.	—	10	—	
727	Fabricants de lorgnettes de spectacle.	7 fr. 50 par jour.	3 ans.	—	10	M. 3	—Chômage en mai, juin et juillet.
482	Fabricants d'objets en écaille.	5 à 6 fr. par jour.	—	Huitaine.	10	P. 1	
483	Fondeurs d'écaille.	4 à 6 fr. par jour.	Aides.	—	10	—	
652	Fabric. d'objets en gutta-percha.	5 à 6 fr. par jour.	Néant.	—	10	—	
679	Fabricants d'objets en ivoire.	7 fr. 50 par jour.	3 ans.	60 heures.	10	M. 6	—Chômage en août.
738	Fabric. d'objets en maillechort.	7 fr. par jour.	—	—	10	M. 2	
831	Fabricants d'objets en nacre.	7 fr. 50 par jour.	—	—	10	—	
638	Fabricants d'objets en nickel.	7 fr. par jour.	—	—	10	—	
854	Fabricants d'objets en os.	7 fr. par jour.	—	—	10	M. 6	
120	Fabricants de bimbeloterie.	7 fr. par jour.	—	6, 12 ou 24 jours.	10	—	—Délai-congé suivant le mode de paiement.
157	Bouclerie argent et or.	8 fr. par jour.	—	6 jours.	10	M. 2	
158	Boucles en fer, acier.	6 fr. 50 par jour.	2 ans.	—	10	M. 1	
203	Fabricants d'objets en buffle.	6 fr. par jour.	—	—	10	M. 6	
259	Ceinturonniers.	4 à 6 fr. à tâche.	3 ans aides.	1 journée.	10	T. 3	—Chôm. juillet et août.
268	Chaînes en jaseron or et argent.	8 fr. 50 par jour.	3 ans.	6 jours.	10	M. 2	
325	Fabricants de clinquant.	6 fr. par jour.	Néant.	60 heures.	10	—	
360	Fabricants d'articles en corail.	8 fr. par jour.	3 ans.	—	10	—	
260	Fabricants d'objets en celluloïd.	6 à 7 fr. par jour.	—	Huitaine.	10	P. 1	
261	Fabricants de celluloïd.	6 à 7 fr. par jour.	—	—	10	—	
598	Gainiers.	7 fr. par jour.	—	60 heures.	10	M. 2	—Chôm. juillet et août.
740	Malletiers coffretiers.	6 fr. 50 par jour.	—	—	10	M. 6	— —
741	Malletiers en cuir.	0 fr. 60 à 0 fr. 70 l'heure.	—	6 ou 12 jours.	10	T. 3	—Délai-congé suivant le mode de paiement.
705	Layetiers-emballeurs.	7 fr. par jour.	—	60 heures.	10	M. 6	
316	Fabricants de cirage et divers.	6 à 7 fr. par jour.	2 ans aides	Huitaine.	10	P. 1	
316 bis	Cireurs de chaussures.	4 fr. par jour.	Néant.	—	11	Juge de paix.	
139	Boissellerie.	7 fr. par jour.	2 ans.	6 jours.	10	M. 1	
192	Brosserie.	7 fr. par jour.	3 ans.	—	10	M. 6	
1094	Soies pour la brosserie.	7 fr. par jour.	—	—	10	—	
901	Fabricants de peignes en corne, buffle, etc.	8 fr. par jour.	—	60 heures.	10	—	—A la pièce et à la journée.

Ve PARTIE

INDUSTRIES DES MÉTAUX - ALLIAGES - MÉCANIQUE

NUMÉROS DU RÉPERTOIRE ALPHABÉTIQUE	PROFESSIONS	MOYENNE DES SALAIRES	DURÉE DE L'APPRENTISSAGE	DÉLAI-CONGÉ	MOYENNE DES HEURES DE TRAVAIL	JURIDICTION	OBSERVATIONS
	1re SECTION						
	CHAPITRE PREMIER						
	FONTE		3 ans.	60 heures.	10	M.1	
575	Fondeurs de fer.	8 fr. par jour.	—	Néant.	10	M.1	
579	Fonte.	6 fr. —	—	60 heures.	10	M.2	
821	Mouleurs pour fonderie.	8 fr. —	—	—	10	M.1	—Voir pour usages par-
790	Modeleurs pour fonderie.	8 fr. —	—	—	10	M.5	ticuliers au réper-
816	Mouleurs de fonte.	8 fr. —			10		toire alphabétique.
1062	Tourneurs.		4 ans.	—	10	M.4	
321	Ciseleurs.	8 fr. —	3 ans.	—	10	M.4	
706	Fondeurs de lettres et chiffres en relief.	7 fr. 50 —		—	10		
574	Fondeurs de roues et pignons.	7 fr. 50 —	—	—	10	M.3	
573	Fondeurs en caractères.	6 à 7 fr. —		Néant.	10	P.3	
	CHAPITRE II						
	FER		3 ans.	60 heures.	10	M.1	
550	Fer.	6 fr. par jour.	—	—	10	M.1	
566	Fils de fer.	6 fr. —	—	—	10	M.5	
816	Mouleurs.	8 fr. —	—	6 jours.	10	M.1	
1174	Tréfilerie en fer.	7 fr. —	—	—	10	—	
1152	Fabricants de tôles émaillées.	7 fr. —	—	—	10	—	
1153	Fabricants de tôle perforée.	7 fr. —	—	—	10	—	—Trav. aussi à la pièce.
1154	Tôliers.	7 fr. 50 —	—	—	10	—	
1151	Toiles de fer.	7 fr. —	—	—	10	M.6	
265	Fabricants de cercles en fer.	5 fr. 50 —	3 ans comme aides.	—	10	M.1	
380	Forgerons.	7 fr. —	3 ans.	60 heures.	10	B.1	
581	Forgerons pour la serrurerie et la charpente.	8 à 8 fr. 75 par jour.	—	Néant.	10	M.1	
431	Découpeurs en fer.	7 fr. par jour.	—	—	10	M.1	
944	Planeurs sur fer.	8 fr. —	—	—	10	M.4	
974	Polisseurs sur fer.	8 fr. 50 —	2 ans.	6 jours.	10	M.4	
1029	Repousseurs.	7 fr. 50 —	3 ans.	—	10	M.1	
1183	Fabricants de tuyaux étirés.	8 fr. —	—	—	10	M.6	
410	Fab. de cuves et foudres en fer.	7 fr. —	—	60 heures.	10	M.4	
321	Ciseleurs sur fer.	8 fr. —	4 ans.	—	10	M.4	
463	Doreurs sur fer.	7 fr. —	3 ans.	—	10	M.1	
1205	Vis à bois en fer.	7 fr. —	—	6 jours.	10	M.1	
1206	Vis cylindriques en fer.	6 fr. 50 —	Aides 3 ans.	—	10	M.4	
1166	Tourneurs en fer.	7 fr. —	3 ans.	—	10	M.1	
1033	Fabricants de ressorts en fer.	6 fr. —	Aides.	—	10	M.1	—Voir le répertoire alphabétique et l'a-vant-propos.
747	Maréchaux.	Teneurs de pieds 0 fr.75 l'h. Brocheurs 0 fr. 80 l'heure. Ferreurs 0 fr. 85 l'heure.	2 ans teneurs pieds. 2 ans brocheurs.	60 heures. — —	10 10 10	— — B.1	
554	Fab. de ferrures pour meubles.	0 fr. 75 l'heure.	3 ans.	Néant.	10	M.1	
544	Fabricants d'étrilles en fer.	6 fr. 50 par jour.	—	60 heures.	10	M.4	
530	Estampeurs en fer.	6 fr. 50 —	—	—	10	M.1	
506	Fabricants d'enclumes.	7 fr. —	—	—	10	—	
537	Fabricants d'étaux.	6 à 8 fr. —	—	—	10	—	
527	Fabricants d'essieux.	7 fr. —	—	—	10	—	— A la pièce et à la jour.
580	Forgerons.	7 fr. —	—	—	10	—	
327	Fab. de clôtures métalliques.	6 fr. —	2 ans.	—	10	B.1	— —
291	Fabricants de châssis en fer.	0 fr. 75 l'heure.	3 ans.	Néant.	10	M.1	— —
266	Fab. chaînes en fer pour câble.	6 fr. par jour.	—	6 jours.	10	M.1	
267	Fabricants de chaînes en fer.	7 fr. 50 —	—	—	10	B.1	
29	Ajusteurs en fer.	7 fr. 50 —	—	Néant.	9	M.1	
556	Fers galvanisés.	6 fr. —	—	60 heures.	10	M.1	
725	Fabricants de lits, fauteuils et meubles en fer.	6 fr. 50 —		—	10	M.5	—A la pièce et à la journée.
959	Fabricants de plumes métalliques	6 fr. —	Petites mains, 3 fr.	6 jours.	10	M.4	
551	Fer battu.	6 fr. —	3 ans.	60 heures.	10	M.1	
111	Fabricants de béliers.	7 fr. 50 —	—	6 jours.	10	M.5	
588	Fourreaux en fer.	7 fr. —	—	60 heures.	10	M.5	

NUMÉROS DU RÉPERTOIRE ALPHABÉTIQUE	PROFESSIONS	MOYENNE DES SALAIRES	DURÉE DE L'APPRENTISSAGE	DÉLAI-CONGÉ	MOYENNE DES HEURES DE TRAVAIL	JURIDICTION	OBSERVATIONS
	CHAPITRE III						
	ACIER						
9	Acier.	7 fr. par jour.	3 ans.	6 jours.	10	M.1	— A la journée.
10	Acier poli.	6 fr. —	—	—	10	M.2	
228	Canonniers en acier.	8 fr. —	—	—	10	M.5	
566	Fils d'acier.	6 fr. —	—	60 heures.	10	M.1	
709	Limes en acier.	6 fr. 50 —	—	—	10	—	
710	Limeurs.	7 fr. —	—	—	10	—	
708	Tailleurs de limes.	7 fr. —	—	—	10	—	
822	Mouleurs sur acier.	6 à 8 fr. —	—	Huitaine.	10	P.5	
974	Polisseurs sur acier.	8 fr. 50 —	2 ans.	6 jours.	10	M.4	
1033	Fabricants de ressorts en acier.	6 fr. —	3 ans.	—	10	M.1	
1034	Fabricants de ressorts de voitures.	7 fr. 50 —	—	—	10	—	
1062	Fabricants de scies en acier.	7 fr. 50 —	—	—	10	—	—A la pièce, à la journ.
1166	Tourneurs.	7 fr. —	—	—	10	M.4	—A la journée.
322	Ciseleurs sur acier.	8 fr. —	4 ans.	60 heures.	10	M.5	
463	Doreurs sur acier.	7 fr. —	3 ans.	—	10	M.4	
1206	Vis en acier.	6 fr. 50 —	—	—	10	M.1	
198	Brunissoirs en acier.	7 fr. 50 —	—	6 jours.	10	M.2	
197	Brunisseurs.	6 fr. —	2 ans.	6 jours.	10	M.2	
1183	Tuyaux en acier.	6 fr. —	2 ans.	—	10	M.2	
301	Rails et constructions de matériel en acier pour chemins de fer.	8 fr. —	3 ans.	60 heures.	10	M.1	
363	Cordes et câbles en acier.	7 fr. —	—	—	10	M.1	—A la tâche, à la journ.
93	Fabricants de balanciers en acier.	8 fr. —	—	6 jours.	10	M.3	
529	Estampeurs sur acier.	6 à 8 fr. —	—	Huitaine.	10	P.5	
543	Fabricants d'étriers.	6 fr. 50 —	—	60 heures.	10	M.1	
517	Eperonniers.	7 fr. —	3 ans.	60 heures.	10	M.1	
673	Instruments aratoires en acier.	6 fr. 50 —	—	—	10	M.1	
674	Instruments de chirurgie en acier.	7 fr. —	—	—	10	M.5	
38	Fabricants d'alphabets en acier.	7 fr. —	2 ans.	6 jours.	10	M.1	
78	Armuriers.	8 fr. —	3 ans.	—	10	M.5	
80	Arquebusiers.	8 fr. —	—	—	10	M.5	
204	Fabricants de buscs en acier.	5 fr. —	Néant.	—	10	M.2	
518	Epingles et aiguilles en acier.	5 fr. —	3 ans.	60 heures.	10	M.1	—A la tâche, à la journ.
603	Lames de sabre.	7 fr. —	—	—	10	M.5	—A la pièce.
588	Fourreaux en acier.	7 fr. —	—	—	10	M.5	
1141	Timbres en acier.	7 fr. 50 —	—	6 jours.	10	M.2	
799-798	Fabricants de molettes en acier pour tourneurs.	7 fr. 50 —	—	60 heures.	10	M.4	
	CHAPITRE IV						
	CUIVRE ET ALLIAGES						
572	Fondeurs en cuivre.	8 fr. par jour.	3 ans.	60 heures.	10	M.4	
942	Planeurs sur cuivre.	7 fr. —	—	—	10	—	
974	Polisseurs.	8 fr. 50 —	2 ans.	6 jours.	10	—	
1165	Tourneurs en cuivre.	8 fr. 50 —	—	—	10	—	
1166	Tourneurs en cuivre, fer, alliage.	7 fr. —	3 ans.	—	10	—	
1173	Tréflerie de cuivre.	7 fr. 50 —	—	—	10	—	—A la tâche, à la journ.
1183	Fabricants de tuyaux en cuivre.	6 fr. —	2 ans.	—	10	M.2	
321	Ciseleurs sur cuivre.	8 fr. —	4 ans.	60 heures.	10	M.4	
430	Découpeurs en cuivre.	7 fr. —	3 ans.	—	10	M.4	
431	Découpeurs en cuivre et fer.	7 fr. —	—	—	10	M.1	
463	Doreurs sur cuivre.	7 fr. —	—	—	10	M.4	
650	Guillocheurs sur cuivre.	7 fr. 50 —	—	—	10	M.2	
530	Estampeurs.	6 fr. 50 —	—	—	10	M.4	
798	Fabricants de molettes en acier pour tourneurs en cuivre.	7 fr. 50 —	—	—	10	—	
1029	Repousseurs en cuivre.	7 fr. 50 —	—	6 jours.	10	—	
1023	Reperceurs en cuivre.	7 fr. 50 —	—	—	10	M.2	
1087	Sertisseurs.	7 fr. 50 —	—	—	10	M.4	
211	Fabricants de cafetières en cuivre.	8 fr. —	—	—	10	M.4	
402	Cuilleristes en cuivre.	8 fr. —	—	60 heures.	10	M.2	—A la pièce, à la journ.
1206	Fabricants de vis en cuivre.	6 fr. 50 —	—	6 jours.	10	M.1	
1205	Fabricants de vis à bois en cuivre.	7 fr. —	—	—	10	—	
518	Epingliers.	5 fr. —	—	60 heures.	10	—	
1141	Fabricants de timbres en cuivre.	7 fr. 50 —	—	6 jours.	10	M.2	
1037	Fabricants de robinets.	7 fr. 50 —	—	—	10	M.1	
1033	Fabricants de ressorts.	6 fr. —	—	—	10	—	
326	Fabricants de cloches.	9 fr. —	—	60 heures.	10	—	
343	Fabricants de compas.	7 fr. —	—	Huitaine.	10	M.3	
345	Fabricants de composteurs.	7 fr. —	2 ans.	60 heures.	10	M.1	
273	Fabricants de chalumeaux.	7 fr. —	3 ans.	6 jours.	10	M.4	—A la pièce, à la journ.
267	Fabricants de chaînes en cuivre.	7 fr. 50 —	—	—	10	M.1	
90	Fabricants de baignoires.	7 fr. —	—	—	10	M.1	
606	Garnisseurs en cuivre.	7 fr. —	—	60 heures.	10	M.2	
666	Incrusteurs de cuivre.	8 fr. —	—	—	10	M.2	—A la pièce.

2ᵉ SECTION

Chapitre V

NUMÉROS DU RÉPERTOIRE ALPHABÉTIQUE	PROFESSIONS	MOYENNE DES SALAIRES	DURÉE DE L'APPRENTISSAGE	DÉLAI-CONGÉ	MOYENNE DES HEURES DE TRAVAIL	JURIDICTION	OBSERVATIONS
	PLOMB						
577	Fondeurs en plomb.	9 fr. 25 par jour.	3 ans.	Néant.	10	B. 2	—Chômage mai, juin et juillet.
952	Plomb de chasse.	6 fr. —	Aides.	60 heures.	10	M. 1	
953	Fabricants de plomb laminé, saumons, tuyaux.	7 fr. —	3 ans.	—	10	—	
1174	Tréfilerie en plomb.	7 fr. —	—	6 jours.	10	—	
1183	Tuyaux en plomb.	8 fr. —	—	—	10	—	
25	Ajusteurs de plomb pour la canalisation.	7 fr. par jour ou 0 fr. 70 l'heure.	3 ans aides 0 fr. 50 l'h.	Néant.	10	B. 1	
28	Ajusteurs de plomb pour le bâtiment.	7 fr. 50 par jour.	—	—	10	B. 2	—Chômage en hiver.

Chapitre VI

NUMÉROS DU RÉPERTOIRE ALPHABÉTIQUE	PROFESSIONS	MOYENNE DES SALAIRES	DURÉE DE L'APPRENTISSAGE	DÉLAI-CONGÉ	MOYENNE DES HEURES DE TRAVAIL	JURIDICTION	OBSERVATIONS
	ÉTAIN						
532	Etain à étamer.	7 fr. par jour.	3 ans.	60 heures.	10	M. 1	
347	Fabricants de comptoirs en étain.	8 fr. —	—	—	10	—	
1037	Fabricants de robinets en étain.	7 fr. 50 —	—	6 jours.	10	—	
402	Cuilléristes en étain.	8 fr. —	—	—	10	M. 2	—Travail à la pièce et à la journée.
990	Potiers d'étain.	8 fr. —	—	—	10	—	—Travail à la pièce.
534	Etameurs.	6 fr. —	—	60 heures.	10	—	
551	Fer étamé.	6 fr. —	—	—	10	M. 4	
533	Etain pour glace.	6 à 8 fr. par jour.	—	Huitaine.	10	P. 4	

Chapitre VII

NUMÉROS DU RÉPERTOIRE ALPHABÉTIQUE	PROFESSIONS	MOYENNE DES SALAIRES	DURÉE DE L'APPRENTISSAGE	DÉLAI-CONGÉ	MOYENNE DES HEURES DE TRAVAIL	JURIDICTION	OBSERVATIONS
	ZINC						
577	Fondeurs pour zingage.	9 fr. 25 par jour.	3 ans.	Néant.	10	B. 2	—Chômage en hiver.
1215	Zingueurs.	8 fr. —	—	6 jours.	10	M. 4	
1183	Fabricants de tuyaux.	8 fr. —	—	—	10	M. 1	
530	Estampeurs sur zinc.	6 fr. 50 —	—	60 heures.	10	M. 4	
463	Doreurs sur zinc.	7 fr. —	—	—	10	—	
91	Fabricants de baignoires.	7 fr. —	—	6 jours.	10	—	
28	Ajusteurs pour zingage.	7 fr. 50 —	3 ans aides 0 fr. 50 l'h.	Néant.	10	B. 2	—Chômage en hiver.

3ᵉ SECTION

Chapitre VIII

NUMÉROS DU RÉPERTOIRE ALPHABÉTIQUE	PROFESSIONS	MOYENNE DES SALAIRES	DURÉE DE L'APPRENTISSAGE	DÉLAI-CONGÉ	MOYENNE DES HEURES DE TRAVAIL	JURIDICTION	OBSERVATIONS
	OR, ARGENT, PLATINE, MÉTAUX PRÉCIEUX						
576	Fondeurs en or, argent et platine.	8 fr. par jour.	3 ans.	6 jours.	10	M. 2	
41	Aluminium.	7 fr. —	—	—	10	M. 4	
40	Fabricants d'objets en aluminium	6 fr. —	2 ans.	—	10	P. 1	
1175	Tréfileurs en or et argent.	8 fr. —	3 ans.	60 heures.	10	M. 2	
467	Fabricants de doublé.	6 fr. 50 —	—	—	10	—	
850	Orfèvres.	8 fr. —	—	—	10	—	—Trav. aussi à la pièce
945	Fabricants de plaqué.	7 fr. —	—	—	10	—	
947	Fabricants de platine et d'objets en platine.	8 fr. —	—	—	10	—	
948	Platineurs armuriers.	8 fr. —	—	—	10	M. 5	
943	Planeurs en orfèvrerie, joaillerie et plaqué.	8 fr. —	—	6 jours.	10	M. 2	
969	Polisseurs en orfèvrerie et bijouterie.	8 fr. 50 —	1 an.	—	10	—	
1023	Reperceurs en or, argent.	7 fr. 50 —	3 ans.	—	10	—	
1028	Repousseurs.	8 fr. 50 —	—	Huitaine.	10	—	
1074	Sculpteurs pour orfèvrerie, joaillerie et bijouterie.	12 à 15 fr. par jour.	4 à 5 ans.	Huitaine.	10	—	
108	Batteurs d'or, d'argent, etc.	7 fr. par jour.	3 ans.	6 jours.	10	—	
792	Modeleurs pour orfèvres, joailliers et bijoutiers.	8 fr. —	—	60 heures.	10	—	
726	Fabricants de livrets de batteurs d'or, d'argent, etc.	6, 7 et 8 fr. par jour.	—	Néant. 60 heures.	10	P. 3	
683	Joailliers en fin et en faux.	7 fr. 50 par jour.	—	—	10	M. 2	
666	Incrusteurs d'or et d'argent.	8 fr. —	—	—	10	—	
606	Garnisseurs en or et en argent.	7 fr. —	—	—	10	—	—Travail à la pièce.
799	Fabricants de molettes pour tourneurs en or et en argent.	7 fr. 50 —	—	6 jours.	10	—	
1168	Tourneurs sur or et argent.	8 fr. 50 —	—	60 heures.	10	—	
425	Découpeurs.	Hommes 7 fr., femmes 4 fr.	—	—	10	—	
540	Etireurs d'or, d'argent, etc.	7 fr. par jour.	—	—	10	—	
528	Estampeurs.	7 fr. —	—	—	10	—	

Numéros du répertoire alphabétique	Professions	Moyenne des salaires	Durée de l'apprentissage	Délai-congé	Moyenne des heures de travail	Juridiction	Observations
	Or, Argent, Platine, Métaux précieux *(Suite)* :						
456	Dessinateurs pour orfévres, joailliers, bijoutiers.	250 à 400 fr. par mois.	3 à 5 ans.	1 mois.	10	M. 2	
1108	Fab. de suspensions, doreurs.	7 fr. 50 par jour.	3 ans.	6 jours.	10	M. 4	
416	Bijoutiers en fin et en faux.	8 fr. —	—	—	10	M. 2	
268	Fabricants de chaines en or, argent, etc.	8 fr. 50 —	—	—	10	—	
386	Fabricants de couverts.	7 fr. —	—	60 heures.	10	—	—Travail à la tâche et à la journée.
402	Cuilleristes en or, vermeil, maillechort et argent.	8 fr. —	—	—	10	—	
465	Doreurs et argenteurs.	7 fr. —	—	—	10	—	
	CHAPITRE IX — **BRONZE**						
190	Fabricants de bronze.	7 fr. 50 —	3 ans.	6 jours.	10	M. 4	—Chôm. en juin et juil.
326	Fondeurs de cloches.	9 fr. —	—	60 heures.	10	M. 1	
572	Fondeurs de bronze.	8 fr. —	—	—	10	M. 4	
228	Canonniers en bronze.	8 fr. —	—	6 jours.	10	M. 5	
816	Mouleurs.	8 fr. —	—	60 heures.	10	—	
789	Modeleurs pour bronze.	7 fr. —	—	—	10	M. 4	
942	Planeurs.	7 fr. —	—	—	10	—	
974	Polisseurs.	8 fr. 50 —	2 ans.	6 jours.	10	—	
321	Ciseleurs sur bronze.	8 fr. —	4 ans.	60 heures.	10	—	
454	Dessinateurs pour bronze.	250 à 350 fr. par mois.	3 à 5 ans.	1 mois.	10	—	
1072	Sculpteurs pour bronze.	12 à 15 fr. par jour.	4 à 5 ans.	Huitaine.	10	—	
61	Appareils divers en bronze.	7 fr. par jour.	3 ans.	6 jours.	10	M. 1	
24	Ajusteurs de bronze.	7 fr. —	—	—	10	M. 4	
	4e SECTION — CHAPITRE X — **PRÉPARATEURS AFFINEURS ET APPRÊTEURS DE MÉTAUX**						
15	Affineurs.	6 fr. par jour.	4 ans.	6 jours.	10	M. 2	
71	Apprêteurs de métaux.	7 fr. —	3 ans.	—	10	M. 1	
108	Batteurs de métaux.	7 fr. —	—	—	10	M. 2	
197	Brunisseurs.	6 fr. —	2 ans.	—	10	—	
26	Ajusteurs.	8 fr. —	3 ans.	—	10	M. 1	
416	Damasquineurs.	8 fr. —	—	60 heures.	10	M. 5	
502	Emailleurs sur métaux.	7 fr. —	—	—	10	M. 2	
530	Estampeurs.	6 fr. 50 —	—	—	10	M. 4	—Voir usages spéciaux au répertoire alphabétique.
541	Etireurs.	7 fr. —	—	—	10	M. 1	
589	Fourbisseurs.	7 fr. 50 —	—	—	10	M. 5	
649	Guillocheurs.	7 fr. 50 —	—	—	10	M. 2	
776	Metteurs en œuvre.	7 fr. —	—	—	10	—	
942	Planeurs en métaux.	7 fr. —	—	—	10	M. 4	
1026	Reperceurs.	7 fr. —	—	6 jours.	10	M. 1	
1028	Repousseurs.	8 fr. 50 —	—	—	10	M. 2	
1087	Sertisseurs.	7 fr. 50 —	—	—	10	M. 4	
1116	Taillandiers.	8 fr. —	—	—	10	M. 1	
1154	Tôliers.	7 fr. 50 —	—	—	10	—	
1162	Tourneurs.	7 fr. —	—	—	10	M. 5	
1199	Vernisseurs.	7 à 8 fr. par jour.	2 ans.	Huitaine.	10	P. 5	
	CHAPITRE XI — **CHAUDRONNERIE FERBLANTERIE ET TÔLIERS**						
552	Fer blanc.	6 fr. 50 par jour.	3 ans.	60 heures.	10	M. 4	
554	Fabricants de fer battu.	6 fr. —	—	—	10	—	
553	Fabricants de ferblanterie.	7 fr. —	—	—	10	—	
410	Cuves et foudres.	7 fr. —	—	—	10	M. 6	
293	Chaudronniers.	7 fr. —	3 ans aides 0 fr. 40 l'h.	—	10	M. 1	
53	Appareils d'arrosage.	7 fr. —	3 ans.	—	10	—	—Chôm. nov., décemb.
56	Appareils de distillation.	7 fr. —	—	—	10	—	—Chôm. janv., février.
57	Appareils d'éclairage.	7 fr. 50 —	—	6 jours.	10	—	
696	Lampisterie.	6 fr. 50 —	—	60 heures.	10	M. 4	—Chôm. mai, juin, juil.
690	Fabricants de lanternes de voitures et autres.	6 fr. 50 —	—	—	10	M. 4	
55	Appareils de chauffage.	7 fr. —	—	6 jours.	10	M. 1	—Chôm. juin, juil., août
586	Fourneaux.	7 fr. 50 —	—	—	10	—	
441	Fabricants de boîtes à conserves.	6 fr. 50 —	Néant.	—	10	M. 4	
66	Appareils réfrigérants en métal.	7 fr. —	3 ans.	—	10	M. 1	—Chômage en hiver.

NUMÉROS DE RÉPERTOIRE ALPHABÉTIQUE	PROFESSIONS	MOYENNE DES SALAIRES	DURÉE DE L'APPRENTISSAGE	DÉLAI-CONGÉ	MOYENNE DES HEURES DE TRAVAIL	JURIDICTION	OBSERVATIONS
	Chaudronnerie, Ferblanterie et Tôlerie *(Suite)* :						
63	Appareils à laver.	6 fr. 50 par jour.	3 ans.	6 jours.	10	M.5	—Chômage en hiver.
62	Appareils d'hydrothérapie.	7 fr. 50 —	—	—	10	M.1	— —
58	Appareils à eaux gazeuses.	6 fr. 50 —	—	—	10	—	
30	Fabricants d'alambics.	7 fr. —	—	60 heures.	10	—	—Chômage en été.
77	Armes de théâtre.	8 fr. 50 —	—	6 jours.	10	M.5	
463	Doreurs sur ferblanterie.	7 fr. —	—	60 heures.	10	M.4	—Chômage en été.
613	Fabricants de gazogènes.	Tôliers 7 fr. 50, mécan. 8 fr.	—	6 jours.	10	M.1	
582	Fabricants de forges portatives.	6 fr. par jour.	—	60 heures.	10	—	
65	Appareils plongeurs et d'incendie.	8 fr.	—	6 jours.	10	—	
	5e SECTION						
	CHAPITRE XII						
	MÉCANICIENS						
757	Mécaniciens.	8 fr. par jour.	3 ans.	60 heures.	10	M.1	
735	Machinistes pour toute industrie.	8 fr. —	—	—	10	—	
734	Constructeurs de machines.	8 fr. —	—	—	10	—	
733	Construct. de machines à coudre.	8 fr. —	—	—	10	—	
356	Constructeurs de navires en fer.	7 fr. —	—	—	10	—	
301	Constructeurs de chemins de fer.	Mécaniciens, monteurs 8 fr.	—	—	10	—	
1189	Constructeurs de ventilateurs.	7 fr. par jour.	—	6 jours.	10	—	
977	Construct. de pompes à incendie.	7 fr. 50 —	—	—	10	—	
978	Construct. de pompes en métal.	7 fr. 50 —	—	—	10	—	—Chômage en hiver.
1187	Constr. vélocipèdes, automobiles.	8 fr. —	—	60 heures.	10	—	
1212	Constructeurs de wagons et tramways.	Mécaniciens, 0 fr. 80 l'h., serruriers, 8 fr. par jour.	—	6 jours.	10	—	
245	Mécaniciens en carrosserie.	7 fr. 50 par jour.	—	—	10	—	
94	Constructeurs de balayeuses et autres appareils mécaniques.	7 fr. par jour.	—	—	10	—	
561	Forgerons.	7 fr. —	—	60 heures.	10	—	
63	Fabricants d'appareils à laver.	6 fr. 50 —	3 ans.	huitaine	10	M.5	—Chômage en hiver.
54	Fabric. d'appareils d'arrosage.	7 fr. —	—	60 heures.	10	M.1	
804	Monteurs.	8 fr. —	—	Néant.	10	B.1	
29	Ajusteurs.	7 fr. 50 —	—	6 jours.	10	M.5	
1162	Tourneurs.	7 fr. —	—	—	10	M.5	
23	Ajusteurs de balanciers.	8 fr. —	—	—	10	M.1	
452	Dessinateurs.	250 à 300 fr. par mois.	3 à 5 ans d'école.	1 mois.	10	M.1	
787	Modeleurs.	7 fr. par jour.	3 ans.	60 heures.	10	—	
1070	Sculpteurs en mécanique.	10 à 12 fr. par jour.	3 à 5 ans.	—	10	—	
	CHAPITRE XIII						
	OUTILLAGE EN FER ET AUTRES MÉTAUX						
860	Fabricants d'outils en fer et acier.	7 fr. 50 par jour.	3 ans.	60 heures.	10	M.1	
64	Fab. d'appareils de perforation.	8 fr. par jour.	—	—	10	—	
506	Fabricants d'enclumes.	7 fr. —	—	—	10	—	
537	Fabricants d'étaux.	6 à 8 fr. par jour.	—	—	10	—	
553	Fabricants de filières et tarauds.	6 fr. 50 par jour.	—	—	10	—	
564	Filigranistes.	7 fr. par jour.	—	—	10	M.2	
965	Fabricants pointes et poinçons.	6 fr. —	2 ans aides.	6 jours.	10	M.1	
1205	Vis à bois en fer et en cuivre.	7 fr. —	3 ans.	—	10	M.1	
198	Fabricants de brunissoirs.	7 fr. 50 —	—	—	10	M.2	
1016	Taillandiers.	8 fr. —	—	—	10	M.1	—Assimilés aux forgerons.
673	Fab. d'instruments aratoires.	6 fr. 50 —	—	60 heures.	10	—	
1062	Fabricants de scies.	7 fr. 50 —	—	6 jours.	10	—	
582	Fabricants de forges portatives.	6 fr. —	—	60 heures.	10	—	
328	Cloutiers.	6 fr. —	2 ans.	—	10	—	
399	Fabricants de crics.	7 fr. —	3 ans.	—	10	—	
	CHAPITRE XIV						
	PETITE MÉCANIQUE						
656	Horlogers.	7 fr. 50 par jour.	3 ans.	60 heures.	10	M.3	
486	Fab. d'échappements de pendules.	7 fr. par jour.	—	—	10	—	
913	Fab. pendules portat. et autres.	7 fr. 50 par jour.	—	—	10	—	
933	Fab. de pignons de pendules.	8 fr. par jour.	—	—	10	—	—Assimilés aux fabricants d'instruments de précision.
1015	Régleurs de montres.	180 à 200 fr. par mois.	—	1 mois.	11	—	
1032	Fab. de ressorts de montres.	6 fr. par jour.	2 ans aides.	6 jours.	10	—	
1036	Rhabilleur de boîtes d'horlogerie.	7 fr. —	3 ans.	—	10	—	
1190	Fabricants de verges.	7 fr. 50 —	—	60 heures.	10	—	
1191	Vergetiers.	7 fr. 50 —	—	6 jours.	10	M.6	
21	Fabricants d'aiguilles de montres.	6 fr. —	4 ans.	—	10	M.3	
93	Balanciers.	8 fr. —	3 ans.	—	10	—	
144	Fabricants de boîtes de pendules.	7 fr. —	—	—	10	—	
209	Cadrans.	7 fr. 50 —	—	—	10	—	
242	Fab. de carrés et clefs de montres.	6 fr. —	Néant.	—	10	—	—A la pièce.

NUMÉROS DU RÉPERTOIRE ALPHABÉTIQUE	PROFESSIONS	MOYENNE DES SALAIRES	DURÉE DE L'APPRENTISSAGE	DÉLAI-CONGÉ	MOYENNE DES HEURES DE TRAVAIL	JURIDICTION	OBSERVATIONS
	Petite mécanique (*Suite*) :						
243	Fabricants de carrés de montres.	6 fr. par jour.	Néant.	6 jours.	10	M. 3	—Travail à la pièce.
323	Clefs de montres, de pendules, clefs anglaises, à molettes, etc.	5 fr. —	—	60 heures.	10	—	
455	Dessinateurs pour l'horlogerie et la petite mécanique.	250 fr. par mois.	3 à 5 ans.	1 mois.	10	—	
674	Instruments de chirurgie.	7 fr. par jour.	3 ans.	60 heures.	10	M. 5	
676	Instruments d'optique.	7 fr. 50 —	—	—	10	M. 3	
678	Instruments pour les sciences.	8 fr. —	—	—	10	—	
727	Lorgnettes de spectacle et autres.	7 fr. 50 —	—	—	10	—	
728	Lunettiers.	7 fr. —	—	—	10	—	
729	Fabricants de lustres.	6 fr. 50 —	—	—	10	M. 4	—Chômage en mai, juin, juillet.
733	Fabricants de machines à coudre.	8 fr. —	—	—	10	M. 3	
773	Fabricants de métiers.	7 fr. —	—	—	10	M. 1	
791	Modeleurs pet. mécan. et horlog.	8 fr. —	—	—	10	M. 3	
819	Mouleurs en plâtre pour bijouter.	8 fr. —	—	—	10	M. 2	
800	Monteurs de boîtes d'horlogerie et petite mécanique.	7 fr. —	—	—	10	M. 3	
970	Polisseurs en pendules.	8 fr. 50 —	2 ans.	6 jours.	10	M. 3	
1069	Sculpteurs en instruments de chirurgie et petite mécanique.	10 à 12 fr. par jour.	4 à 5 ans.	Huitaine.	10	M. 5	—Travail à la pièce.
1073	Sculpteurs pour horlogerie, optique, instruments de précision.	12 à 15 fr. par jour.	—	—	10	M. 3	
1135	Fab. d'appareils télégraphe, téléphone, phonogr. et cinématogr.	8 fr. 50 par jour.	3 ans.	6 jours.	10	—	
1139	Fabricants de thermomètres.	8 fr. par jour.	—	—	10	—	
—	Fabricants d'aéromètres.	8 fr. —	4 ans.	—	10	—	
102	Fabricants de baromètres.	8 fr. 50 —	3 ans.	—	10	—	
474	Fabricants de dynamomètres.	8 fr. —	—	60 heures.	10	—	
59	Fabricants appareils électriques.	8 fr. 50 —	—	6 jours.	10	—	
61	Appareils de graissage.	7 fr. —	—	—	10	M. 1	
62	Appareils d'hydrothérapie.	7 fr. 50 —	—	—	10	—	
65	Appareils de plongeurs.	8 fr. —	—	—	10	—	
66	Appareils réfrigérants.	7 fr. —	—	—	10	—	
118	Bijoutiers, polisseurs en instrum.	9 fr. —	—	—	10	M. 5	—Chômage en novembre et décembre.
142	Fabricants de boîtes à musique.	7 fr. —	—	Néant.	10	M. 3	
143	Boîtes de mathématiques.	7 fr. —	—	—	10	—	
322	Ciseleurs.	8 fr. —	4 ans.	60 heures.	10	M. 5	
273	Fabricants de chalumeaux.	7 fr. —	3 ans.	6 jours.	10	M. 4	
677-343	Fabricants de compas et d'instruments de précision.	8 fr. —	—	60 heures.	10	M. 3	
346	Fabricants de compteurs à eau, gaz et électricité.	7 fr. —	—	—	10	—	
304	Fab. de chevaux mécaniques.	7 fr. —	—	—	10	M. 1	
724	Fab. lits et fauteuils mécaniques.	6 fr. 50 —	—	—	10	—	
61	Fabricants de graisseurs, appareils de graissage.	7 fr. —	—	6 jours.	10	—	—Ajusteurs et tourneurs.
	CHAPITRE XV **QUINCAILLERIE**						
112	Fabricants de berceaux en fer.	6 fr. 50 par jour.	3 ans.	6 jours.	10	M. 1	—Travail à tâche.
283	Fabricants de charnières.	6 fr. 50 par jour.	—	—	10	—	—
518	Epingliers.	5 fr. par jour.	—	60 heures.	10	—	
554	Fabricants de ferrures.	0 fr. 75 l'heure.	—	Néant.	10	B. 1	
1005	Fab. quincaillerie en tous genres.	7 fr. 50 par jour.	—	6 jours.	10	M. 5	
1151	Fabricants de toiles métalliques.	7 fr. par jour.	—	—	10	M. 1	—Travail à la pièce et à la journée.
1205	Fabricants de vis à bois.	7 fr. —	—	—	10	—	
327	Fab. de clôtures métalliques.	6 fr. —	2 ans.	60 heures.	10	—	
211	Fabricants de cafetières.	8 fr. —	3 ans.	6 jours.	10	M. 4	
55	Fab. d'appareils de chauffage.	7 fr. —	—	—	10	M. 1	
295	Fabricants de chaufferettes.	5 fr. 50 —	3 ans aides.	60 heures.	10	M. 6	
363	Fabricants de coutellerie.	8 fr. —	3 ans.	—	10	M. 5	
386	Fab. couverts et services de table.	7 fr. —	—	—	10	M. 2	
440	Fabricants de dés à coudre.	6 fr. —	Petites mains.	—	10	M. 4	
328	Cloutiers de toutes espèces.	6 fr. —	2 ans.	—	10	M. 1	
959	Fabricants plumes métalliques.	6 fr. —	Petites mains, 3 fr.	6 jours.	10	M. 5	—Travail à la pièce et remises.
343	Fab. compas et articles similaires.	8 fr. —	3 ans.	60 heures.	10	M. 3	
345	Fab. de composteurs et lettres.	7 fr. —	2 ans.	—	10	N. 1	
983	Fabricants de porte-plume.						
17	Fabricants d'agrafes.	5 fr. —	4 ans petites mains.	6 jours.	10	M. 2	
20	Fabricants d'aiguilles.	6 fr. —	—	—	10	M. 1	
158	Fab. boucles fer, acier et divers.	6 fr. 50 —	2 ans.	—	10	—	
965	Pointes et poinçons.	6 fr. —	2 ans aides.	6 jours.	10	—	
139	Boissellerie métallique.	7 fr. —	2 ans.	—	10	—	
212	Fabricants de cages, souricières.	7 fr., aides, 3 fr.	3 ans aides.	Néant.	10	B. 3	
211	Châssis en fer, tôle et zinc.	0 fr. 75 l'heure.	3 ans.	—	10	B. 1	
398	Fabricants de cribles en métal.	6 fr. par jour.	Aides 3 ans.	60 heures.	10	M. 6	
544	Fab. d'étrilles en fer et en tôle.	6 fr. 50 —	3 ans.	—	10	M. 1	

INDUSTRIES DES PRODUITS CHIMIQUES, CAOUTCHOUC, CUIR, VERRE ET PRODUITS CÉRAMIQUES, CHAUFFAGE, ÉCLAIRAGE.

1ʳᵉ SECTION

CHAPITRE PREMIER
ACIDES, PRODUITS CHIMIQUES

NUMÉROS DU RÉPERTOIRE ALPHABÉTIQUE	PROFESSIONS	MOYENNE DES SALAIRES	DURÉE DE L'APPRENTISSAGE	DÉLAI-CONGÉ	MOYENNE DES HEURES DE TRAVAIL	JURIDICTION	OBSERVATIONS
4	Fabricants d'acides végétaux.	6 fr. 50 par jour.	2 ans.	6 jours.	10	P. 1	— Les élèves chimistes font un plus long apprentissage. La plupart sortent des écoles.
5	Fabricants d'acides minéraux.	6 fr. 50 —	—	—	10	—	
6	Fabricants d'acide muriatique (esprit de sel).	6 fr. 50 —	—	—	10	—	
7	Fabricants d'acide nitrique, eau forte, etc.	7 fr. —	—	—	10	—	
8	Fabricants d'acide sulfureux.	8 fr. —	—	—	10	M. 3	
11	— d'aéromètres.	8 fr. —	4 ans.	—	10	M. 1	
30	— d'alambics.	7 fr. —	3 ans.	60 heures.	10	P. 1	
32	— d'albumine.	6 fr., manœuvres, 4 fr.	2 ans aides.	6 jours.	10	P. 1	
33	— d'alcalis.	6 fr. par jour.	2 ans.	—	10	P. 2	
34	— d'alcools.	7 fr., aides, 5 fr.	—	—	10	P. 1	
35	— d'alizarine.	6 fr., aides, 4 fr.	—	—	10	—	
39	— d'alumine.	6 fr. par jour.	—	—	10	—	
40	— d'aluminium.	6 fr. —	—	—	10	—	
42	— d'alun.	6 fr. —	2 ans aides.	—	10	—	
43	— d'amadou.	6 fr. —	—	—	10	P. 2	
44	— d'amidon.	6 fr. —	—	—	10	P. 1	
45	— d'ammoniaque.	6 fr. —	—	—	10	—	
47	— d'amorces.	Hommes, 7 fr., femmes, 4 fr.	2 ans.	Huitaine.	10	—	
79	— d'aromates.	6 fr. 50 par jour.	—	—	10	—	
82	— d'arsenic.	7 fr., manœuvres, 5 fr.	3 ans aides.	—	10	—	
84	Artificiers.	8 fr., aides, 5 et 6 fr.	3 ans.	7 jours.	10	—	— Chômage en hiver.
86	Fabricants d'assiettes pour doreurs.	7 fr. par jour.	2 ans.	Huitaine.	10	—	
133	Fabricants de bleus divers.	6 fr. —	—	—	10	—	
163	— de boules de bleu.	6 fr. —	Aides 4 fr.	—	10	—	
329	— de bleu de cobalt.	5 à 7 fr. —	3 ans.	—	10	—	
150	— de borax (acide borique).	6 fr. —	2 ans.	—	10	—	
194	Broyeurs de couleurs.	6 fr.	Aides 2 ans.	—	10	—	
221	Fabricants raffineurs de camphre.	6 à 7 fr. —	2 ans.	—	10	—	
238	Fabricants de carmin, d'indigo et de cochenille, etc.	6 à 7 fr. —	3 ans.	—	10	—	
260	Fabricants de celluloïd.	6 à 7 fr. —	—	—	10	—	
261	— d'objets en celluloïd.	6 à 7 fr. —	—	—	10	—	— Chômage en mai, juin, juillet et août.
183	— de briquets chimiques, veilleuses, etc.	6 fr. —	Aides.	—	10	—	
184	Fabricants de briquettes et agglomérés combustibles.	6 fr. —	Aides.	—	10	—	
36	Allume-feux et produits résineux.	6 fr. —	2 ans.	6 jours.	10	—	
37	Allumettes chimiques.	7 fr. —	Petites mains 3 ans.	Néant.	10	—	
202	Fabric. de bûches économiques.	6 fr. —	Aides.	Huitaine.	10	—	
254	Fabricants de cascades chimiques	6 fr. —	2 ans.	—	10	—	
233	— de caramels.	6 fr. —	Petites mains 2 ans.	—	10	—	
126	— de blanc d'argent.	7 fr., manœuvres, 4 fr.	2 ans aides.	—	10	—	
127	— de blanc de céruse.	7 fr., manœuvres, 4 fr.	—	—	10	—	
128	— de blanc d'Espagne.	6 fr. par jour.	Aides 3 et 4 fr.	—	10	—	— Chômage en hiver.
129	— de blanc de Meudon.	6 fr. —	—	—	10	—	— —
130	— de blanc de zinc.	7 fr. —	2 ans aides 3 et 4 fr.	—	10	—	
174	— de brai.	6 fr. —	Aides.	—	10	—	— Chômage en été.
234	Carbonisateurs, distillation des bois.	5 à 6 fr. —	—	—	10	—	
262	Fabricants de cendres gravelées.	5 à 6 fr. —	Néant.	—	10	—	
770	Fabricants de sels de mercure et de chlorure.	6 à 7 fr. —	Aides 3 ans,	—	10	—	
726	Fab. de livrets de batteurs d'or.	6, 7 et 8 fr. par jour.	3 ans.	Néant.	10	P. 3	
722	Fabricants de litharge (oxyde de plomb).	6 fr. par jour.	2 ans.	Huitaine.	10	P. 1	
703	Laveurs de cendres.	5 fr. —	Néant.	—	10	—	
702	Fabricants de laudanum.	6 fr. —	3 ans (aides et élèves)	—	10	—	
701	Fabricants de laques.	6 fr. —	2 ans.	—	10	—	

NUMÉROS DU RÉPERTOIRE ALPHABÉTIQUE	PROFESSIONS	MOYENNE DES SALAIRES	DURÉE DE L'APPRENTISSAGE	DÉLAI-CONGÉ	MOYENNE DES HEURES DE TRAVAIL	JURIDICTION	OBSERVATIONS
681	Fabricants de jaune de chrome.	6 fr. par jour.	2 ans.	Huitaine.	10	P. 1	
671	Fabric. de produits insecticides.	5 à 6 fr.	Petites mains 3 fr.	—	10	—	
670	Fabricants d'indigo.	6 à 7 fr.	3 ans.	—	10	—	
603	— de garance.	6 fr.	—	—	10	—	
538	— d'éther.	5 à 7 fr.	3 ans aides 3 fr.	—	10	—	
526	— d'essences et aromates	6 à 8 fr.	—	—	10	—	
884	Parfumeurs.	6 fr.	2 et 3 ans.	—	10	—	
473	Droguistes.	5 à 7 fr.	3 et 5 ans élèves.	—	11	—	
—	Pharmaciens.	5 à 8 fr.	3 et 5 ans élèves p.	—	11	—	—Élèves, préparateurs et garçons de laboratoire ou de magasin; la plupart des élèves sont rémunérés. Les garçons de laboratoire ou de magasin sont des manœuvres qu'on emploie aussi à l'empaquetage et à la livraison des marchandises.
654	Herboristes.	5 à 6 fr.	3 ans élèves.	—		—	
411	Fabricants de cyanures.	6 à 7 fr.	2 ans.	—	10	—	
378	— de couperoses.	5 à 7 fr.	3 ans aides 3 fr.	—	10	—	
377	— de couleurs.	5 à 6 fr.	3 ans aides.	—	10	—	
315	— de cinabre (vermillon).	5 à 7 fr.	—	—	10	—	
308	— de chlorates de potasse.	5 à 6 fr.	2 ans aides.	—	10	—	
309	Fabricants de chlorures de chaux.	5 à 6 fr.	2 à 3 ans aides.	—	10	—	
311	— de chromates.	5 à 6 fr.	—	—	10	—	
336	— de colophane.	5 à 6 fr.	3 ans.	—	10	—	
1161	— de tournesols.	6 fr.	2 ans.	—	10	—	
1193	— de vernis.	6 fr.	3 ans.	—	10	—	
1192	— de vermillon.	6 fr.	—	—	10	—	
1201	— de vert de gris.	6 fr.	2 ans.	—	10	—	
1113	— de tablettes de couleur.	Hommes, 6 fr., femmes, 3 fr.	2 ans aides.	—	10	—	
1103	— de strontiane.	6 et 7 fr. par jour.	3 ans.	Néant.	10	—	
1105	— de substances tinctoriales.	6 à 7 fr., manœuvres, 4 fr.	3 ans aides 2 et 3 fr.	Huitaine.	10	—	
1097	Raffineurs de soufre.	6 à 7 fr., manœuvres, 4 fr. 50.	3 ans aides à 3 et 4 fr.	—	10	—	
1094	Fabricants de soude artificielle.	6 fr., manœuvres, 4 fr.	3 ans aides.	—	10	—	
1080	Raffineurs de sels.	6 fr. par jour.	2 ans aides.	—	10	—	
1081	Fabricants de sels divers.	6 fr.	—	—	10	—	
1053	— de salpêtre.	6 fr.	—	—	10	—	
1054	Salpêtriers.	6 fr.	—	—	10	—	
1043	Fabricants de rouge à polir (ocre rouge et émeri).	6 fr.	3 ans aides.	—	10	—	
1044	Fabricants de rouge de carthane.	6 fr.	—	—	10	—	
834	Naturalistes.	6 à 7 fr.	3 à 5 ans élèves.	Néant.	10	—	—Élèves peu ou pas rémunérés.
49	Fabricants de pièces d'anatomie.	0 fr. 75 l'heure.	Néant.	—	10	P. 3	
48	Ampastelleurs.	Hommes, 7 fr., femmes, 4 fr.	3 ans.	6 jours.	10	P. 1	
818	Mouleurs en cire.	7 à 8 fr. par jour.	4 ans élèves.	Huitaine.	10	—	
754	Fabricants de mastic.	5 à 6 fr.	2 ans.	—	10	—	
337	Coloration des bois.	5 à 7 fr.	3 ans.	—	10	—	
1031	Fabricants de résine et poix.	6 fr.	2 ans aides.	—	10	—	
1006	— de quinquina.	6 fr.	2 ans aides.	—	10	—	
1000	— de produits chimiques et pharmaceutiques.	6, 7 et 8 fr. par jour.	Aides, 4 fr., élèves, 4 et 5 ans.	—	10	—	
999	Fabricants de produits ammoniacaux.	6 fr. par jour.	2 ans.	—	10	—	
966	Fabricants de pois d'iris.	6 fr.	—	—	10	—	
967	Fab. de poix, résine et goudron.	6 fr.	2 ans aides.	—	10	—	
889	Préparateurs de pastels divers.	5 à 7 fr.	3 ans élèves.	—	10	—	
852	Fabricants d'outremer.	5 à 6 fr.	3 ans aides.	—	10	—	
848	— d'oléine.	5 à 6 fr.	3 ans aides à 4 fr.	—	10	—	
845	— d'ocres diverses pour la teinture.	5 à 6 fr.	3 ans aides à 3 fr.	—	10	—	
840	Fabricants de nitre.	6 fr.	3 ans aides.	—	10	—	
841	— de noir animal.	5 à 6 fr.	Néant.	—	10	—	
842	— de noir de fumée.	5 à 6 fr.	Néant (aides).	—	10	—	
756	— de matières animales.	5 à 6 fr.	Aides.	—	10	—	
628	— de graisse.	4 à 6 fr.	Néant.	—	10	—	
748	— de margarine.	4 à 6 fr.	Aides 3 et 4 fr.	—	10	P. 2	
657	— d'huile de toutes espèces.	6 fr.	2 ans aides.	—	10	P. 1	
658	Fabricants d'huiles minérales.	6 fr.	Néant.	—	10	—	—Les chefs de fabrication gagnent de 7 à 8 fr. par jour.
614	— de gélatine.	5 à 6 fr.	3 ans.	—	10	—	
615	— de gélatine alimentaire.	6 fr.	—	—	10	—	
366	Fabricants d'objets en corne.	6 fr. aux pièces.	—	—	10	—	
367	— de cornes à lanternes, peignes, etc.	6 fr. aux pièces.	—	—	10	—	
368	Aplatisseurs de cornes.	6 fr. aux pièces.	—	—	10	—	
482	Fabricants d'objets en écaille.	5 à 6 fr. par jour.	—	—	10	—	
483	Fondeurs d'écaille.	4 à 6 fr. par jour.	Aides 4 fr.	—	10	—	
1107	Fabricants de suifs en branches ou fondus.	6 fr., manœuvres, 4 fr.	2 ans aides 3 et 4 fr.	—	10	—	
1101	Fabricants de stéarine.	6 fr., manœuvres, 4 fr.	3 ans aides 4 fr.	—	10	—	
160	Fab. de bougies cire et autres.	6 fr. par jour.	2 ans aides.	—	10	—	—Les chefs de fabrication gagnent de 7 à 8 fr. par jour.
1061	Fabricants de schiste et huile de schiste.	6 fr. par jour.	—	—	10	—	

NUMÉROS DU RÉPERTOIRE ALPHABÉTIQUE	PROFESSIONS	MOYENNE DES SALAIRES	DURÉE DE L'APPRENTISSAGE	DÉLAI-CONGÉ	MOYENNE DES HEURES DE TRAVAIL	JURIDICTION	OBSERVATIONS
1060	Fabricants de savons de toutes espèces.	6 fr. par jour.	2 ans aides.	Huitaine.	10	P. 1	—Les chefs de fabrication gagnent un peu plus et ils ont un tant pour cent sur les produits fabriqués, dont ils sont d'ailleurs responsables.
1055	Préparateurs de sang coagulé pour engrais.	5 à 6 fr. —	Aides 4 fr.	—	10	—	
921	Fabricants et raffineurs, rectificateurs, épurateurs de pétrole.	5 à 6 fr. —	—	—	10	—	
316	Fabricants de cirage.	6 à 7 fr. —	2 ans aides à 4 fr.	—	10	—	
317	— de cire à cacheter.	7 fr. —	3 ans aides.	—	10	—	
318	— de cire à giberne.	7 fr. —	—	—	10	—	
319	Fabric. de cire jaune et blanche.	7 fr. —	—	—	10	P. 5	—1/2 chòmage en été, juin, juillet et août.
320	Cireurs de taffetas et de toile.	7 fr. —	—	—	10	P. 1	
611	Fabricants de gaz (ouvriers des usines à gaz).	De 4 à 7 fr. par jour.	3 ans aides à 4 fr.	—	10		
626	Fabricants de goudron.	4 à 5 fr. par jour.	Néant.	—	10		
512	— d'enduits hydrofuges.	0 fr. 75 l'heure.	Aides 4 fr.	—	10	—	
507	— d'encre de toutes sortes.	Hommes, 5 à 7 fr., femmes, 4 fr.	3 ans.	—	10		
508	Fabricants d'encre d'imprimerie.	5 à 7 fr. par jour.	—	—	10	—	
475	— d'eaux dentifrices.	4 à 6 fr. —	2 ans.	—	10	—	
476	— d'eau de javelle.	4 à 7 fr. —	Aides 4 fr.	—	10	—	
478	— d'eau de seltz et eaux gazeuses.	4 à 6 fr. —	Aides.	—	10	—	
479	Eaux filtrées.	4 à 6 fr. —	—	—	10	—	
480	Eaux minérales artificielles.	4 à 6 fr. —	—	—	10	—	
442	Fabricants de désinfectants.	5 à 6 fr. —	2 ans.	—	10	—	
441	— de désincrustants.	5 à 7 fr. —	3 ans aides.	—	10	—	
392	— de crayons et ardoises à écrire.	6 à 7 fr. —	Petites mains, 3 ans 3 fr.	—	10	—	
393	Fabricants de crayons de toutes sortes.	6 à 7 fr. —	—	—	10	—	
513	Fabricants d'engrais chimiques et de toutes sortes.	5 à 6 fr. —	Néant.	—	10	—	
1149	Fabricants de toiles et papiers cirés, gommés et vernis.	6 à 7 fr. —	2 ans.	—	10	P. 5	
1150	Fabricants de toiles et taffetas cirés, gommés et vernis, et toiles imperméables.	6 à 7 fr. —	—	—	10	P. 5	
1124	Fabricants et préparateurs de tampons pour impressions.	7 fr. —	3 ans.	—	10	P. 1	
1115	Fabricants de taffetas gommé pour les vernis.	6 à 7 fr. —	2 ans.	—	10	P. 5	
1110	Fabricants de tabacs.	6 fr. —	Pet. mains 2 et 3 fr.	Néant.	10	P. 1	
856	Casseurs d'os et fondeurs de suif.	5 à 6 fr. —	Aides.	Huitaine.	10	—	
162	Fabricants de boules d'acier.	6 fr. —	—	—	10	—	
457	Dessuinteurs de laine.	5 et 6 fr. —	2 ans aides 4 fr.	—	10	—	
434	Dégraisseurs pr les produits chim.	4 à 5 fr. —	Néant.	—	10	—	
458	Détacheurs.	Hommes, 6 et 7 fr., fem., 4 fr.	3 ans.	—	10	—	
461	Distillateurs.	4 à 7 fr. par jour.	Aides 4 fr.	—	10	P. 2	
477	Fabricants d'eaux-de-vie, distillateurs de rhum.	5 à 7 fr. —	Néant.	—	10	—	
195	Brûleries.	7 fr. —	Aides 4 fr.	—	10	—	—Chòmage en janvier, février et mars.
96	Epurateurs de blanc de baleine.	0 fr. 50 l'heure.	2 ans.	—	10	P. 1	
97	Appréteurs et fondeurs de fanons de baleine.	0 fr. 60 l'heure.	3 ans.	—	10	—	
992	Fabricants de poudres diverses pour la droguerie et les arts.	6 fr. par jour.	3 ans aides.	—	10	—	
993	Fabricants de poudrette.	4 à 5 fr. —	Néant.	Néant.	10	—	
991	Fabricants de poudre de chasse et de guerre.	6 fr. —	3 ans aides.	—	10	—	—Chòm. au printemps.

CHAPITRE II
LE CAOUTCHOUC

NUMÉROS DU RÉPERTOIRE ALPHABÉTIQUE	PROFESSIONS	MOYENNE DES SALAIRES	DURÉE DE L'APPRENTISSAGE	DÉLAI-CONGÉ	MOYENNE DES HEURES DE TRAVAIL	JURIDICTION	OBSERVATIONS
229	Fabricants de caoutchouc.	6 à 7 fr. par jour..	3 ans aides 3 et 4 fr.	Huitaine.	10	P. 1	—Préparateurs et premiers ouvriers généralement intéressés.
230	— d'objets en caoutchouc	6 à 7 fr. —	3 ans.	—	10	—	
652	— de gutta-percha et objets en gutta-percha.	5 à 6 fr. —	Aides 3 et 4 fr.	—	10	—	
98	Balles et ballons en caoutchouc et autres.	0 fr. 50 de l'heure.	2 ans.	6 jours.	10	—	
104	Fabricants de bas élastiques.	7 fr. par jour.	—	Huitaine.	10	—	
498	— d'élastiques.	5 à 6 fr. —	—	—	10	—	
624	— de gomme élastique.	5 à 6 fr., aides 3 et 4 fr.	Néant.	—	10	—	
625	Gommeurs d'étoffe.	5 à 6 fr., aides 3 et 4 fr.	—	—	10	P. 1	
1142	Fab. de timbres en caoutchouc.	7 fr., aides 4 fr.	3 ans.	—	10	P. 1	
1147	Fabricants de tissus imperméables, caoutchoutés et autres.	6 fr., aides 4 fr.	2 ans.	—	10	P. 5	
1195	Vernisseurs sur caoutchouc.	7 fr. par jour.	3 ans.	—	10	P. 5	
1150	Toiles imperméabilisées.	6 à 7 fr. par jour.	2 ans.	—	10	—	
1149	Toiles gommées.	6 à 7 fr. par jour.	—	—	10	—	

NUMÉROS DU RÉPERTOIRE ALPHABÉTIQUE	PROFESSIONS	MOYENNE DES SALAIRES	DURÉE DE L'APPRENTISSAGE	DÉLAI-CONGÉ	MOYENNE DES HEURES DE TRAVAIL	JURIDICTION	OBSERVATIONS
	2e SECTION						
	CHAPITRE III						
	TRAVAIL DES CUIRS ET PEAUX						
406	Cuirs et peaux.	6 fr., au mois et à la pièce.	Néant, aides.	Huitaine.	10	P. 5	— A la journée ou à la tâche.
407	Fabricants de cuirs vernis.	8 à 10 fr. par jour.	2 ans.	Néant.	10	—	
405	Repousseurs de cuirs en relief.	7 à 10 fr. —	3 ans aides.	Huitaine.	10	—	
404	Fabricants de cuirs à rasoir.	0 fr. 60 et 0 fr. 70 l'heure.	3 ans.	—	10	T. 3	
403	Fabricants de cuirs factices.	5 à 7 fr. par jour (à la pièce).	2 ans.	Néant.	10	P. 5	—Huit. de délai-congé pour les ouvriers à la journée.
759	Mégissiers.	6 fr. par jour (à la pièce).	—	—	10	—	
898	Peaussiers.	4 à 8 fr. par jour.	4 à 5 ans.	Huitaine.	10	—	
899	Scieurs de peaux tan. ou en tripes.	4 à 8 fr. (à la pièce).	4 à 5 ans aides.	Néant.	10	—	
1125	Tan.	6 fr. par jour.	Aides.	—	10	—	
1126	Tanneurs.	6 fr. —	2 ans.	—	10	—	
490	Ecorce à tan.	4 à 5 fr. —	Néant.	—	10	—	
828	Fabricants de peaux de moutons.	6 fr. —	2 ans.	—	10	—	
749	Fabricants de maroquins.	5 à 7 fr. —	Aides.	—	10	—	
750	Fab. d'objets en maroquinerie.	0 fr. 60 à 0 fr. 70 l'heure.	3 ans aides.	6, 12 ou 24 jours.	10	T. 3	—Suivant mode de paiement.
655	Hongroyeurs.	7 fr. par jour.	2 ans.	Néant.	10	P. 5	— Travail commencé doit être achevé sous peine de dommages-intérêts ; ouvriers responsables des manquants. Chômage à différentes époques de l'année.
370	Corroyeurs.	7 à 8 fr. (aux pièces).	—	—	11	—	
371	Corroyeurs-cheviers.	7 à 8 fr. (aux pièces).	—	—	11	—	
372	Corroyeurs et tanneurs.	6 à 7 fr. par jour.	2 ans aides.	—	11	—	
381	Fab. de courroies pour machines.	0 fr. 60 à 0 fr. 70 l'heure.	3 ans.	Huitaine.	10	T. 3	
274	Chamoiseurs.	6 fr. par jour.	Néant, aides.	Néant.	10	P. 5	
218	Cambreurs.	7 fr. —	2 ans.	—	10	—	
105	Fabricants de basanes.	6 fr. —	—	—	10	—	
302	Fabricants de cordes à boyaux.	6 à 7 fr. —	3 ans.	Huitaine.	10	—	
529	Estampeurs sur cuir.	6 à 8 fr. —	3 ans aides.	—	10	—	
466	Doreurs et argenteurs sur cuir.	5 fr. 50 —	Aides petites mains 3 et 4 fr.	—	10	—	
822	Mouleurs sur cuir.	6 à 8 fr. —	3 ans aides.	—	10	—	
1133	Teinturiers en peaux.	6 à 7 fr. —	2 ans.	Néant.	10	P. 4	
1196	Vernisseurs sur cuir.	8 à 10 fr. —	—	—	10	P. 5	
715	Fabricants de linoléum.	6 à 7 fr. —	Aides 4 et 3 fr.	Huitaine.	10	—	
109	Apprêteurs de baudruche.	6 fr., petites mains 4 fr.	2 ans aides.	—	10	—	
1181	Fabricants de tuyaux en cuir.	0 fr. 60 à 0 fr. 70 l'heure.	Aides 3 ans p. 4 fr.	—	10	T. 3	
259	Ceinturonniers.	6 et 7 fr. à tâche.	—	1 journée.	10	—	
153	Bottiers.	7 fr. par jour aux pièces.	3 ans.	6 jours.	10	—	
219	Cambruriers.	6 fr. —	—	Huitaine.	10	—	—A l'atelier seulement.
1140	Fabricants de tiges de bottes et bottines.	6 à 7 fr. —	—	—	10	—	—A l'atelier.
178	Fabricants de brides de sabots.	6 fr. —	2 ans.	—	10	T. 1	
1056	Fabricants de sangles en cuir.	6 à 7 fr. —	Aides.	—	10	—	
73	Fabricants d'arçons pour la sellerie et le harnais.	6 à 7 fr. —	3 ans.	6 jours.	10	T. 3	
335	Fabricants de colliers de chiens en cuir.	7 à 8 fr. —	—	6, 12 ou 24 jours.	10	—	—Suivant mode de paiement.
1079	Selliers harnacheurs.	0 fr. 60 l'heure.	—	1 mois.	10	—	
365	Cordonniers fabr. de chaussures.						
	3e SECTION						
	CHAPITRE IV						
	TRAVAIL DU VERRE						
1200	Verreries et verrotories.	6 à 8 fr. par jour.	3 ans aides.	Quinz.	9	P. 4	
—	Verriers.	6 à 8 fr. —	3 ans.	—	9	—	
1096	Souffleurs de verre, de perles.	10 fr. (très variable).	4 ans.	Huitaine.	9	—	
1209	Vitriers-coupeurs.	0 fr. 85 l'heure.	Aides 3 ans.	Néant.	10	B. 6	
1208	Ajusteurs de vitraux.	0 fr. 85 —	—	—	10	—	
—	Peintres de vitraux.	1 fr. —	4 ans aides.	—	10	—	
—	Poseurs de vitraux.	0 fr. 85 —	3 ans aides.	—	10	—	
439	Dépolisseurs de verre et biseauteurs.	6 à 10 fr. par jour.	3 ans.	Huitaine.	10	P. 4	
401	Fabricants de cristaux et verres.	6 à 8 fr. —	3 à 4 ans.	Quinz.	10	—	
169	Fabricants de bouteilles de verre	7 à 8 fr. —	3 ans.	—	10	—	— Quinzaine de délai-congé pour les ouvriers verriers seulement.
145	Bombeurs de verre.	6 à 8 fr. —	Aides 3 ans.	Huitaine.	10	—	
018	Fabricants de glaces.	5 à 7 fr. —	Aides.	—	10	—	
533	Fabricants d'étain pour glaces et miroiteries.	5 à 7 fr. —	3 ans.	—	10	—	
535	Etameurs et polisseurs de glaces et miroiteries.	6 à 8 fr. —	—	—	10	—	
623	Fabricants de globes et bombeurs de verres.	7 à 10 fr. —	Néant, aides.	—	10	—	

NUMÉROS DE RÉFÉRENCES ALPHABÉTIQUES	PROFESSIONS	MOYENNE DES SALAIRES	DURÉE DE L'APPRENTISSAGE	DÉLAI-CONGÉ	MOYENNE DES HEURES DE TRAVAIL	JURIDICTION	OBSERVATIONS
785	Miroitiers.	6 à 7 fr. par jour.	3 ans.	Huitaine.	10	P. 4	
1117	Tailleurs de cristaux et verres.	8 à 10 fr. —	4 ans.	—	10	—	
1184	Useurs sur verre.	7 fr. —	Aides 3 ans à 4 et 5 fr.	—	10	—	
910	Peintres sur verre.	5 à 8 fr. (aux pièces).	3 ans.	—	10	—	
421	Décorateurs sur verre.	8 à 10 fr. par jour.	3 à 5 ans.	Néant.	10	—	
795	Modeleurs en verre.	7 à 8 fr. —	3 ans.	Huitaine.	10	—	
450	Dessinateurs sur verre.	8 à 10 fr. —	Élèves 4 à 5 ans.	Néant.	10	—	
642	Graveurs sur verre et cristaux.	6 à 10 fr. —	3 à 5 ans.	—	10	—	
509	Fabricants d'encriers en verre.	5 à 7 fr. —	Néant, aides.	Huitaine.	10	—	
415	Fabricants de biberons en verre.	6 fr. —	2 ans aides.	—	10	—	
75	Argenteurs et doreurs sur verre.	7 fr. —	3 ans.	—	10	—	
155	Boucheurs et ajusteurs de flacons à l'émeri.	7 fr. —	2 ans et demi.	Néant.	10	—	
380	Fabricants de couronnes et ornements en verre.	Hommes, 6 fr., femmes, 4 fr. aux pièces.	2 ans aides.	Huitaine.	10	—	
876	Fabricants de papier de verre et d'émeri.	4 à 6 fr. par jour.	Aides.	—	10	—	
162	Fabricants de boules d'acier.	6 fr. —	—	—	10	P. 1	—Chômage en janvier et février.
210	Fabricants de cadres et moulures en miroiterie.	7 fr. —	2 ans.	—	10	P. 4	
1213	Fabricants d'yeux artificiels.	7 à 8 fr. —	3 ans.	—	10	—	

CHAPITRE V
PRODUITS CÉRAMIQUES, FAIENCE, PORCELAINE

NUMÉROS DE RÉFÉRENCES ALPHABÉTIQUES	PROFESSIONS	MOYENNE DES SALAIRES	DURÉE DE L'APPRENTISSAGE	DÉLAI-CONGÉ	MOYENNE DES HEURES DE TRAVAIL	JURIDICTION	OBSERVATIONS
548	Fabric. de faïence, terre et grès.	5 à 6 fr. par jour.	2 ans.	Huitaine.	10	P. 4	— Chômage en hiver.
979	Fabricants de porcelaine.	6 à 7 fr. —	3 ans.	—	10	—	
263	Céramistes.	6 à 7 fr. —	—	—	10	—	— Délai-congé peu appliqué.
988	Potiers.	6 à 7 fr. —	3 ans aides 4 fr.	—	10	—	
397	Fabricants de creusets.	5 à 7 fr. —	2 ans.	—	10	—	
1138	Préparateurs de terre de pipe.	6 fr., manœuvres, 4 fr.	Aides 2 ans.	Néant.	10	—	
930	Fabricants de pierres factices.	6 à 7 fr. par jour.	3 ans.	—	10	—	
645	Potiers en grès.	5 à 6 fr. —	2 ans.	Huitaine.	10	—	
168	Fabricants de bouteilles en grès.	5 à 6 fr. —	—	—	10	—	
962	Fabricants de poêle en faïence.	6 à 7 fr. —	3 ans aides 4 et 5 fr.	—	10	—	—Chômage en hiver.
1184	Useurs sur porcelaine et terre.	7 fr., aides 4 et 5 fr.	3 ans aides.	—	10	—	
910	Peintres sur porcelaine et terre.	De 6 à 8 fr. à la pièce.	Aides 3 ans 3 et 4 fr.	—	10	—	
642	Graveurs sur porcelaine et terre.	6 à 10 fr. par jour.	3 à 5 ans.	Néant.	10	—	
450	Dessinateurs.	8 à 10 fr. par jour.	Élèves sortant des écoles.	—	10	—	
380	Fabricants de couronnes en porcelaine et faïence.	Hommes, 6 fr., femmes, 4 fr.	2 ans petites mains.	Huitaine.	10	—	
447	Fabric. de bijouterie en faïence.	7 à 8 fr. par jour.	3 ans.	—	10	—	
75	Argenteurs sur porcelaine et céramique.	7 fr. —	3 ans.	—	10	—	
421	Décorateurs en porcelaine et céramique.	8 à 12 fr. —	3 à 5 ans.	Néant.	10	—	
795	Modeleurs en porcelaine et céramique.	7 à 8 fr. —	3 ans.	Huitaine.	10	—	

4e SECTION
CHAPITRE VI
PAPIER ET INDUSTRIES QUI LE TRANSFORMENT

Papier :

NUMÉROS DE RÉFÉRENCES ALPHABÉTIQUES	PROFESSIONS	MOYENNE DES SALAIRES	DURÉE DE L'APPRENTISSAGE	DÉLAI-CONGÉ	MOYENNE DES HEURES DE TRAVAIL	JURIDICTION	OBSERVATIONS
872	Fabricants de papiers.	4 à 6 fr. par jour.	Aides 3 et 3 fr. 50.	Huitaine.	10	P. 3	—Les femmes empl. et ouvrières gagnent de 3 à 4 fr. par jour.
873	— de papiers à cartons.	5 à 6 fr. —	Aides 3 et 4 fr.	—	10	P. 1	
874	— de papiers à cigarettes.	4 à 6 fr. —	Aides 3 fr. et 3 fr. 50.	—	10	P. 3	
875	— de papiers de fantaisie.	4 à 6 fr. —	Aides 3 fr. à 3 fr. 50.	—	10	—	
879	Fab. de papiers pour le décalcage.	5 à 7 fr., aides 3 à 4 fr.	2 ans aides.	—	10	—	
704	Laveurs et trieurs de chiffons pour la papeterie.	Hommes, 6 fr., femmes, 3 fr. 50.	1 an.	—	10	—	
495	Effilocheurs de chiffons.	Hommes, 4 à 5 fr., fem., 3 fr.	Néant.	—	10	P. 1	
432	Découpeurs en papiers.	Hommes, 5 à 6 fr., femmes, 3 à 4 fr.	Aides.	—	10	P. 3	
1051	Fabricants de sacs en papier.	Hommes, 5 à 7 fr., femmes, 3 à 4 fr., travail aux pièces.	Aides 1 an à 18 mois.	—	10	—	
515	Fabricants d'enveloppes en papier.	Hommes, 4 à 6 fr., femmes, 3 à 4 fr.	Pet. mains 2 et 3 fr.	—	10	—	—Travail fait surtout à la tâche.
619	Glaceurs de papiers.	6 fr. par jour.	2 ans.	—	10	—	
1058	Satineurs de papiers.	6 à 8 fr., aides, 4 et 3 fr.	3 ans aides.	—	10	—	
437	Dentellières en papeterie.	3 à 4 fr. 50 par jour.	2 ans petites mains.	—	10	—	
1039	Rogneurs de papiers.	7 fr. par jour.	—	—	10	—	
610	Gaufreurs de papiers.	5 à 7 fr. par jour.	2 ans.	—	10	—	
831	Estampeurs en papier.	6 à 7 fr. —	3 ans.	—	10	—	

NUMÉROS DU RÉPERTOIRE ALPHABÉTIQUE	PROFESSIONS	MOYENNE DES SALAIRES	DURÉE DE L'APPRENTISSAGE	DÉLAI-CONGÉ	MOYENNE DES HEURES DE TRAVAIL	JURIDICTION	OBSERVATIONS
877	Papiers goudronnés pour l'emballage.	Hommes 4 à 6 fr., femmes 3 à 4 fr.	Petites mains.	—	10	P. 5	
880	Papiers pour usages médicinaux.	5 à 6 fr. par jour.	2 ans.	—	10	P. 1	—Préparateurs, 7 fr. par jour.
	Carton :						
248	Fabricants de carton.	7 fr. par jour.	3 ans.	Huitaine.	10	P. 3	
249	Fabricants de carton-pâte.	7 fr. —	3 ans petites mains.	—	10	—	
250	Fabricants de carton pour toitures.	6 fr. —	Aides.	—	10	—	
251	Fabricants de cartonnages.	6 à 7 fr., aides 3 et 4 fr.	3 ans aides.	—	10	—	—Travail à la pièce et par entreprise.
247	Fabricants de cartes en feuilles.	5 à 6 fr. par jour.	3 ans.	—	10	—	
	Bordeurs de noir.	Hommes, 7 fr., femmes, 3 et 4 fr.	Néant.	—	10	—	
753	Fabricants de masques en carton.	Hommes, 6 à 7 fr., femmes, 3 à 4.	3 ans aides.	—	10	—	—Chômage en été.
49	Fabricants de pièces d'anatomie en carton.	0 fr. 75 l'heure.	Néant, aides 3 ans.	Néant.	10	—	
817	Mouleurs en carton.	Hommes 6 à 8 fr., femmes 3 à 5 fr. (à la pièce).	3 ans aides.	Huitaine.	10	—	
	Imprimeurs :						
662	Imprimeurs en taille-douce et musique.	Taille-douciers, 7 fr. par jour.	3 ans aides.	Néant.	10	P. 3	
664	Imprimeurs lithographes.	6 à 8 fr. par jour (à tâche).	3 ans.	—	10	—	
999	Metteurs en pages.	8 fr. par jour.	—	—	10	—	
999	Corrigeurs.	7 fr. —	—	—	10	—	
999	Conducteurs.	8 fr. —	—	—	10	—	
999	Margeurs.	5 fr. —	—	—	10	—	
999	Pointeurs.	6 fr. —	—	—	10	—	
999	Receveurs.	2 à 2 fr. 30 —	—	—	10	—	
999	Minervistes.	7 fr. —	—	—	10	—	
665	Imprimeurs typographes.	6 à 8 fr. par jour (à tâche).	—	—	10	—	
344	Compositeurs typographes.	7 fr. par jour (à tâche).	3 ans 1/2 à 4 ans.	—	10	—	
345	Fabricants de composteurs.	7 fr. —	2 ans.	60 heures.	10	M. 1	—Monteurs et aides.
494	Ecrivains lithographes.	7 à 10 fr. —	3 à 4 ans.	Néant.	10	P. 3	
87	Entrepreneurs d'autographies.	8 fr. —	3 ans.	—	10	—	
931	Préparateurs de pierres lithographiques.	5 à 6 fr. —	—	—	10	—	
570	Folioteurs en papeterie.	6 à 7 fr. —	3 ans.	Huitaine.	10	—	
539	Fabricants d'étiquettes.	6 fr. —	2 ans.	Néant.	10	—	
665	Protes d'imprimerie.	6 à 8 fr. —	Aides.	—	10	—	—Conventions particulières.
369	Correcteurs typographes.	6 à 8 fr. —	3 ans.	—	10	—	
	Graveurs :						
633	Graveurs de musique.	8 à 10 fr. —	4 à 5 ans.	—	10	—	
636	Graveurs en taille-douce.	8 à 9 fr. —	3 ans.	—	10	—	
637	Graveurs panicographes.	8 à 9 fr. —	—	—	10	—	
640	Graveurs sur bois.	7 à 10 fr. —	3 à 5 ans.	—	10	—	
645	Graveurs sur toute matière pour impression.	6 à 8 fr. —	3 ans.	—	10	—	
	Imagiers :						
714	Linographie.	6 à 7 fr. —	3 ans.	—	10	—	
659	Imagerie.	6 fr. —	2 ans.	—	10	—	
443	Dessinateurs.	7 à 8 fr. —	3 ans.	—	10	—	
358	Copies de musique.	6 à 8 fr. — (à la pièce).	2 à 3 ans.	—	10	—	
246	Fabricants de cartes à jouer.	6 à 7 fr. —	3 ans.	Huitaine.	10	—	—Délai-congé peu appliqué.
339	Coloristes-enlumineurs.	Hommes, 6 à 8 fr. à tâche, femmes, 3 et 4 fr.	3 à 5 ans.	Néant.	10	—	
1214	Zincographie.	7 à 8 fr. par jour.	3 ans.	Huitaine.	10	—	
723	Lithopeinture.	7 à 8 fr. —	3 à 5 ans.	Néant.	10	—	
745	Marbreurs en papiers.	6 à 7 fr. —	3 ans.	Huitaine.	10	—	
924	Photogravure.	6 à 8 fr. —	3 à 5 ans.	—	10	—	
925	Photolithographie.	6 à 8 fr. —	3 à 4 ans.	—	10	—	
926	Phototypie.	6 à 7 fr. —	2 ans.	—	10	—	
653	Héliographie.	7 à 8 fr. —	3 ans.	Huitaine.	10	—	
312	Chromolithographie,	0 fr. 50 à 1 fr. 10 l'heure.	—	Néant.	10	—	
13	Affiches peintes ou imprimées.	Dessinateurs, 10 à 12 fr. Tireurs, 6 à 8 fr.	4 à 5 ans. 3 ans.	—	10	—	
14	Afficheurs.	6 à 7 et 8 fr., à tâche.	Néant.	—	12	—	
324	Clicheurs-stéréotypeurs.	6 à 7 fr. par jour.	3 ans.	—	10	—	
264	Céramotypie.	6 à 7 fr. —	—	Huitaine.	10	P. 4	Délai-congé peu appliqué.
	Accessoires pour impressions :						
573	Fondeurs de caractères.	6 à 7 fr. —	3 ans.	Néant.	10	P. 3	
507	Fab. d'encre de toutes sortes.	5 à 7 fr. —	—	Huitaine.	10	P. 1	
508	Fab. d'encre d'imprimerie.	5 à 7 fr. —	—	—	10	—	
1124	Fab. tampons pour impressions.	7 fr. —	3 ans aides à 4 fr.	—	10	—	

NUMÉROS DU RÉPERTOIRE ALPHABÉTIQUE	PROFESSIONS	MOYENNE DES SALAIRES	DURÉE DE L'APPRENTISSAGE	DÉLAI-CONGÉ	MOYENNE DES HEURES DE TRAVAIL	JURIDICTION	OBSERVATIONS
	Brocheurs, relieurs :						
185	Brocheurs assembleurs.	7 fr. 70, femmes, 4 et 4 fr. 50.	3 ans.	Huitaine.	11	P. 3	—Le délai-congé existe depuis peu ; mais il est maintenant appliqué partout.
1017	Relieurs.	6 à 8 fr. par jour.	—	—	10	—	
1018	Fabricants de reliures diverses.	6 à 8 fr. —	—	—	10	—	
1171	Fab. de tranchefiles pour reliure.	7 fr. —	—	Néant.	10	—	
1014	Régleurs.	6 à 8 fr. —	—	Huitaine.	10	—	
1013	Fabricants de registres.	6 à 8 fr. —	—	—	10	—	
16	Fabricants d'agendas et albums.	7 fr. —	—	—	10	—	—Chômage en mars, avril et mai.
883	Parcheminiers.	5 à 6 fr. —	2 ans.	Néant.	10	P. 5	
	Photographes :						
922	Photographes.	De 6 à 8 fr. par jour.	3 à 4 ans (élèves).	Huitaine.	10	P. 3	—Chômage en hiver.
501	Emailleurs de photographie.	7 à 8 fr. par jour.	3 ans (élèves).	—	10	—	— —
	Papiers peints :						
878	Fabricants de papiers peints.	Conducteurs-tireurs, 7 fr. Margeurs-encreurs, 4 et 5 fr.	3 ans. / 2 ans.	Néant. / —	10	—	—Petits aides empl. et payés par les chefs ouvriers.
661	Imprimeurs en papiers peints.	6 à 8 fr. par jour.	—	—	10	—	
720	Lisseurs en papiers peints.	6 fr. —	1 an.	—	10	—	
609	Gaufreurs et frappeurs de papiers peints.	5 à 7 fr. —	3 ans.	—	10	—	
1059	Satineurs de papiers peints.	6 à 7 fr. —	—	—	10	—	
571	Fonceurs de papiers peints.	6 à 7 fr. —	—	—	10	—	
640	Graveurs sur bois et tous métaux pour papiers peints.	8 à 10 fr. —	3 à 5 ans.	—	10	—	
449	Dessinateurs en papiers peints.	8 à 12 fr. —	Sortant des écoles spéciales.	—	10	—	

5e SECTION

Chapitre VII

ÉCLAIRAGE

183	Fabricants de veilleuses.	Hommes, 6 fr., femmes, 3 fr.	Aides.	Huitaine.	10	P. 1	—Chômage en été.
37	Allumettes chimiques.	Hommes, 7 fr., femmes, 3 fr.	3 ans petites mains.	Néant.	10	—	
183	Fab. de briquets chimiques.	Hommes, 6 fr., femmes, 3 fr.	Aides.	Huitaine.	10	—	
758	Fabricants de mèches et veilleuses à mèche.	Hommes, 6 fr., femmes, 3 fr.	2 ans petites mains à 2 fr.	—	10	T. 1	
921	Raffineurs, rectificateurs, épurateurs de pétrole.	5 à 6 fr. par jonr.	Aides.	—	10	P. 1	—Chôm. juillet et août.
489	Entrepreneurs et ouvriers de l'éclairage au gaz et autres.	4 à 6 fr. —	Néant.	—	10	—	— —
611	Ouvriers des usines à gaz.	4 à 7 fr. —	3 ans aides à 3 et 4 fr.	—	11	—	— —
613	Fabricants de gazogènes.	Tôliers, 7 fr. 50, mécan., 8 fr.	3 ans.	6 jours.	10	M. 1	Gaz acétylène et autres
60	Poseurs d'appareils à gaz.	7 fr. 50 par jour.	—	—	10	B. 1	
25	Ajustrs pr la canalisation du gaz.	7 fr. par jr et 0 fr. 70 l'heure.	3 a. aides 0 fr. 50 l'b.	Néant.	10	—	
346	Fabricants de compteurs à gaz.	7 fr. par jour.	3 ans.	60 heures.	10	M. 3	
806	Montrs pr la canalisation du gaz.	0 fr. 70 l'heure.	3 a. aides 0 fr. 45 l'h.	Néant.	10	B. 1	—Chômage juin et juil.
955	Plombiers pour la canalis. du gaz.	7 fr. 50 par jour.	3 ans.	—	10	—	— —
275	Fabricants de chandelles.	6 fr. —	Aides 3 et 4 fr.	Huitaine.	10	P. 1	
160	Fabricants de bougies.	6 fr. —	—	—	10	—	
1183	Fabricants de tuyaux pour le gaz.	8 fr. —	3 ans.	6 jours.	10	M. 1	
498 bis	Electriciens, éclairage électrique.	8 fr. —	3 ans.	Huitaine.	10	—	—Chômage en été.
»	Fabricants d'accumulateurs.	8 fr. —	3 ans.	6 jours.	10	M. 3	— —
59	Fabricants d'appareils pour l'éclairage électrique.	8 fr. 50 —	3 ans.	6 jours.	10	M. 3	— —
»	Mécaniciens - conducteurs de machines pr l'électricité.	de 8 à 10 fr. par jour.	3 à 5 ans.	Huitaine.	10	M. 1	— —

Chapitre VIII

CHAUFFAGE

281	Fabric. et march. de charbons de bois, de terre et composés.	5 à 6 fr. par jour.	Aides 3 et 4 fr.	Huitaine.	10	P. 1	—Chômage en mai, juin et juillet.
332	Fabricants de coke.	5 à 6 fr. —	Néant.	—	10	—	
813	Fabricants de mottes à brûler.	4 à 5 fr. —	—	Néant.	10	P. 5	
202	Fab. de bûches économiques.	6 fr. —	Aides.	Huitaine.	10	P. 1	—Chômage en mai, juin et juillet.
341	Fabricants de combustibles de toutes sortes.	5 à 6 fr. —	Néant.	—	10	—	
296	Chauffeurs.	7 fr. —	3 ans.	60 heures.	10	M. 1	
184	Fab. de briquettes et agglomérés.	6 fr. —	Aides.	Huitaine.	10	P. 1	
55	Fab. d'appareils de chauffage.	7 fr. —	3 ans.	6 jours.	10	M. 1	—Chômage en juin, juillet et août.
295	Fabricants de chaufferettes.	5 fr. 50 —	3 ans aides.	60 heures.	10	M. 6	
586	Fabricants de fourneaux.	7 fr. 50 —	3 ans.	6 jours.	10	M. 1	
962	Fabricants de poêles.	4 et 7 fr. —	3 ans aides 0 fr. 50 l'h.	Huitaine.	10	P. 4	
963	Poêliers.	Comp., 7 fr. 50, garç., 4 fr. 50.	3 ans aides.	Néant.	10	B. 2	

INDUSTRIE DES TRANSPORTS ET DE LA TRANSMISSION

NUMÉROS DU RÉPERTOIRE ALPHABÉTIQUE	PROFESSIONS	MOYENNE DES SALAIRES	DURÉE DE L'APPRENTISSAGE	DÉLAI-CONGÉ	MOYENNE DES HEURES DE TRAVAIL	JURIDICTION	OBSERVATIONS
	1re SECTION						
	CHAPITRE PREMIER — **TRANSPORTS PAR EAU**						
105 *bis*	Bateliers-convoyeurs.	4 à 5 fr. par jour.	Néant.	1 mois.	12	J. P.	— Chômage oct., fév.
—	Bateliers-remorqueurs.	4 à 6 fr. —	—	—	12	—	
489 *bis*	Éclusiers.	4 à 5 fr. —	—	Néant.	12	—	
81	Arrimeurs.	0 fr. 60 l'heure.	Néant aides Of.40 l'h.	—	10	B. 4	
418	Débardeurs.	0 fr. 60 l'heure.	Néant.	—	11	—	
103	Fabricants de barques et bateaux.	0 fr. 70 à 0 fr. 80 l'heure.	3 ans.	—	10	—	
286	Charpentiers en bateaux.	0 fr. 70 à 0 fr. 80 l'heure.	—	—	10	—	
356	Constructeurs de navires, entrepreneurs de constructions navales.	7 fr. par jour.	—	60 heures.	10	M. 1	
420	Déchireurs de bateaux.	0 fr. 60 à 0 fr. 70 l'heure.	Néant aides Of.40 l'h.	Néant.	10	B. 4	
1210	Voiliers.	7 fr. par jour.	3 ans aides.	Huitaine.	10	T. 1	— Femmes payées 3 et 4 fr. par jour et à la pièce.
	CHAPITRE II — **TRANSPORTS PAR TERRE**						
288	Charrons.	8 fr. par jour.	3 ans.	6 jours.	10	M. 1	
245	Carrossiers.	7 fr. 50 par jour.	—	—	10	—	
787	Modeleurs en carrosserie.	7 fr. par jour.	—	60 heures.	10	—	
1212 *bis*	Voituriers, messagers, déménageurs.	6 fr. —	Néant.	Néant.	10	J. P.	
—	Camionneurs.	6 fr. —	—	—	10	—	
1204	Camionneurs pour les vins.	6 fr. —	—	Huitaine.	10	P. 2	
335 *bis*	Cochers, palefreniers, piqueurs.	Cochers, 5 fr., palefreniers, 4 fr., piqueurs, 6 et 7 fr.	2 ans.	1 mois.	10	J. P.	
335	Cochers-livreurs.	6 fr. par jour.	—	—	10	—	
747	Maréchaux-ferrants.	Teneurs de pieds Ofr.75, brocheurs, 0 fr. 80, ferreurs, 0 fr. 85 l'heure.	Néant.	60 heures.	10	M. 1	— Nourriture sur le pied d'environ 2 fr. 75 par jour.
908	Peintres en voitures.	7 fr. par jour.	3 ans.	—	10	—	
390	Cravaches et fouets.	0 fr. 60 à 0 fr. 70 l'heure.	—	Huitaine.	10	T. 3	
1078	Selliers.	7 fr. 50 par jour.	—	6 jours.	10	M. 1	
1079	Selliers, bourreliers, harnacheurs	0 fr. 60 à 0 fr. 70 l'heure.	—	8 jours.	10	T. 3	
527	Fabricants d'essieux.	7 fr. par jour.	—	60 heures.	10	M. 1	
527	Fabric. de ressorts de voitures.	7 fr. 50 par jour.	—	6 jours.	10	—	
1034	Layetiers-emballeurs.	7 fr. par jour.	—	60 heures.	10	M. 6	
705	Fabricants de vélocipèdes.	8 fr. —	—	—	10	M. 1	
1187	Constructeurs d'automobiles	8 fr. —	—	—	10	—	
—	Chauffeurs-conducteurs.	300 fr. par mois.	Passent des examens à cet effet.	1 mois.	10	—	
452	Dessinateurs en carrosserie.	250 fr. p^r mois.	Sortent des écoles.	—	10	—	
301	Constructeurs de chemin de fer et matériel de chemin de fer.	Menuisiers 6 fr., mécaniciens 8 fr. par jour.	3 ans.	60 heures.	10	—	
1212	Constructeurs de wagons.	Serruriers-mécanic. 0fr.80, menuis. et autr. 0fr.60 l'h.	—	6 jours.	10	—	
1084	Serruriers en voitures, wagons, etc.	8 fr. par jour.	—	—	10	—	
1212 *bis*	Ouvriers des chemins de fer, divers.	4 à 6 fr. par jour.	Aides.	1 mois.	10	J. P.	— Les chemins de fer des 5 grands réseaux qui doivent faire retour à l'État sont placés sous la surveillance et le contrôle du ministre des travaux publics. Les employés commissionnés doivent s'y référer.
—	Ouvriers de la voie, aiguilleurs, surveillants, poseurs de rails, cantonniers.	4 à 6 fr. —	—	—	10	—	
—	Facteurs chefs et employés des gares.	4 à 7 fr. —	Aides 3 à 5 ans.	—	10	—	
—	Conducteurs de machines, mécaniciens, chauffeurs.	6 à 8 fr. —	—	—	12	—	
—	Conducteurs de trains, serre-frein, etc.	5 à 6 fr. —	3 ans aides.	—	12	—	
—	Ouvriers des ateliers et des dépôts.	6 à 8 fr. —	3 ans.	—	10	M. 1	— Seuls ces ouvriers parmi les empl. des ch. de fer sont justiciables des Prud'h^{es}.
—	Employés-comptables.	4 à 7 fr. —	—	—	9	J. P.	

Numéros du répertoire alphabétique	Professions	Moyenne des salaires	Durée de l'apprentissage	Délai-congé	Moyenne des heures de travail	Juridiction	Observations
	Chapitre III						
	TRANSMISSION						
487	Fabricants d'échelles.	0 fr. 80 l'heure.	3 ans.	Néant.	10	B. 3	
488	Fabricants d'échelles de corde.	6 fr. par jour.	2 ans.	Huitaine.	10	T. 1	
206	Fabricants de câbles.	6 fr. —	3 ans.	—	10	—	
361	Fab. de cordages, ficelles, etc.	6 fr. —	—	—	10	—	—Chôm. en mars, avril.
362	Fabricants de cordes à boyaux.	6 à 7 fr. —	—	—	10	P. 5	
363	Cordes et câbles métalliques.	7 fr. —	—	60 heures.	10	M. 4	
364	Cordiers.	6 fr. —	—	8 jours ou 1 mois, suivant mode de paiement.		T. 3	—Travail à la pièce.
384	Courroies de transmission.	0 fr. 60 à 0 fr. 70 l'heure.	—	Huitaine.	10	—	
877	Fabricants de papiers d'emballage.	4 à 6 fr. les hommes, les femmes 3 à 4 fr.	Petites mains, 3 fr.	—	10	P. 5	
1135	Constructeurs de télégraphes et de téléphones, fabricants d'appareils et instruments similaires, poseurs, etc.	6 à 8 fr. 50 par jour.	3 ans.	6 jours.	10	M. 3	
545 bis	Facteurs des postes.	4 à 6 fr. par jour.	Néant.	Néant.	10	J. P.	
—	Facteurs de messageries.	4 à 6 fr.	—	Huitaine.	10	—	
502 bis	Employés-comptables.	150 à 200 fr. par mois.	2 à 3 ans aides.	1 mois.	10	—	
—	Enregistreurs et receveurs.	Hommes 150 à 200 fr. par mois, femmes 60 à 150 fr.	—	—	10	—	
740	Malletiers coffretiers.	6 fr. 50 par jour.	3 ans.	60 heures.	10	M. 6	
741	Malletiers en cuir.	0 fr. 60 à 0 fr. 70 l'heure.	—	6, 12 ou 24 jours, suivant mode de paiement.		T. 3	
1157	Tonnellerie d'emballage.	7 fr. par jour.	—	6 jours.	10	M. 6	
1186	Vanniers.	7 fr. 50 —	—	—	10	M. 1	—Chôm. janv. et févr.

VIIIE PARTIE

INDUSTRIES D'ART · SPORTS ET JOUETS

Numéros du répertoire alphabétique	Professions	Moyenne des salaires	Durée de l'apprentissage	Délai-congé	Moyenne des heures de travail	Juridiction	Observations
	1re SECTION						
	Chapitre premier						
	DESSIN ET APPLICATIONS						
443 bis	Dessinateurs professeurs de dessin.	200 à 300 fr. par mois.	Sortant des écoles.	1 mois.	9	J. P.	
443	Dessinateurs lithographes.	7 à 8 fr. par jour.	3 ans.	Néant.	9	P. 3	
444	— d'architecture.	7 à 12 fr. —	3 à 5 ans	—	10	B. 5	
445	— de costumes.	8 à 12 fr. —	—	1 mois.	9	T. 5	
446	— en ébénisterie.	6 à 12 fr. —	—	Néant.	9	B. 3	
447	— en fleurs.	8 fr. (aux pièces).	3 à 4 ans.	Huitaine.	9	T. 4	
448	— en instruments de chirurgie et armurerie.	250 fr. par mois.	Sortant des écoles.	1 mois.	10	M. 5	
449	Dessinateurs en papiers peints.	8 à 12 par jour.	—	Néant.	10	P. 3	
450	Dessinateurs sur porcelaine, verre, cristaux et faïence.	8 à 10 —	—	Quinz.	10	P. 4	—Se reporter aux différentes professions auxquelles ils se rapportent.
451	Dessinateurs en serrurerie.	250 fr. par mois.	—	Néant.	10	B. 1	
452	— en mécanique.	250 fr. —	—	1 mois.	9	M. 1	
453	— pour broderies, dentelles et tissus.	Ponceurs, piqueurs, dispositeurs, de 200 à 300 fr. par mois et à la pièce.	3 à 5 ans.	—	10	T. 1	
454	Dessinateurs pour bronze.	250 à 350 fr. par mois.	—	—	10	M. 4	
455	Dessinateurs pour horlogerie, optique et instruments divers.	250 fr. par mois.	—	—	10	M. 3	
456	Dessinateurs pour orfèvres.	250 fr. par mois.	—	—	10	M. 2	
13	Dessinateurs en affiches peintes.	10 à 12 fr. par jour.	4 à 5 ans.	Néant.	10	P. 3	
743	Fabricants de maquettes pour peintres.	7 fr. (à la pièce).	3 ans aides.	Huitaine.	10	T. 5	
904	Peintres d'attributs.	1 fr. 20 l'heure.	3 à 5 ans.	Néant.	10	B. 6	
907	— en lettres.	1 fr. l'heure.	4 à 5 ans.	—	10	—	
906	— décorateurs.	1 fr. 20 l'heure.	4 ans.	—	10	—	
909	— sur étoffes.	7 à 8 fr. par jour.	3 ans.	Huitaine.	10	T. 1	
910	— sur porcelaine.	6 à 8 à la pièce.	—	—	10	P. 4	
339	Coloristes et enlumineurs.	6 à 8 fr. hom. 3 à 4 fr. fem.	3 à 5 ans.	Néant.	10	P. 3	

Numéros du répertoire alphabétique	PROFESSIONS	MOYENNE DES SALAIRES	DURÉE DE L'APPRENTISSAGE	DÉLAI-CONGÉ	MOYENNE DES HEURES DE TRAVAIL	JURIDICTION	OBSERVATIONS
	Décorateurs :						
421	Décorateurs sur porcelaine, verre, cristaux et faïence.	8 à 12 fr. par jour.	3 à 5 ans.	Néant.	10	P. 4	
423	Fabricants de décors.	7 fr. par jour.	3 ans.	60 heures.	10	M. 2	
416	Damasquineurs.	8 fr. —	—	—	10	M. 5	
890	Pastilleurs décorateurs.	5 à 7 fr. par jour.	—	Huitaine.	10	P. 2	
852	Ornemanistes.	1 fr. l'heure.	3 à 5 ans.	Néant.	10	B. 9	
	Doreurs :						
462	Doreurs.	0 fr. 80 l'heure.	3 ans.	—	10	B. 3	
463	Doreurs sur cuivre, tôle, zinc et fer blanc.	7 fr. par jour.	—	60 heures.	10	M. 4	
464	Doreurs sur bois pour le bâtiment.	1 fr. l'heure.	4 ans.	Néant.	10	B. 6	
465	Doreurs et argenteurs sur métaux.	7 fr. par jour.	3 ans.	60 heures.	10	M. 2	
466	Doreurs et argenteurs sur cuir.	5 fr. 50 par jour.	Petites mains.	Huitaine.	10	P. 5	
514	Fabricants d'enseignes en tout genre.	1 fr. l'heure.	3 à 4 ans.	Néant.	10	B. 6	—Travail fait aussi à la pièce.
75	Argenteurs et doreurs sur verre et produits céramiques.	7 fr. par jour.	3 ans.	Huitaine.	10	P. 4	
86	Fabricants d'assiettes pour doreurs.	7 fr. —	2 ans.	—	10	P. 1	
	Lapidaires :						
700	Lapidaires.	8 fr. —	3 ans.	60 heures.	10	M. 2	—Travail aux pièces.
932	Pierristes en horlogerie.	7 fr. —	—	—	10	M. 3	

2ᵉ SECTION

CHAPITRE II

GRAVEURS

Numéros du répertoire alphabétique	PROFESSIONS	MOYENNE DES SALAIRES	DURÉE DE L'APPRENTISSAGE	DÉLAI-CONGÉ	MOYENNE DES HEURES DE TRAVAIL	JURIDICTION	OBSERVATIONS
723	Lithopeinture.	7 et 8 fr. par jour.	3 à 5 ans.	Néant.	10	P. 3	—Chôm. en fin de sais.
714	Linographie.	6 à 7 fr. —	3 ans.	—	10	—	
264	Céramotypie.	6 à 7 fr. —	—	Huitaine. (peu appliquée).	10	P. 4	
1214	Zincographie.	7 à 8 fr. —	—	Huitaine.	10	P. 3	—Aides et manœuvres non compris dans cette classification et payés de 4 à 5 fr. par jour.
653	Héliographie.	7 à 8 fr. —	—	—	10	—	
600	Galvanoplastie.	6 fr. —	—	60 heures	10	M. 3	
601	Galvanotypie.	6 fr. 50 —	—	—	10	—	
312	Chromolithographie.	0 fr. 50 à 1 fr. 10 de l'h.	—	Néant.	9	P. 3	
494	Ecrivains lithographes.	7 à 10 fr. par jour.	3 à 4 ans.	—	10	—	
358	Entrepreneurs et copieurs de musique.	7 fr. — et à la p.	2 à 3 ans.	—	10	—	
87	Entrepreneurs d'autographies.	8 fr. —	3 ans.	—	10	—	
631	Graveurs de cadrans.	7 fr. —	—	60 heures.	10	M. 3	—Travail fait à la pièce sur entreprise. Tout ouvrier travaillant chez lui n'a pas droit au délai-congé.
632	Graveurs de matrices.	7 fr. —	—	—	10	M. 2	
633	Graveurs de musique.	8 à 10 fr. —	4 à 5 ans.	Néant.	9	P. 3	
634	Graveurs de toute nature sur métaux et pierres fines.	8 fr. —	3 ans.	60 heures.	10	M. 2	
635	Graveurs en lettres.	8 fr. —	—	—	10	—	
636	Graveurs en taille-douce.	8 à 9 fr. —	—	Néant.	10	P. 3	
637	Graveurs panicographes.	8 à 9 fr. —	—	Néant.	10	—	
638	Graveurs pour broderies et armoiries.	8 à 10 fr. —	—	Huitaine.	10	T. 1	
639	Graveurs sur bois, ébénisterie et marqueterie.	0 fr. 80 l'heure.	5 ans et 3 ans.	Néant.	10	B. 3	
640	Graveurs sur bois et sur tous métaux pour papiers peints.	8 à 10 fr. par jour.	3 ans et 5 ans.	—	10	P. 3	
641	Graveurs sur marbre et pierre.	8 fr. —	3 ans.	—	10	B. 9	
642	Graveurs sur porcelaine, verre, cristaux et produits céramiques.	6 à 10 fr. —	3 ans et 5 ans.	—	10	P. 4	
643	Graveurs sur toutes matières pour impression.	6 à 8 fr. —	3 ans.	—	10	P. 3	
232	Graveurs de caractères à jour.	8 fr. —	—	6 jours.	10	M. 2	
	Ciseleurs, Sertisseurs :						
76	Ciseleurs et graveurs sur bois pour armes et divers.	8 fr. —	—	—	10	M. 5	—Chômages fréquents.
666	Incrusteurs d'or, d'argent et cuivre.	8 fr. —	—	60 heures.	10	M. 2	
667	Incrusteurs sur bois.	0 fr. 90 —	3 et 4 ans.	Néant.	10	B. 3	

NUMÉROS DE RÉPERTOIRE ALPHABÉTIQUE	PROFESSIONS	MOYENNE DES SALAIRES	DURÉE DE L'APPRENTISSAGE	DÉLAI-CONGÉ	MOYENNE DES HEURES DE TRAVAIL	JURIDICTION	OBSERVATIONS
	Ciseleurs, Sertisseurs *(Suite)* :						
608	Incrusteurs s. pierre, marbre, etc.	8 fr. par jour.	3 et 4 ans.	Huitaine. à l'atelier seulem.	10	B. 9	
1086	Sertisseurs en or et en argent.	9 fr. —	3 ans.	6 jours	10	M. 2	
1087	Sertisseurs en cuivre et autres métaux.	7 fr. 50 —	—	—	10	M. 4	
268	Fabricants de chaînes et jaserons en or et en argent.	8 fr. 50 —	—	—	10	M. 2	
683	Joailliers en fin et faux.	7 fr. 50 —	—	60 heures.	10	—	—Aides et manœuvres non compris dans cette classification et payés de 4 à 5 fr. par jour.
850	Orfèvres.	8 fr. —	—	—	10	—	
572	Fondeurs de bronze, de cuivre et zinc d'art.	8 fr. —	—	—	10	M. 4	
490	Fabricants de bronzes d'art.	7 fr. 50 —	—	6 jours.	10	M. 2	
760	Menuisiers-antiquaires.	0 fr. 80 l'heure.	3 à 5 ans.	Néant	10	B. 3	
761	Menuisiers-machinistes.	0 fr. 80 —	3 ans.	—	10	—	

3e SECTION

CHAPITRE III

SCULPTEURS

NUMÉROS DE RÉPERTOIRE ALPHABÉTIQUE	PROFESSIONS	MOYENNE DES SALAIRES	DURÉE DE L'APPRENTISSAGE	DÉLAI-CONGÉ	MOYENNE DES HEURES DE TRAVAIL	JURIDICTION	OBSERVATIONS
764	Menuisiers-modeleurs.	0 fr. 90 l'heure.	4 à 5 ans.	Huitaine (en atelier seulem.)	10	B. 3	—En chantier, le délai-congé n'est pas d'usage.
31	Sculpteurs fabricants d'objets en albâtre.	7 fr. par jour.	3 ans aides.	6 jours.	10	M. 6	
559	Figuristes en plâtre.	1 fr. 20 l'heure.	3 ans.	Néant.	10	B. 9	
1068	Sculpteurs sur plâtre.	12 fr. par jour.	4 à 5 ans,	—	8	—	
1069	Sculpteurs en instruments de chirurgie et armurerie.	10 à 12 fr. par jour.	4 à 5 ans,	Huitaine.	8	M. 5	— Chômage en juin et juillet.
1070	Sculpteurs en mécanique et carrosserie.	10 à 12 fr. —	3 à 5 —	—	8	M. 1	
1071	Sculpteurs en serrurerie.	8 à 10 fr. —	3 à 4 —	s'il y a engagement	9	3. 1	—En général les sculpteurs ne jouissent pas des délais-congés. Ils n'ont droit à la huit. de congé qu'autant qu'il y a eu de part et d'autre un engagement formel de travail continu.
1072	Sculpteurs pour bronze et lampisterie.	12 à 15 fr. —	4 à 5 —	Huitaine. s'il y a engagement	10	M. 4	
1073	Sculpteurs pour horlogerie, optique et instruments divers.	12 à 15 fr. —	4 à 5 —	Hnitaine s'il y a engagement	10	M. 3	
1074	Sculpteurs pour orfèvres, joailliers et bijoutiers.	12 à 15 fr. —	4 à 5 —	Huitaine s'il y a engagement	10	M. 2	
1075	Sculpteurs sur bois.	1 fr. l'heure.	4 à 5 —	Néant,	9	B. 3	
1076	Sculpteurs sur pierre et marbre.	1 fr. 25 —	4 à 5 —	Huitaine.	9	B. 9	
808	Sculpteurs de monuments funèbres.	0 fr. 90 —	3 à 5 —	—	10	—	

CHAPITRE IV

MODELEURS

NUMÉROS DE RÉPERTOIRE ALPHABÉTIQUE	PROFESSIONS	MOYENNE DES SALAIRES	DURÉE DE L'APPRENTISSAGE	DÉLAI-CONGÉ	MOYENNE DES HEURES DE TRAVAIL	JURIDICTION	OBSERVATIONS
786	Modeleurs en instruments de chirurgie.	7 fr. par jour.	3 ans.	60 heures.	10	M. 5	
788	Modeleurs en serrurerie.	8 à 12 fr. —	4 à 5 ans.	Huitaine en atelier seulemen¹	10	B. 1	
789	Modeleurs pour bronze.	7 fr. —	3 ans.	60 heures.	10	M. 4	
790	Modeleurs pour fonderie.	8 fr. —	3 —	60 —	10	M. 1	
791	Modeleurs pour horlogerie, optique et instruments divers.	8 fr. —	3 —	60 —	10	M. 3	
787	Modeleurs en machines et carrosserie.	7 fr. —	3 —	60 —	10	M. 1	—Chômage en sept.
792	Modeleurs pour orfèvres, joailliers et bijoutiers.	8 fr. —	3 —	60 —	10	M. 2	
793	Modeleurs sur bois.	7 à 12 fr. —	4 à 5 ans.	Huitaine.	10	B. 3	
794	Modeleurs sur plâtre.	7 à 10 fr. —	4 à 5 —	—	10	B. 9	
795	Modeleurs en porcelaine, verre et produits céramiques.	7 à 8 fr. —	3 ans.	—	10	P. 4	

NUMÉROS DU RÉPERTOIRE ALPHABÉTIQUE	PROFESSIONS	MOYENNE DES SALAIRES	DURÉE DE L'APPRENTISSAGE	DÉLAI-CONGÉ	MOYENNE DES HEURES DE TRAVAIL	JURIDICTION	OBSERVATIONS
	CHAPITRE V						
	MOULEURS						
816	Mouleurs.	8 fr. —	3 —	60 heures.	10	M. 5	
817	Mouleurs en carton.	6 à 8 fr. hom., 3 à 5 fr. fem. à tâche.	3 —	Huitaine.	10	P. 4	
818	Mouleurs en cire.	7 à 8 fr. par jour.	4 —	—	10	P. 1	
819	Mouleurs en plâtre pour bijouterie.	8 fr. —	3 —	60 heures,	10	M. 2	
820	Mouleurs en plâtre pour le bâtiment.	8 fr. à la pièce.	3 —	Huitaine.	10	B. 8	
822	Mouleurs sur cuir, acier et fonte.	6 à 8 fr. par jour.	3 —	—	10	P. 5	
821	Mouleurs pour fonderie.	8 fr. —	3 —	60 heures.	10	M. 2	
892	Fabricants de pâtes moulées en carton (pâtisseries).	10 fr. —	3 —	Huitaine en atelier	10	B. 9	— Les *pâtissiers* empl. sur les chant. du bâtiment n'ont pas droit au délai-congé.
995	Praticiens (sculpteurs).	8 à 15 fr. —	4 à 5 ans aid.	suiv. cont.	10	—	
	4e SECTION						
	CHAPITRE VI						
	INSTRUMENTS ET OBJETS SCIENTIFIQUES						
102	Fabricants de baromètres.	8 fr. 50 par jour.	3 ans.	6 heures.	10	M. 3	
11	Fabric. d'aéromètres et autres.	8 fr. —	4 ans.	—	10	—	
474	Fabricants de dynamomètres.	8 fr. —	3 ans.	60 heures.	10	—	
1139	Fabricants de thermomètres.	8 fr. —	—	6 jours.	10	—	— Travail aussi à la pièce.
677	Fabricants d'instruments de précision.	8 fr. —	—	60 heures.	10	—	
078	Fabricants d'instruments pour les sciences en toute matière.	8 fr. —	—	—	10	—	
676	Instruments d'optique.	7 fr. 50 —	—	—	10	—	
118	Bijoutiers et polisseurs en instruments de chirurgie.	9 fr. —	—	6 jours.	10	M. 5	—Aides et manœuvres non compris dans cette classification gagnent 4 à 5 fr. par jour.
143	Boîtes de mathématiques.	7 fr. —	—	Néant.	10	M. 3	
343	Fabricants de compas de toutes sortes.	8 fr. —	—	60 heures.	10	—	
674	Instruments de chirurgie.	7 fr. —	—	—	10	M. 5	
676	Instruments d'optique.	7 fr. 50 —	—	—	10	M. 3	
849	Opticiens.	7 fr. 50 —	—	—	10	—	
	CHAPITRE VII						
	PHOTOGRAPHIE					P. 3	
922	Photographie et photographes.	6 à 8 fr. —	3 à 4 ans.	Huitaine.	10		
923	Fabricants d'instruments pour la photographie.	Ebénistes-monteurs, 7 fr. par jour ; Mécaniciens de précision, 8 fr. p. jour.	3 ans.	60 heures.	10	M. 3	
924	Photogravure.	6 à 8 fr. par jour.	3 à 5 ans, aides.	Huitaine.	10	P. 3	
925	Photolithographie.	6 à 8 fr. —	3 à 4 ans, —	—	10	—	
926	Phototypie.	6 à 7 fr. —	3 ans, —	—	10	—	
413	Daguerréotypie.	5 à 6 fr. —	—	Néant.	10	M. 3	—Métier qui disparaît.
501	Émailleurs de photographies.	7 à 8 fr. —	—	Huitaine.	10	P. 3	
	CHAPITRE VIII						
	SCIENCES APPLIQUÉES						
38	Fabricants d'alphabets d'acier.	7 fr. —	2 ans.	6 jours.	10	M. 1	
772	Fabricants de mesures linéaires.	8 fr. —	3 ans.	60 heures.	10	M. 3	
1099	Fabricants de sphères et globes pour les sciences.	8 fr. —	—	6 jours.	10	—	
1100	Fabricants de spiraux.	8 fr. —	—	—	10	—	
834	Naturalistes, empailleurs d'animaux pour les sciences.	6 à 7 fr. —	—	Néant.	10	P. 1	
853	Orthopédistes.	7 fr. —	—	60 heures.	10	M. 5	
101	Bandagistes pour le tout.	8 fr. —	—	6 jours.	10	—	
49	Fabricants de pièces d'anatomie.	0 fr. 75 l'heure.	néant, aides.	Néant.	10	P. 3	
12	Fabricants d'aérostats et autres.	Hommes, 0 fr. 80 l'heure ; femmes, 0 fr. 30 à 0 fr. 50 l'h.	3 ans.	6 jours.	10	T. 1	— Chômage en hiver.
84	Artificiers.	8 fr. ; aides, 5 fr. par jour.	—	7 jours.	10	P. 1	— —

NUMÉROS DU RÉPERTOIRE ALPHABÉTIQUE	PROFESSIONS	MOYENNE DES SALAIRES	DURÉE DE L'APPRENTISSAGE	DÉLAI-CONGÉ	MOYENNE DES HEURES DE TRAVAIL	JURIDICTION	OBSERVATIONS
	5e SECTION — **CHAPITRE IX** — **INSTRUMENTS DE MUSIQUE ET ACOUSTIQUE**						
2	Fabricants d'accordéons.	6 fr. par jour.	Néant.	6 jours.	10	M. 4	—Aides et manœuvres non compris dans cette classification gagnent 4 à 5 fr. par jour, les femmes de 3 à 4 fr.
214	— de tambours, caisses de tambours.	8 fr. —	3 ans.	—	10	M. 3	
675	Fabricants d'instruments de musique à cordes et à vent.	7 fr. —	—	60 heures.	10	—	
732	— luthiers.	7 fr. 50 par jour.	—	—	10	—	
851	— d'orgues.	7 fr. par jour.	—	—	10	—	
927	— de pianos.	Ébénistes-monteurs 7 f., mécaniciens clavistes 8 fr., accordeurs 7 fr.	—	—	10	—	
142	— de boîtes à musique, phonographes, cinématographes	7 fr. par jour.	—	Néant.	10	—	
672	Fabricants d'inst. acoustiques.	7 fr. —	—	60 heures.	10	—	—Garnisseurs et garnisseuses - payés de 4 à 6 fr. par jour.
	6e SECTION — **CHAPITRE X** — **SPORTS**						
253	Fabricants de cartouches et bourres de chasse.	6 fr. par jour.	Néant.	6 jours.	10	M. 5	—Chôm. mai, juin, juil.
289	Fabricants d'articles de chasse.	7 fr. hommes, 4 fr. femmes.	3 ans.	Huitaine.	10	T. 1	— —
78	— armuriers.	8 fr. par jour.	—	6 jours.	10	M. 5	
80	— arquebusiers.	8 fr. —	—	—	10	—	
948	— platineurs, armuriers.	8 fr. —	—	60 heures.	10	—	
693	Fabricants de lames de sabre et d'épée.	7 fr. par jour.	3 ans	60 heures.	10	M. 5	—Aides et manœuvres non compris dans cette classification payés 4 et 5 fr. par jour.
588	— de fourreaux.	7 fr. —	—	—	10	—	
523	— d'art. pour l'escrime.	0 fr. 70 et 0 fr. 60 l'heure ; femmes, 0 fr. 40.	3 ans petites mains.	6, 12 et 24 jours suivant mod. de paiem.	10	T. 3	
547	— éperonniers.	7 fr. par jour.	3 ans.	60 heures.	10	M. 1	
390	— cravaches et fouets.	0 fr. 50 et 0 fr. 70 l'heure.	3 ans aides.	Huitaine.	10	T. 3	—Garnisseurs et garnisseuses payés de 3 à 5 fr. par jour.
98	— de balles et ballons.	0 fr. 50 l'heure.	2 ans.	6 jours.	10	P. 1	
	7e SECTION — **CHAPITRE XI** — **JEUX ET JOUETS**						
1010	Fabric. d'artic. de sports et div.	6 fr. 50 par jour.	3 ans.	—	10	M. 6	
304	Fabricants de chevaux et voitures mécaniques.	Sculpteurs sur bois et menuisiers 6 et 7 fr., monteurs-mécaniciens 7 fr.	—	60 heures.	10	M. 1	—Chômage en octobre et novembre.
682	Fabricants de jeux en bois, os, fer, ivoire, etc.	7 fr. par jour.	—	—	10	M. 6	
685	Fabricants de jouets d'enfants.	6 fr. hommes. 3 fr. femmes.	2 ans.	—	10	—	
994	— de poupées.	4 fr. 50 (travail de femmes).	Néant aides 2 fr. et 2 fr. 50 petites mains	6 jours.	10	—	—Chômage en été.
1010	— de raquettes.	6 fr. 50 par jour.	3 ans.	—	10	—	
119	— de billards et accessoires en bois, ivoire, etc.	8 fr. pár jour.	—	Néant.	10	B. 3	
1004	Fabricants de queues de billards.	6 fr. —	—	—	10	—	

INDUSTRIES DIVERSES · ARTICLES DE PARIS · OBJETS USUELS

NUMÉROS DU RÉPERTOIRE ALPHABÉTIQUE	PROFESSIONS	MOYENNE DES SALAIRES	DURÉE DE L'APPRENTISSAGE	DÉLAI-CONGÉ	MOYENNE DES HEURES DE TRAVAIL	JURIDICTION	OBSERVATIONS
	1ʳᵉ SECTION						
	CHAPITRE PREMIER						
	ARTICLES DE PARIS						
83	Fabricants d'articles de bureau en bois, ivoire, ébène, os, etc.	7 fr. par jour.	3 ans	5 jours.	10	M. 6	
083	Fabricants de porte-plume.	6 fr. —	Aides 2 ans.	—	10	M. 5	—Remises aux ouvriers fabricants sur le prix de la vente.
959	Fabricants de plumes métalliques	6 fr. —	Petites mains, 2 fr.	—	10	M. 5	
958	Appréteurs de plumes d'oie.	Hommes 6 fr. Femmes 3 fr.	2 ans petites mains.	Huitaine.	10	P. 1	
868	Fabricants de pains à cacheter.	6 fr. par jour.	Aides.	—	10	P. 2	
393	Fabricants de crayons de toute espèce.	6 à 7 fr. par jour.	Pet. mains 2 et 3 fr.	—	10	P. 1	
392	Fabricants de crayons et ardoises à écrire.	6 à 7 fr. —	Pet. mains 2 et 3 fr.	—	10	—	
1124	Fabricants de tampons pour impressions à main.	7 fr. —	3 ans.	—	10	—	
1142	Fabr. de timbres en caoutchouc.	7 fr. par jour. Aides 4 fr.	—	—	10	—	
1141	Fabricants de timbres acier fondu, bois et cuivre.	7 fr. 50 par jour.	—	6 jours.	10	M. 2	
981	Fabricants de porte-feuilles.	0 fr. 60 à 0 fr. 70 l'heure.	3 ans, pet. mains 3 f.	Huitaine ou quinz.	10	T. 3	
982	Fabric. de porte-monnaie, bourses, etc.	0 fr. 60 à 0 fr. 70 l'heure.	3 ans, pet. mains 3 f.	Huitaine ou quinz.	10	—	
124	Fabricants de blagues à tabac.	0 fr. 60 l'heure.	Pet. mains 3 f. p. jour	6, 12 ou 24 jours suiv. mod. de paiem.	10	—	
125	Fabricants de blagues en métal.	6 fr. par jour.	2 ans.	6 jours.	10	M. 2	
1111	Fabricants de tabatières en bois, buffle, corne, écaille, ivoire, os, etc.	7 fr. —	3 ans.	—	10	M. 6	
1112	Tabletiers.	8 fr. 50 par jour.	—	—	10	—	
835	Fabr. de nécessaires en vermeil, or, argent, etc.	8 fr. —	—	60 heures.	10	M. 2	
836	Fabricants de nécessaires et petits meubles.	0 fr. 80 l'heure.	—	Néant.	10	B. 3	
807	Fabricants de montres et étalages en bois et en métal.	7 fr. 50 par jour.	—	60 heures.	10	B. 1 et M. 2	
598	Gainiers.	7 fr. —	—	—	10	M. 2	—Chôm. août et sept.
833	Nattiers de toutes sortes.	0 fr. 60 l'heure et à tâche.	Aides 2 et 3 f. p. jour	Huitaine.	10	T. 4	—Chômage en décemb. et janvier.
	CHAPITRE II						
	ARTICLES DE BAZAR						
120	Fab. d'articles de bimbeloterie.	7 fr. par jour.	3 ans.	6 jours.	10	M. 6	
471	Fabr. de drapeaux et bannières.	6 et 7 fr. p. jour et à la pièce	3 ans, aides 3 et 4 fr.	Huitaine.	10	T. 1	—Chômage en hiver.
516	Fabricants d'enveloppes et objets en paille.	6 fr. par jour.	3 ans.	60 heures.	10	M. 6	
546	Façonneurs d'objets en bois et matières animales dures.	6 fr. —	—	—	10	—	
649	Guillocheurs.	7 fr. 50 par jour.	—	—	10	M. 2	
650	Guillocheurs sur cuivre.	7 fr. 50 —	—	—	10	M. 4	
426	Découpeurs de bois.	0 fr. 80 l'heure.	—	7 jours.	10	B. 3	
429	Découpeurs en marqueterie.	0 fr. 90 —	3 à 4 ans.	—	10	—	
751	Fabricants de marqueterie.	7 fr. par jour.	—	Huitaine en atelier seulem.	10	—	
752	Marqueteurs.	0 fr. 90 l'heure.	3 ans.	Néant sauf quand ils sont à demeure	10	—	
684	Appréteurs et fendeurs de jonc.	6 fr. 50 par jour.	3 ans. pet. mains 3 f.	60 heures.	10	M. 6	
855	Débiteurs et scieurs d'os.	6 fr. 50 —	—	—	10	—	
433	Découpeurs pour la tabletterie.	8 fr. par jour.	3 ans.	—	10	—	

NUMÉROS DU RÉPERTOIRE ALPHABÉTIQUE	PROFESSIONS	MOYENNE DES SALAIRES	DURÉE DE L'APPRENTISSAGE	DÉLAI-CONGÉ	MOYENNE DES HEURES DE TRAVAIL	JURIDICTION	OBSERVATIONS
	Articles de Bazar						
	(Suite) :						
507	Fabr. d'encres de toutes sortes.	5 à 7 fr. par jour.	3 ans, aides 3 fr.	Huitaine.	10	P. 1	
509	Fabr. d'encriers de toutes sortes.	5 à 7 fr. —	Néant, aides 3 fr.	—	10	P. 4	
1162	Tourneurs pour petits objets.	7 fr. par jour.	3 ans.	6 jours.	10	M. 5	—Chômage en septembre.
1024	Reperceurs en bois.	0 fr. 80 l'heure.	—	Néant.	10	B. 3	
1026	Reperceurs de tous métaux.	7 fr. par jour.	—	6 jours.	10	M. 1	
1040	Apprêt. et fab. d'objets de rotin.	7 fr. —	—	—	10	M. 6	
417	Doublé or et argent (fab. d'obj. en)	6 fr. 50 par jour.	—	60 heures.	10	M. 2	
753	Fabricants de marques.	6 à 7 fr. par jour.	Petites mains, 3 fr.	Huitaine.	10	P. 3	
368	Aplatisseurs de corne.	6 fr. par jour.	3 ans, aides à 3 fr.	—	10	P. 1	
367	Cornes à lanternes, peignes, etc.	5 à 6 fr. p. jour et à la pièce.	—	—	10	—	
919	Enfileurs et monteurs de perles.	Hommes, 8 fr., femmes, 4 fr.	3 ans.	60 heures.	10	M. 2	
920	Fabricants de perles fausses (joaillerie).	6 fr. par jour.	2 ans.	—	10	—	
380	Fabricants de couronnes et ornements d'ivoire.	Hommes, 6 fr., femmes, 4 fr.	2 ans petites mains.	Huitaine.	10	P. 4	
261	Fabricants d'objets en celluloïd.	6 à 7 fr. par jour.	3 ans.	—	10	P. 1	—Voir section de la toilette et de l'ornementation.
203	— d'objets en buffle.	6 fr. —	2 ans.	6 jours.	10	M. 6	
208	— d'objets en cactus.	6 fr. 50 —	3 ans.	—	10	—	
366	— d'objets en corne.	6 fr. aux pièces.	—	Huitaine.	10	P. 1	
482	— d'objets en écaille.	5 à 6 fr. par jour.	—	—	10	—	
483	Fondeurs d'écaille.	4 à 6 fr. —	aides.	—	10	—	
679	Fabricⁱˢ d'objets en ivoire.	7 fr. 50 —	3 ans.	60 heures.	10	M. 6	
686	— d'objets en jute.	Hommes, 6 fr., femmes, 4 fr.	2 ans.	6 jours.	10	T. 4	
831	— d'objets en nacre.	7 fr. 50 par jour.	3 ans.	60 heures.	10	M. 2	
838	— d'objets en nickel.	7 fr. —	—	—	10	—	
854	— d'objets en os.	7 fr. —	—	—	10	M. 6	
947	— d'objets en platine.	8 fr. —	—	—	10	M. 2	
652	— d'obj. en gutta-percha.	5 à 6 fr. —	néant petites mains.	Huitaine.	10	P. 1	
707	— d'objets en liège.	6 fr. 50 —	3 ans.	60 heures.	10	M. 6	
1040	— d'objets et apprêteurs de rotin.	7 fr. —	—	6 jours.	10	—	
1194	Vernisseurs sur bois.	0 fr. 80 l'heure.	—	Néant.	10	B. 3	
1195	— sur caoutchouc.	7 francs par jour.	—	Huitaine.	10	P. 5	
1196	— sur cuir.	8 à 10 fr. —	2 ans.	Néant.	10	—	
1197	— sur feutre.	7 à 9 fr. —	—	Huitaine.	10	—	
1198	— sur toile.	6 à 7 fr. —	—	—	14	—	
1199	Vernisseurs sur toile, zinc et fer blanc.	7 à 8 fr. —	—	—	10	—	
99	Objets en bambou, roseaux, etc.	6 fr. 50 —	3 ans.	6 jours.	10	M. 6	
983	Polisseurs sur bois.	0 fr. 80 l'heure.	—	Néant.	10	B. 3	
545	Fabricants d'éventails et autres articles de bazar.	Hommes, 6 fr., femmes, 4 à 5 fr., aux pièces.	3 ans aides 2 et 3 fr.	60 heures.	10	M. 6	

2ᵉ SECTION

CHAPITRE III

ARTICLES ET OBJETS USUELS

NUMÉROS DU RÉPERTOIRE ALPHABÉTIQUE	PROFESSIONS	MOYENNE DES SALAIRES	DURÉE DE L'APPRENTISSAGE	DÉLAI-CONGÉ	MOYENNE DES HEURES DE TRAVAIL	JURIDICTION	OBSERVATIONS
729	Lustres.	6 fr. 50 par jour.	3 ans.	60 heures.	10	M. 4	—Chôm. juillet et août.
1108	Suspensions.	6 fr. 50 —	—	6 jours.	10	—	
1123	Tamis.	7 fr. —	aides payés 3 fr.	Huitaine.	10	T. 1	
1047	Ruches à abeilles.	6 fr. —	aides.	—	10	P. 1	
996	Presses en bois pour le ménage.	6 fr. 50 —	3 ans aides.	6 jours.	10	M. 1	
867	Paillons et paillettes or, argent, cuivre.	6 fr. —	3 ans.	60 heures.	10	M. 2	
863	Paillassons.	0 fr. 60 l'heure et à tâche.	2 ans aides.	Huitaine.	10	T. 4	
768	Fabricants d'articles de ménage. (Menuis. en artic. de ménage)	0 fr. 80 l'heure.	3 ans.	—	10	B. 3	
861	Outils et manches en bois.	0 fr. 80 l'heure.	2 ans aides.	Néant.	10	—	
765	Menuisiers-outilleurs (fabricants d'outils).	0 fr. 80 l'heure.	3 ans.	—	10	—	
715	Fab. linoléum, toiles cirées.	6 à 7 fr. par jour.	Aides.	Huitaine.	10	P. 5	
578	Fontainiers.	8 fr. par jour.	3 ans.	Néant.	10	B. 9	
1144	Fabricants de tirre-bourres et petits articles.	6 fr. 50 par jour.	Néant.	6 jours.	10	M. 5	
398	Cribles en métal et parchemin.	6 fr. —	Aides.	60 heures.	10	M. 6	
842	Mannequins.	7 fr. — (à la pièce).	2 ans.	Huitaine.	10	T. 5	
165	Fabricants de bourrelets.	7 fr. —	Pet. mains 2 et 3 fr.	Néant.	10	B. 3	—Chômage en été.
205	Fabricants de cabas en paille, en tissus et divers.	3 à 5 fr. — (à tâche).	Petites mains.	6, 12 ou 24 jours suiv. mod. de paiem.	10	T. 4	

NUMÉROS DU RÉPERTOIRE ALPHABÉTIQUE	PROFESSIONS	MOYENNE DES SALAIRES	DURÉE DE L'APPRENTISSAGE	DÉLAI-CONGÉ	MOYENNE DES HEURES DE TRAVAIL	JURIDICTION	OBSERVATIONS
	Articles et objets usuels : *(suite)*						
212	Fabricants de cages, souricières, sièges, etc.	7 fr. p. jour. Aides, 3 et 4 f.	3 ans, aides.	Néant.	10	B. 3	
225	Fabricants de cannes.	7 fr. par jour.	3 ans.	6 jours.	10	M. 6	
92	Fabricants de balais en bouleau, chiendent et crin.	5 fr. —	Néant.	—	10	—	— Chômage en hiver.
934	Fabricants de pinceaux et brosses à peindre.	7 fr. —	3 ans.	60 heures.	10	—	
946	Plaqueurs en brosserie.	6 fr. —	—	—	10	—	
1091	Apprêteurs de soie pour la brosserie.	7 fr. —	—	6 jours.	10	—	
138	Boisselerie métallique.	7 fr. —	2 ans.	—	10	M. 1	
917	Perceurs de trous pour la brosserie.	6 et 7 fr. par jour.	Petites mains.	60 heures.	10	M. 6	
599	Fab. de galoches cuir et bois.	5 à 6 fr. —	Petites mains, aides	Huitaine.	10	T. 3	— Chôm. en juin, juil. et août.
1040	Fabricants de sabots.	4 à 5 fr. —	Aides, 2 ans.	—	10	—	
1122	Fabr. talons en cuir, en bois, gutta, etc.	6 fr. — (à la pièce).	3 ans, aides.	—	10	—	
911	Fabricants de pelles en bois.	6 à 7 fr. — —	3 ans.	Néant.	10	B. 3	
1185	Fabricants de vaisselle et ustensiles de ménage en bois.	5 à 7 fr.	2 ans, petites mains.	—	10	—	
957	Fabricants de plumeaux.	4 à 6 fr. — —	2 ans, aides.	Huitaine.	10	T. 4	
1077	Fabricants de seaux divers en toile, seaux à incendie.	0 fr. 60 à 0 fr. 70 l'heure.	aides, 2 ans.	6, 12 ou 24 jours suiv. mod. de paiem.	10	T. 3	
1095	Fabricants de soufflets.	6 fr. 50 par jour.	2 ans.	6 jours.	10	M. 6	
936	Fabricants de pipes en bois.	8 fr. —	3 ans.	60 heures.	10	—	
937	Fabr. de pipes en terre et divers.	6 à 7 fr. —	3 ans, aides.	Néant.	10	P. 4	
1184	Vanniers.	homm. 7 fr. 50, femm. 4 fr.	3 ans, aides à 3 fr.	6 jours.	10	M. 6	— Travail à la pièce.

ANNEXE

LÉGISLATION OUVRIÈRE

LOIS, DÉCRETS ET JURISPRUDENCE

DE L'APPRENTISSAGE
ET
DU CONTRAT DE LOUAGE D'OUVRAGE

I

Lois, contrats et formules de l'apprentissage

L'apprentissage et le contrat qui le constitue sont régis par la loi du 22 février 1851, non abrogée. Selon l'article 2 de cette loi, le contrat d'apprentissage est fait par acte public ou par acte sous seing privé. Il peut aussi être fait verbalement ; mais, dans ce cas, la preuve testimoniale n'en est reçue que conformément au titre du Code civil des contrats ou des obligations conventionnels en général (suivant l'article 1341 du code civil, la preuve testimoniale n'est admise que pour les sommes inférieures à 150 francs, là où il n'y a pas un commencement de preuve écrite). Les notaires, les secrétaires des Conseils de prud'hommes et les greffiers de justices de paix peuvent recevoir l'acte d'apprentissage. Cet acte est soumis pour l'enregistrement au droit fixe de un franc. Les honoraires dus aux officiers publics sont fixés à deux francs.

« Art. 3. — L'acte d'apprentissage contiendra : « 1º Les nom, prénoms, âge, profession et domicile « du maître ; 2º les nom, prénoms, âge et domicile « de l'apprenti ; 3º les nom, prénoms, profession et « domicile de ses père et mère, de son tuteur, ou de « la personne autorisée par les parents, et, à leur « défaut, par le juge de paix ; 4º la date et la durée « du contrat ; 5º les conditions de logement, de « nourriture, de prix et toutes autres arrêtées entre « les parties. Il devra être signé par le maître et « par les représentants de l'apprenti. » Voici d'ailleurs un modèle de contrat :

Contrat d'apprentissage. — Entre les soussignés, M. Durant, Julien-Ernest, âgé de 57 ans, teinturier-détacheur, demeurant 60, rue de Saint-Ouen, à Saint-Denis (Seine), d'une part ;

Et M. Lopin, Jean-Marie, âgé de 14 ans, demeurant rue de Paris, 29, à Saint-Denis (Seine), et M. Lopin, Jean-François, son père, agissant ici pour son fils mineur, demeurant 29, rue de Paris, à Saint-Denis (Seine), d'autre part ;

A été convenu ce qui suit :

Article premier. — M. Durant, Julien-Ernest, s'oblige à recevoir et à garder chez lui, comme apprenti, le jeune Lopin, Jean-Marie, pendant trois années, qui commenceront à courir le 1er mars 1902 pour finir au 1er mars 1905, et à lui enseigner complètement son état de teinturier-détacheur.

Art. 2. — M. Durant devra loger et nourrir convenablement l'apprenti Lopin, Jean-François, ou, à défaut, lui verser un salaire de deux francs par jour pendant toute la durée de l'apprentissage, le traiter avec douceur et ne l'employer qu'aux travaux et services qui se rattachent à l'exercice de sa profession.

Art. 3. — Le sieur Lopin Jean-François promet pour son fils obéissance à son maître ou à ceux qui le remplaceront ; il s'oblige à lui fournir des vêtements de travail et autres objets nécessaires à son entretien.

Art. 4. — Le sieur Lopin Jean-François s'oblige en outre à payer à M. Durant la somme de 200 fr. pour prix de l'apprentissage de son fils, ladite somme payable à l'expiration des trois années susindiquées et il s'oblige en outre à payer la même somme de 200 francs, à titre de dommages-intérêts et remboursement, dans le cas où le contrat se trouverait, à quel moment que ce soit, résilié de son fait ou de celui de son fils.

Fait double à Saint-Denis, le 15 avril 1902.

Ont signé : le maître : J. Durant ; — le père de l'apprenti : J. Lopin.

Enregistré par le secrétaire du Conseil des prud'hommes de la Seine, le...

« Art. 4 de la loi du 22 février 1851, sur l'apprentissage : Nul ne peut recevoir des apprentis « mineurs s'il n'est âgé de vingt et un ans au moins. « — Art. 5. Aucun maître, s'il est célibataire ou en « état de veuvage, ne peut loger, comme apprenties, « de jeunes filles mineures. — Art. 6. Sont incapables de recevoir des apprentis : les individus « qui ont subi une condamnation pour crime ; ceux « qui ont été condamnés pour attentats aux mœurs ; « ceux qui ont été condamnés à plus de trois mois « d'emprisonnement pour les délits prévus par les « articles 388, 401, 405, 406, 407, 408, 423 du Code « pénal. — Art. 7. L'incapacité résultant de l'article 6 pourra être levée par le Préfet et, à Paris, « par le Préfet de police. — Art. 8. Le maître doit « se conduire envers l'apprenti en bon père de « famille, surveiller sa conduite et ses mœurs, soit « dans la maison, soit au dehors, et avertir ses « parents ou leurs représentants des fautes graves « qu'il pourrait commettre, ou des penchants vicieux « qu'il pourrait manifester. Il doit aussi les prévenir, sans retard, en cas de maladie, d'absence ou « de tout autre fait de nature à motiver leur intervention. Il n'emploiera l'apprenti, sauf conventions contraires, qu'aux travaux et services qui se « rattachent à l'exercice de sa profession. Il ne « l'emploiera jamais à ceux qui seraient insalubres « ou au-dessus de ses forces. — Art. 9. La durée « du travail effectif des apprentis âgés de moins de « quatorze ans ne pourra pas dépasser dix heures « par jour... Aucun travail de nuit ne peut être « imposé aux apprentis. Les dimanches et jours de « fêtes reconnues ou légales, les apprentis, dans « aucun cas, ne peuvent être tenus, vis-à-vis de leur « maître, à aucun travail de leur profession (l'article 9 a été en partie modifié par les lois du 2 novembre 1892 et du 30 mars 1900). — Art. 10. Si « l'apprenti âgé de moins de seize ans ne sait pas « lire, écrire ou compter, ou s'il n'a pas terminé sa « première éducation, le maître est tenu de lui « laisser prendre, sur la journée de travail, le temps « et la liberté nécessaires pour son instruction. « Néanmoins ce temps ne pourra excéder deux « heures par jour. — Art. 11. L'apprenti doit, à son « maître, fidélité, obéissance et respect ; il doit « l'aider par son travail dans la mesure de son « aptitude et de ses forces. Il est tenu de remplacer, à la fin de l'apprentissage, le temps qu'il n'a « pu employer par suite de maladie ou d'absence « ayant duré plus de quinze jours. — Art. 12. Le « maître doit enseigner à l'apprenti, progressivement et complètement, l'art, le métier ou la profession spéciale qui fait l'objet du contrat. Il lui « délivrera à la fin de l'apprentissage un congé « d'acquit ou certificat, constatant l'exécution du « contrat. — Art. 13. Tout fabricant, chef d'atelier « ou ouvrier, convaincu d'avoir détourné un apprenti « de chez son maître pour l'employer en qualité « d'apprenti ou d'ouvrier, pourra être passible de « tout ou partie de l'indemnité à prononcer au profit « du maître abandonné. — Art. 14. Les deux premiers mois de l'apprentissage sont considérés « comme un temps d'essai pendant lequel le contrat « peut être annulé par la seule volonté de l'une des « parties. Dans ce cas, aucune indemnité ne sera « allouée à l'une ou l'autre partie, à moins de convention expresse. — Art. 15. Le contrat d'apprentissage sera résolu de plein droit : 1º par la mort « du maître ou de l'apprenti ; 2º si le maître ou « l'apprenti est appelé au service militaire ; 3º si le « maître ou l'apprenti vient à être frappé d'une des « condamnations prévues en l'article 6 de la présente loi ; 4º pour les filles mineures, dans le cas « de décès de l'épouse du maître ou de tout autre « femme de la famille, qui dirigeait la maison à « l'époque du contrat. — Art. 16. Le contrat peut « être résolu sur la demande des parties ou de l'une « d'elles : 1º dans le cas où l'une des parties manquerait aux stipulations du contrat ; 2º pour cause « d'infraction grave ou habituelle aux prescriptions « de la présente loi ; 3º dans le cas d'inconduite « habituelle de la part de l'apprenti ; 4º si le maître « transporte sa résidence dans une autre commune « que celle qu'il habitait lors de la convention « (néanmoins, la demande en résolution fondée sur « ce motif ne sera recevable que pendant trois mois, « à compter du jour où le maître aura changé de « résidence) ; 5º si le maître ou l'apprenti encourait « une condamnation, emportant un emprisonnement « de plus d'un mois ; 6º dans le cas où l'apprenti « viendrait à contracter mariage. — Art. 17. Si le « temps convenu pour la durée de l'apprentissage « dépasse le maximum de la durée consacrée par les « usages locaux, ce temps peut être réduit ou le « contrat résolu. — Art. 18. Toute demande à fin « d'exécution ou de résolution de contrat, sera jugée « par le Conseil des prud'hommes dont le maître est « justiciable, et, à défaut, par le juge de paix du « canton. Les réclamations qui pourraient être dirigées contre les tiers, en vertu de l'article 13 de la « présente loi, seront portées devant le Conseil de « prud'hommes ou devant le juge de paix *du lieu* « *de leur domicile*. — Art. 20. Toute contravention « aux articles 4, 5, 6, 9 et 10 de la présente loi sera « poursuivie devant le tribunal de police et punie « d'une amende de 5 à 15 francs. Pour les contraventions aux articles 4, 5, 9 et 10, le tribunal de « police pourra, *dans le cas de récidive*, prononcer, « outre l'amende, un emprisonnement d'un à cinq « jours. En cas de récidive, la contravention à l'article 6 sera poursuivie devant le tribunal correctionnel et punie d'un emprisonnement de quinze « jours à trois mois, sans préjudice d'une amende « qui pourra s'élever de 50 à 300 francs.

Le contrat de louage d'ouvrage est écrit ou verbal, il existe en fait lorsque les parties contractantes se sont rencontrées et ont convenu d'exécuter tel travail pour tel prix. L'entreprise d'un ouvrage moyennant un prix déterminé par écrit ou verbalement est aussi un louage d'ouvrage, lorsque la matière est fournie par celui pour qui l'ouvrage est fait (code civil, art. 1710, 1711 et suivants). Le contrat de louage d'ouvrage est exempt de timbre et d'enregistrement (loi du 2 juillet 1890).

Ainsi donc le contrat de travail s'étend de l'apprenti au compagnon, employé ou contremaître en passant par la *petite main*, le manœuvre et le tâcheron.

Conventions, exécution, indemnités, salaires

Les contrats de louage de services et de louage d'ouvrage sont régis par le droit commun, et leur interprétation est dévolue, en cas de contestation, aux conseils de prud'hommes, là où il en existe, et pour les professions inscrites aux décrets institutifs de ces conseils de prud'hommes ; et aux juges de paix, là où il n'existe pas de conseils de prud'hommes.

Tout contrat suppose des conventions écrites ou verbales, et les conventions font la loi entre les parties, conformément aux articles suivants du Code civil :

« Art. 1134. — Les conventions légalement formées tiennent lieu de loi à ceux qui les ont faites.

« Elles ne peuvent être révoquées que de leur consentement mutuel, ou pour les causes que la loi autorise. Elles doivent être exécutées de bonne foi.

« Art. 1135. — Les conventions obligent non seulement à ce qui y est exprimé; mais encore à toutes les suites que l'équité, l'usage ou la loi donnent à l'obligation d'après sa nature.

« Lorsque la convention porte que celui qui manquera de l'exécuter paiera une certaine somme a titre de dommages-intérêts, il ne peut être alloué a l'autre partie une somme plus forte ni moindre. »

Cet article n'a pas été abrogé par la loi du 27 septembre 1890 dont nous avons donné le texte, page 1 ; en conséquence, si la convention qui consiste à renoncer à toute indemnité en cas de rupture du contrat de louage est nulle de plein droit, la convention qui fixe d'avance et au début de l'embauchage cette indemnité, est parfaitement légale et les tribunaux ne peuvent allouer (article 1135 du code civil) une somme plus forte, ni moindre.

L'article 1779 du code civil définit comme suit le louage d'ouvrage :

« Il y a trois espèces de louages d'ouvrage et d'industrie : 1° Le louage des gens de travail qui s'engagent au service de quelqu'un ; 2° celui des voituriers tant par terre que par eau qui se chargent des transports de personnes ou de marchandises ; « 3° celui des entrepreneurs d'ouvrage par suite de devis ou marchés. »

Ces trois espèces de louages d'ouvrage comportent des responsabilités que le code civil a définies comme suit :

D'abord, par ce principe de droit commun énoncé aux articles 1382 et 1383 du code civil :

« Art. 1382. — Tout fait quelconque de l'homme qui cause à autrui un dommage oblige celui par la faute duquel il est arrivé à le réparer ;

« Art. 1383. — Chacun est responsable du dommage qu'il a causé non-seulement par son fait, mais encore par sa négligence. »

C'est en vertu de ces deux articles que l'ouvrier obtient des dommages-intérêts pour pertes de temps, déplacements, dérangements inutiles dus à la faute du patron ou à sa négligence. C'est aussi d'après ce texte que les patrons réclament à leurs ouvriers des indemnités pour destructions d'objets, désorganisation d'atelier, désordre, malfaçons, etc.

L'article 1384 qui renchérit encore sur cette responsabilité, se trouve en quelque sorte limité à la seule faute personnelle par les articles 1788 et suivants du Code civil.

« Art. 1384. — On est responsable non seulement « des dommages que l'on cause par son propre fait, « mais encore de celui qui est causé par le fait des « personnes dont on doit répondre ou des choses que « l'on a sous sa garde…. ; Les maîtres et les commettants, du dommage causé par leurs domestiques et « préposés dans les fonctions auxquelles ils les ont « employés ; — les instituteurs et les ARTISANS du « dommage causé par leurs élèves et apprentis pendant le temps qu'ils sont sous leur surveillance.

» Art. 1788. — Si dans le cas où l'ouvrier fournit « la matière, la chose vient à périr, de quelque manière que ce soit, avant d'être livrée, la perte en « est pour l'ouvrier à moins que le maître ne fût en « demeure de recevoir la chose.

« Art. 1789. — Dans le cas où l'ouvrier fournit « seulement son travail ou son industrie, si la chose « vient à périr, l'ouvrier n'est tenu que de sa faute.

« Art. 1790. — Si dans le cas de l'article précédent la chose vient à périr, QUOIQUE SANS AUCUNE « FAUTE DE LA PART DE L'OUVRIER, avant que l'ouvrage ait été reçu, et sans que le maître fût en « demeure de le vérifier, L'OUVRIER N'A POINT DE SALAIRE A RÉCLAMER, à moins que la chose n'ait péri « par le vice de la matière.

« Art. 1799. — Les maçons, charpentiers, serruriers et autres ouvriers qui font directement des « marchés à prix fixe sont astreints aux règles prescrites à l'article 1792 (responsabilité des entrepreneurs pendant 10 ans pour tous vices de construction) et à l'article 1797 (responsabilité de l'entrepreneur qui doit répondre du fait des personnes qu'il emploie) ; ILS SONT ENTREPRENEURS DANS LA PARTIE QU'ILS TRAITENT.

Ce dernier article du Code civil est applicable en ce qui concerne les ouvrages faits sous forme d'entreprise par des piéceurs à domicile ou dans les ateliers où se loue la force motrice, les tâcherons, sous-traitants, etc., etc.

Le contrat de louage d'ouvrage soit écrit, soit verbal, comporte donc des responsabilités patronales ou ouvrières suivant le cas ; mais il comporte avant tout l'obligation pour l'ouvrier de fournir du travail en échange d'un salaire que le patron s'oblige à lui payer, suivant les usages ou les conventions. Le paiement du salaire se fait, à la journée à la semaine, à la quinzaine ou au mois. Il se décompte à la pièce, à la tâche, à l'heure, à la journée, à la semaine ou au mois. A ce sujet, il est utile de relever ici les articles 2271, 2274 et suivants du Code civil :

« Art. 2271. — L'action des ouvriers et gens de « travail, pour le paiement de leurs journées, fournitures et salaires, se prescrit par SIX MOIS; celle « des domestiques qui se louent à l'année pour le « paiement de leurs salaires se prescrit par un an.

« Art. 2274. — La prescription, dans les cas ci-« dessus, a lieu quoiqu'il y ait eu continuation de « fournitures, livraisons, services et travaux.

« Elle ne cesse de courir que lorsqu'il y a un « compte arrêté, cédule ou obligation, OU CITATION « EN JUSTICE NON PÉRIMÉE.

« Art. 2101. — Les créances privilégiées sur la « généralité des meubles sont dans l'ordre : 1° les « frais de justice ; 2° les frais funéraires ; 3° les frais « de la dernière maladie : 4° les salaires des gens de « service pour l'année échue et ce qui est dû sur « l'année courante ;….

« Art. 2103. — Les créanciers privilégiés sur les « immeubles sont, dans l'ordre : 1° Le vendeur pour « le paiement du prix; 2° ceux qui ont fourni les « deniers pour l'acquisition ; 3° les cohéritiers sur « les immeubles de leur succession et pour la garantie des partages faits entre eux ; 4° LES ARCHITECTES, ENTREPRENEURS, MAÇONS ET AUTRES OUVRIERS « EMPLOYÉS POUR ÉDIFIER, RECONSTRUIRE OU RÉPARER « DES BATIMENTS OU AUTRES OUVRAGES QUELCONQUES, « pourvu qu'il ait été dressé un procès-verbal de « constat et que les ouvrages aient été reçus dans les « six mois de leur perfection. »

A inscrire à la suite et pour mémoire :

« Art. 1798. — Les maçons, charpentiers et autres ouvriers qui ont été employés à la construction d'un bâtiment ou d'autres ouvrages faits à « l'entreprise, n'ont d'action contre celui pour lequel « les ouvrages ont été faits, que jusqu'à concurrence « de ce dont il se trouve être débiteur envers l'entrepreneur, au moment où leur action est intentée ».

Pour la résolution du contrat de louage d'ouvrage ou de service, il faut se reporter à l'article 3 de la loi du 2 juillet 1890, qui a mis fin aux livrets d'ouvriers et à la loi du 27 décembre 1890 qui a modifié l'article 1780 du code civil sur le contrat de louage d'ouvrage (voir page 1 de l'avant-propos).

« Art. 3 de la loi du 2 juillet 1890. — Toute personne qui engage ses services peut, à l'expiration « du contrat, **exiger de celui à qui il les a loués,** « **sous peine de dommages-intérêts, un certificat** « contenant exclusivement la date de son entrée, « celle de sa sortie, et l'espèce de travail auquel il « a été employé. Ce certificat est exempt de timbre « et d'enregistrement. »

La résiliation du louage de services, lorsqu'il y a contrat écrit ou verbal se fait suivant les termes de ce contrat. La résiliation du louage de services dont la durée a été déterminée se fait de plein droit à l'expiration du contrat écrit ou verbal. Le louage de services fait, sans détermination de durée, peut toujours cesser par la volonté d'une des parties contractantes. Néanmoins, la résiliation du contrat par la *volonté d'un seul des contractants peut* donner lieu à des dommages-intérêts et les parties ne peuvent renoncer à l'avance au droit éventuel de demander des dommages-intérêts. Quatre arrêts de la cour de cassation, arrêts du 21 mars 1895, du 6 novembre 1895, et du 14 novembre 1894 et du 18 mars 1902 ont fixé la jurisprudence sur ce point, à savoir :

1° Que la résiliation du louage de services fait sans détermination de durée ne peut donner lieu à dommages-intérêts que si la partie qui en est l'auteur a fait de son droit un usage abusif et préjudiciable ;

2° Que la demande en dommages-intérêts est repoussée à juste titre lorsque la partie demanderesse n'invoquera aucune convention expresse ou tacite obligeant son co-contractant à lui payer une indemnité et lorsqu'il n'est articulé aucune circonstance qui puisse faire considérer l'un des contractants comme ayant abusé de son droit de résiliation;

3° Que le rejet de la demande est suffisamment justifié lorsque les juges du fait décident par appréciation des faits de la cause que le congé, d'une part, n'a pas été donné sans motif sérieux et, d'autre part, qu'il n'a rien eu d'intempestif et de brutal.

4° Que la convention déclarée nulle par l'article 1780 § 4 du code civil est celle par laquelle les parties renonceraient d'avance au droit éventuel de demander des dommages-intérêts dus au cas où la résiliation du contrat par la volonté d'un seul des contractants constitue une fraude préjudiciable (cassation, arrêt du 18 mars 1902).

Loi du 18 juillet 1901 assurant le maintien du contrat de louage de service pendant les périodes d'instruction militaire des réservistes et des territoriaux. — ARTICLE PREMIER. En matière de louage de services quand un patron, un employé ou un ouvrier est appelé sous les drapeaux comme réserviste ou territorial pour une période d'instruction militaire, le contrat de travail ne peut être rompu à cause de ce fait. — Art. 2. Alors même que, pour une cause légitime, le contrat serait dénoncé par l'une des parties la durée d'une période militaire est exclue des délais impartis par l'usage pour la validité de la dénonciation, sauf toutefois dans le cas où le contrat de louage a pour objet une entreprise temporaire prenant fin pendant la période d'instruction militaire. — Art. 3. En cas de violation des articles précédents par l'une des parties, la partie lésée aura droit à des dommages-intérêts qui seront arbitrés par le juge conformément aux articles 1780 du code civil. — Art. 4. Toute stipulation contraire aux dispositions qui précèdent est nulle de plein droit.

Loi du 7 décembre 1898 sur les salaires. — Article premier. Les salaires des ouvriers et employés doivent être payés en monnaie métallique ou fiduciaire ayant cours légal, nonobstant toute stipulation contraire, à peine de nullité. — Art. 2. Pour le travail aux pièces, les conditions de payement jusqu'à l'achèvement de l'ouvrage seront fixées de gré à gré par les intéressés et devront prévoir des acomptes à moins de seize jours d'intervalle. — Art. 3. Les payements des salaires des ouvriers et des employés seront faits un jour de travail. Ils ne pourront être effectués dans les débits de boissons, magasins de vente ou économats, sauf pour les personnes qui y sont occupées. — Art. 4. Tout règlement d'atelier doit, pour être applicable, avoir été déposé depuis un mois au moins au conseil de prud'hommes ou à défaut, au greffe de la justice de paix et affiché bien en vue dans les ateliers. Il est interdit à tout chef d'industrie ou de commerce, à toute administration publique ou privée, d'imposer à leurs employés, ouvriers ou apprentis des amendes, des retenues ou des mises à pied par mesures disciplinaires ayant pour conséquence une diminution de salaires. La déduction de salaire pour malfaçons ou toute autre cause devant entraîner la réparation d'un préjudice causé au patron, ne tombe pas sous l'application des dispositions du présent article et, s'il y a contestation, elle sera jugée suivant les règles de droit en matière de dommages-intérêts. — Art. 5. Sans préjudice de la responsabilité civile, toute contravention aux prescriptions des art. 1, 2, 3, 4, § 1 et 2, de la présente loi sera portée devant le juge de paix jugeant en simple police et sera passible d'une amende de 15 francs. L'art. 463 du Code pénal sera applicable. Les inspecteurs du travail concurremment avec les officiers de police judiciaire, sont chargés de l'exécution de la présente loi.

Différends collectifs, grèves, conciliation et arbitrage. — Voici la loi du 27 décembre 1892 sur la conciliation et l'arbitrage facultatifs en cas de grève :

« Art. 1er. — Les patrons, ouvriers ou employés, « entre lesquels s'est produit un différend d'ordre « collectif portant sur les conditions du travail, « peuvent soumettre les questions qui les divisent à « un comité de conciliation et à défaut d'entente « dans ce comité, à un conseil d'arbitrage, lequel « sera constitué dans les formes suivantes : — « Art. 2. — Les patrons, ouvriers ou employés « adressent soit ensemble, soit séparément, en per- « sonne ou par mandataires, au juge de paix du « canton ou de l'un des cantons où existe le diffé- « rend, une déclaration écrite contenant : 1° les « noms, qualités et domiciles des demandeurs ou de « ceux qui les représentent; 2° l'objet du différend « avec l'exposé succinct des motifs allégués par la « partie; 3° les noms, qualités et domiciles des per- « sonnes auxquelles la proposition de conciliation ou « d'arbitrage doit être notifiée; 4° les noms, quali- « tés et domiciles des délégués choisis parmi les « intéressés, par les demandeurs pour les assister ou « les représenter, sans que le nombre des personnes « désignées puisse être supérieur à cinq. — Art. 3. « — Le juge de paix délivre récépissé de cette dé- « claration, avec indication de la date et de l'heure « du dépôt, et la notifie sans frais, dans les vingt- « quatre heures, à la partie adverse ou à ses repré- « sentants, par lettre recommandée, ou, au besoin, « par affiches apposées aux portes de la justice de « paix des cantons et à celles de la mairie des com- « munes sur le territoire desquel,es s'est produit le « différend. — Art. 4. — Au reçu de cette notifica- « tion et, au plus tard, dans les trois jours, les inté- « ressés doivent faire parvenir leur réponse au juge « de paix. Passé ce délai, leur silence est tenu pour « refus. S'ils acceptent, ils désignent, dans leurs ré- « ponses les noms, qualités et domiciles des délé- « gués choisis pour les assister ou les représenter, « sans que le nombre des personnes désignées puisse « être supérieur à cinq. Si l'éloignement ou l'ab- « sence des personnes auxquelles la proposition est « notifiée, ou la nécessité de consulter des mandants, « des associés ou un conseil d'administration, ne « permettent pas de donner une réponse dans les « trois jours, les représentants desdites personnes « doivent, dans ce délai de trois jours, déclarer quel « est le délai nécessaire pour donner cette réponse. « Cette déclaration est transmise par le juge de paix « aux demandeurs dans les vingt quatre heures. — « Art. 5. — Si la proposition est acceptée, le juge « de paix invite d'urgence les parties ou les délé- « gués désignés par elles à se réunir en comité de « conciliation. Les réunions ont lieu en présence du « juge de paix, qui est à la disposition du comité « pour diriger les débats. — Art. 6. — Si l'accord « s'établit dans ce comité, sur les conditions de la « conciliation, ces conditions sont consignées dans « un procès-verbal dressé par le juge de paix et « signé par les parties ou leurs délégués. — Art. 7. « — Si l'accord ne s'établit pas, le juge de paix in- « vite les parties à désigner, soit chacune un ou plu- « sieurs arbitres, soit un arbitre commun. Si les ar- « bitres ne s'entendent pas sur la solution à donner « au différend, ils pourront choisir un nouvel arbitre « pour les départager. — Art. 8. — Si les arbitres « n'arrivent pas à s'entendre ni sur la solution à « donner au différend, ni pour le choix de l'arbitre « départiteur, ils le déclareront sur le procès-verbal « et cet arbitre sera nommé par le président du tri- « bunal civil, sur le vu du procès-verbal qui lui sera « transmis d'urgence par le juge de paix. — Art. 9. « — La décision sur le fond, prise, rédigée et signée « par les arbitres, est remise au juge de paix. — « Art. 10. — En cas de grève, à défaut d'initiative « de la part des intéressés, le juge de paix invite « d'office, et par les moyens indiqués à l'article 3, « les patrons, ouvriers et employés, ou leurs repré- « sentants à lui faire connaître dans les trois jours : « 1° l'objet du différend avec l'exposé succinct des « motifs allégués; 2° leur acceptation ou refus de « recourir à la conciliation et à l'arbitrage; 3° les « noms, qualités et domiciles des délégués choisis, « le cas échéant par les parties, sans que le nombre « des personnes désignées de chaque côté puisse « être supérieur à cinq. Le délai de trois jours pourra « être augmenté pour les causes et dans les condi- « tions indiquées à l'article 4. Si la proposition est « acceptée, il sera procédé conformément aux ar- « ticles 5 et suivants. — Art. 11. — Les procès- « verbaux et décisions mentionnés aux articles 6, 8 « et 9 ci-dessus sont conservés en minute au greffe « de la justice de paix, qui en délivre gratuitement « une expédition à chacune des parties et on adresse « une autre au ministre du commerce et de l'indus-

« trie par l'entremise du préfet. — Art. 12. — La « demande de conciliation et d'arbitrage, le refus ou « l'absence de réponse de la partie adverse, la déci- « sion du comité de conciliation ou celle des ar- « bitres notifiés par le juge de paix au maire de « chacune des communes où s'étendait le différend, « sont, par chacun de ces maires, rendus publics « par affichage à la place réservée aux publications « officielles. L'affichage de ces décisions pourra, en « outre, se faire par les parties intéressées. Les « affiches seront dispensées du timbre. — Art. 13. « — Les locaux nécessaires à la tenue des comités de « conciliation et aux réunions des arbitres sont « fournis, chauffés et éclairés par les communes où « ils siègent. Les frais qui en résultent sont compris « dans les dépenses obligatoires des communes. Les « dépenses des comités de conciliation et d'arbitrage « seront fixés par arrêtés du préfet du département « et portées au budget départemental comme dé- « penses obligatoires. — Art. 14. — Tous actes faits « en exécution de la présente loi seront dispensés « du timbre et enregistrés gratis. — Art. 15. — Les « arbitres et les délégués nommés en exécution de « la présente loi, devront être citoyens français. Dans « les professions ou industries où les femmes sont « employées, elles pourront être désignées comme « déléguées, à la condition d'appartenir à la natio- « nalité française. »

Lois et décrets concernant les conseils de prud'hommes. — Une foule de lois et décrets en partie abrogés, en partie maintenus, règlent cette juridiction. Nous résumons comme suit les dispositions actuellement en vigueur et appliquées :

1. Les conseils de prud'hommes sont établis par décrets sur la demande motivée des chambres de commerce et avis du conseil municipal promettant de payer les dépenses. Le décret institutif doit être rendu en conseil d'Etat. Il fixe le nombre de membres de conseil, ce nombre est de six au moins, non compris le président et le vice-président (loi du 1er juin 1853). Il porte un tableau indiquant toutes les industries justiciables du conseil; la division de ces industries en catégories et le nombre des prud'hommes à élire dans chacune d'elles.

2. Les membres des conseils de prud'hommes, sont élus par les patrons, chefs d'atelier, contremaîtres et ouvriers appartenant aux industries dénommées dans les décrets d'institution : 1° Sont électeurs patrons : les patrons âgés de 25 ans accomplis, patentés depuis cinq ans au moins, et depuis trois ans dans la circonscription du conseil : les associés en nom collectif, patentés ou non, âgés de 25 ans accomplis, exerçant depuis cinq ans une profession assujettie à la contribution des patentes et domiciliés depuis trois ans dans la circonscription du conseil; 2° Sont électeurs ouvriers : les chefs d'ateliers, contremaîtres, ouvriers, âgés de 25 ans accomplis, exerçant depuis cinq ans au moins et domiciliés depuis trois ans dans la circonscription du conseil. Les inscriptions sur les listes électorales se font dans chaque mairie.

3. Sont éligibles, tous les électeurs âgés de plus de 30 ans et sachant lire et écrire.

4. Les élections se font sur la convocation du préfet qui doit convoquer séparément les électeurs patrons et les électeurs ouvriers, afin qu'il soit procédé séparément à l'élection des prud'hommes de leur classe. L'élection a lieu à la majorité absolue des suffrages au premier tour de scrutin, mais au second la majorité relative suffit.

5. Les membres des conseils de prud'hommes ainsi nommés, se réunissent en assemblée générale et élisent parmi eux, à la majorité absolue des membres présents, un président et un vice-président. La durée des fonctions de président et de vice-président est d'une année. Ils sont rééligibles. Lorsque

le président est choisi parmi les prud'hommes patrons, le vice-président doit être choisi parmi les prud'hommes ouvriers et réciproquement. Les conseillers prud'hommes prêtent le serment professionnel dès la première séance.

6. — Les conseils de prud'hommes sont divisés en deux bureaux : l'un appelé bureau particulier ou de conciliation, l'autre bureau général ou de jugement (articles 7 et 8 de la loi du 18 mars 1806). Le bureau particulier est composé de deux membres, dont l'un patron et l'autre ouvrier. Il est présidé alternativement par l'un et par l'autre. Le bureau général est composé indépendamment du président ou du vice-président qui le supplée, d'un nombre égal de prud'hommes patrons et de prud'hommes ouvriers.

7. — Auprès du conseil, siège un secrétaire qui lui est attaché et qui est nommé par les membres de ce conseil à la majorité absolue des suffrages; il peut être révoqué à volonté, mais, dans ce cas, la délibération doit être signée par les deux tiers des prud'hommes (art. 5 de la loi du 7 février 1880). Un huissier est également choisi par le conseil pour le service de ses audiences, mais cet huissier ne peut être choisi que parmi les huissiers exerçant dans le ressort du tribunal de l'arrondissement.

8. — Les conseils de prud'hommes sont compétents pour juger toutes les contestations entre marchands, fabricants, chefs d'atelier, contremaîtres, ouvriers, compagnons et apprentis, quelle que soit la quotité de la somme dont elles seraient l'objet. Toutefois la compétence des prud'hommes étant exceptionnelle, doit être renfermée dans les limites qui lui sont tracées par la loi et la qualité de fabricants, (patrons ou ouvriers) est nécessaire pour être soumis à cette compétence. Il faut, de plus, pour la compétence du conseil, que l'industrie qui a donné lieu au différend soit spécialement comprise dans le décret d'institution et que le différend soit né dans la circonscription de ce conseil. Les contestations relatives au contrat d'apprentissage et à la résiliation du contrat de louage sont de la compétence des conseils de prud'hommes. Toute demande en ce sens doit être jugée par le conseil de prud'hommes dont le maître est justiciable, c'est-à-dire par le conseil institué dans le lieu où la fabrique est établie. Les conseils de prud'hommes sont incompétents pour juger les différends entre deux fabricants. Ils sont également incompétents pour juger un patron non commerçant.

9. — La conciliation est le but principal de la création des conseils de prud'hommes. C'est le bureau particulier qui a pour mission de concilier les parties. Le bureau particulier ne juge pas, il doit seulement examiner l'affaire, proposer les bases de la conciliation et renvoyer les parties devant le bureau général ou de jugement s'il n'a pu concilier.

Les parties sont convoquées devant le bureau particulier par le secrétaire sur simple lettre.

Si la personne invitée par le secrétaire ne se présente pas, elle peut être citée par huissier. Cette citation doit contenir la date des jours, mois et an; les nom, profession et domicile du demandeur; les nom et demeure du défendeur; elle doit énoncer sommairement les motifs de la demande. Les formalités de la citation ne sont point exigées à peine de nullité : en conséquence, la nullité d'une citation ne doit être prononcée qu'en l'absence des formalités substantielles; doivent être considérées comme substantielles les formalités en l'absence desquelles un exploit ne pourrait pas exister. (Code pratique, de Th. Sarrazin; Marchal et Billard, éditeurs 27, place Dauphine.) La citation est notifiée au domicile du défendeur. Il y aura un jour au moins entre celui de la citation et le jour indiqué pour la comparution. Les parties doivent s'expliquer devant le conseil avec décence et modération; sinon elles peuvent, après avoir été rappelées inuti-

lement à leur devoir par le président, être condamnées à une amende qui ne dépassera pas dix francs, avec affiche du jugement dans la ville où siège le tribunal. Le mineur en tutelle ou soumis à la puissance paternelle ne peut prendre des arrangements devant le bureau de conciliation sans l'assistance de son père ou de son tuteur. La femme mariée sous le régime de la communauté de biens doit être assistée de son mari pour consentement, la femme séparée de biens peut consentir valablement sans autorisation du mari. Les procès-verbaux de conciliation des conseils de prud'hommes font foi jusqu'à inscription de faux.

10. — Le bureau général doit juger toutes les contestations pour lesquelles l'essai de conciliation a été inutile. Il juge en *dernier ressort* toute les demandes qui n'excèdent pas 200 francs en capital; et, à charge d'appel, toutes demandes dépassant 200 francs en capital ou dont la somme n'a pas été fixée. Le bureau général statue *en dernier ressort* également sur toute demande reconventionnelle lorsque celle-ci *est fondée* sur la demande principale et lorsque cette dernière ne dépasse pas 200 francs en capital. L'appel des jugements des conseils de prud'hommes est porté devant le tribunal de commerce. La citation devant le bureau général se règle d'après celle convoquant devant le bureau particulier. Le juge peut accorder à une femme non assistée de son mari, l'autorisation d'ester en justice devant lui. La preuve testimoniale des faits allégués peut être admise quel que soit le chiffre de la demande; mais, s'il s'agit d'une contestation civile — non commerciale par conséquent — la preuve testimoniale ne sera pas ordonnée si la demande excède 150 francs (article 109 du Code de commerce et article 1341 du Code civil). Les témoins ne doivent être admis à déposer, même dans une enquête, qu'après avoir prêté serment.

11. — Le jugement prononcé est contradictoire lorsqu'il a été statué en présence des deux parties. Ce jugement est définitif et exécutoire, si la demande n'excède pas 200 francs. Si le jugement est rendu par défaut, la partie condamnée peut demander au conseil par la voie de l'opposition, la réformation du jugement. L'opposition doit être formée dans les trois jours de la signification faite par l'huissier du conseil. Ce délai de trois jours peut être prorogé par le conseil dans certains cas prévus (articles 42 et 43 du décret du 11 juin 1809). Les jugements par défaut qui n'ont pas été exécutés dans les six mois, sont réputés non avenus. Cependant le jugement conserve toute sa force et vaut comme titre pendant 30 ans, si le créancier a fait constater l'impossibilité d'exécuter par un procès-verbal de carence dans les six mois.

12. — Il peut être fait appel des jugements des conseils de prud'hommes devant le tribunal de commerce lorsque la demande était indéterminée ou lorsque cette demande, ou plusieurs réunies dans le même jugement, excède 200 francs en capital. L'appel est valablement interjeté le jour même du jugement (article 645 du Code de commerce). Cet appel n'est plus recevable après les deux mois de la signification du jugement au conseil de prud'hommes (art. 38 du décret du 11 juin 1809). Le tribunal de commerce, saisi de l'appel, juge alors en dernier ressort quel que soit le chiffre de la demande et il n'existe plus pour faire réformer les jugements prononcés que les voies extraordinaires : la tierce opposition, et le pourvoi en cassation. L'opposition à jugements et l'appel devant le tribunal de commerce, suspendent l'exécution des jugements, des conseils de prud'hommes, à moins que le tribunal du premier degré n'ait ordonné l'exécution provisoire; mais la tierce opposition et le pourvoi en cassation n'empêchent pas l'exécution des jugements prononcés en dernier ressort.

13. — Il sera payé aux secrétaires des conseils de prud'hommes les sommes suivantes : Pour la lettre d'invitation de se rendre au conseil, 0 fr. 30; pour chaque rôle d'expédition qu'ils délivreront et qui contiendra vingt lignes à la page et dix syllabes à la ligne, 0 fr. 40. Pour l'expédition du procès-verbal, qui constatera que les parties n'ont pu être conciliées et qui ne doit contenir qu'une mention sommaire qu'elles n'ont pu s'accorder 0 fr. 80. Pour l'expédition du procès-verbal du dépôt d'un modèle, d'une marque, type, etc., 3 francs. Il sera payé à l'huissier attaché au conseil de prud'hommes : pour chaque citation 1 fr. 25; pour chaque copie 0 fr. 35; pour le répertoire 0 fr.10; pour signification d'un jugement, 1 fr. 75. S'il y a une distance de plus d'un demi-myriamètre entre la demeure de l'huissier et le lieu où devront être remises la citation et la signification, il sera payé par myriamètre en plus, aller et retour : pour la citation, 1 fr. 75; pour la signification, 2 francs; avance à faire à l'huissier pour commencement d'exécution d'un jugement : de 10 à 15 fr. suivant la distance. Pour un pouvoir : papier timbré de 0 fr. 60 et enregistrement de 3 fr. 75 au total 4 fr. 35. Tout secrétaire de conseils de prud'hommes, tout greffier de tribunaux de commerce et tout huissier convaincu d'avoir exigé une taxe plus forte que celle qui leur est allouée, sera puni comme concussionnaire.

Selon l'excellent relevé de M. Ed. Laroche, conseiller prud'homme de la Seine (*Guide du justiciable*, Lucien Bellet, éditeur, 80 rue de Bondy, Paris), pour éviter la plupart des contestations donnant lieu à une citation devant le conseil de prud'hommes il faut : 1° que les conditions de salaires soient consignées autant que possible, par écrit et en parties doubles; 2° que le patron ait un livre de paye constamment tenu à jour: 3° qu'un patron qui emploie des ouvriers travaillant au dehors ou aux pièces, ait un livre à souches sur lequel il inscrira la date, les quantités de marchandises confiées et le prix de la façon; 4° que patrons et ouvriers s'entendent bien au préalable sur la nature de l'embauchage, sur sa durée et sur l'indemnité, quelle qu'elle soit, à payer en cas de rupture du contrat; 5° qu'un règlement porté à la connaissance de tous soit constamment affiché dans les ateliers afin que chacun puisse connaître ses droits et ses devoirs (le règlement d'atelier selon l'arrêt de la cour de cassation du 8 novembre 1895 peut supprimer tout délai de prévenance en cas de renvoi ou d'abandon de travail) et toujours y conformer ses actes; 6° que patrons ou ouvriers ne doivent rien se promettre, verbalement devant témoins ou par écrit, qu'ils ne puissent tenir; 7° qu'on n'exige pas de part et d'autres plus qu'on ne peut donner; 8° qu'un patron n'exige pas le remboursement des avances faites à ses ouvriers par des retenues exagérées et dépassant plus du dixième des salaires; 9° que ce soit bien l'engagement et non le mode de paiement, qui fixe la durée du délai congé; 10° que ce délai-congé parte bien du lendemain du jour où il a été donné et qu'il soit exécuté de part et d'autres dans les mêmes conditions que le contrat auquel il met fin; 11° que l'exécution de chaque contrat de louage d'ouvrage ou de service soit précédé d'une période d'essai parfaitement déterminée et limitée, soit dans l'engagement, soit dans le règlement d'atelier qui sera au besoin visé par les intéressés; 12° qu'aucune mise en repos ou abandon de travail ne soit exercé par vexation, mais seulement pour cause de force majeure et que, dans tous les cas, cette mise au repos ou abandon de travail ne soit pas un prétexte à rupture du contrat de louage d'ouvrage ou de service; 13° que l'ouvrier en congé ait deux heures par jour pour se chercher du travail, bien qu'il n'y ait aucun droit.

Des devis et des marchés.

Nous empruntons au savant ouvrage de M. Emile Mathey, secrétaire du Conseil des prud'hommes, pour les produits chimiques de la Seine les considérations qui vont suivre :

Lorsqu'on charge quelqu'un de faire un ouvrage, on peut convenir qu'il fournira son travail ou son industrie, ou bien qu'il fournira aussi la matière. (Civ. 1787.)

Si, dans le cas où l'ouvrier fournit la matière (1), la chose vient à périr, de quelque manière que ce soit, avant d'être livrée, la perte en est pour l'ouvrier, à moins que le maître ne fût en demeure de recevoir la chose. (Civ. 1788.)

Dans le cas où l'ouvrier fournit seulement son travail ou son industrie, si la chose vient à périr, l'ouvrier n'est tenu que de sa faute. (Civ. 1789.)

Si, dans le cas de l'article précédent, la chose vient à périr, quoique sans aucune faute de la part de l'ouvrier, avant que l'ouvrage ait été reçu, et sans que le maître fût en demeure de le vérifier, l'ouvrier n'a point de salaires à réclamer, à moins que la chose n'ait péri par le vice de la matière. (Civ. 1790.)

S'il s'agit d'un ouvrage à plusieurs pièces ou à la mesure, la vérification peut s'en faire par partie : elle est censée faite pour toutes les parties payées, si le maître paie l'ouvrier en proportion de l'ouvrage fait. (Civ. 1791.)

Le maître peut résilier, par sa seule volonté, le marché à forfait, quoique l'ouvrage soit déjà commencé, en dédommageant l'entrepreneur (2) de toutes ses dépenses, de tous ses travaux, et de tout ce qu'il aurait pu gagner dans cette entreprise. (Civ. 1794.) (3).

Le contrat de louage d'ouvrage est dissous par la mort de l'ouvrier. (Civ. 1795.) — Mais le propriétaire (de la chose) est tenu de payer à la succession de l'ouvrier, en proportion du prix porté par la convention, la valeur des ouvrages faits, lors seulement que ces travaux peuvent lui être utiles. (Civ. 1796.)

L'entrepreneur (4) répond du fait des personnes qu'il emploie. (Civ. 1797.)

De quelques dispositions relatives aux salaires.

Le taux des salaires doit être débattu et fixé par les parties contractantes. (Civ. 1710 et 1711, § 5.) — Il peut être convenu à l'heure, à la journée, à

(1) Dans le cas où l'ouvrier fournit *toute* la matière, il fait acte de fabricant ou d'entrepreneur et, par suite, s'il naît une contestation, il ne doit pas actionner le maître ou patron devant les prud'hommes. — Il n'en est pas de même si l'ouvrier ne fournit qu'*une partie (minime et accessoire)* de la matière.

(2) Les *ouvriers à façon* sont désignés dans le Code civil sous la dénomination d'*entrepreneurs d'ouvrages*. Ils sont régis par les art. 1787 et suiv. dudit code.

(3) La jurisprudence applique cet article de loi aux travaux à façon (ou à la tâche ou aux pièces) s'exécutant soit chez l'ouvrier, soit dans l'atelier ou l'usine.

(4) Même l'entrepreneur d'ouvrages à façon ou à forfait. — L'exploitation de l'ouvrier par voie de marchandage est interdite par le décret du 2 mars 1848. (Ainsi jugé, sur renvoi de la Cour de cassation, par arrêt de la Cour d'appel d'Orléans, en date du 18 juillet 1899, qui décide : — 1° que le marchandage prohibé par le décret du 2 mars 1848 consiste dans la convention passée entre un tâcheron non ouvrier et des ouvriers qu'il emploie et qu'il paie à l'heure ou à la journée pour l'exécution des travaux de sous-entreprise; 2° que doit être considéré comme complice du délit de marchandage, réprimé par le décret du 2 mars 1848, l'entrepreneur qui a traité avec un tâcheron, sachant dans quelles conditions seraient exécutés les travaux sous-entrepris, et qui a mis ses chantiers à la disposition des ouvriers travaillant à la journée sous les ordres de ce tâcheron. — Voir aussi l'article 1798 du Code civil.)

la semaine, à la quinzaine, au mois, à l'année, — ou à façon (ou à la tâche).

Les ouvriers à façon sont responsables des mal-façons. (Application des articles 1382 à 1384 du Code civil). — Mais il n'en est pas de même, selon la jurisprudence, pour les ouvriers travaillant à *temps* (c'est-à-dire à l'heure, à la journée, etc...) : ceux-ci devant être surveillés, dans l'exécution de leur travail, par le patron ou ses préposés. Toutefois ils seraient passibles de dommages-intérêts s'ils commettaient une *faute professionnelle lourde* ou encore un *acte intentionnel* entraînant un préjudice pour le patron.

L'action des ouvriers et gens de travail, pour le paiement de leurs journées (1), fournitures et salaires, se prescrit par six mois. (Civ. 2271.) (2).

Cette prescription cesse d'être opposable dès que le débiteur poursuivi a reconnu expressément ou tacitement l'existence de la dette. (Cass. 30 juillet 1879.)

Les salaires acquis aux ouvriers directement employés par le débiteur pendant les trois mois qui ont précédé l'ouverture de la liquidation judiciaire ou la faillite, sont admis au nombre des créances privilégiées, au même rang que le privilège général sur les meubles, établi par l'article 2101 du Code civil pour le salaire des gens de service. (Comm.549.)

Les salaires des ouvriers ne sont saisissables que jusqu'à concurrence d'un dixième, quel que soit le montant de ces salaires. (Loi 12 janvier 1895, art. 1er, § 1er.)

Ces salaires ne peuvent être cédés que jusqu'à concurrence d'un autre dixième. (Même loi, art. 2.) (3).

Aucune compensation ne s'opère au profit des patrons entre le montant des salaires dus par eux à leurs ouvriers et les sommes qui leur seraient dues à eux-mêmes pour fournitures diverses, quelle qu'en soit la nature, à l'exception toutefois : 1° Des outils ou instruments nécessaires au travail; — 2° Des matières et matériaux dont l'ouvrier a la charge et l'usage; 3° Des sommes avancées pour l'acquisition de ces mêmes objets. (Même loi, art. 4.)

Tout patron qui fait une avance en espèces en dehors du cas prévu par le paragraphe 3 de l'article 4 (qui précède) ne peut se rembourser qu'au moyen de retenues successives ne dépassant pas le dixième du montant des salaires exigibles. — La retenue opérée de ce chef ne se confond ni avec la partie saisissable ni avec la partie cessible portée en l'article 2 (susrelaté). — Les acomptes sur un travail en cours ne sont pas considérés comme avances. — (Même loi, art. 5.)

Aucune retenue ne doit être opérée sur les salaires, en vue d'assurance contre les accidents du travail. (Loi du 9 avril 1898 — *applicable à partir du 1er juillet 1899*, — art. 1er, qui met l'indemnité due en cas d'accident, à la charge du chef d'entreprise.) (Renseignements généraux de procédure et de législation, Emile Mathey, 1902, Plon-Nourrit et Cie, éditeurs, 8 rue Garancière, Paris.)

(1) Suivant la jurisprudence, toute journée commencée est due en entier, si l'ouvrier est renvoyé sans motif légitime; mais, en cas de départ volontaire de l'ouvrier, le patron, par réciprocité, peut être autorisé à retenir le salaire du temps fait sur la journée.

(2) La prescription se compte par jours et non par heures. (Civ. 2260.) — Elle est acquise lorsque le dernier jour du terme est accompli. (Civ. 2261.)

(3) Les cessions et saisies pour le paiement des *dettes alimentaires* prévues par les articles 203, 205, 206, 207, 214 et 349 du Code civil ne sont pas soumises aux restrictions portées aux articles 1 et 2 de la loi du 12 janvier 1895. (Même loi, art. 3.)

Loi du 3 août 1899 (*Journal Officiel* du 7 août B. 2094) sur le casier judiciaire et sur la réhabilitation de droit. — Le greffe de chaque tribunal de première instance reçoit, en ce qui concerne les personnes nées dans la circonscription un bulletin n° 1 constatant les condamnations encourues pour crime ou délit, les décisions prononcées par application de l'article 66 du code pénal; les décisions disciplinaires lorsqu'elles entraînent des incapacités, *les jugements déclaratifs de faillite ou de liquidation judiciaire;* un bulletin n° 2 portant le relevé intégral des bulletins n° 1; un bulletin n° 3 sur lequel ne seront pas portées les décisions prononcées par application de l'article 66 du Code pénal et qui pourra être délivré à toute personne que ce bulletin concerne; mais il ne pourra être délivré, dans aucun cas, à un tiers, sauf aux administrations publiques. Les déclarations de faillite ne seront portées sur ce bulletin que si le failli n'a pas été déclaré excusable par le tribunal ou s'il n'a pas obtenu son concordat. Cessent d'être inscrites au bulletin n° 3 délivré au simple particulier : 1° un an après l'expiration de la peine corporelle ou le payement de l'amende, la condamnation unique à moins de six jours de prison ou à une amende ne dépassant pas 25 francs ou à ces deux peines réunies, sauf le cas où ces condamnations entraîneraient une incapacité civile ou politique; 2° cinq ans après l'expiration de la peine corporelle ou le payement de l'amende, la condamnation unique à six mois de prison ou à une amende; 3° dix ans après l'expiration de la peine la condamnation unique à une peine de deux ans ou les condamnations multiples dont l'ensemble ne dépasse pas un an; 4° quinze ans après l'expiration de la peine, la condamnation unique supérieure à deux ans. La remise totale ou partielle, par voie de grâce, de l'une ou de l'autre de ces peines équivaudra à leur exécution totale ou partielle. Dans tous les cas, la réhabilitation ainsi fixée sera alors de plein droit.

Conditions du travail dans les marchés conclus avec l'État, les départements et les communes. Décrets du 10 août 1899, J. off. du 11 août, B. 2098 sur les conditions du travail dans les marchés avec l'État, les départements et les communes (3 décrets) aux termes desquels les traitants devront: 1° Assurer aux ouvriers et employés un jour de repos par semaine; 2° N'employer d'ouvriers étrangers que dans une proportion fixée par l'administration; 3° Payer aux ouvriers un salaire normal égal pour chaque profession et pour chaque catégorie d'ouvriers, au taux couramment appliqué dans la ville ou la région; 4° Limiter la durée du travail journalier à la durée normale du travail en usage; il ne pourra y avoir de sous-traitant qu'avec l'assentiment de l'administration. Celle-ci pourra indemniser les ouvriers lésés à l'aide de retenues opérées sur les sommes dues à l'entrepreneur.

Loi du 10 avril 1902, J. off. du 12 avril, B. 2364, complétant l'article 2 de la loi du 27 décembre 1896 sur le contrat de louage : ARTICLE UNIQUE : Le paragraphe suivant est ajouté à l'article 2 de la loi du 27 décembre 1890 : « Dans le cas où l'homologation, prévue par l'article 2 de la loi du 27 décembre 1890 sur le contrat de louage et les rapports entre les agents de chemins de fer et les compagnies, n'est accordée que sous réserve de certaines modifications ou additions non acceptées par la Compagnie, il sera statué par un décret rendu sur avis conforme du Conseil d'État.

Législation et procédures. — Dispositions nouvelles.

EXPLOITS D'HUISSIER

Loi du 15 février 1899, J. off. du 17 février, B. 2054 sur le secret des actes signifiés par les huissiers. L'article 68 du Code de procédure civile est modifié comme suit :

Art. 68. — Tous exploits seront faits à personne ou domicile ; mais si l'huissier ne trouve au domicile ni la partie, ni aucun de ses parents ou serviteurs, il remettra de suite la copie à un voisin qui signera l'original ; si ce voisin ne veut ou ne peut signer, l'huissier remettra la copie au maire ou adjoint de la commune, lequel visera l'original sans frais.

Lorsque la copie sera remise à toute autre personne que la partie elle-même ou le procureur de la République, elle sera délivrée sous enveloppe fermée, ne portant d'autre indication d'un côté que les noms et demeure de la partie, et de l'autre que le cachet de l'étude de l'huissier apposé sur la fermeture du pli.

L'huissier fera mention du tout, tant sur l'original que sur la copie.

Électorat des femmes commerçantes.

Loi du 23 janvier 1898, *J. off.* du 25 janvier, B 1935, conférant aux femmes commerçantes l'électorat, mais non l'éligibilité, pour l'élection aux tribunaux de commerce.

CHAMBRE DE COMMERCE

Loi du 9 avril 1898, *J. off.* du 19 avril, B. 1971, relative à l'organisation des chambres de commerce et des chambres consultatives des arts et manufactures.

Accidents du travail.

Loi du 9 avril 1898, *J. off.* du 10 avril, B. 1977, concernant les responsabilités des accidents dont les ouvriers sont victimes dans leur travail. (Voir page 94, colonne 1.)

Commerce de brocanteur.

Loi du 15 février 1898, Journal officiel du 17 février, B. 1947.

Article 1er. Tout brocanteur, revendeur de vieux meubles, linges, hardes, bijoux, livres, vaisselles, armes, métaux, ferraille et autres objets et marchandises de hasard, ou qui achète les mêmes marchandises neuves de personnes autres que celles qui les fabriquent ou en font le commerce, est tenu :

1° De se faire préalablement inscrire sur les registres ouverts à cet effet à la préfecture de police, s'il habite Paris ou dans le ressort de la préfecture de police, ou à la préfecture du département qu'il habite. A cet effet, il sera tenu de présenter sa patente ou un certificat de décharge et un certificat d'individualité ; il lui sera remis un bulletin d'inscription qu'il sera tenu de présenter à toute réquisition ;

2° D'avoir un registre coté et paraphé par le commissaire de police ou, à son défaut, par le maire, et sur lequel il inscrira, jour par jour et sans blanc ni rature, les noms, surnoms, qualités et demeures de ceux avec qui il contracte, ainsi que la nature, la qualité et le prix desdites marchandises ; il devra présenter ce registre, tenu en état, à toute réquisition ;

3° En cas de changement de domicile, de faire une déclaration au commissariat de police ou, à défaut, à la mairie, tant du lieu qu'il quitte qu'au commissariat et à la mairie du lieu où il va s'établir.

Toute contravention aux prescriptions ci-dessus énoncées sera punie d'une amende de un franc (1 f) à cinq francs (5 f) et, en cas de récidive, d'un emprisonnement de un à cinq jours et d'une amende de dix francs (10 f) à quinze francs (15 f) ou de l'une de ces deux peines seulement.

Art. 2. Il est spécialement défendu aux personnes visées dans l'article 1er d'acheter aucuns meubles, hardes, linges, bijoux, livres, métaux, vaisselles,

en un mot tout objet mobilier quelconque, d'enfants mineurs sans le consentement exprès et écrit des père, mère et tuteurs, ni d'acheter d'aucune personne dont le nom et la demeure ne leur seraient pas connus, à moins que leur identité ne soit certifiée par deux témoins connus qui devront signer au registre, sous peine d'un emprisonnement de cinq jours à un mois et d'une amende de cinq francs (5 f) à deux cents francs (200 f).

Art. 3. Le brocanteur n'ayant pas boutique est tenu aux mêmes obligations. Il doit, en outre, porter ostensiblement et présenter à toute réquisition la médaille qui lui sera délivrée et sur laquelle seront inscrits ses nom et prénoms et numéro d'inscription.

Il est, de plus, soumis à toutes les mesures de police prescrites, pour la tenue des foires et marchés, par les arrêtés préfectoraux et municipaux.

En cas de contraventions aux dispositions du présent article, les pénalités prévues par l'article 1er seront appliquées.

Art. 4. Les tribunaux pourront appliquer, en cas de circonstances atténuantes, l'article 463 du code pénal pour toutes les infractions à la présente loi.

Art. 5. La présente loi est applicable en France et en Algérie.

Art. 6. Toutes dispositions et ordonnances antérieures à la présente loi et relatives au brocantage sont et demeurent abrogées.

II

DIFFÉRENTS COLLECTIFS

ET

RÉGLEMENTATION DU TRAVAIL

Loi du 8 août 1893 (*Journal officiel* du 9 août 1893, B. 1587) relative au séjour des étrangers en France et à la protection du travail national.

Article 1er. Tout étranger non admis à domicile, arrivant dans une commune pour y exercer une profession, un commerce ou une industrie, devra faire à la mairie une déclaration de résidence en justifiant de son identité dans les huit jours de son arrivée. Il sera tenu, à cet effet, un registre d'immatriculation des étrangers, suivant la forme déterminée par un arrêté ministériel.

Un extrait de ce registre sera délivré au déclarant dans la forme des actes de l'état civil, moyennant les mêmes droits.

En cas de changement de commune, l'étranger fera viser son certificat d'immatriculation, dans les deux jours de son arrivée, à la mairie de sa nouvelle résidence.

Art. 2. Toute personne qui emploiera sciemment un étranger non muni du certificat d'immatriculation sera passible des peines de simple police.

Art. 3. L'étranger qui n'aura pas fait la déclaration imposée par la loi dans le délai déterminé, ou qui refusera de produire son certificat à la première réquisition, sera passible d'une amende de cinquante à deux cents francs (50 à 200 f).

Celui qui aura fait sciemment une déclaration fausse ou inexacte sera passible d'une amende de cent à trois cent francs (100 à 300 f), et, s'il y a lieu, de l'interdiction temporaire ou indéfinie du territoire français.

L'étranger expulsé du territoire français, et qui y

serait rentré sans l'autorisation du Gouvernement, sera condamné à un emprisonnement de un à six mois. Il sera, après l'expiration de sa peine, reconduit à la frontière.

L'article 463 du Code pénal est applicable aux cas prévus par la présente loi.

Art. 4. Les produits des amendes prévues par la présente loi seront attribués à la caisse municipale de la commune de la résidence de l'étranger qui en sera frappé.

Art. 5. Il est accordé aux étrangers visés par l'article 1er, et actuellement en France, un délai d'un mois pour se conformer aux prescriptions de la loi.

Lois et décrets réglementant le travail.

Loi du 9 septembre 1848.

Article premier. — La journée de *l'ouvrier* dans les manufactures et usines ne pourra excéder douze heures de travail effectif.

Art. 2. — Des règlements d'administration publique détermineront les exceptions qu'il sera nécessaire d'apporter à cette disposition générale.

Art. 3. — Il n'est porté aucune *atteinte aux usages et aux conventions* qui, antérieurement au 2 mars, fixaient pour certaines industries la journée de travail à un nombre d'heures inférieurs à douze.

Art. 4. — Tout chef de manufacture ou usine qui contreviendra au présent décret-loi et aux règlements d'administration publique promulgués en exécution de l'article 2 sera puni d'une amende de *cinq francs à cent francs.*

Les contraventions donneront lieu à autant d'amendes qu'il y aura d'ouvriers indûment employés, sans que ces amendes réunies puissent s'élever au-dessus de mille francs.

Art. 5. — *L'article* 463 *du Code pénal* pourra toujours être appliqué.

Du travail des adultes, des femmes, des filles et des enfants

La surveillance du travail des ouvriers et employés est régie par les lois des 9 et 14 septembre 1848, du 2 novembre 1892 et du 30 mars 1900, et par de nombreux décrets relatifs dont on trouvera l'énumération plus loin.

LE DÉCRET-LOI DES 9-14 SEPTEMBRE 1848, (voir ci-dessus) modifié par la loi du 30 mars 1900, fixe la journée du travail à douze heures pour les adultes hommes, non assistés ou accompagnés de mineurs au-dessous de 18 ans ou de femmes de tout âge.

LA LOI DU 2 NOVEMBRE 1892 est relative au travail des enfants, des filles mineures et des femmes de tout âge, elle a été aussi modifiée par la loi du 30 mars 1900.

Les prescriptions qui subsistent sont, en ne relatant ici que les principales :

ART. 2. — Les enfants ne peuvent être employés par les patrons avant l'âge de 13 ans révolus. Toutefois, les enfants munis du certificat d'études primaires pourront être employés à partir de l'âge de 12 ans, s'ils ont pu se procurer un certificat d'aptitude physique.

ART. 4. — Les enfants âgés de moins de 18 ans, les filles mineures et les femmes, ne peuvent être employés à aucun travail de nuit. Tout travail entre neuf heures du soir et cinq heures du matin est considéré comme travail de nuit. Un règlement d'administration publique pourra autoriser, pour certaines industries, une dérogation aux dispositions précitées... En outre, en cas de chômage résultant d'une interruption accidentelle ou de force majeure, l'interdiction ci-dessus peut, dans n'importe quelle industrie, être temporairement levée par l'inspecteur pour un délai déterminé.

ART. 5. — Les enfants âgés de moins de 18 ans

et les femmes de tout âge ne peuvent être employés dans les établissements énumérés plus de six jours par semaine, ni les jours de fête reconnus par la loi, même pour rangement d'atelier. Une affiche apposée dans les ateliers, indiquera le jour adopté pour le repos hebdomadaire.

ART. 7. — L'obligation du repos hebdomadaire et les restrictions relatives à la durée du travail peuvent être temporairement levées par l'inspecteur divisionnaire, pour les travailleurs visés à l'article 5, pour certaines industries à désigner par le susdit règlement d'administration publique.

ART. 10. — Les maires sont tenus de délivrer gratuitement un livret sur lequel sont portés les noms et prénoms des enfants des deux sexes âgés de moins de 18 ans, la date, le lieu de leur naissance et leur domicile... Les chefs d'industrie ou patrons inscriront sur ce livret la date de l'entrée et celle de la sortie. Ils devront également tenir un registre sur lequel seront mentionnées toutes les indications insérées au présent article.

ART. 11. — Les patrons ou chefs d'industrie et loueurs de force motrice sont tenus de faire afficher dans chaque atelier les dispositions de la présente loi, les règlements d'administration publique relatifs, ainsi que les adresses et les noms des inspecteurs de la circonscription. Ils afficheront également les heures auxquelles commencera et finira le travail, ainsi que les heures et la durée du repos. Un duplicata de cette affiche sera envoyé à l'inspecteur, un autre sera déposé à la mairie.

ART. 20. — Les inspecteurs et inspectrices ont entrée dans tous les établissements visés,. Les contraventions sont constatées par les procès-verbaux des inspecteurs et des inspectrices qui font foi jusqu'à preuve contraire.

ART. 26. — Les manufacturiers, directeurs ou gérants d'établissements visés dans la présente loi qui auront contrevenu aux prescriptions de ladite loi et des règlements d'administration publique relatifs, seront poursuivis devant le tribunal de simple police et passibles d'une amende de 5 à 15 francs. L'amende sera appliquée autant de fois qu'il y aura de personnes employées dans les conditions contraires à la présente loi.

ART. 27. — En cas de récidive, le contrevenant sera poursuivi devant le tribunal correctionnel, et puis d'une amende de 16 à 100 francs.

ART. 29. — Est puni d'une amende de 100 à 500 francs, quiconque aura mis obstacle à l'accomplissement des devoirs d'un inspecteur. En cas de récidive, l'amende sera portée de 500 à 1000 francs.

LA LOI DU 30 MARS 1900 modifie les articles 3, 4 et 11 de la loi du 2 novembre 1892. en stipulant : 1° Que la journée de travail des jeunes ouvriers au-dessous de 18 ans et des femmes de tout âge ne pourra excéder 10 h. 1/2 jusqu'au 1er avril 1904, et 10 heures seulement à partir d'avril 1904; 2° Que tout travail de nuit sera interdit aux jeunes ouvriers de moins de 18 ans et aux femmes de tout âge, sauf pour les travaux souterrains des mines, minières et carrières; 3° Que l'organisation du travail par relais sera interdit pour toutes les personnes protégées par la présente loi.

LA LOI DU 30 MARS 1900, dans son article 2, modifie l'article premier du décret-loi de 1848, par la disposition suivante :

« Toutefois, dans les établissements énumérés « dans l'article premier de la loi du 2 no-« vembre 1892, qui emploient dans les *mêmes locaux* « des hommes adultes et des personnes visées par « ladite loi. la journée de ces ouvriers ne pourra « excéder dix heures et demie de travail effectif « jusqu'au 1er avril 1904 et dix heures seulement à « partir du 1er avril 1904. »

Loi du 29 décembre 1900 (*Journal Officiel* du 31 décembre B. 2245) **fixant les conditions du travail des femmes dans les ateliers et magasins.** — « ARTICLE PREMIER. Les magasins, boutiques, et autres locaux en dépendant, dans lesquels des marchandises ou objets divers sont manutentionnés ou offerts au public par un personnel féminin, devront être. dans chaque salle, munis d'un nombre de sièges égal à celui des employées. — ART. 2. Les inspecteurs du travail sont chargé d'assurer l'exécution de la présente loi. Ils ont entrée dans tous les établissements visés. Leurs procès-verbaux font foi jusqu'à preuve contraire.— ART. 3 Les chefs d'établissements sont tenus de faire afficher à des endroits apparents la présente loi ainsi que les noms et adresses des inspecteurs. — ART. 4. Les chefs d'établissements, les directeurs ou gérant desdits magasins qui auront contrevenu aux prescriptions de la présente loi seront poursuivis devant le tribunal de simple police et passibles d'une amende de 5 à 15 francs. pour chaque contravention. — ART. 5. En cas de récidive le contrevenant sera poursuivi devant le tribunal correctionnel et puni d'une amende de 16 à 100 francs. — ART. 6. L'affichage du jugement peut être ordonné, mais en cas de récidive seulement. L'insertion du jugement dans un ou plusieurs journaux du département, peut être également ordonnée. — ART. 7. Seront punis d'une amende de 100 à 500 francs et de récidive de 500 à 1,000 francs, tous ceux qui auront mis obstacle à l'accomplissement des devoirs d'un inspecteur.

Décret du 15 juillet 1893 (*Journal officiel* du 26 juillet 1893, B. 1588) **relatif au travail des femmes et des filles âgées de plus de dix-huit ans.**

Vu les articles 4, 5 6 et 7 de la loi du 2 novembre 1892 :

Article 1er. Dans les industries et aux époques ci-après déterminées, les femmes et les filles âgées de plus de dix-huit ans pourront être employées jusqu'à onze heures du soir, sans qu'en aucun cas la durée du travail effectif puisse dépasser douze heures par vingt-quatre heures :

INDUSTRIES	ÉPOQUES DE L'ANNÉE
Ameublement, tapisserie, passementerie pour meubles............	Décembre, janvier.
Bijouterie et joaillerie............	Décembre, mai.
Chapeaux (Confection de) en toutes matières pour hommes et femmes............	Février, mars.
Confections, coutures et lingeries pour femmes et enfants............	Décembre, avril.
Confections pour hommes............	Mars, octobre.
Dorure sur bois et sur métal pour ameublement. (Voir *Ameublement.*)	
Fleurs artificielles............	Février, mars.
Fourrures (Confection des)............	Novembre, décembre
Imprimeries typographiques............	Du 15 novembre au 15 décembre et du 15 juin au 15 juillet.
Imprimeries lithographiques............	Décembre, janvier.
Papier (Transformation du), fabrication des enveloppes, du cartonnage, des cahiers d'école, des registres, des papiers de fantaisie............	Novembre, décembre.
Papiers de tenture............	Mars, septembre.
Plumes de parure............	Du 15 août au 15 octobre.
Reliure............	Décembre, juillet.
Tabletterie et industries qui s'y rattachent............	Novembre, décembre.
Teinture, apprêt, blanchiment, impression, gaufrage et moirage des étoffes............	Avril, octobre.
Tissage des étoffes de nouveauté destinées à l'habillement............	Du 15 avril au 15 mai et du 15 octobre au 15 novembre.
Tulles, dentelles et laizes de soies............	Du 1er février au 31 mars.

Art. 2. Il pourra être dérogé, d'une façon permanente, aux dispositions des paragraphes 1 et 2 de l'article 4 précité, pour les industries et les catégories de travailleurs énumérées ci-dessous, mais sans que le travail puisse dépasser sept heures par vingt-quatre heures :

INDUSTRIES	TRAVAILLEURS
Imprimés (Brochage des)............	Filles majeures et femmes.
Journaux (Pliage des)............	*Idem.*
Mines (Allumage des lampes de)............	*Idem.*

Art. 3. Les industries énumérées ci-après sont autorisées à déroger temporairement aux dispositions relatives au travail de nuit, sans que le travail effectif des femmes, filles ou enfants employés la nuit puisse dépasser dix heures par vingt-quatre heures :

INDUSTRIES	DURÉE TOTALE DES DÉROGATIONS
Chapeaux (Confection de) en toutes matières pour hommes et femmes	30 jours.
Confectsons, couture et lingerie pour femmes et enfants	*Idem.*
Confiseries	90 jours.
Conserves alimentaires de fruits et de légumes	*Idem.*
Conserves de poissons	*Idem.*
Délainage des peaux de mouton	60 jours.
Fleurs artificielles	30 jours.
Fourrures (Confection des)	*Idem.*
Imprimeries typographiques	*Idem.*
Imprimeries lithographiques	*Idem.*
Parfum des fleurs (extraction)	90 jours.
Pâtes alimentaires	30 jours.
Plumes de parure	*Idem.*
Réparations urgentes de navires et de machines motrices	120 jours (enfants au-dessus de seize ans).
Tonnellerie pour l'emballage des produits de la pêche	90 jours.

Art. 4. Dans les usines à feu continu où des femmes majeures et des enfants du sexe masculin sont employés la nuit, les travaux tolérés pour ces deux catégories de travailleurs sont les suivants :

USINES A FEU CONTINU	TRAVAILLEURS	TRAVAUX TOLÉRÉS
Distilleries de betteraves	Enfants et femmes	Laver, peser, trier la betterave, manœuvrer les robinets à jus et à eau, aider aux batteries de diffusion et aux appareils distillatoires.
Fer et fonte émaillés (Fabrique d'objets en)	Enfants	Manœuvrer à distance les portes des fours.
Huiles (Usines pour l'extraction des)	*Idem*	Remplir les sacs, les secouer après pressage, porter les sacs vides et les claies.
Papeteries	Enfants et femmes	Aider les surveillants de machines, couper, trier, ranger, rouler et apprêter le papier.
Sucre (Fabriques et raffineries de)	*Idem*	Laver, peser, trier la betterave, manœuvrer les robinets à jus et à eau, surveiller les filtres, aider aux batteries de diffusion, coudre des toiles, laver des appareils et ateliers, travailler le sucre en tablettes.
Usines métallurgiques	Enfants	Aider à la préparation des litts de fusion, aux travaux accessoires d'affinage, de laminage, de martelage et de tréfilage, de préparation des moules pour objets de fonte moulée, de rangement des paquets, des feuilles, des tubes et des fils.
Verreries	*Idem*	Présenter les outils, faire les premiers cueillages, aider au soufflage et au moulage, porter dans les fours à recuire, en retirer les objets, le tout dans les conditions prévues à l'article 7 du décret du 13 mai 1893.

Lorsque les femmes majeures et les enfants sont employés toute la nuit, leur travail doit être coupé par des intervalles de repos représentant un temps total de repos au moins égal à deux heures.

La durée du travail effectif ne peut d'ailleurs dépasser, dans les vingt-quatre heures, dix heures pour les femmes et les enfants.

Art. 5. Les industries pour lesquelles l'obligation du repos hebdomadaire et les restrictions relatives à la durée du travail pourront être temporairement levées par l'inspecteur divisionnaire, pour les enfants âgés de moins de dix-huit ans et les femmes de tout âge, sont les suivantes :

Briqueteries en plein air ;

Chapeaux (Confections de) en toutes matières pour hommes et femmes ;

Conserves de fruits et confiseries, conserves de légumes et de poissons ;

Corderie en plein air ;

Délainage des peaux de mouton ;

Fleurs artificielles ;

Fleurs (Extraction des parfums des) ;

Fourrures (Confection des) ;

Imprimeries typographiques ;

Imprimeries lithographiques ;

Plumes de parure ;

Réparations urgentes de navires et de machines motrices ;

Teinture, apprêt, blanchiment, impression, gaufrage et moirage des étoffes ;

Tissage des étoffes de nouveauté destinées à l'habillement.

Art. 6. Chaque fois que les chefs des industries dénommées à l'article 3 voudront faire usage de la faculté inscrite audit article, ils devront en donner avis douze heures à l'avance à l'inspecteur ou à l'inspectrice et au maire de la commune.

Cet avis fera connaître la date à laquelle commencera et le temps que devra durer la dérogation.

Une copie de l'avis sera immédiatement affichée dans un endroit apparent des ateliers et y restera apposée pendant toute la durée de la dérogation.

Une copie de l'autorisation sera également affichée dans les cas prévus par l'article 5.

Art. 7. Le ministre du commerce, de l'industrie et des colonies est chargé de l'exécution du présent décret, qui sera inséré au *Bulletin des lois* et publié au *Journal officiel* de la République française.

Décret du 3 mai 1893 (*Journal officiel* du 6 mai 1893, B. 1562) portant règlement d'administration publique pour l'application de la loi du 2 novembre 1892, relativement à la durée du travail effectif des enfants du sexe masculin dans les mines, minières et carrières.

Vu la loi du 2 novembre 1892 et en particulier son article 9 :

Article 1er. La durée du travail effectif des enfants du sexe masculin au-dessous de seize ans, dans les galeries souterraines des mines, minières et carrières, ne peut excéder huit heures par poste et par vingt-quatre heures.

La durée du travail effectif des jeunes ouvriers de seize à dix-huit ans ne peut excéder dix heures par jour ni cinquante-quatre heures par semaine.

Ne sont pas compris dans les durées précitées du travail effectif le temps de la remonte et de la descente ni celui employé à aller au chantier et à en venir, ni les repos, dont la durée totale ne pourra être inférieure à une heure.

Art. 2. Les enfants et les jeunes ouvriers peuvent être employés au triage et au chargement du minerai, à la manœuvre et au roulage des wagonnets, à la garde et à la manœuvre des portes d'aérage, à la manœuvre des ventilateurs à bras et autres travaux accessoires n'excédant pas leur force.

Ils ne doivent pas être occupés à la manœuvre des ventilateurs à bras pendant plus d'une demi-journée de travail coupée par un repos d'une demi-heure au moins.

Les jeunes ouvriers de seize à dix-huit ans ne peuvent être occupés aux travaux proprement dits du mineur qu'à titre d'aides ou d'apprentis et pour une durée maxima de cinq heures par jour.

En dehors des exceptions prévues aux paragraphes précédents, tout travail est interdit dans les galeries souterraines aux enfants et jeunes ouvriers.

Art. 3. Les dispositions spéciales prévues par l'article 9, § 3, de la loi du 2 novembre 1892 pourront dès à présent être appliquées aux exploitations des couches minces de houille dans lesquelles le travail est mené à double poste et lorsque le travail de l'un des postes consiste à exécuter aux chantiers d'abatage l'enlèvement des roches encaissantes et le remblaiement qui n'ont pu s'effectuer pendant le poste d'extraction.

L'exploitant qui voudra recourir à ce régime devra au préalable en avoir donné avis à l'ingénieur en chef des mines. En cas d'opposition de ce dernier, l'exploitant devra obtenir l'autorisation du ministre du commerce, de l'industrie et des colonies.

Décret du 13 mai 1893 (*Journal officiel* du 14 mai 1893, B. 1562) relatif au travail des enfants, des filles mineures et des femmes dans les manufactures.

Vu l'article 12 de la loi du 2 novembre 1892.
Vu l'article 13 de ladite loi :

Article 1er. Il est interdit d'employer les enfants au-dessous de dix-huit ans, les filles mineures et les femmes au graissage, au nettoyage, à la visite ou à la réparation des machines ou mécanismes en marche.

Art. 2. Il est interdit d'employer les enfants au-dessous de dix-huit ans, les filles mineures et les femmes dans les ateliers où se trouvent des machines actionnées à la main ou par un moteur mécanique, dont les parties dangereuses ne sont point couvertes de couvre-engrenages, garde-mains et autres organes protecteurs.

Art. 3. Il est interdit d'employer les enfants au-dessous de dix-huit ans à faire tourner des appareils en sautillant sur une pédale.

Il est également interdit de les employer à faire tourner des roues horizontales.

Art. 4. Les enfants au-dessous de seize ans ne pourront être employés à tourner des roues verticales que pendant une durée d'une demi-journée de travail divisée par un repos d'une demi-heure au moins.

Il est également interdit d'employer les enfants au-dessous de seize ans à actionner, au moyen de pédales, les métiers dits *à la main*.

Art. 5. Les enfants au-dessous de seize ans ne peuvent travailler aux scies circulaires ou aux scies à ruban.

Art. 6. Les enfants au-dessous de seize ans ne peuvent être employés au travail des cisailles et autres lames tranchantes mécaniques.

Art. 7. Les enfants au-dessous de treize ans ne peuvent, dans les verreries, être employés à cueillir et à souffler le verre.

Au-dessus de treize ans jusqu'à seize ans, ils ne peuvent cueillir un poids de verre supérieur à mille grammes. Dans les fabriques de bouteilles et de verre à vitre le soufflage par la bouche est interdit aux enfants au-dessous de seize ans.

Dans les verreries où le soufflage se fait à la bouche, un embout personnel sera mis à la disposition de chaque enfant âgé de moins de dix-huit ans.

Art. 8. Il est interdit de préposer des enfants au-dessous de seize ans au service des robinets à vapeur.

Art. 9. Il est interdit d'employer des enfants de moins de seize ans, en qualité de doubleurs, dans les ateliers où s'opèrent le laminage et l'étirage de la verge de tréfilerie.

Toutefois, cette disposition n'est pas applicable aux ateliers dans lesquels le travail des doubleurs est garanti par des appareils protecteurs.

Art. 10. Il est interdit d'employer des enfants de moins de seize ans à des travaux exécutés à l'aide d'échafaudages volants pour la réfection ou le nettoyage des maisons.

Art. 11. Les jeunes ouvriers ou ouvrières au-dessous de dix-huit ans employés dans l'industrie ne peuvent porter, tant à l'intérieur qu'à l'extérieur des manufactures, usines, ateliers et chantiers, des fardeaux d'un poids supérieur aux suivants :

Garçons au-dessous de 14 ans... 10 kilogr.
Garçons de 14 à 18 ans.......... 15 —
Ouvrières au-dessous de 16 ans... 5 —
Ouvrières de 16 à 18 ans........ 10 —

Il est interdit de faire traîner ou pousser par lesdits jeunes ouvriers et ouvrières, tant à l'intérieur des établissements industriels que sur la voie publique, des charges correspondant à des efforts plus grands que ceux ci-dessus indiqués.

Les conditions d'équivalence des deux genres de travail seront déterminées par arrêté ministériel.

Art. 12. Il est interdit d'employer des filles au-dessous de seize ans au travail des machines à coudre mues par des pédales.

Art. 13. Il est interdit d'employer des enfants, des filles mineures ou des femmes à la confection d'écrits, d'imprimés, affiches, dessins, gravures, peintures, emblèmes, images ou autres objets dont la vente, l'offre, l'exposition, l'affichage ou la distribution sont réprimés par les lois pénales comme contraires aux bonnes mœurs.

Il est également interdit d'occuper des enfants au-dessous de seize ans et des filles mineures dans les ateliers où se confectionnent des écrits, imprimés, affiches, gravures, peintures, emblèmes, images et autres objets qui, sans tomber sous l'application des lois pénales, sont cependant de nature à blesser leur moralité.

Art. 14. Dans les établissements où s'effectuent les travaux dénommés au tableau A annexé au présent décret, l'accès des ateliers affectés à ces opérations est interdit aux enfants au-dessous de dix-huit ans, aux filles mineures et aux femmes.

Art. 15. Dans les établissements où s'effectuent les travaux dénommés au tableau B annexé au présent décret, l'accès des ateliers affectés à ces opérations est interdit aux enfants au-dessous de dix-huit ans.

Art. 16. Le travail des enfants, filles mineures et femmes n'est autorisé dans les ateliers dénommés au tableau C annexé au présent décret que sous les conditions spécifiées audit tableau.

TABLEAU A

Travaux interdits aux enfants au-dessous de 18 ans, aux filles mineures et aux femmes

TRAVAUX	RAISONS DE L'INTERDICTION
Acide arsénique (Fabrication de l') au moyen de l'acide arsénieux et de l'acide azotique.	Danger d'empoisonnement.
Acide fluorhydrique (Fabrication de l')	Vapeurs délétères.
Acide nitrique (Fabrique de l')	*Idem.*
Acide oxalique (Fabrique de l')	Danger d'empoisonnement. Vapeurs délétères.
Acide picrique (Fabrique de l')	Vapeurs délétères.
Acide salicylique (Fabrication de l') au moyen de l'acide phénique.	Emanations nuisibles.
Acide urique. (Voir Murexide.)	
Affinage des métaux au fourneau. (Voir Grillage des minerais.)	
Aniline. (Voir Nitrobenzine.)	
Arséniate de potasse (Fabrication de l') au moyen du salpêtre.	Danger d'empoisonnement. Vapeurs délétères.
Benzine [Dérivés de la]. (Voir Nitrobenzine.)	
Blanc de plomb (Voir céruse.)	
Bleu de Prusse [Fabrication du]. (Voir Cyanure de potassium.)	
Cendres d'orfèvre (Traitement des) par le plomb	Maladies spéciales dues aux émanations nuisibles.
Céruse ou blanc de plomb (Fabrication de la)	*Idem.*
Chairs, débris et issues (Dépôts de) provenant de l'abatage des animaux	Emanations nuisibles, danger d'infection.
Chlore (Fabrication du)	Emanations nuisibles.
Chlorure de chaux (Fabrication du)	*Idem.*
Chlorures alcalins, eau de Javelle (Fabrication des)	*Idem.*
Chlorure de plomb (Fonderie de)	*Idem.*
Chlorures de soufre (Fabrication des)	*Idem.*
Chromate de potasse (Fabrication du)	Maladies spéciales dues aux émanations.
Cristaux (Polissage à sec des)	Poussières dangereuses.
Cyanure de potassium et bleu de Prusse (Fabrication du)	Danger d'empoisonnement.
Cyanure rouge de potassium ou prussiate rouge de potasse	*Idem.*
Débris d'animaux [Dépôts]. (V. Chairs, etc.)	
Dentelles (Blanchissage à la céruse des)	Poussières dangereuses.
Eau de Javelle [Fabrication d']. (Voir Chlorures alcalins.)	
Eau-forte. (Voir acide nitrique.)	
Effilochage et déchiquetage des chiffons	Poussières nuisibles.
Emaux (Grattage des) dans les fabrique de verre mousseline	*Idem.*
Engrais (Dépôts et fabrique d') au moyen de matières animales	Emanations nuisibles.
Equarrissage des animaux (Ateliers d')	Nature du travail. Emanations nuisibles.

TRAVAUX	RAISONS DE L'INTERDICTION
Etamage des glaces par le mercure (Ateliers d').	Maladies spéciales dues aux émanations.
Fonte et laminage du plomb, du zinc et du cuivre.	*Idem.*
Fulminate de mercure (Fabrication du).	Emanations nuisibles.
Glaces [Etamage des]. (Voir Etamage.)	
Grillage des minerais sulfureux (sauf le cas prévu au tableau C).	*Idem.*
Huiles et autres corps gras extraits des débris de matières animales.	*Idem.*
Litharge (Fabrication de la).	Maladies spéciales dues aux émanations.
Massicot (Fabrication du).	*Idem.*
Matières colorantes (Fabrication des) au moyen de l'aniline et de la nitrobenzine.	Emanations nuisibles.
Métaux (Aiguisage et polissage des).	Poussières dangereuses.
Meulières et meules (Extraction et fabrication des).	*Idem.*
Minium (Fabrication du).	Maladies spéciales dues aux émanations.
Murexide (Fabrication de la) en vase clos par la réaction de l'acide azotique et de l'acide urique de guano.	Vapeurs délétères.
Nitrate de méthyle (Fabrique de).	*Idem.*
Nitrobenzine, aniline et matières dérivant de la benzine (Fabrication de).	Vapeurs nuisibles.
Peaux de lièvre et de lapin. (Voir Secrétage.)	
Phosphore (Fabrication du).	Maladies spéciales dues aux émanations.
Plomb [Fonte et laminage du]. (Voir Fonte.)	
Poils de lièvre et de lapin. (Voir Secrétage.)	
Prussiate de potasse. (Voir Cyanure de potassium.)	
Rouge de Prusse et d'Angleterre.	Vapeurs délétères.
Secrétage des peaux ou poils de lièvre ou de lapin.	Poussières nuisibles ou vénéneuses.
Sulfate de mercure (Fabrication du).	Maladies spéciales dues aux émanations.
Sulfure d'arsenic (Fabrication du).	Danger d'empoisonnement.
Sulfure de sodium (Fabrication du).	Gaz délétères.
Triperies annexes des abattoirs.	Emanations nuisibles.
Verre (Polissage à sec du).	Poussières dangereuses.

TABLEAU B

Travaux interdits aux enfants au-dessous de   ans

TRAVAUX	RAISONS DE L'INTERDICTION
Amorces fulminantes (Fabrication des).	Nécessité d'un travail prudent et attentif.
Amorces fulminantes pour pistolets d'enfants (Fabrication d').	*Idem.*
Artifices (Fabrication de pièces d').	*Idem.*
Cartouches de guerre (Fabriques et dépôts de).	*Idem.*
Celluloïd et produits nitrés analogues (Fabrication de).	*Idem.*
Chiens (Infirmerie de).	Danger de morsures.
Chrysalides (Extraction des parties soyeuses des).	Emanations nuisibles.
Dynamite (Fabrique et dépôts de).	Nécessité d'un travail prudent et attentif.
Etoupilles (Fabrication d') avec matières explosives.	*Idem.*
Poudre de mine comprimée (Fabrication de cartouches de).	*Idem.*

TABLEAU C

Etablissements dans lesquels l'emploi des enfants au-dessus de 18 ans, des filles mineures et des femmes est autorisé sous certaines conditions

ÉTABLISSEMENTS	CONDITIONS	MOTIFS
Abattoirs publics.	Les enfants au-dessous de 16 ans ne seront pas employés dans les abattoirs.	Dangers d'accidents et de blessures.
Albâtre (Sciage et polissage à sec de l').	Les enfants au-dessous de 18 ans ne seront pas employés lorsque les poussières se dégageront librement dans les ateliers.	Poussières nuisibles.
Acide chlorhydrique (Production de l') par la décomposition des chlorures de magnésium, d'aluminium et autres.	Les enfants au-dessous de 18 ans, les filles mineures et femmes ne seront pas employés dans les ateliers où se dégagent des vapeurs et où l'on manipule les acides.	Dangers d'accidents.
Acide muriatique. (Voir Acide chlorhydrique.)		
Acide sulfurique (Fabrication de l').	*Idem.*	*Idem.*
Affinage de l'or et de l'argent par les acides.	*Id m.*	*Idem.*
Allumettes chimiques (Dépôts d').	Les enfants au-dessous de 16 ans ne seront pas employés dans les magasins.	Danger d'incendie.
Allumettes chimiques (Fabrication des).	Les enfants au-dessous de 18 ans ne seront pas employés à la fusion des pâtes et au trempage.	Maladies spéciales dues aux émanations.
Argenture sur métaux. (Voir Dorure et argenture.)		
Battage, cardage et épuration des laines, crins et plumes.	Les enfants au-dessous de 18 ans ne seront pas employés où se dégagent des poussières.	Poussières nuisibles.
Battages des tapis en grand.	*Idem.*	*Idem.*
Battoirs à écorce dans les villes.		
Benzine [Fabrication et dépôt de]. (Voir Huile de pétrole, de schiste, etc.)	*Idem.*	*Idem.*
Blanc de zinc (Fabrication de) par la combustion du métal.	Les enfants au-dessous de 18 ans ne seront pas employés dans les ateliers de combustion et de condensation.	Vapeurs nuisibles.
Blanchiment (Toile, paille, papier).	Les enfants au-dessous de 18 ans, les filles mineures et les femmes ne seront pas employés dans les ateliers où se dégagent le chlore et l'acide sulfureux.	*Idem.*
Boîtes de conserves (Soudure des).	Les enfants au-dessous de 16 ans ne seront pas employés à la soudure des boîtes.	Gaz délétères.

ÉTABLISSEMENTS	CONDITIONS	MOTIFS
Boutonniers et autres emboutisseurs de métaux par moyens mécaniques.	Les enfants au-dessous de 18 ans ne seront pas employés dans les ateliers où se dégagent des poussières.	Poussières nuisibles.
Boyauderies..........	Les enfants au-dessous de 18 ans, les filles mineures et les femmes ne seront pas employés au soufflage.	Danger d'affections pulmonaires.
Caoutchouc (Application des enduits du).	Les enfants au-dessous de 18 ans, filles mineures et femmes ne seront pas employés dans les ateliers où se dégagent les vapeurs de sulfure de carbone et de benzine.	Vapeurs nuisibles.
Caoutchouc (Travail du) avec emploi d'huiles essentielles ou du sulfure de carbone.	Les enfants au-dessous de 18 ans, filles mineures et femmes ne seront pas employés dans les ateliers où se dégagent les vapeurs de sulfure de carbone.	Idem.
Cardage des laines, etc. (Voir Battage.)		
Chanvre (Teillage du) en grand. (Voir treillage.)		
Chanvre imperméable. (Voir Feutre goudronné.)		
Chapeaux de feutre (Fabrication de).	Les enfants au-dessous de 18 ans ne seront pas employés lorsque les poussières se dégagent librement dans les ateliers.	Poussières nuisibles.
Chapeaux de soie ou autres préparés au moyen d'un vernis (Fabrication de).	Les enfants au-dessous de 18 ans ne seront pas employés dans les ateliers où l'on fabrique et applique le vernis.	Vapeurs nuisibles.
Chaux (Fours à)..........	Les enfants au-dessous de 18 ans ne seront pas employés dans les ateliers où se dégagent les poussières.	Poussières nuisibles.
Chiffons (Dépôts de)..........	Les enfants au-dessous de 18 ans ne seront pas employés au triage et à la manipulation des chiffons.	Idem.
Chiffons (Traitement des) par la vapeur de l'acide chlorhydrique.	Les enfants au-dessous de 18 ans, filles mineures et femmes ne seront pas employés dans les ateliers où se dégagent les acides.	Vapeurs nuisibles.
Chromolithographies..........	Les enfants au-dessous de 16 ans ne seront pas employés au bronzage à la machine.	Poussières nuisibles.
Ciment (Fours à)..........	Les enfants au-dessous de 18 ans ne seront pas employés dans les ateliers où se dégagent des poussières.	Idem.
Collodion (Fabrication du)..........	Les enfants au-dessous de 16 ans ne seront pas occupés dans les ateliers où l'on manipule les matières premières et les dissolvants.	Danger d'incendie.
Cotons et cotons gras (Blanchisseries des déchets de).	Les enfants au-dessous de 18 ans, filles mineures et femmes ne seront pas employés dans les ateliers où l'on manipule le sulfure de carbone.	Vapeurs nuisibles.
Cordes d'instruments en boyaux. (Voir Boyauderies.)		
Corne, os et nacre (Travail à sec des).	Les enfants au-dessous de 18 ans ne seront pas employés lorsque les poussières se dégageront librement dans les ateliers.	Poussières nuisibles.
Crins [Teintures des]. (Voir Teintureries.)		
Crins et soies de porc. (Voir Soies de porc.)		
Cuir verni [Fabrication de]. (Voir Feutre et visières vernies.)		
Cuivre (Trituration des composés du).	Les enfants au-dessous de 18 ans ne seront pas employés dans les ateliers où les poussières se dégagent librement.	Idem.
Cuivre (Dérochage du) par les acides.	Les enfants au-dessous de 18 ans, filles mineures et femmes ne seront pas employés dans les ateliers où se dégagent les vapeurs acides.	Vapeurs nuisibles.
Déchets de laine [Dégraissage des]. (Voir Peaux, étoffes, etc.)		
Dorure et argenture..........	Les enfants au-dessous de 18 ans, filles mineures et femmes ne seront pas employés dans les ateliers où se produisent des vapeurs acides ou mercurielles	Emanations nuisibles.
Eaux grasses (Extraction pour la fabrication des savons et autres usages des huiles contenues dans les).	Les enfants au-dessous de 18 ans, filles mineures et femmes ne seront pas employés dans les ateliers où l'on emploie le sulfure de carbone.	Idem.
Ecorces [Battoir à]. (Voir Battoir)		
Email (Application de l') sur les métaux.	Les enfants au-dessous de 18 ans, les filles mineures et les femmes ne seront pas employés dans les ateliers où l'on broie et blute les matières.	Idem.
Emaux (Fabrication d') avec fours non fumivores.	Les enfants au-dessous de 18 ans, filles mineures et femmes ne seront pas employés dans les ateliers où l'on broie et blute les matières.	Emanations nuisibles.
Epaillage des laines et draps par la voie humide.	Les enfants au-dessous de 18 ans, filles mineures et femmes ne seront pas employés dans les ateliers où se dégagent des vapeurs acides.	Idem.
Etoupes (Transformation en) des cordages hors de service, goudronnés ou non.	Les enfants au-dessous de 18 ans ne seront pas employés lorsque les poussières se dégageront librement dans les ateliers.	Poussières nuisibles.
Faïence (Fabriques de)..........	Les enfants au-dessous de 18 ans ne seront pas employés dans les ateliers où l'on pratique le broyage, le blutage.	Idem.
Fer (Dérochage du)..........	Les enfants au-dessous de 18 ans, filles mineures et femmes ne seront pas employés dans les ateliers où se dégagent des vapeurs et où l'on manipule des acides.	Vapeurs nuisibles.
Fer (Galvanisation du)..........	Idem..........	Idem.
Feuilles d'étain..........	Les enfants au-dessous de 16 ans ne seront pas employés au bronzage à la main des feuilles.	Poussières nuisibles.
Feutre goudronné (Fabrication du).	Les enfants au-dessous de 18 ans ne seront pas employés lorsque les poussières se dégagent librement dans les ateliers.	Idem.
Feutres et visières vernies (Fabrication de).	Les enfants au-dessous de 18 ans ne seront pas employés à la préparation et à l'emploi des vernis.	Danger d'incendie et vapeurs nuisibles.
Filature de lin..........	Les enfants au-dessous de 18 ans, les filles mineures et les femmes ne seront pas employés lorsque l'écoulement des eaux ne sera pas assuré.	Humidité nuisible.
Fonderie en 2ᵉ fusion..........	Les enfants au-dessous de 16 ans ne seront pas employés à enlever les crasses au moment de la coulée.	Danger de brûlures.
Fourneaux (Hauts)..........	Idem..........	Idem.
Fours à plâtre et fours à chaux (Voir Plâtre, Chaux)		
Grès (Extraction et piquage des).	Les enfants au-dessous de 18 ans ne seront pas employés lorsque les poussières se dégageront librement dans les ateliers.	Poussières nuisibles.
Grillage des minerais sulfureux quand les gaz sont condensés et que le minerai ne renferme pas d'arsenic.	Les enfants au-dessous de 18 ans, les filles mineures et les femmes ne seront pas employés dans les ateliers où l'on produit le grillage.	Emanations nuisibles.
Grillage et gazage des tissus.	Les enfants au-dessous de 18 ans, les filles mineures et les femmes ne seront pas employés lorsque les produits de combustion se dégageront librement dans les ateliers.	Idem.
Hauts fourneaux. (Voir Fonderies.)		
Huiles de pétrole, de schiste et de goudron, essences et autres hydrocarbures employés pour l'éclairage, le chauffage, la fabrication des couleurs et vernis, le dégraissage des étoffes et autres usages (Fabrication, distillation, travail en grand d').	Les enfants au-dessous de 16 ans ne seront pas employés dans les ateliers de distillation et dans les magasins.	Danger d'incendie.

ÉTABLISSEMENTS	CONDITIONS	MOTIFS
Huiles essentielles ou essences de térébenthine, d'aspic et autres. (Voir Huiles de pétrole, de schiste. etc.)		
Huiles extraites des schistes bitumineux. (Voir Huiles de pétrole, de schiste, etc.)		
Jute [Treillage du]. (Voir treillage.)		
Liége (Usines pour la trituration du).	Les enfants au-dessous de 18 ans ne seront pas employés dans les ateliers où les poussières se dégagent librement.	Poussières nuisibles.
Lin [Treillage en grand du]. (Voir Treillage.)		
Liquides pour l'éclairage (Dépôts de) au moyen de l'alcool et des huiles essentielles.	Les enfants au-dessous de 10 ans ne seront pas employés dans les magasins.	Danger d'incendie.
Marbres (Sciage ou polissage à sec des).	Les enfants au-dessous de 18 ans ne seront pas employés lorsque les poussières se dégageront librement dans les ateliers.	Poussières nuisibles.
Matières minérales (Broyage à sec des).	Idem..	Idem.
Mégisseries..................	Les enfants au-dessous de 18 ans, les filles mineures et les femmes ne seront pas employées à l'épilage des peaux.	Danger d'empoisonnement.
Ménageries.................	Les enfants au-dessous de 18 ans ne seront pas employés quand la ménagerie renferme des bêtes féroces ou venimeuses.	Danger d'accidents.
Moulins à broyer le plâtre, la chaux, les cailloux et les pouzzolanes.	Les enfants au-dessous de 18 ans ne seront pas employés quand les poussières se dégageront librement dans les ateliers.	Poussières nuisibles.
Nitrates métalliques obtenus par l'action directe des acides (Fabrication des).	Les enfants au-dessous de 18 ans, filles mineures et femmes ne seront pas employés dans les ateliers où se dégagent les vapeurs et où se manipulent les acides.	Vapeurs nuisibles.
Noir minéral (Fabrication du) par le broyage des résidus de la distillation des schistes bitumineux.	Les enfants au-dessous de 18 ans ne seront pas employés lorque les poussières se dégageront librement dans les ateliers.	Poussières nuisibles.
Olives [Tourteaux d']. (Voir Tourteaux.)		
Ouates (Fabrication des)........	Idem..	Idem.
Papier (Fabrication du).........	Les enfants au-dessous de 18 ans ne seront pas employés au triage et à la préparation des chiffons.	Idem.
Papiers peints. (Voir Toiles peintes.)		
Peaux, étoffes et déchets de laine (Dégraissage des) par les huiles de pétrole et autres hydrocarbures.	Les enfants au-dessous de 18 ans ne seront pas employés dans les ateliers où l'on traite par les dissolvants, où l'on trie, coupe et manipule les déchets.	Dangers d'incendie. Poussières nuisibles.
Peaux (Lustrage et apprêtage des).	Les enfants au-dessous de 18 ans ne seront pas employés lorsque les poussières se dégageront librement dans les ateliers.	Poussières nuisibles.
Peaux de lapin ou de lièvre (Éjarrage et coupage des poils de).	Idem..	Idem.
Pétrole (Voir Huiles de pétrole, etc.).		
Pierre (Sciage et polissage de la).	Les enfants au-dessous de 18 ans ne seront pas employés lorsque les poussières se dégageront librement dans les ateliers.	Poussières nuisibles.
Pileries mécaniques de drogues.	Idem..	Idem.
Pipes à fumer (Fabrication des).	Idem..	Idem.
Plâtres (Fours à)...............	Idem..	Idem.
Poêliers, fournalistes, poêles et fourneaux en faïence et terre cuite. (Voir faïence.)		Idem.
Porcelaine (Fabrication de la).	Idem..	Idem.
Poteries de terre (Fabrication) avec fours non fumivores.	Idem..	Idem.
Pouzzolane artificielle (Fours à).	Idem..	Emanations nuisibles.
Réfrigération (Appareils de) par l'acide sulfureux.	Les enfants au-dessous de 18 ans, les filles mineures et les femmes ne seront pas employés dans les ateliers où se dégagent des vapeurs acides.	
Sel de soude (Fabrication du) avec le sulfate de soude.	Idem..	Idem.
Sinapismes (Fabrication des) à l'aide des hydrocarbures.	Les enfants au-dessous de 18 ans, les filles mineures et les femmes ne seront pas employés dans les ateliers où se manipulent les dissolvants.	Vapeurs nuisibles. Danger d'incendie.
Soies de porc (Préparation des).	Les enfants au-dessous de 18 ans ne seront pas employés lorsque les poussières se dégageront librement dans les ateliers.	Poussières nuisibles.
Soude. (Voir Sulfate de soude.)		
Soufre (Pulvérisation et blutage du).	Idem..	Idem.
Sulfate de peroxyde de fer (Fabrication du) par le sulfate de protoxyde de fer et l'acide nitrique (nitro-sulfate de fer).	Les enfants au-dessous de 18 ans, les filles mineures et les femmes ne seront pas employés dans les ateliers où se dégagent les vapeurs acides.	Vapeurs nuisibles.
Sulfate de protoxyde de fer ou couperose verte par l'action de l'acide sulfurique sur la ferraille.	Idem..	Idem.
Sulfate de soude (Fabrication du) par la décomposition du sel marin par l'acide sulfurique.	Idem..	Idem.
Sulfure de carbone (Fabrication du).	Les enfants au-dessous de 18 ans ne seront pas employés dans les ateliers où se dégagent les vapeurs nuisibles.	Vapeurs délétères. Danger d'incendie.
Sulfure de carbone (Manufactures dans lesquelles on emploie en grand le).	Idem..	Idem.
Sulfure de carbone (Dépôts de).	Idem..	Idem.
Superphosphate de chaux et de potasse (Fabrication du).	Les enfants au-dessous de 18 ans, les filles mineures et les femmes ne seront pas employés dans les ateliers où se dégagent des vapeurs acides et des poussières.	Émanations nuisibles.
Tabacs (Manufactures de)........	Les enfants au-dessous de 16 ans ne seront pas employés dans les ateliers où l'on démolit les masses.	Idem.
Taffetas et toiles vernis ou cirés (Fabrication de).	Les enfants au-dessous de 16 ans ne seront pas employés dans les ateliers où l'on prépare et applique les vernis.	Danger d'incendie.
Tan (Moulins à)................	Les enfants au-dessous de 18 ans ne seront pas employés quand les poussières se dégagent librement dans les ateliers.	Poussières nuisibles.
Tanneries......................	Idem..	Idem.
Tapis [Battage en grand des]. (Voir Battage.)		
Teillage du lin, du chanvre et du jute en grand.	Idem..	Idem.
Teintureries...................	Les enfants au-dessous de 18 ans, les filles mineures et les femmes ne seront pas employés dans les ateliers où l'on emploie des matières toxiques.	Danger d'empoisonnement.
Térébenthine [Distillation et travail en grand de la]. (Voir Huiles de pétrole, de schiste, etc.)		
Toiles cirées. (Voir Taffetas et toiles vernis.)		
Toiles peintes (Fabriques de)	Idem..	Idem.
Toiles vernies (Fabriques de). (Voir Taffetas et toiles vernis.)		

ÉTABLISSEMENTS	CONDITIONS	MOTIFS
Tourteaux d'olives (Traitement des) par le sulfure de carbone.	Les enfants au-dessous de 18 ans, les filles mineures et femmes ne seront pas employés dans les ateliers où l'on manipule le sulfure de carbone.	Emanations nuisibles.
Tôles et métaux vernis......................	Les enfants au-dessous de 18 ans, les filles mineures et les femmes ne seront pas employés dans les ateliers où l'on emploie des matières toxiques.	Danger d'empoisonnement.
Vernis à l'esprit-de-vin (Fabriques de).	Les enfants au-dessous de 16 ans ne seront pas employés dans les ateliers où l'on prépare et manipule les vernis.	Danger d'incendie.
Vernis (Ateliers où l'on applique le) sur les cuirs, feutres, taffetas, toiles, chapeaux. (Voir ces mots.)		
Verreries, cristalleries et manufactures de glaces.	Les enfants au-dessous de 18 ans, les filles mineures et les femmes ne seront pas employés dans les ateliers où les poussières se dégagent librement et où il est fait usage de matières toxiques.	Poussières nuisibles.
Vessies nettoyées et débarrassées de toute substance membraneuse (Atelier pour le gonflement et le séchage des).	Les enfants au-dessous de 18 ans et les filles mineures et les femmes ne seront pas employés au travail du soufflage.	Danger d'affections pulmonaires.
Visières vernies (Fabriques de). (Voir Feutres et visières.)		

Décret du 26 juillet 1895 (*Journal officiel* du 30 juillet 1895, B¹. 1738) qui modifie les articles 1, 3, 5 et 6 du décret du 15 juillet 1893 relatif au travail, dans certaines industries, des femmes et des filles âgées de plus de dix-huit ans.

Vu l'article 4 de la loi du 2 novembre 1892 ;

ARTICLE PREMIER. — Les articles 1, 3, 5 et 6 du décret du 15 juillet 1893 sont modifiés ainsi qu'il suit:

« ARTICLE 1. — Dans les industries ci-après déterminées, les femmes et les filles âgées de plus de dix-huit ans pourront être employées jusqu'à onze heures du soir, à certaines époques de l'année et pendant une durée totale qui ne dépassera pas soixante jours par an, sans que, en aucun cas, la durée du travail effectif puisse dépasser douze heures par vingt-quatre heures :

Broderie et passementerie pour confections ;

Chapeaux (Confection de) en toutes matières pour hommes et femmes ;

Confections, coutures et lingeries pour femmes et enfants ;

Confections en fourrures ;

Pliage et encartonnage des rubans.

ART. 3. — Les industries énumérées ci-après sont autorisées à déroger temporairement aux dispositions relatives au travail de nuit, sans que le travail effectif des femmes, filles ou enfants employés la nuit puisse dépasser dix heures par vingt-quatre heures :

INDUSTRIES	Durée totale des dérogations
Confiserie...................	90 jours.
Conserves alimentaires de fruits et de légumes................	90 jours.
Conserves de poissons.............	90 jours.
Délainage des peaux de moutons....	60 jours.
Parfums des fleurs (Extrations des).	90 jours.
Pâtes alimentaires et fabriques de biscuits employant le beurre frais.	30 jours.
Réparations urgentes de navires et de machines motrices..............	120 jours (enfants au-dessous de 16 ans).
Tonnellerie pour l'embarillage des produits de la pêche............	90 jours.

ART. 5. — Les industries pour lesquelles l'obligation du repos hebdomadaire et les restrictions relatives à la durée du travail pourront être temporai-

(1) B. 1738 veut dire *Bulletin des lois*, n° 1738 de l'année 1895.

rement levées par l'inspecteur divisionnaire, pour les enfants âgés de moins de dix-huit ans et les femmes de tout âge, sont les suivantes :

Ameublement, tapisserie, passementerie pour meubles ;

Bijouterie et joaillerie ;

Biscuits employant le beurre frais (Fabriques de) ;

Blanchisseries de linge fin ;

Briqueteries en plein air ;

Brochage des imprimés ;

Broderie et passementerie pour confections ;

Cartons (Fabriques de) pour jouets, bonbons, cartes de visite, rubans ;

Chapeaux (Confection de) en toutes matières pour hommes et femmes ;

Corsets (Confection de) ;

Confections, coutures et lingeries pour femmes et enfants ;

Confections pour hommes ;

Confections en fourrures ;

Conserves de fruits et confiserie, conserves de légumes et de poissons ;

Corderies en plein air ;

Couronnes funéraires (Fabriques de) ;

Délainage des peaux de moutons ;

Dorure pour ameublement ;

Dorure pour encadrements ;

Fleurs (Extraction des parfums des) ;

Fleurs et plumes ;

Imprimeries typographiques ;

Imprimeries lithographiques ;

Imprimeries en taille-douce ;

Jouets, bimbeloterie, petite tabletterie et articles de Paris (Fabriques de) ;

Papier (Transformation du), fabrication des enveloppes, du cartonnage des cahiers d'école, des registres, des papiers de fantaisie ;

Papiers de tenture ;

Reliure ;

Réparations urgentes de navires et de machines motrices ;

Teinture, apprêt, blanchiment, impression, gaufrage et moirage des étoffes ;

Tissage des étoffes de nouveauté destinées à l'habillement ;

Tulles, dentelles et laizes de soie.

ART. 6. — Les chefs des industries autorisées soit à prolonger le travail jusqu'à 11 heures du soir, en vertu de l'article 1ᵉʳ, soit à déroger temporairement aux dispositions relatives au travail de nuit, en vertu de l'article 3, devront prévenir l'inspecteur ou l'inspectrice chaque fois qu'ils voudront faire usage de ces autorisations.

L'avis sera donné par l'envoi, avant le commencement du travail exceptionnel, d'une carte postale, d'une lettre sans enveloppe ou d'un télégramme, de façon que le timbre de la poste fasse foi de la date dudit avis.

Une copie de l'avis sera immédiatement affichée dans un endroit apparent des ateliers et y restera apposée pendant toute la durée de la dérogation.

Dans les cas prévus à l'article 5, une copie de l'autorisation sera également affichée. »

Décrets de 1897. — Du 21 juin, *Journal officiel* du 24, B. 1891, complétant le décret du 13 mai 1893 dans sa nomenclature des établissements dans lesquels l'emploi des enfants au-dessous de dix-huit ans est autorisé sous certaines conditions (art. 13 de la loi du 2 novembre 1892).

Du 21 juin 1897, *Journal officiel* du 24 juin, B. 1891, ajoutant l'industrie du cardage des déchets de soie aux industries admises à déroger aux prescriptions de l'article 13 de la loi du 2 nov. 1892

Du 29 juillet 1897, *Journal officiel* du 1ᵉʳ août, B. 1901, ajoutant : les fabrications de chapeaux d'hommes et de femmes, de colle et de gélatine (tolérance 60 jours) ; de la chaussure ; de la parfumerie ; d'appareils orthopédiques, de la bonneterie fine ; au nombre des établissements admis à déroger temporairement aux prescriptions des articles 4, 5, 6 et 7 de la loi du 2 novembre 1892 sur le travail des femmes et des enfants.

Décrets de 1898. — Du 24 février 1898, *Journal officiel* du 2 mars, B. 1963 ajoutant les productions d'amidon, de maïs, de la verrerie, des filatures, du dévidage de la soie pour étoffes de nouveautés, de l'impression de la laine peignée, du blanchissage, de la teinture et de l'impression des fils de laine, de coton et de soie destinés au tissage des étoffes de nouveautés, aux industries admises à déroger aux articles 4, 5, 6 et 7 de la loi du 2 novembre 1892.

Décrets de 1899. — Du 28 avril 1899 supprimant les travaux des triperies annexes des abattoirs dans la nomenclature des industries autorisées à déroger à la loi du 2 novembre 1892. Aux termes de ce décret, les enfants au-dessous de seize ans ne pourront être employés, à aucun titre, dans les abattoirs et annexes.

Du 1ᵉʳ juillet 1899, *Journal officiel* du 6 juillet, admettant les fabrications de boîtes de conserves et des imprimeries sur métaux, ainsi que les travaux exécutés sur l'ordre du gouvernement et dans l'intérêt de la sûreté et de la défense nationales, à déroger temporairement aux prescriptions des articles 4, 5, 6 et 7 de la loi du 2 novembre 1892 (s'applique également à la loi postérieure du 30 mars 1900) en ce qui concerne la durée du travail et le repos hebdomadaire.

Décret de 1901. — Du 18 avril, *Journal officiel*

du 24, B. 2274 ajoutant les beurreries non annexées à une ferme (tolérance de 60 jours), au nombre des établissements autorisés à déroger aux prescriptions de la loi du 2 novembre 1892.

Décret du 28 mars 902 (*Journal officiel* du 29 septembre) **portant règlement d'administration publique sur la durée du travail effectif journalier des ouvriers adultes.**

Vu la loi du 9 septembre 1848, relative aux heures de travail dans les manufactures et usines, et notamment l'article 2 ainsi conçu :

« Des règlements d'administration publique détermineront les exceptions qu'il sera nécessaire d'apporter à cette disposition générale, à raison de la nature des industries ou des causes de force majeure » ;

Vu la loi du 2 novembre 1892 sur le travail des enfants, des filles mineures et des femmes dans les établissements industriels ;

Vu la loi du 30 mars 1900, portant modification de celles du 2 novembre 1892 et du 9 septembre 1848 ;

Vu les décrets des 17 mai 1851, 31 janvier 1886, 3 avril 1889 et 10 décembre 1899, rendus en exécution de la loi du 9 septembre 1848 ;

Vu l'avis du comité consultatif des arts et manufactures ;

Vu l'avis de la commission supérieure du travail ;

Le Conseil d'Etat entendu,

Décrète :

ARTICLE PREMIER. — La durée du travail effectif journalier des ouvriers adultes peut, pour les travaux désignés au tableau suivant et conformément à ses indications, être élevée au-dessus des limites respectivement fixées par l'article 1er de la loi du 9 septembre 1848, en ce qui concerne les établissements ou parties d'établissements industriels n'employant dans les mêmes locaux que des hommes adultes, et par l'article 2 de la loi du 30 mars 1900, en ce qui concerne les établissements ou parties d'établissements industriels employant dans les mêmes locaux des hommes adultes et des enfants, des filles mineures ou des femmes.

ART. 2. — Les facultés d'augmentation de la durée du travail journalier accordées pour les enfants, les filles mineures et les femmes, en vertu de la loi du 2 novembre 1892 s'appliquent de plein droit aux ouvriers adultes employés dans les mêmes locaux.

ART. 3. — Tout chef d'établissement qui veut user des facultés prévues aux articles précédents est tenu de faire connaître préalablement à l'inspecteur du travail la nature de la dérogation, le nombre d'ouvriers pour lesquels la durée du travail journalier sera augmentée, les heures de travail et de repos de ces ouvriers, celles de l'ensemble du personnel de l'établissement et les jours auxquels l'augmentation. Copie de cet avis sera affichée dans l'établissement.

Si cette augmentation est motivée, soit par les circonstances exceptionnelles prévues au paragraphe 5 du tableau annexé à l'article 1er, soit par les travaux urgents prévus au paragraphe 6 du même tableau, l'avis doit être envoyé par exprès ou par télégramme à l'inspecteur du travail. Si la faculté réclamée par lui ne lui paraît pas justifiée, celui-ci en avisera l'industriel.

DÉSIGNATION DES TRAVAUX	LIMITE D'AUGMENTATION DE DURÉE DU TRAVAIL EFFECTIF JOURNALIER
1° Travail des *ouvriers spécialement employés dans une industrie quelconque à la conduite* des fours, *fourneaux, étuves, sécheries* ou chaudières autres que les générateurs pour machines motrices, *ainsi qu'au chauffage des cuves et bacs*, sous la condition que ce travail ait un caractère purement préparatoire ou complémentaire et ne constitue pas le travail fondamental de l'établissement. *Travail des mécaniciens et des chauffeurs employés au service des machines motrices.*	Une heure et demie au delà de la limite assignée au travail général de l'établissement ; deux heures le lendemain de tout jour de chômage.
2° Travail des ouvriers employés, après arrêt de la production, à l'entretien et au nettoyage des métiers ou autres machines productrices que la connexité des travaux ne permettrait pas de mettre isolément au repos pendant la marche générale de l'établissement.	Une demi-heure au delà de la limite assignée au travail général de l'établissement.
3° Travail d'un chef d'équipe ou d'un ouvrier spécialiste dont la présence est indispensable à la marche d'un atelier ou au fonctionnement d'une équipe, dans le cas d'absence inattendue de son remplaçant et en attendant l'arrivée d'un autre remplaçant.	Deux heures au delà de la limite assignée au travail général de l'établissement.
4° Travail des ouvriers spécialement employés soit au service des fours, soit à d'autres opérations, quand le service ou les opérations doivent rester continus pendant plus d'une semaine.	Faculté illimitée pendant un jour pour permettre l'alternance des équipes ; cette alternance ne pouvant avoir lieu qu'à une semaine d'intervalle au moins
5° Travail des ouvriers spécialement employés soit à des opérations de grosse métallurgie (fonte, forgeage, laminage des métaux en grosses pièces et opérations connexes), soit à d'autres opérations reposant sur des réactions qui, techniquement, ne peuvent être arrêtées à volonté, lorsque les unes et les autres n'ont pu être terminées dans les délais réglementaires par suite de circonstances exceptionnelles.	Deux heures ; exceptionnellement pour la grosse métallurgie, six heures la veille de tout jour de chômage.
6° Travaux urgents dont l'exécution immédiate est nécessaire pour prévenir des accidents imminents, organiser des mesures de sauvetage ou réparer des accidents survenus au matériel, aux installations ou aux bâtiments de l'établissement.	Faculté illimitée pendant un jour au choix de l'industriel ; les autres jours, deux heures au delà de la limite fixée par l'article 1er, paragraphe 1er, de la loi du 9 septembre 1848 ;
7° Travaux exécutés dans l'intérêt de la sûreté et de la défense nationales, sur un ordre du Gouvernement constatant la nécessité de la dérogation.	Limite à fixer, dans chaque cas, de concert entre le ministre du commerce et de l'industrie et le ministre qui ordonne les travaux.
8° Travail ou personnel des imprimeries typographiques, lithographiques et en taille-douce.	Deux heures au delà de la limite fixée par l'article 1er, paragraphe 1er, de la loi du 9 septembre 1848. Maximum annuel : 100 heures.
9° Travail des ouvriers spécialement employés à la mouture des grains dans les moulins exclusivement actionnés par l'eau ou par le vent.	Deux heures au delà de la limite fixée par l'article 1er, paragraphe 1er, de la loi du 9 septembre 1848.

ART. 4. — Les décrets des 17 mai 1851, 31 janvier 1886, 3 avril 1889 et 10 décembre 1899 sont abrogés.

ART. 5. — Le ministre du commerce, de l'industrie, des postes et des télégraphes, est chargé de l'exécution du présent décret, qui sera inséré au *Bulletin des lois* et publié au *Journal officiel* de la République française.

Fait à Paris, le 28 mars 1902.

EMILE LOUBET.

Par le Président de la République,

Le ministre du commerce, de l'industrie des postes et des télégraphes.

A. MILLERAND.

(*Journal officiel* du 29 septembre 1902).

III

INSPECTION,

ADMINISTRATION CENTRALE, SURVEILLANCE.

Décrets de 1894. — Du 1er décembre, *Journal officiel* du 5 décembre, B. 1679, modifiant le décret du 3 juillet 1894 et instituant *une commission consultative permanente du commerce et de l'industrie.* Ce décret porte de 20 à 25 le nombre des membres de cette commission.

Du même jour, décret portant réorganisation du *Conseil supérieur du commerce et de l'industrie.* Le nombre en membre de ce conseil est porté de 48 à 60.

Décrets de 1895. — Du 7 décembre, *Journal officiel* du 15, B 1758, portant réorganisation de la *Bourse du travail de Paris.*

Du 17 décembre, B. 1768 qui modifie l'article 1er du décret du 18 septembre 1893 portant réorganisation du *Comité consultatif des chemins de fer* (voir aussi décret du 11 novembre 1896, B. 1854.)

Loi du 11 juin 1896, *Journal officiel* du 13 juin, B. 1796, réglementant *les Halles centrales de Paris.*

Décrets de 1897. — Du 6 juin, *Journal officiel* du 14, B. 1891 modifiant le décret du 19 avril 1891, lequel institue et organise *l'office du travail.*

Loi du 16 avril 1897, *Journal officiel* du 17, B. 1852, concernant *la répression de la fraude dans le commerce du beurre et la fabrication de la margarine.*

Loi du 4 mars 1898, *Journal officiel* du 7, B. 1945 et 1987 instituant *un office national du commerce extérieur*. (Voir aussi décrets du 21 mai et du 24 juin 1898 nommant les conseillers du commerce extérieur.)

Décrets de 1899. — Du 8 août réorganisant le **ministère du commerce et de l'industrie** : 1° Cabinet du ministre ; 2° Direction de l'enseignement technique, du personnel et de la comptabilité ; 3° Direction du commerce ; 4° Direction de l'industrie ; 5° Direction du travail comprenant : l'office du travail, la statistique générale, les associations, les coopérations et les études d'économie sociale ; 6° Division de l'assurance et de la prévoyance sociale. — L'inspection du travail, la propriété industrielle, les poids et mesures, les médailles du travail appartiennent à la 4e direction. — Les tarifs de douanes, le mouvement général du commerce, les renseignements commerciaux et les expositions appartiennent à la 3e direction.

Décrets de 1899. — Du 2 novembre 1899 réorganisant comme suit le **Conseil supérieur du Travail** : Ce conseil est composé de 66 membres, 22 nommés par les patrons et 22 par les ouvriers, plus 22 autres membres dont 3 sénateurs élus par le Sénat, 5 députés élus par la Chambre, 4 membres choisis par le ministre et 10 membres de droit, savoir : le président de la chambre de commerce de Paris, le trésorier des chambres consultatives des associations ouvrières de production, le vice-président de la Bourse du travail de Paris, le directeur général des manufactures de l'Etat, le directeur des routes et de la navigation au ministère des travaux publics, le directeur des chemins de fer de l'Etat, le directeur de l'industrie, le chef de la division d'assurance et le directeur du travail au ministère du commerce. Les membres patrons sont élus par les chambres de commerce et les conseillers prud'hommes patrons ; les membres ouvriers par les syndicats ouvriers et les conseillers prud'hommes ouvriers.

Du 2 mai 1899, *Journal officiel* du 3 mai, B. 2008, instituant une **commission consultative** siégeant au ministère du commerce, en vue de l'application de l'article 5 de la loi du 9 avril 1898. Cette commission se compose de 7 membres : 3 nommés par le ministre du commerce, 3 par le ministre de l'intérieur et du président nommé par ces deux ministres.

Du 14 mars 1899, *Journal officiel* du 16 mars, B. 2087 portant création d'un **office colonial**, relevant du ministère des colonies.

Du 14 novembre 1899, *Journal officiel* du 15 novembre, B. 2117, modifiant l'article 3 du décret du 13 juin 1895 en ce qui concerne la **Commission de classement des inspecteurs du travail.** Dorénavant cette Commission comprendra trois membres **ouvriers** élus par le Conseil supérieur du travail.

Du 4 décembre 1899 portant nomenclature des commerces et industries assujettis à la vérification des poids et mesures.

Décrets de 1900. — Du 28 mars, *Journal officiel* du 1er avril, B. 2155, étendant aux établissements français situés à l'étranger et pour les ouvriers et employés français de ces établissements les dispositions du décret du 16 juillet 1886, instituant des **médailles d'honneur** en faveur des ouvriers et employés comptant plus de trente ans de services consécutifs dans le même établissement.

Du 24 avril, *Journal officiel* du 29, B. 2167, autorisant la fabrication et l'emploi de *nouvelles mesures à lait*.

Du 22 avril 1900, *Journal officiel* du 25, B. 2167, relevant de leurs fonctions de **conseillers du com-**

merce extérieur : 1° ceux des titulaires qui n'occupent plus la situation en raison de laquelle ils avaient été chargés de cette fonction ; 2° ceux qui depuis plus d'un an, n'ont envoyé aucune communication au ministère ou à l'office national du commerce extérieur ; 3° ceux qui sont en état de faillite ou de liquidation judiciaire.

Du 3 mai 1900, *Journal officiel* du 8 mai, B. 2170, accordant des **médailles d'honneur** (décret du 16 juillet 1886) aux employés des chambres de commerce et des *œuvres utiles au commerce.*

Du 22 juin 1900, *Journal officiel* du 29, B. 2178, créant des **médailles d'honneur** en faveur des *ouvriers des Halles et marchés de Paris.*

Du 10 octobre 1900, *Journal officiel* du 11, B. 2228, réorganisant l'**Administration centrale** *du ministère du commerce.*

Du 2 août 1900, B. 2216, modifiant l'article 2 du décret du 7 novembre 1899 sur l'avancement des *contrôleurs des mines.*

Du 20 octobre 1900, *Journal officiel* du 1er novembre, B. 2228, modifiant la composition des membres de droit *du Conseil supérieur du travail.*

Décrets de 1901. — Du 12 juillet 1901, *Journal officiel* du 13, B. 2294, transférant le **service des brevets d'invention** *au Conservatoire des arts et métiers,* en vertu de la *loi du 9 juillet 1901,* laquelle loi promulguée au *Journal officiel* du 10 juillet 1901, B. 2300, règle l'organisation et le fonctionnement du laboratoire d'essais mécaniques, physiques, chimiques, et de machines créée par le décret du 19 mai 1900, et institue *un office national des brevets d'invention et des marques de fabrique,* **au Conservatoire des arts et métiers.**

Décrets de 1902. — Du 3 mai, B. 2352, admettant en franchise postale, dans toute la République, la correspondance d'intérêt général adressée *sous le contreseing du ministre de l'agriculture,* aux présidents, directeurs, administrateurs et secrétaires *des syndicats professionnels agricoles.*

Du 23 mars, *Journal officiel* du 27 mars, B. 2346, modifiant l'article 16 du décret du 1er septembre 1899 portant réorganisation du Conseil supérieur du travail.

Du 10 mai, *Journal officiel* du 1er juin, B. 2373, réorganisant le service de l'inspection du travail à raison de 11 inspecteurs divisionnaires à Paris, Limoges, Dijon, Nancy, Lille, Rouen, Nantes, Bordeaux, Toulouse, Marseille, Lyon, et de 110 inspecteurs ou inspectrices départementaux : 14 inspecteurs et 14 inspectrices pour le département de la Seine.

Du 11 mars, *Journal officiel* du 16, B. 2383, concernant la surveillance du travail des agents de chemins de fer. Ce service sera assuré par un ingénieur en chef des ponts et chaussées, directeur des ingénieurs du contrôle et des contrôleurs recrutés parmi les agents ou ouvriers des chemins de fer et par voie de concours. Ces derniers recevront de 3.000 à 4.500 francs d'appointements.

IV

JURIDICTION PRUDHOMALE

Loi du 18 mars 1806 créant à Lyon, le **premier Conseil de prudhommes** et posant les bases de cette institution.

Décrets du 11 juin 1809 et du 3 août 1810 réglant la compétence de cette juridiction.

Loi du 11 avril 1838 (art. 2) applicable aux conseils de prud'hommes suivant arrêt de la Cour de cassation du 30 mai 1902 et relative aux demandes reconventionnelles lorsqu'elles sont fondées sur les

demandes principales. (Voir aussi arrêts de la Cour de cassation du 31 octobre 1893 et du 27 décembre 1899.)

Décret du 27 mai 1848 sur la conciliation.

Loi du 22 février 1851 *sur l'apprentissage* (voir I, p. 87) remettant aux juges prud'hommes la connaissance des contestations.

Loi du 7 août 1850 sur le **règlement des dépens** par la partie qui succombe.

Loi du 1er juin 1853 réorganisant les **conseils de prud'hommes.**

Loi du 2 juin 1862 sur l'opposition à jugement par défaut. (Voir aussi la loi du 1er décembre 1790 sur l'exécution des jugements et les conflits de juridiction.)

Loi du 7 février 1880 sur le fonctionnement des *bureaux particuliers* des conseils de prud'hommes.

Loi du 10 décembre 1884 sur la **conciliation** devant les conseils de prud'hommes.

Arrêt de la Cour de cassation du 22 avril 1901, au point de vue de la compétence des conseils, relativement à certains employés commerciaux des industries soumises à leur juridiction.

Décret du 13 mai 1889, *J. of.* du 18 mai, B. 1256, modifiant le conseil de Dunkerque (Nord).

Décret du 2 octobre 1889, *J. of.* du 4 octobre, B. 1280, créant un conseil à Fougères (Ille-et-Vilaine).

Décret du 23 décembre 1889, *J. of.* du 11 janvier, B. 1308, organisant un conseil pour les industries de la soierie à Lyon (Rhône).

Décrets de 1890. — Du 8 mars, *J. of.* du 22, B. 1325, modifiant les conseils de Paris, les réorganisant en quatre conseils : celui des **métaux** et des **industries diverses,** celui des **tissus,** celui des **produits chimiques** et celui du **bâtiment.** (Voir dans les tableaux alphabétiques et dans les tableaux de la classification générale des métiers, les professions ressortissant à chacun de ces conseils et à chacune des catégories de ces conseils.)

Du 9 mai 1890, *J. of.* du 15, B. 1331, modifiant le Conseil de Nîmes (Gard).

Du 10 juin, *J. of.* du 12, B. 1341, modifiant la 3e catégorie du Conseil de prud'hommes pour le bâtiment de Paris.

Décrets de 1891. — Du 13 mars, B. 1401, créant un conseil à Villebois (Ain).

Du 27 mai, *J. of.* du 9 juin, B. 1418, créant un conseil à Vierzon-Ville (Cher).

Du 10 juillet, *J. of.* du 16, B. 1419, modifiant le conseil de Bourges.

Du 24 août, *J. of.* du 27, B. 1448, créant un conseil à Beauvais (Oise) et modifiant le Conseil de Castres (Tarn).

Décrets de 1892. — Du 22 mars, B. 1470, supprimant le Conseil de Maronne (Seine-Inférieure).

Du 31 mars, *J. of.* du 1er avril, B. 1475, créant un conseil à Saint-Claude (Jura).

Du 22 novembre, B. 1523, modifiant le Conseil de Montpellier.

Décrets de 1893. — Du 21 mars, *J. of.* du 30 mars, B. 1555, modifiant le Conseil de Fougères (Ille-et-Vilaine).

Du 4 juillet, *J. of.* du 11, B. 1586, supprimant le Conseil d'Yvetôt (Seine-Inférieure).

Du 1er septembre, *J. of.* du 28, B. 1593, créant un conseil à Rochefort (Charente-Inférieure).

Du 18 septembre, *J. of.* du 5 octobre, B. 1593, créant un conseil à Philippeville (Algérie).

Du 22 novembre, *J. of.* du 26, B. 1619, créant un conseil à Blois (Loir-et-Cher).

Décrets de 1894. — Du 13 juin, B. 1655, modifiant le Conseil de Douai et étendant sa juridiction aux trois cantons de Douai et aux cantons d'Arleux et d'Orchies (Nord).

Du 7 février, *J. of.* du 10, B. 1621, créant un conseil à La Rochelle (Charente-Inférieure).

Du 16 mars, *J. of.* du 20, B. 1625, créant un conseil à Châteauroux (Indre).

Du 1er mai, B. 1634, modifiant le Conseil d'Oran (Algérie).

Décret du 28 juillet 1895, *J. of.* du 13 août, B. 1788, modifiant le Conseil de Charlieu (Loire).

Décret du 28 juillet 1895, B. 1688, créant un conseil à Toulon (Var).

Décret du 30 juillet 1895, B. 1692, modifiant le Conseil de Limoges (Haute-Vienne).

Décret du 30 juillet 1895, B. 1679, créant un conseil à Versailles.

Décrets de 1896. — Du 14 mars, B. 1774, modifiant le Conseil de Saint-Étienne (Loire),

Du 21 novembre, *J. of.* du 3 décembre, B. 1822, modifiant le Conseil de Boulogne-sur-Mer.

Du 27 septembre, *J. of.* du 5 octobre, B. 1818, modifiant le Conseil de Roanne.

Du 10 juillet, *J. of.* du 7 août, B. 1811, créant un conseil à Rive-de-Gier (Loire).

Du 10 juillet, B. 1804, créant un conseil à Auxerre (Yonne).

Décrets de 1897. — Du 8 avril, *J. of.* du 14, B. 1890, modifiant le Conseil de Bordeaux.

Du 30 juillet, *J. of.* du 3 août, B. 1886, créant un conseil à Morlaix (Finistère).

Décrets de 1898. — Du 29 janvier 1898, *J. of.* du 4 février, B. 1953, modifiant le Conseil de Nantes (Loire-Inférieure).

Du 27 juillet, B. 2012, modifiant le Conseil de Cannes (Alpes-Maritimes).

Du 3 août, *J. of.* du 3, B. 2013, étendant la juridiction du Conseil de Lyon aux communes de Saint-Rambert et de Saint-Cyr.

Du 29 octobre, *J. of.* du 5 novembre, B. 2020, modifiant le Conseil de Châteauroux (Indre).

Du 23 novembre, *J. of.* du 25, B. 2110, créant un conseil à Menton (Alpes-Maritimes).

Décrets de 1899. — Du 18 mars, B. 2001, modifiant le Conseil de Nîmes (Gard).

Du 27 avril, B. 2101, créant un conseil à Vichy (Allier).

Du 22 juin, *J. of.* du 29, B. 2079, modifiant le Conseil d'Angoulême (Charente).

Du 1er juillet, *J. of.* du 6, B. 2055, modifiant le Conseil du Havre.

Du 27 août, *J. of.* du 23 septembre, B 2101, modifiant le Conseil de Lyon.

Du 15 septembre, B. 2119, modifiant le Conseil d'Ajaccio (Corse).

Décrets de 1900. — Du 30 janvier, *J. of.* du 3 février, B. 2132, modifiant le Conseil de Nice (Alpes-Maritimes).

Du 13 mars, *J. of.* du 17, B. 2153, modifiant les Conseils de Besançon (Doubs), de Toulouse (Haute-Garonne) ; de Saint-Nazaire (Loire-Inférieure).

Du 17 mars, B. 2170, créant un Conseil à Perpignan pour les cantons est et ouest de Perpignan

et les communes de Rivesaltes et de Thiers (Pyrénées-Orientales).

Du 3 avril, *J. of.* du 7, B. 2167, étendant la juridiction du Conseil de Montbéliard (Doubs) à toutes les communes des cantons de Montbéliard et d'Audincourt et à la commune de Saloncourt (Doubs).

Du 11 avril, *J. of.* du 13, B. 2170, modifiant le Conseil d'Halluin (Nord).

Du 27 avril, *J. of.* du 29, B. 2170, créant un conseil à Moulins-sur-Allier (Allier).

Du 24 juillet, *J. of.* du 31, B. 2204, créant un Conseil à Sens (Yonne).

Du 4 décembre 1900, *J. of.* du 11 décembre, B. 2230, supprimant le Conseil de Privas (Ardèche).

Du 5 décembre, *J. of.* du 11 décembre, B. 2230, supprimant le Conseil de Chazeilles-sur-Lyon (Loire).

Du 9 décembre, *J. of.* du 13, B. 2230, modifiant le Conseil de Bordeaux.

Du 7 décembre, *J. of.* du 12, B. 2230, détachant la commune de Cuinzier (Loire) du Conseil de Thizy (Rhône) pour la rattacher au Conseil de Charlieu (Loire).

Décrets de 1901. — Du 6 février, *J. of.* du 10, B. 2235, modifiant le Conseil du Havre.

Du 14 février, *J. of.* du 22, B. 2236, supprimant le Conseil de Pavilly (Seine-Inférieure).

Du 19 janvier, *J. of.* du 25, B. 2254, créant un Conseil à Saumur (Maine-et-Loire).

Du 12 mars, *J. of.* du 19, B. 2258, supprimant le Conseil de Mamers (Sarthe).

Du 15 mars, *J. of.* du 19, B. 2258, créant un conseil à Tulle (Corrèze).

Du 3 avril, *J. of.* du 6 avril, B. 2274, rattachant la commune de Sotteville-lès-Rouen au Conseil de Rouen.

Du 6 avril, *J. of.* du 6, B. 2274, modifiant le conseil de Fourmies (Nord).

Du 3 juin, *J. of.* du 5, B. 2275, supprimant les Conseils de Limoux (Aude) et d'Annonay (Ardèche).

Du 18 juin, *J. of.* du 26, B. 2277, créant un conseil à Corbeil (Seine-et-Oise).

Du 29 juin, *J. of.* du 4 juillet, B. 2278, réorganisant le Conseil de Calais (Pas-de-Calais).

Du 31 juillet, *J. of.* du 4 août. B. 2292, modifiant le Conseil d'Albi (Tarn).

Du 25 décembre, *J. of.* du 7 janvier 1902, B. 2321, supprimant le Conseil de Villefranche (Rhône).

Décrets de 1902. — Du 9 février, *J. of.* du 15, B. 2342, créant un Conseil à Remiremont (Vosges) pour tout le canton de Remiremont.

V

ASSURANCE ET PRÉVOYANCE

RESPONSABILITÉS DES ACCIDENTS DU TRAVAIL

Du 9 avril 1898 modifié par la loi du 22 mars 1902,

TITRE PREMIER. — *Indemnités en cas d'accidents.*

ARTICLE PREMIER. — Les accidents survenus par le travail, ou à l'occasion du travail, aux ouvriers et employés occupés dans l'industrie du bâtiment, les usines, manufactures, chantiers, les entreprises de transport par terre et par eau, de chargement et déchargement, les magasins publics, mines, minières, carrières et, en outre, dans toute exploitation ou partie d'exploitation dans laquelle sont fabriquées ou mises en œuvre des matières explosives, ou dans laquelle il est fait usage d'une machine mue par

une force autre que celle de l'homme ou des animaux, donnent droit, au profit de la victime ou de ses représentants, à une indemnité *à la charge du chef d'entreprise*, à la condition que l'interruption du travail ait duré plus de quatre jours.

Les ouvriers qui travaillent seuls d'ordinaire ne pourront être assujettis à la présente loi par le fait de la collaboration accidentelle d'un ou de plusieurs de leurs camarades. (Loi du 22 mars 1902.)

ART. 2. — Les ouvriers et employés désignés à l'article précédent ne peuvent se prévaloir, à raison des accidents dont ils sont victimes dans leur travail, d'aucunes dispositions autres que celles de la présente loi.

Ceux dont le salaire annuel dépasse deux mille quatre cents francs (2 400 francs) ne bénéficient de ces dispositions que jusqu'à concurrence de cette somme. Pour le surplus, ils n'ont droit qu'au quart des rentes stipulées à l'article 3, à moins de conventions contraires élevant le chiffre de la quotité.

ART. 3. — Dans les cas prévus à l'article premier, l'ouvrier ou l'employé a droit :

Pour l'incapacité absolue et permanente, à une rente égale aux deux tiers de son salaire annuel ;

Pour l'incapacité partielle et permanente, à une rente égale à la moitié de la réduction que l'accident aura fait subir au salaire.

Pour l'incapacité temporaire, à une indemnité journalière égale à la moitié du salaire touché au moment de l'accident, si l'incapacité de travail a duré plus de quatre jours et à partir du cinquième jour.

Lorsque l'accident est suivi de mort, une pension est servie aux personnes ci-après désignées, à partir du décès, dans les conditions suivantes :

A. Une rente viagère égale à 20 % du salaire annuel de la victime pour le conjoint survivant non divorcé ou séparé de corps, à la condition que le mariage ait été contracté antérieurement à l'accident.

En cas de nouveau mariage, le conjoint cesse d'avoir droit à la rente mentionnée ci-dessus ; il lui sera alloué, dans ce cas, le triple de cette rente à titre d'indemnité totale.

B. Pour les enfants, légitimes ou naturels, reconnus avant l'accident, orphelins de père ou de mère âgés de moins de seize ans, une rente calculée sur le salaire annuel de la victime à raison de 15 % de ce salaire s'il n'y a qu'un enfant, de 25 % s'il y en a deux, de 35 % s'il y en a trois et de 40 % s'il y en a quatre ou en plus grand nombre.

Pour les enfants, orphelins de père et de mère, la rente est portée pour chacun d'eux à 20 % du salaire.

L'ensemble de ces rentes ne peut, dans le premier cas, dépasser 40 % du salaire ni 60 % dans le second.

C. Si la victime n'a ni conjoint, ni enfant dans les termes des paragraphes A et B, chacun des ascendants et descendants qui était à sa charge recevra une rente viagère pour les ascendants et payable jusqu'à seize ans pour les descendants. Cette rente sera égale à 10 % du salaire annuel de la victime, sans que le montant total des rentes ainsi allouées puisse dépasser 30 %.

Chacune des rentes prévues par le paragraphe C est, le cas échéant, réduite proportionnellement.

Les rentes constituées en vertu de la présente loi sont payables par trimestre ; elles sont incessibles et insaisissables.

Les ouvriers étrangers, victimes d'accidents, qui cesseront de résider sur le territoire français recevront, pour toute indemnité, un capital égal à trois fois la rente qui leur avait été allouée.

Les représentants d'un ouvrier étranger ne recevront aucune indemnité, si, au moment de l'accident, ils ne résidaient pas sur le territoire français.

Art. 4. — Le chef d'entreprise supporte, en outre, les frais médicaux et pharmaceutiques et les frais funéraires. Ces derniers sont évalués à la somme de cent francs (100 francs) au maximum.

Quant aux frais médicaux et pharmaceutiques, si la victime a fait choix elle-même de son médecin, le chef d'entreprise ne peut être tenu que jusqu'à concurrence de la somme fixée par le juge de paix du canton, conformément aux tarifs adoptés dans chaque département pour l'assistance médicale gratuite.

Art. 5. — Les chefs d'entreprise peuvent se décharger pendant les trente, soixante ou quatre-vingt-dix premiers jours de l'accident, de l'obligation de payer aux victimes les frais de maladie et l'indemnité temporaire, ou une partie seulement de cette indemnité, comme il est spécifié, ci-après, s'ils justifient :

1° Qu'ils ont affilié leurs ouvriers à des Sociétés de secours mutuels et pris à leur charge une quote-part de la cotisation qui aura été déterminée d'un commun accord, et en se conformant aux statuts-type, approuvés par le ministre compétent, mais qui ne devra pas être inférieure au tiers de cette cotisation ;

2° Que ces Sociétés assurent à leurs membres, en cas de blessures, pendant trente, soixante ou quatre-vingt-dix jours, les soins médicaux et pharmaceutiques et une indemnité journalière.

Si l'indemnité journalière servie par la Société est inférieure à la moitié du salaire quotidien de la victime, le chef d'entreprise est tenu de lui verser la différence.

Art. 6. — Les exploitants de mines, minières et carrières peuvent se décharger des frais et indemnités mentionnées à l'article précédent moyennant une subvention annuelle versée aux Caisses ou Sociétés de secours constituées dans ces entreprises en vertu de la loi du 29 juin 1894 ;

Le montant et les conditions de cette subvention devront être acceptés par la Société et approuvés par le ministre des Travaux publics.

Ces deux dispositions seront applicables à tous autres chefs d'industrie qui auront créé en faveur de leurs ouvriers des Caisses particulières de secours en conformité du titre III de la loi du 29 juin 1894. L'approbation prévue ci-dessus sera, en ce qui les concerne, donnée par le ministre du Commerce et de l'Industrie.

Art. 7. — (Loi du 22 mars 1902.) Indépendamment de l'action résultant de la présente loi, les représentants conservent, contre les auteurs de l'accident autres que le patron, ou ses ouvriers et préposés, le droit de réclamer la réparation du préjudice causé, conformément aux règles du droit commun.

L'indemnité qui leur sera allouée exonérera à due concurrence le chef d'entreprise des obligations mises à sa charge.

Dans le cas où l'accident a entraîné une incapacité permanente ou la mort, cette indemnité devra être attribuée sous forme de rentes, servies par la Caisse nationale des retraites.

En outre de cette allocation sous forme de rentes, le tiers reconnu responsable pourra être condamné soit envers la victime, soit envers le chef d'entreprise, si celui-ci intervient dans l'instance, au paiement des autres indemnités et frais prévus aux articles 3 et 4 ci-dessus.

Cette action contre les tiers responsables pourra même être exercée par le chef d'entreprise, à ses risques et périls, aux lieu et place de la victime ou de ses ayants droit, si ceux-ci négligent d'en faire usage.

Art. 8. — Le salaire qui servira de base à la fixation de l'indemnité allouée à l'ouvrier âgé de moins de seize ans ou à l'apprenti victime d'un accident ne sera pas inférieur au salaire le plus bas des ouvriers valides de la même catégorie occupés dans l'entreprise.

Toutefois, dans le cas d'incapacité temporaire, l'indemnité de l'ouvrier âgé de moins de seize ans ne pourra pas dépasser le montant de son salaire.

Art. 9. — Lors du règlement définitif de la rente viagère, après le délai de revision prévu à l'article 19, la victime peut demander que le quart au plus du capital nécessaire à l'établissement de cette rente, calculé d'après les tarifs dressés pour les victimes d'accidents par la Caisse des retraites pour la vieillesse, lui soit attribué en espèces.

Elle peut aussi demander que ce capital, ou ce capital réduit du quart au plus comme il vient d'être dit, serve à constituer sur sa tête une rente viagère réversible, pour moitié au plus, sur la tête de son conjoint. Dans ce cas, la rente viagère sera diminuée de façon qu'il ne résulte de la réversibilité aucune augmentation de charges pour le chef d'entreprise.

Le tribunal, en chambre du conseil, statuera sur ces demandes.

Art. 10. — Le salaire servant de base à la fixation des rentes, s'entend, pour l'ouvrier occupé dans l'entreprise pendant les douze mois écoulés avant l'accident, de la rémunération effective, qui lui a été allouée pendant ce temps, soit en argent, soit en nature.

Pour les ouvriers occupés pendant moins de douze mois avant l'accident, il doit s'entendre de la rémunération effective qu'ils ont reçue, depuis leur entrée dans l'entreprise, augmentée de la rémunération moyenne qu'ont reçue, pendant la période nécessaire pour compléter les douze mois, les ouvriers de la même catégorie.

Si le travail n'est pas continu, le salaire annuel est calculé tant d'après la rémunération reçue pendant la période d'activité, que d'après le gain de l'ouvrier pendant le reste de l'année.

TITRE II. — *Déclaration des accidents et enquêtes.*

Art. 11. (Loi du 22 mars 1902.) — Tout accident ayant occasionné une incapacité de travail doit être déclaré dans les quarante-huit heures, non compris les dimanches et jours fériés, par le chef d'entreprise ou ses préposés, au maire de la commune qui en dresse procès-verbal et en délivre immédiatement récépissé.

La déclaration et le procès-verbal doivent indiquer dans la forme réglée par décret, les nom, qualité et adresse du chef d'entreprise, le lieu précis, l'heure et la nature de l'accident, les circonstances dans lesquelles il s'est produit, la nature des blessures, les noms et adresses des témoins.

Dans les quatre jours qui suivent l'accident, si la victime n'a pas repris son travail, le chef d'entreprise doit déposer à la mairie, qui lui en délivre immédiatement récépissé, un certificat de médecin indiquant l'état de la victime, les suites probables de l'accident et l'époque à laquelle il sera possible d'en connaître le résultat définitif.

La déclaration d'accident pourra être faite dans les mêmes conditions par la victime ou ses représentants jusqu'à l'expiration de l'année qui suit l'accident.

Avis de l'accident, dans les formes réglées par décret, est donné immédiatement par le maire à l'inspecteur départemental du travail ou à l'ingénieur ordinaire des mines chargé de la surveillance de l'entreprise.

L'article 15 de la loi du 2 novembre 1892 et l'article 11 de la loi du 12 juin 1893 cessent d'être applicables dans les cas visés par la présente loi.

Art. 12. — Dans les vingt-quatre heures qui suivent le dépôt du certificat, et au plus tard dans les cinq jours qui suivent la déclaration de l'accident, le maire transmet au juge de paix du canton où l'accident s'est produit, la déclaration et soit le certificat médical, soit l'attestation qu'il n'a pas été produit de certificat.

Lorsque, d'après le certificat médical, produit en exécution du paragraphe précédent ou transmis ultérieurement par la victime à la justice de paix, la blessure paraît devoir entraîner la mort ou une incapacité permanente, absolue ou partielle de travail, ou lorsque la victime est décédée, le juge de paix, dans les vingt-quatre heures, procède à une enquête à l'effet de rechercher :

1° La cause, la nature et les circonstances de l'accident ;

2° Les personnes victimes et le lieu où elles se trouvent, le lieu et la date de leur naissance ;

3° La nature des lésions ;

4° Les ayants droit pouvant, le cas échéant, prétendre à une indemnité, le lieu et la date de leur naissance ;

5° Le salaire quotidien et le salaire annuel des victimes ;

6° La Société d'assurances à laquelle le chef d'entreprise était assuré ou le Syndicat de garantie auquel il était affilié.

Les allocations tarifées pour le juge de paix et son greffier en exécution de l'article 29 de la présente loi et de l'article 31 de la loi de finances du 13 avril 1900 seront avancées par le Trésor.

TITRE II

Déclaration des accidents et enquête.

(*Loi du 22 mars 1902.*)

Art. 13. — L'enquête a lieu contradictoirement dans les formes prescrites par les articles 35, 36, 37, 38 et 39 du Code de procédure civile en présence des parties intéressées ou celles-ci convoquées d'urgence par lettre recommandée.

Le juge de paix doit se transporter auprès de la victime de l'accident qui se trouve dans l'impossibilité d'assister à l'enquête.

Lorsque le certificat médical ne lui paraîtra pas suffisant, le juge de paix pourra désigner un médecin pour examiner le blessé.

Il peut aussi commettre un expert pour l'assister dans l'enquête.

Il n'y a pas lieu, toutefois, à nomination d'expert dans les entreprises administrativement surveillées, ni dans celles de l'État placées sous le contrôle d'un service distinct du service de gestion, ni dans les établissements nationaux où s'effectuent des travaux que la sécurité publique oblige à tenir secrets. Dans ces divers cas, les fonctionnaires chargés de la surveillance ou du contrôle de ces établissements ou entreprises, et, en ce qui concerne les exploitations minières les délégués à la sécurité des ouvriers mineurs, transmettent au juge de paix, pour être joint au procès-verbal d'enquête, un exemplaire de leur rapport.

Sauf les cas d'impossibilité matérielle dûment constatés dans le procès-verbal, l'enquête doit être close dans le plus bref délai et, au plus tard, dans les dix jours à partir de l'accident. Le juge de paix avertit, par lettres recommandées, les parties de la clôture de l'enquête et du dépôt de la minute au greffe, où elles pourront, pendant un délai de cinq jours, en prendre connaissance et s'en faire délivrer une expédition affranchie du timbre et de l'enregistrement. A l'expiration de ce délai de cinq jours, le dossier de l'enquête est transmis au président du tribunal civil de l'arrondissement.

Art. 14. — Sont punis d'une amende de un à quinze francs (1 à 15 francs), les chefs d'industrie ou leurs préposés qui ont contrevenu aux dispositions de l'article 11.

En cas de récidive dans l'année, l'amende peut être élevée de seize à trois cents francs (16 à 300 fr.).

L'article 463 du Code pénal est applicable aux contraventions prévues par le présent article.

TITRE III. — *Compétence. — Juridictions. Procédure. — Révision.*

Art. 15. — Les contestations entre les victimes d'accidents et les chefs d'entreprise, relatives aux frais funéraires, aux frais de maladies et aux indemnités temporaires, sont jugées en dernier ressort par le juge de paix du canton où l'accident s'est produit à quelque chiffre que la demande puisse s'élever.

Art. 16. — En ce qui touche les autres indemnités prévues par la présente loi, le tribunal de l'arrondissement convoque, dans les cinq jours, à partir de la transmission du dossier, la victime ou ses ayants droit et le chef d'entreprise qui peut se faire représenter.

S'il y a accord des parties intéressées, l'indemnité est définitivement fixée par l'ordonnance du président, qui donne acte de cet accord.

Si l'accord n'a pas lieu, l'affaire est renvoyée devant le tribunal, qui statue comme en matière sommaire, conformément au titre XXIV du livre II du Code de procédure civile.

Si la cause n'est pas en état, le tribunal sursoit à statuer et l'indemnité temporaire continuera à être servie jusqu'à la décision définitive.

Le tribunal pourra condamner le chef d'entreprise à payer une provision, sa décision sur ce point sera exécutoire nonobstant appel. (Loi du 22 mars 1902.)

Art. 17. (Loi du 22 mars 1902.) — Les jugements rendus en vertu de la présente loi sont susceptibles d'appel selon les règles du droit commun. Toutefois l'appel, sous réserve des dispositions de l'article 449 du Code de procédure civile, devra être interjeté dans les trente jours de la date du jugement s'il est contradictoire, et, s'il est par défaut, dans la quinzaine à partir du jour où l'opposition ne sera plus recevable.

L'opposition ne sera plus recevable en cas de jugement par défaut contre partie, lorsque le jugement aura été signifié à personne, passé le délai de quinze jours à partir de cette signification.

La cour statuera d'urgence dans le mois de l'acte d'appel. Les parties pourront se pourvoir en cassation.

Toutes les fois qu'une expertise médicale sera ordonnée, soit par le juge de paix, soit par le tribunal ou par la cour d'appel, l'expert ne pourra être le médecin qui a soigné le blessé, ni un médecin attaché à l'entreprise ou à la Société d'assurances à laquelle le chef d'entreprise est affilié.

Art. 18. (Loi du 22 mars 1902.) — L'action en indemnité prévue par la présente loi se prescrit par un an à dater du jour de l'accident, ou de la clôture de l'enquête du juge de paix ou de la cessation du payement de l'indemnité temporaire.

L'article 35 de la loi du 10 août 1871 et l'article 124 de la loi du 5 avril 1884 ne sont pas applicables aux instances suivies contre les départements ou les communes, en exécution de la présente loi.

Art. 19. — La demande en revision de l'indemnité fondée sur une aggravation ou une atténuation de l'infirmité de la victime, ou son décès par suite des conséquences de l'accident, est ouverte pendant trois ans à dater de l'accord intervenu entre les parties ou de la décision définitive.

Le titre de pension n'est remis à la victime qu'à l'expiration des trois ans.

Art. 20. (Loi du 22 mars 1902.) — Aucune des indemnités déterminées par la présente loi ne peut être attribuée à la victime qui a intentionnellement provoqué l'accident.

Le tribunal a le droit, s'il est prouvé que l'accident est dû à une faute inexcusable de l'ouvrier, de diminuer la pension fixée au titre 1er.

Lorsqu'il est prouvé que l'accident est dû à la faute inexcusable du patron ou de ceux qu'il s'est substitués dans la direction, l'indemnité pourra être majorée, mais sans que la rente ou le total des rentes allouées puisse dépasser, soit la réduction, soit le montant du salaire annuel.

En cas de poursuites criminelles, les pièces de procédure seront communiquées à la victime ou à ses ayants droit.

Le même droit appartiendra au patron ou à ses ayants droit.

Art. 21. — Les parties peuvent toujours, après détermination du chiffre de l'indemnité due à la victime de l'accident, décider que le service de la pension sera suspendu et remplacé, tant que l'accord subsistera, par tout autre mode de réparation.

Sauf le cas prévu à l'article 3, paragraphe A, la pension ne pourra être remplacée par le payement d'un capital que si elle n'est pas supérieure à 100 francs.

Art. 22. (Loi du 22 mars 1902.) — Le bénéfice de l'assistance judiciaire est accordé de plein droit, sur le visa du procureur de la République, à la victime de l'accident ou à ses ayants droit devant le président du tribunal civil et devant le tribunal.

Le procureur de la République procède comme il est prescrit à l'article 13 (§§ 2 et suivants) de la loi du 22 janvier 1851, modifiée par la loi du 10 juillet 1901.

Le bénéfice de l'assistance judiciaire s'applique de plein droit à l'acte d'appel. Le premier président de la cour, sur la demande qui lui sera adressée à cet effet, désignera l'avoué près la cour dont la constitution figurera dans l'acte d'appel et commettra un huissier pour le signifier.

Si la victime de l'accident se pourvoit devant le bureau d'assistance judiciaire pour en obtenir le bénéfice en vue de toute la procédure d'appel, elle sera dispensée de fournir les pièces justificatives de son indigence.

Le bénéfice de l'assistance judiciaire s'étend de plein droit aux instances devant le juge de paix, à tous les actes d'exécution mobilière et immobilière et à toute contestation incidente à l'exécution des décisions judiciaires.

L'assisté devra faire déterminer par le bureau d'assistance judiciaire de son domicile la nature des actes et procédure d'exécution auxquels l'assistance s'appliquera.

TITRE IV. — *Garanties.*

Art. 23. — La créance de la victime de l'accident ou de ses ayants droit relative aux frais médicaux, pharmaceutiques et funéraires, ainsi qu'aux indemnités allouées à la suite de l'incapacité temporaire de travail, est garantie par le privilège de l'article 2101 du Code civil et y sera inscrite sous le n° 6.

Le payement des indemnités pour incapacité permanente de travail ou accidents suivis de mort, est garanti conformément aux dispositions des articles suivants.

Art. 24. — A défaut, soit par les chefs d'entreprises débiteurs, soit par les Sociétés d'assurances à primes fixes ou mutuelles, ou les Syndicats de garantie liant solidairement tous leurs adhérents, de s'acquitter, au moment de leur exigibilité, des indemnités mises à leur charge à la suite d'accidents ayant entraîné la mort ou une incapacité permanente de travail, le payement en sera assuré aux intéressés par les soins de la Caisse nationale des retraites pour la vieillesse, au moyen d'un fonds spécial de garantie constitué comme il va être dit et dont la gestion sera confiée à ladite caisse.

Art. 25. — Pour la constitution du fonds spécial de garantie, il sera ajouté au principal de la contribution des patentes des industriels visés par l'article premier quatre centimes (0 fr. 04) additionnels. Il sera perçu sur les mines, une taxe de cinq centimes (0 fr. 05) par hectare concédé.

Ces taxes pourront, suivant les besoins, être majorées ou réduites par la loi de finances.

Art. 26. — La Caisse nationale des retraites exercera un recours contre les chefs d'entreprise débiteurs, pour le compte desquels des sommes auront été payées par elle, conformément aux dispositions qui précèdent.

En cas d'assurance du chef d'entreprise, elle jouira, pour le remboursement de ses avances, du privilège de l'article 2102 du Code civil sur l'indemnité due par l'assureur et n'aura plus de recours contre le chef d'entreprise.

Un règlement d'administration publique déterminera les conditions d'organisation et de fonctionnement du service conféré par les dispositions précédentes à la Caisse nationale des retraites, et notamment, les formes de recours à exercer contre les chefs d'entreprise débiteurs ou les Sociétés d'assurances et les Syndicats de garantie, ainsi que les conditions dans lesquelles les victimes d'accidents ou leur ayants droit seront admis à réclamer à la Caisse le payement de leurs indemnités.

Les décisions judiciaires n'emporteront hypothèque que si elles sont rendues au profit de la Caisse des retraites exerçant son recours contre les chefs d'entreprises ou les Compagnies d'assurances.

Art. 27. — Les Compagnies d'assurances mutuelles ou à primes fixes contre les accidents, françaises ou étrangères, sont soumises à la surveillance et au contrôle de l'État et astreintes à constituer des réserves ou cautionnement dans les conditions déterminées par un règlement d'administration publique.

Le montant des réserves ou cautionnements sera affecté par privilège au payement des pensions et indemnités.

Les Syndicats de garantie seront soumis à la même surveillance, et un règlement d'administration publique déterminera les conditions de leur création et de leur fonctionnement.

Les frais de toute nature résultant de la surveillance et du contrôle, seront couverts au moyen de contributions proportionnelles au montant des réserves ou cautionnements, et fixés annuellement, pour chaque Compagnie ou Association, par arrêté du ministre du Commerce.

Art. 28. — Le versement du capital représentatif des pensions allouées en vertu de la présente loi ne peut être exigé des débiteurs.

Toutefois, les débiteurs qui désireront se libérer en une fois, pourront verser le capital représentatif de ces pensions à la Caisse nationale des retraites, qui établira à cet effet, dans les six mois de la promulgation de la présente loi, un tarif tenant compte de la mortalité des victimes d'accidents et de leurs ayants droit.

Lorsqu'un chef d'entreprise cesse son industrie,

soit volontairement, soit par décès, liquidation judiciaire ou faillite, soit par cession d'établissement, le capital représentatif des pensions à sa charge devient exigible de plein droit et sera versé à la Caisse nationale des retraites. Ce capital sera déterminé au jour de son exigibilité, d'après le tarif visé au paragraphe précédent.

Toutefois, le chef d'entreprise ou ses ayants droit, peuvent être exonérés du versement de ce capital, s'ils fournissent des garanties qui seront à déterminer par un règlement d'administration publique.

TITRE V. — *Dispositions générales.*

Art. 29. — Les procès-verbaux, certificats, actes de notoriété, significations, jugements et autres actes faits ou rendus en vertu et pour l'exécution de la présente loi, sont délivrés gratuitement, visés pour timbre et enregistrés gratis lorsqu'il y a lieu à la formalité de l'enregistrement.

Dans les six mois de la promulgation de la présente loi, un décret déterminera les émoluments des greffiers de justice de paix pour leur assistance et la rédaction des actes de notoriété, procès-verbaux, certificats, significations, jugements, envois de lettres recommandées, extraits, dépôts de la minute d'enquête au greffe, et pour tous les actes nécessités par l'application de la présente loi, ainsi que les frais de transport auprès des victimes et d'enquête sur place.

Art. 30. — Toute convention contraire à la présente loi est nulle de plein droit.

Les infractions aux dispositions des articles 11 et 31 pourront être constatées par les inspecteurs du travail.

Art. 31. — Les chefs d'entreprise sont tenus, sous peine d'une amende de un à quinze francs (1 à 15 francs), de faire afficher dans chaque atelier, la présente loi et les règlements d'administration relatifs à son exécution.

En cas de récidive dans la même année, l'amende sera de seize à cent francs (16 à 100 francs).

Art. 32. — Il n'est point dérogé aux lois, ordonnances et règlements concernant les pensions des ouvriers, apprentis et journaliers appartenant aux ateliers de la Marine et celles des ouvriers immatriculés des manufactures d'armes dépendant du ministère de la Guerre.

Art. 33. — Un règlement d'administration publique déterminera les conditions dans lesquelles la présente loi pourra être appliquée à l'Algérie et aux colonies.

La présente loi, délibérée et adoptée par le Sénat et par la Chambre des députés, sera exécutée comme loi de l'État.

Loi du 1er avril 1898 (*Journal officiel* du 3 avril B. 1954) **sur les Sociétés de secours mutuels :** — Article premier. Les Sociétés de secours mutuels sont des associations de prévoyance qui se proposent d'atteindre un ou plusieurs des buts suivants : Assurer à leurs membres participants et à leurs famille des secours en cas de maladie, blessures ou infirmités, leur constituer des pensions de retraites, contracter à leur profit des assurances collectives ou individuelles en cas de vie, de décès ou d'accidents, pourvoir aux frais des funérailles et allouer des secours aux ascendants, aux veufs ou orphelins des membres participants décédés. Elles peuvent, en outre, accessoirement, créer, au profit de leurs membres, des cours professionnels, des offices gratuits de placement et accorder des allocations en cas de chômage, à la condition qu'il soit pourvu à ces trois ordres de dépenses au moyen de cotisations ou de recettes spéciales. — Art. 2. Ne sont pas considérées comme Sociétés de secours mutuels les associations qui créent, au profit de telle ou telle catégorie de leurs membres et au détriment des autres des avantages particuliers. — Art. 3. Les femmes peuvent faire partie des sociétés et en créer ; les femmes mariées exercent ce droit sans l'assistance de leur mari ; les mineurs peuvent faire partie de ces sociétés sans l'intervention de leur représentant légal. L'administration et la direction des sociétés de secours mutuels ne peuvent être confiées qu'à des Français majeurs, sous réserve pour les femmes mariées, des autorisations de droit commun. — Art. 4. Un mois avant le fonctionnement d'une Société de secours mutuels ses fondateurs doivent déposer en double exemplaire : 1° les statuts : 2° la liste des noms et adresses de toutes les personnes qui seront chargées à l'origine de l'administration. Ce dépôt à lieu à la sous-préfecture. Tous changements des statuts ou dans la direction seront notifiés de la même manière. — Art. 5. Les statuts déterminent : 1° le siège social qui ne peut être situé qu'en territoire français ; 2° Les conditions et modes d'admission et d'exclusion ; 3° La composition du bureau et la durée des pouvoirs, le mode d'élection, etc. ; 4° les obligations et les avantages des membres participants ; 5° le montant et l'emploi des cotisations ; 6° les conditions de dissolution ; 7° les bases d'une liquidation en cas de dissolution ; 8° le mode de conservation des documents ; 9° le mode de la constitution des retraites pour lesquelles il n'a pas été pris d'engagement ; 10° l'organisation des retraites garanties ; 11° les prélèvement à opérer sur les cotisations pour les retraites — Art. 6. Les pouvoirs pour l'assemblée générale pourront être donnés sous seing privé et seront affranchis de tous droits de timbre et d'enregistrement. Les contestations sur la validité des opérations électorales sont portées devant le juge de paix. La décision du juge de paix est en dernier ressort, mais elle peut être déférée à la Cour de cassation ; le pourvoi, alors, n'est valable que s'il est formé dans les dix jours de la notification de la décision. Il est formé par simple requête déposée au greffe. Tous ces actes sont dispensés du timbre et enregistrés gratis. — Art. 7. Dans les trois premiers mois de chaque année les Sociétés de secours mutuels doivent adresser par l'intermédiaire du préfet, la statistique de leur effectif, du nombre et de la nature des cas de maladie. — Art. 8. Il peut être formé entre les Sociétés de secours mutuels, en conservant à chacune son autonomie, des « unions » pour organisation de services communs, l'admission des membres participants qui ont changé de résidence, le règlement de leurs pensions de retraite et d'assurances, le service des placements gratuits. — Art. 9. Les Sociétés sont admises à contracter des assurances aux caisses d'assurances instituées par la loi du 11 juillet 1868. — Art. 10. Les infractions à la présente loi seront poursuivies devant le tribunal civil contre les administrateurs ou les directeurs. La dissolution de la Société pourra être prononcée par le tribunal. — Art. 11. La dissolution volontaire d'une Société de secours mutuels ne peut être prononcée que dans une assemblée convoquée à cet effet et réunissant une majorité de deux tiers des membres présents et la majorité des membres inscrits. — Art. 12. Les secours, pensions, contrats d'assurance et généralement toutes sommes et titres de la Société aux membres participants sont incessibles et insaisissables jusqu'à concurrence de 360 francs par an pour les rentes et de 3.000 francs pour les capitaux. — Art. 13. Les Sociétés tant en demandant qu'en défendant ont le droit d'ester en justice et peuvent obtenir l'assistance judiciaire aux conditions imposées par la loi du 22 janvier 1851. — Art. 14. Les Sociétés de secours mutuels se divisent en : 1° Sociétés libres ; 2° sociétés approuvées ; 3° Sociétés reconnues comme établissements d'utilité publique. — Art. 15. Les Sociétés libres peuvent posséder des objets mobiliers, elles ne peuvent posséder des objets immobiliers, que pour leurs services. — Art. 16. Les Sociétés approuvées par arrêté ministériel, auront tous les droits accordés aux Sociétés libres et pourront en plus posséder et acquérir des immeubles ? — Art. 18. Les communes sont tenues de fournir aux sociétés approuvées les locaux nécessaires à leur administration. Dans les villes où il existe une taxe municipale sur les convois, il est accordé à ces sociétés remise des deux tiers de cette taxe sur les convois dont elles ont la charge. — Art. 28. Les sociétés qui accordent à leurs membres des indemnités moyennes ou supérieures à 5 francs par jour, des allocations annuelles ou pensions supérieures à 360 francs et des capitaux en cas de vie ou de décès supérieurs à 3.000 francs ne participent pas aux subventions de l'État. Les sociétaires qui s'affilieront à plusieurs sociétés en vue de se constituer une pension supérieure à 360 francs ou un capital de plus de 3.000 francs seront exclus des sociétés dont ils font partie. — Art. 39. Les personnes qui auront reçu des médailles d'honneur, en leur qualité de membres d'une société de secours mutuels pourront publiquement porter ces récompenses. — Art. 40. Les syndicats professionnels constitués légalement aux termes de la loi du 21 mars 1884, qui ont prévu dans leurs statuts les secours mutuels entre leurs membres adhérents, bénéficieront des avantages de la présente loi, à la condition de se conformer à ses prescriptions.

Loi du 19 décembre 1894, *J. off.* du 20 décembre, B. 1687 portant rectification de la loi du 29 juin 1894 sur les caisses **de secours et de retraites des ouvriers mineurs.**

Loi du 20 juillet 1895, *J. off.* du 6 août, B. 1723, sur les caisses d'épargne.

Décret du 10 janvier 1896, *J. off.* du 4 février, B. 1771, instituant auprès du ministre du commerce et de l'industrie une **Commission consultative des caisses syndicales et patronales de retraite, de secours et de prévoyance.**

Loi du 16 juillet 1896, *J. off.* du 18 juillet, B. 1793, modifiant l'article 11 de la loi du 29 juin 1894 sur les caisses **de secours et de retraite des ouvriers mineurs.**

Décret du 14 oct. 1897, *J. off.* du 17, B. 1926, portant règlement d'administration publique, pour l'application de la loi du 27 décembre 1895, concernant *les caisses de retraite.*

Décret du 14 mai 1898, *J. off.* du 29. B. 1995 divisant en sept catégories les sociétés de secours mutuels appelées à bénéficier de l'article 20 de la loi du 20 juillet 1895.

Loi du 24 mai 1899, *J. off.* du 25, étendant, en vue de l'application de la loi du 9 avril 1898, les opérations de **la caisse nationale d'assurance,** en en cas d'accidents du travail. Le décret qui indique le barème des primes à payer pour chaque risque est du 26 mai 1899, *J. off.* du 27. B. 2075.

Décrets du 28 février 1899, *J. off.* du 15 mars, B. 2065, portant règlement d'administration publique pour l'**exécution de la loi du 9 avril 1898.** **(Accidents du travail.)**

Loi du 5 mars 1899, *J. off.* du 7 mars B. 2062, fixant les émoluments à allouer aux greffiers de paix dans l'application de la loi du 9 avril 1898. **(Accidents du travail.)**

Loi du 31 mars 1899, *J. off.* du 1er avril B. 2060, ayant pour but l'institution **des caisses régionales de crédit agricole.**

ARTICLE PREMIER.—Avance de 40 millions par la Banque de France aux sociétés constituées suivant la loi du 5 novembre 1894. — ART. 2. — Ces caisses escompteront le papier endossé par ces sociétés. — ART. 3. — Le montant des avances de la Banque ne peut excéder le montant du capital espèces. Ces avances sont faites pour cinq ans et peuvent être renouvelées. — ART. 4. — La répartition en est faite au ministère de l'agriculture par une commission composée du ministre président, de deux sénateurs, de deux députés, d'un conseiller d'État, d'un conseiller à la Cour des comptes, du gouverneur de la banque, de deux fonctionnaires des finances, de trois fonctionnaires de l'agriculture, de six représentants des sociétés de crédit agricole, et de trois membres du conseil supérieur de l'agriculture.

Décret du 2 mai 1899, *J. off.* du 9. — B. 2069, instituant le **Conseil supérieur des sociétés de secours mutuels,** prévu par l'article 34 de la loi du 1er avril 1898. Ce conseil comprend 38 membres, dont 18 élus par les sociétés réunies en collèges électoraux.

Loi du 29 juin 1899, *J. off.* du 30. — B. 2073, relative à **la résiliation des polices d'assurance,** souscrites par les assujettis à la loi du 9 avril 1898 **(Accidents du travail)** avant l'application de cette loi.

Loi du 30 juin 1899, *J. off.* du 1er juillet, B. 2073, concernant la **responsabilité des accidents causés dans les exploitations agricoles** par l'emploi des machines mues par des moteurs.

Décret du 30 juin 1899, *J. off.* du 1er juillet, B. 2083, portant règlement d'administration publique sur **l'application de la loi du 9 avril 1898** et notamment sur la manière de faire les déclarations prescrites dans ses articles 11 et 12. **(Accidents du travail.)**

— Du 30 août 1899. — B. 2101, relatif à la composition de **la commission consultative des caisses syndicales et patronales de retraite, de secours et de prévoyance,** instituée par le décret du 10 janvier 1896.

Loi du 30 décembre 1899, *J. off.* du 31 décembre. B. 2116 ouvrant un crédit de 100.000 francs pour le paiment d'**indemnités** ou pensions dues aux victimes d'**accidents du travail** survenus pendant le mois de juin 1899.

Loi du 4 juillet 1900, *J. off.* du 9. — B. 2170, relative à la constitution de sociétés ou caisses d'assurances mutuelles agricoles.

Décret du 14 août 1900, *J. off.* du 21. — B. 2205, autorisant la **Caisse nationale d'assurance** *à réduire* ou *à majorer* de 30 p. 100 ses primes suivant la nature des exploitations. La majoration pourra atteindre 60 p. 100 dans les exploitations des mines et minières.

— du 31 mai 1900, *J. off.* du 2 juin. B. 2175, relatif aux *frais de transport* des juges de paix en matière d'**accidents du travail.**

· **Loi** du 25 décembre 1900, *J. off.* du 29.— B. 2219, modifiant la loi du 31 mars 1899 sur les caisses régionales de crédit agricole et spécifiant que le montant des avances faites à ces caisses ne pourra excéder le quadruple du montant du capital versé espèces.

Décret du 25 mars 1901, *J. off.* du 29. — B. 2259, créant des **Caisses autonomes pour les sociétés de secours mutuels,** ou unions de sociétés fonctionnant dans les conditions prévues par la loi du 1er avril 1898.

Décrets de 1901, du 10 juillet, *J. off.* du 14 (modifiant l'article 5 du décret du 22 janvier 1868, pour la constitution des sociétés d'assurances (emploi des 3/4 des fonds en achats d'immeubles, valeurs d'État, des départements, des communes ou des chambres de commerce, etc.).

— du 18 juin. B. 2276 nommant 16 membres de la commission des caisses d'assurance instituées en vertu des lois du 11 juillet 1868 et du 9 avril 1898.

Loi du 10 juillet 1901, *J. off.* du 12. — B. 2268 sur l'**assistance judiciaire.**

Loi du 20 juillet 1901, *J. off.* du 27. — B. 2307, modifiant l'article 6 de la loi du 5 novembre 1894, relative à la création de sociétés de crédit agricole.

Loi du 22 mars et décret du 23 mars 1902, *J. off.* du 27 mars, B. 2346 et 2368, relatifs à l'exécution des articles 11 et 12 de la loi du 9 avril 1898 (**accidents du travail**). (Voir la loi du 22 mars 1902 en tête de ce chapitre.)

VI

HYGIÈNE ET SÉCURITÉ

DES

TRAVAILLEURS ET DES ÉTABLISSEMENTS

Lois du 21 juillet 1881 et du 2 août 1884 relatives aux **ventes et échanges des animaux domestiques** (maladies, vices rédhibitoires, nullité).

Décret du 22 juin 1882 relatif à la **police sanitaire des animaux.**

Loi du 8 mars 1893, sur l'hygiène et la sécurité du travailleur dans les établissements industriels. — ARTICLE PREMIER. Sont soumis aux dispositions de la présente loi les manufactures fabriques, usines, chantiers, ateliers de tout genre et leurs dépendances; sont seuls exceptés les établissements où ne sont employés que les membres de la famille sous l'autorité soit du père, soit de la mère, soit du tuteur. Néanmoins, si le travail s'y fait à l'aide de chaudière à vapeur ou de moteur mécanique, ou si l'industrie est classée au nombre des établissements dangereux ou insalubres, l'inspecteur aura le droit de prescrire les mesures de sécurité et de salubrité à prendre conformément aux dispositions de la présente loi. — ART. 2. Les établissements visés à l'article premier, doivent être tenus dans un état constant de propreté et présenter les conditions d'hygiène et de salubrité nécessaires à la santé du personnel. Ils doivent être aménagés de manière à garantir la sécurité des travailleurs. Dans tous les établissements fonctionnant par des appareils mécaniques, les roues, les courroies, les engrenages ou tout autre organe pouvant offrir une cause de danger, seront séparés des ouvriers, de telle manière que l'approche n'en soit possible que pour les besoins du service. Les puits, trappes et ouvertures doivent être clôturés. Les machines, mécanismes, appareils de transmission, outils et engins, doivent être installés et tenus dans les meilleures conditions possibles de sécurité. Les dispositions qui précèdent sont applicables aux théâtres, cirques, magasins, et autres établissements similaires où il est fait emploi d'appareils mécaniques. — ART. 3. Des règlements d'administration publique, rendu après avis du comité consultatif des arts et manufactures, détermineront : 1° Dans les trois mois de la promulgation de la présente loi, les mesures générales de protection et de salubrité applicables à tous les établissements assujettis, notamment en ce qui concerne l'éclairage, l'aération ou la ventilation, les eaux potables, les fosses d'aisance, l'évacuation des poussières et vapeurs, les précautions à prendre contre les incendies, etc. ; 2° au fur et à mesure des nécessités constatées, les prescriptions particulières relatives, soit à certaines industries, soit à certains modes de travail. Le Comité consultatif d'hygiène publique sera appelé à donner son avis en ce qui concerne les règlements généraux prévus au § 2, du présent article. — ART. 4. Les inspecteurs du travail sont chargés d'assurer l'exécution de la présente loi et des règlements qui y sont prévus ; ils ont entrée dans les établissements spécifiés à l'article 1er et au dernier paragraphe de l'article 2 (théâtres), à l'effet de procéder à la surveillance et aux enquêtes dont ils sont chargés. — ART. 5. Les contraventions sont constatées par les procès-verbaux des inspecteurs qui font foi jusqu'à preuve du contraire. — ART. 6. Toutefois, en ce qui concerne l'application des règlements d'administration publique prévus par l'article 3, ci-dessus, les inspecteurs, avant de dresser procès-verbal, mettront les chefs d'industrie en demeure de se conformer aux prescription dudit règlement. Cette mise en demeure sera faite par écrit sur le registre de l'usine, elle sera datée et signée, indiquera les contraventions relevées et fixera un délai à l'expiration duquel ces contraventions devront avoir disparu. Ce délai ne sera jamais inférieur à un mois. Dans les quinze jours qui suivent cette mise en demeure, le chef d'industrie adresse, s'il le juge convenable, une réclamation au ministre du commerce et de l'industrie. Ce dernier peut, lorsque l'obéissance à la mise en demeure nécessite des transformations importantes portant sur le gros œuvre de l'usine, après avis conforme du comité des arts et manufactures, accorder à l'industriel un délai dont la durée, dans tous les cas, ne dépassera jamais dix-huit mois. Notification de la décision est faite à l'industriel dans la forme administrative ; avis en est donné à l'inspecteur. — ART. 7. Les contrevenants aux dispositions de la présente loi et des règlements d'administration publique relatifs à son exécution, seront poursuivis devant le tribunal de simple police et punis d'une amende de 5 à 15 francs pour chaque contravention constatée, sans toutefois que le chiffre total des amendes puisse excéder 200 francs. Le jugement fixera, en outre, le délai dans lequel seront exécutés les travaux imposés par la loi. Les chefs d'industrie sont civilement responsables des condamnations prononcées contre leurs directeurs, gérants ou préposés. — ART. 8. Si, après une condamnation prononcée en vertu de l'article précédent, les mesures de sécurité ou de salubrité imposées n'ont pas été exécutées dans le délai fixé par le jugement, l'affaire est, sur un nouveau procès-verbal, portée devant le tribunal correctionnel qui peut, après une nouvelle mise en demeure, restée sans résultat, ordonner la fermeture de l'établissement. Le jugement sera susceptible d'appel. — ART. 9. En cas de récidive, le contrevenant sera puni d'une amende de 50 à 500 francs pour chaque contravention sans que la totalité des amendes puisse excéder 2.000 francs. — Seront punis d'une amende de 100 à 200 francs et, en cas de récidive, de 500 à 1.000 francs tous ceux qui auront mis un obstacle à l'accomplissement des devoirs d'un inspecteur. Les dispositions du Code pénal qui prévoient et répriment les actes de violence contre les officiers de la police judiciaire sont, en outre, applicables à ceux qui se rendront coupables de faits de même nature à l'égard des inspecteurs.

Décret du 13 mai 1893, portant la nomenclature rectifiée des **établissements déclarés incommodes, insalubres et dangereux**, et divisant ces établissements en trois classes.

Loi du 14 juillet 1895, *J. off.* du 2 août. B. 1722, modifiant les lois du 31 juillet 1881 et du 2 août 1884 relative aux **Ventes et échanges d'animaux domestiques** (nullités de ces ventes).

Décret du 3 février 1896. B. 1765, relatif à la composition et au fonctionnement du comité consultatif d'hygiène de France.

Décret du 28 novembre 1896. B. 1832, modifiant l'article 101 du décret du 22 juin 1882, relatif à la police sanitaire des animaux (composition du **Comité consultatif des épizooties**).

Décret de 1897, *J. off.* du 27. — B. 1891, ajoutant les fabrications d'acétylène, de carbure de calcium, de colles, à la nomenclature des établissements classés comme incommodes, insalubres, ou dangereux.

— **du 17 août**, *J. off.* du 26. — B. 1906, ajoutant les dépôts de pièces d'artifice à la nomenclature des établissements classés.

— **du 24 juin**, *J. off.* du 27. — B. 1891, rangeant dans la 1ʳᵉ classe les fabrications d'acétylène et de carbure de calcium et à la 3ᵉ classe les fabrications de colles, des établissements classés.

Décrets de 1899. — du 20 avril 1899, *J. off.* du 28. — B. 2067, **interdisant l'emploi des enfants et des femmes** dans les triperies annexes des abattoirs et dans les abattoirs publics et leurs annexes.

— **du 19 juillet**, *J. off.* du 12 avril. B. 2077, rangeant les fabrications d'acétylène gazeux dans la 3ᵉ classe pour l'usage public, et dans la 2ᵉ classe pour l'usage particulier, **des établissements classés**.

Décret du 10 mars 1899. B. 2286, sur la circulation des automobiles.

— **du 18 septembre**, *J. off.* du 21. — B. 2110, ajoutant à la nomenclature des établissements classés les distillations d'éther (3ᵉ classe), les distillations d'éther opérant à la fois sur plus de 30 litres (1ʳᵉ classe) et les fabrications de l'anhydride sulfurique (2ᵉ classe).

Loi de finances, budget 1899, du 30 mai 1899, *J. off.* du 31 mai, B. 2057. — Art. 41, remplaçant les dispositions de l'article 81 de la loi de finances du 13 avril 1898 en ce qui concerne les indemnités dues pour l'abatage des animaux atteints **de tuberculose**.

Décret du 8 mars 1900, B. 1213, fixant la composition **du comité des épizooties** à 18 membres.

Décret du 3 mai 1900, *J. off.* du 8 mai, B. 2170, supprimant les industries du traitement du cuivre de la nomenclature des **établissements classés**. Ce décret ajoute cependant à cette nomenclature les fonderies de la 2ᵉ fusion du fer, du cuivre et du zinc.

— **du 22 décembre 1900**, *J. off.* du 30 décembre modifiant le classement des fabrications d'huiles et de graisses, des fourrières de chiens et des extractions du cuivre, dans la nomenclature des **établissements classés**.

Loi du 25 février 1901, *J. off.* du 29 mars, B. 2266, modifiant la loi du 8 juillet 1890 sur l'élection des Délégués à la sécurité des ouvriers mineurs.

Décret du 14 juillet 1901, *J. off.* du 26. B. 2292, modifiant l'article 5 du décret du 10 mars 1894, concernant les **mesures d'hygiène** de salubrité et de protection à prendre dans les **manufactures, fabriques, usines, chantiers et ateliers.** « Les locaux seront largement aérés et en hiver convenablement chauffés, les passages et escaliers seront convenablement éclairés. »

Décret du 23 mars 1901, *J. off.* du 30. — B. 2274, ajoutant le carbure de calcium et le chlorure de méthylène à la nomenclature des marchandises dont le transport est dangereux. (Loi du 18 juin 1870, décrets du 12 août 1874 et du 15 janvier 1875 sur les **transports dangereux.**)

Décret du 10 septembre 1901, *J. off.* du 13, B. 2303 sur la **circulation des automobiles.**

Décret du 15 février 1902, *J. off.* du 10 janvier 1902, B. 2321, ajoutant les industries du blanchiment des pailles et fibres végétales, par l'acide sulfureux, de réduction des minerais de zinc non sulfureux, et des incinérations d'ordures ménagères aux industries classées parmi les 1ʳᵉ, 2ᵉ et 3ᵉ classes des établissements incommodes, dangereux et insalubres.

Loi du 13 février 1902, *J. off.* du 19 février, B. 2348, relative à la **protection de la santé publique.** Cette loi ordonne aux maires ou aux préfets de prendre des arrêtés portant règlement sanitaire relativement à l'exécution de l'article 97 de la loi du 5 avril 1884, ainsi qu'aux diverses prescriptions destinées à assurer la salubrité des maisons, des voies privées, closes ou non, des logements, des agglomérations de toute nature; et à l'alimentation en eau potable ou à l'évacuation des matières usées.

VII

DIVERS, LOIS, DÉCRETS

ET

ARRÊTÉS D'INTÉRÊT GÉNÉRAL, DE PROCÉDURE OU D'ORGANISATION

Conventions, salaires, indemnités, prescription, casier judiciaire, réhabilitation de droits, poids et mesures.

Cahiers des charges. Conseils du travail.

Contrat de louage de services, et contrat de louage d'ouvrage : conventions, exécution, indemnités, salaires.

Les contrats de louage de service et de louage d'ouvrage sont régis par le droit commun, et leur interprétation est dévolue, en cas de contestation, aux conseils de prud'hommes, là où il en existe, et pour les professions inscrites aux décrets institutifs de ces conseils de prud'hommes; et aux juges de paix, là où il n'existe pas de conseils de prud'hommes.

Tout contrat suppose des conventions écrites ou verbales, et les conventions font la loi entre les parties conformément aux articles suivants du Code civil :

« Art. 1134. — Les conventions légalement formées tiennent lieu de loi à ceux qui les ont faites. Elles ne peuvent être révoquées que de « leur consentement mutuel, ou pour les causes qu[e] « la loi autorise. Elles doivent être exécutées [de] « bonne foi.

« Art. 1135. — Les conventions obligent no[n] « seulement à ce qui y est exprimé, mais encore [à] « toutes les suites que l'équité, l'usage ou la l[oi] « donnent à l'obligation d'après sa nature. « Lorsque la convention porte que celui q[ui] « manquera de l'exécuter paiera une certain[e] « somme a titres de dommages-intérêts, il ne peu[t] « être alloué a l'autre partie une somme plu[s] « forte ni moindre. »

Cet article n'a pas été abrogé par la loi du 27 se[p]tembre 1890 dont nous avons donné le texte, p. [...] en conséquence, si la convention qui consiste [à] renoncer à toute indemnité en cas de rupture d[u] contrat de louage est nulle de plein droit; la convention qui fixe d'avance et au début de l'embauchage cette indemnité est parfaitement légale et le[s] tribunaux ne peuvent allouer (art. 1135 du Cod[e] civil) une somme plus forte, ni moindre.

L'article 1779 du Code civil définit comme suit [le] louage d'ouvrage :

« Il y a trois espèces de louages d'ouvrage e[t] « d'industrie : 1º Le louage des gens de travail qu[i] « s'engagent au service de quelqu'un; 2º celui de[s] « voituriers tant par terre que par eau qui s[e] « chargent des transports de personnes ou de mar« chandises; 3º celui des entrepreneurs d'ouvrag[e] « par suite de devis ou marchés. »

Ces trois espèces de louages d'ouvrage compor tent des responsabilités que le Code civil a défini[es] comme suit :

D'abord, par ce principe de droit commun énonc[é] aux articles 1382 et 1383 du Code civil :

« Art. 1382. — Tout fait quelconque de l'homm[e] « qui cause à autrui un dommage oblige celui pa[r] « la faute duquel il est arrivé à le réparer :

« Art. 1383. — Chacun est responsable du dom« mage qu'il a causé non seulement par son fai[t] « mais encore par sa négligence. »

« C'est en vertu de ces deux articles que l'ouvrie[r] obtient des dommages-intérêts pour pertes de temps déplacements, dérangements inutiles dus à la faut[e] du patron ou à sa négligence. C'est aussi d'aprè[s] ce texte que les patrons réclament à leurs ouvrier[s] des indemnités pour destructions d'objets, désorga nisation d'atelier, désordre, malfaçons, etc.

L'article 1384 qui renchérit encore sur cette responsabilité, se trouve, en quelque sorte, limité à l[a] seule faute personnelle par les articles 1788 et suivants du Code civil.

« Art. 1384. — On est responsable non seule« ment des dommages que l'on cause par son « propre fait, mais encore de celui qui est caus[é] « par le fait des personnes dont on doit répondr[e] « ou des choses que l'on a sous sa garde.....; Le[s] « maîtres et les commettants, du dommage caus[é] « par leurs domestiques et préposés dans les fonc« tions auxquelles ils les ont employés; — les ins« tituteurs et les artisans du dommage causé par « leurs élèves et apprentis pendant le temps qu'ils « sont sous leur surveillance.

« Art. 1788. — Si dans le cas ou l'ouvrier « fournit la matière, la chose vient à périr, de « quelque manière que ce soit, avant d'être livrée « la perte en est pour l'ouvrier à moins que le « maître ne fût en demeure de recevoir la chose.

» Art. 1789. — Dans le cas où l'ouvrier fournit « seulement son travail ou son industrie, si la

« chose vient à périr, l'ouvrier n'est tenu que de sa
« faute.

« Art. 1790. — Si, dans le cas de l'article précé-
« dent, la chose vient à périr, QUOIQUE SANS AUCUNE
« FAUTE DE LA PART DE L'OUVRIER, avant que l'ou-
« vrage ait été reçu, et sans que le maître fût en
« demeure de le vérifier, L'OUVRIER N'A POINT DE
« SALAIRE A RÉCLAMER, à moins que la chose n'ait
« péri par le vice de la matière.

« Art. 1799. — Les maçons, charpentiers, ser-
« ruriers et autres ouvriers qui font directement
« des marchés à prix fixe sont astreints aux règles
« prescrites à l'article 1792 (responsabilités des
« entrepreneurs pendant 10 ans pour tous vices de
« construction) et à l'article 1797 (responsabilité de
« l'entrepreneur qui doit répondre du fait des per-
« sonnes qu'il emploie) ; ILS SONT ENTREPRENEURS
« DANS LA PARTIE QU'ILS TRAITENT. »
Ce dernier article du Code civil est applicable en
ce qui concerne les ouvrages faits sous forme d'entreprise par des piéceurs à domicile ou dans les
ateliers où se loue la force motrice, les tâcherons,
sous-traitants, etc., etc.

Le contrat de louage d'ouvrage soit écrit, soit
verbal, comporte donc des responsabilités patronales ou ouvrières suivant le cas ; mais il comporte
avant tout l'obligation pour l'ouvrier de fournir du
travail en échange d'un salaire que le patron
s'oblige à lui payer, suivant les usages ou les conventions; le paiement du salaire se fait, à la
journée, à la semaine, à la quinzaine ou au mois.
Il se décompte à la pièce, à la tâche, à l'heure, à
la journée, à la semaine ou au mois. A ce sujet, il
est utile de relever ici les articles 2271, 2274 et
suivants du Code civil :

« Art. 2271. — L'action des ouvriers et gens de
« travail pour le payement de leurs journées, four-
« nitures et salaires, se prescrit par SIX MOIS: celle
« des domestiques qui se louent à l'année pour le
« paiement de leurs salaires se prescrit par un an.
« Art. 2274. — La prescription, dans les cas ci-
« dessus, a lieu quoiqu'il y ait eu continuation de
« fournitures, livraisons, services et travaux.

« Elle ne cesse de courir que lorsqu'il y a un
« compte arrêté, cédule ou obligation, OU CITATION
« EN JUSTICE NON PÉRIMÉE.

« Art. 2101. — Les créances privilégiées sur la
« généralité des meubles sont dans l'ordre : 1° les
« frais de justice; 2° les frais funéraires; 3° les
« frais de la dernière maladie ; 4° les salaires des
« gens de service pour l'année échue et ce qui est
« dû sur l'année courante;...

« Art. 2103. — Les créanciers privilégiés sur
« les immeubles sont, dans l'ordre : 1° Le vendeur
« pour le paiement du prix ; 2° ceux qui ont fourni
« les deniers pour l'acquisition; 3° les cohéritiers
« sur les immeubles de leur succession et pour la
« garantie des partages faits entre eux; 4° LES
« ARCHITECTES, ENTREPRENEURS, MAÇONS ET AUTRES
« OUVRIERS EMPLOYÉS POUR ÉDIFIER, RECONSTRUIRE OU
« RÉPARER DES BATIMENTS OU AUTRES OUVRAGES QUEL-
« CONQUES, pourvu qu'il ait été dressé un procès-
« verbal de constat et que les ouvrages aient été
« reçus dans les six mois de leur perfection. »
A inscrire à la suite et pour mémoire :

« Art. 1798. — Les maçons, charpentiers et
« autres ouvriers qui ont été employés à la cons-
« truction d'un bâtiment ou d'autres ouvrages faits
« à l'entreprise, n'ont d'action contre celui pour
« lequel les ouvrages ont été faits que jusqu'à
« concurrence de ce dont il se trouve être débiteur
« envers l'entrepreneur, au moment où leur action
« est intentée. »

Loi du 7 décembre 1898 sur les salaires. — Article premier. Les salaires des ouvriers et employés doivent être payés en monnaie métallique ou
fiduciaire ayant cours légal, nonobstant toute stipulation contraire, à peine de nullité. — Art. 2. Pour
le travail aux pièces, les conditions de payement
jusqu'à l'achèvement de l'ouvrage seront fixées de
gré à gré par les intéressés et devront prévoir des
acomptes à moins de seize jours d'intervalle. —
Art. 3. Les payements des salaires des ouvriers et
des employés seront faits un jour de travail. Ils ne
pourront être effectués dans les débits de boissons,
magasins de vente ou économats, sauf pour les personnes qui y sont occupées. — Art. 4. Tout règlement d'atelier doit, pour être applicable, avoir été
déposé depuis un mois au moins au conseil de
prud'hommes ou, à défaut, au greffe de la justice de
paix et affiché bien en vue dans les ateliers. Il est
interdit à tout chef d'industrie ou de commerce, à
toute administration publique ou privée, d'imposer
à leurs employés, ouvriers ou apprentis des amendes, des retenues ou des mises à pied par mesures
disciplinaires ayant pour conséquence une diminution de salaires. La déduction de salaire pour malfaçons ou tout autre cause devant entraîner la réparation d'un préjudice causé au patron, ne tombe pas
sous l'application des dispositions du présent article
et, s'il y a contestation, elle sera jugée selon les
règles de droit en matière de dommages-intérêts. —
Art. 5. Sans préjudice de la responsabilité civile,
toute contravention aux prescriptions des articles 1, 2,
3, 4, § 1 et 2, de la présente loi sera portée devant
le juge de paix jugeant en simple police et sera
passible d'une amende de 15 francs. L'article 463 du
Code pénal sera applicable. Les inspecteurs du travail concurremment avec les officiers de police judiciaire, sont chargés de l'exécution de la présente
loi.

**Loi du 7 août 1899 sur le casier judiciaire et
sur la réhabilitation de droit.** — Le greffier de
chaque tribunal de première instance reçoit, en ce
qui concerne les personnes nées dans la circonscription, un bulletin n° 1 constatant les condamnations encourues pour crime ou délit, les décisions
prononcées par application de l'article 66 du Code
pénal; les décisions disciplinaires lorsqu'elles entraînent des incapacités, *les jugements déclaratifs
de faillite ou de déclaration judiciaire* ; un bulletin n° 2 portant le relevé intégral des bulletins n° 1 ;
un bulletin n° 3 sur lequel ne seront pas portées
les décisions prononcées par application de l'article 66 du Code pénal et qui pourra être délivré à
toute personne que ce bulletin concerne; mais il
ne pourra être délivré, dans aucun cas, à un tiers,
sauf aux administrations publiques. Les déclarations de faillite ne seront portées sur ce bulletin
que si le failli n'a pas été déclaré excusable par le
tribunal ou s'il n'a pas obtenu son concordat. Cessent d'être inscrites au bulletin n° 3 délivré au
simple particulier : 1° un an après l'expiration de la
peine corporelle ou le payement de l'amende, la
condamnation unique à moins de six jours de prison
ou une amende ne dépassant pas 25 francs ou à ces
deux peines réunies, sauf le cas où ces condamnations entraîneraient une incapacité civile ou politique; 2° cinq ans après l'expiration de la peine
corporelle ou le payement de l'amende, la condamnation unique à six mois de prison ou à une amende ;
3° dix ans après l'expiration de la peine la condamnation unique à une peine de deux ans ou les condamnations multiples dont l'ensemble ne dépasse
pas un an; 4° quinze ans après l'expiration de la
peine, la condamnation unique supérieure à deux
ans. La remise totale ou partielle, par voie de
grâce, de l'une ou de l'autre de ces peines équivaudra à leur exécution totale ou partielle. Dans tous
les cas la réhabilitation ainsi fixée sera alors de
plein droit.

**Règlementation du travail, décret, du 4 juil-
let 1902.** — Est complétée comme suit la nomenclature des industries admises à bénéficier des tolérances prévues par la loi du 2 novembre 1892 en
ce qui concerne le repos hebdomadaire et la durée
du travail, savoir :

Gainerie.
Polissage, dorure, gravure, ciselage, guillochage
et planage en orfèvrerie.
Travaux de maçonnerie et de couverture faits en
chantiers.

Décret du 11 août 1899. — Les cahiers des charges des marchés de travaux publics ou de fournitures passés au nom de l'État, des départements,
des communes et des établissements de bienfaisance,
par adjudication ou de gré à gré, devront contenir
en ce qui concerne l'État, et pourront contenir en
ce qui concerne les autres collectivités des clauses
par lesquelles l'entrepreneur s'engagera à observer
les conditions suivantes en ce qui concerne la main-
d'œuvre : 1° Assurer aux ouvriers et employés un
jour de repos par semaine; 2° n'employer d'ouvriers
étrangers que dans une proportion fixée par l'administration ; 3° payer aux ouvriers un salaire normal
égal, pour chaque profession et dans chaque profession pour chaque catégorie d'ouvriers, aux taux
couramment appliqués dans la ville ou la région où
le travail est exécuté; 4° limiter la durée du travail
journalier à la durée normale du travail en usage
dans chaque région. En cas de nécessité, l'entrepreneur pourra, par autorisation spéciale de l'administration, déroger à cette disposition, mais les
heures supplémentaires donneront lieu à une majoration dont le taux sera fixé par le cahier des
charges. — Une clause rappellera l'interdiction du
marchandage telle qu'elle résulte du décret du
2 mars 1848 et de l'arrêté du 21 mars 1848.

**La nomenclature des diverses industries et
commerce assujettis à la vérification des poids
et mesures** se trouve dans le décret du 4 décembre 1899.

**Décret du 17 septembre 1800, portant création
et organisation des Conseils du travail.**

Modifié par le décret du 2 janvier 1901.

Article premier. — Il est institué des conseils du
travail par arrêté du ministre du Commerce et de
l'Industrie dans toute région industrielle où l'utilité
en est constatée.

Art. 2. — Les conseils du travail ont pour mission :

1° De donner leur avis, soit à la demande des
intéressés, soit à la demande du Gouvernement, sur
toutes les questions du travail;

2° De collaborer aux enquêtes réclamées par le
Conseil supérieur du travail et ordonnées par le
ministre du Commerce et de l'Industrie;

3° D'établir dans chaque région, pour les professions représentées dans le conseil, et autant que
possible en provoquant des accords entre syndicats
patronaux et ouvriers, un tableau constatant le taux
normal et courant des salaires et la durée normale
et courante de la journée de travail; ce tableau
établi dans les formes prévues sous les numéros
1 et 2 des articles 3 des décrets du 10 août 1899,
tiendra lieu, le cas échéant, aux administrations
intéressées, des constatations prescrites sous lesdits
numéros;

4° De rechercher et de signaler aux pouvoirs publics les mesures de nature à remédier, le cas échéant, au chômage des ouvriers de la région ;

5° De présenter aux administrations compétentes des rapports sur la répartition et l'emploi des subventions accordées aux institutions patronales et ouvrières de la circonscription ; .

6° De présenter sur l'exécution des lois, décrets et arrêtés réglementant le travail, et sur les améliorations dont ils seraient susceptibles, un rapport annuel qui sera transmis au ministre du Commerce et de l'Industrie.

Les rapports, avis, comptes rendus d'enquête, bordereaux établis par les conseils du travail sont transmis aux administrations intéressées par les soins des préfets.

Art. 3. — Les conseils du travail sont divisés en sections.

Les sections sont composées de représentants de la même profession ou de professions similaires.

La compétence territoriale et professionnelle des conseils du travail, leurs sièges, le nombre et la composition de leurs sections sont déterminés par l'arrêté d'institution.

Art. 4. — Chaque section est composée en nombre égal de patrons et d'ouvrier ou employés. Le nombre total des membres de la section ne peut être inférieur à six, ni supérieur à douze.

Art. 5. — Dans chaque section sont éligibles les Français de l'un ou l'autre sexe, âgés de 25 ans au moins, domiciliés ou résidant dans la circonscription de cette section, non déchus de leurs droits civils et civiques, appartenant ou ayant appartenu pendant dix années comme patrons, employés ou ouvriers à l'une des professions inscrites dans la section. — Les électeurs patrons et les électeurs ouvriers forment deux collèges distincts élisant séparément leurs représentants. — Dans chaque section sont électeurs patrons les associations professionnelles constituées en conformité de la loi du 21 mars 1884, ayant effectué les dépôts prescrits par l'article 4 de cette loi douze semaines au moins avant l'affichage prévu par l'article 6 du présent décret et comprenant des patrons, directeurs ou chefs d'établissement exerçant dans la circonscription une profession inscrite à ladite section du conseil. — Dans chaque section, sont électeurs ouvriers les associations professionnelles légalement constituées en conformité de la loi du 21 mars 1884, ayant effectué les dépôts prescrits par l'article 4 de cette loi douze semaines au moins avant l'affichage prévu à l'article 6 du présent décret et comprenant des ouvriers ou employés exerçant dans la circonscription une profession inscrite à ladite section du conseil. — Une même association peut être électeur dans plusieurs sections soit du même conseil, soit de conseils différents. — Chaque association dispose, dans toute section où elle est électeur patron, d'une voix par dix membres ou fraction de dix membres patrons ou assimilés exerçant dans la circonscription une profession inscrite à ladite section du conseil. — Chaque association dispose, dans toute section où elle est électeur ouvrier, d'une voix par vingt-cinq membres ou fraction de vingt-cinq membres ouvriers ou employés exerçant dans la circonscription une profession inscrite à ladite section du conseil.

Art. 6. — Le préfet prescrit toutes dispositions nécessaires pour assurer la régularité des opérations électorales. — La date des élections est fixée par arrêté préfectoral ; elle peut être différente pour les diverses sections d'un même conseil et dans chaque section, en cas de nécessité, pour les patrons et pour les ouvriers. — Le deuxième tour de scrutin a lieu dans un délai maximum de quinze jours. L'arrêté convoquant les électeurs est, dans les communes intéressées, affiché à la mairie et porté à la connaissance du public par les soins des maires deux mois au moins avant la date fixée pour le premier tour. — Pendant quinze jours à dater de l'affichage, les listes électorales dressées par le préfet ou, sous son contrôle, par les maires, à l'aide des renseignements fournis antérieurement par les associations professionnelles, sont tenues à la disposition des intéressés pour être revisées d'après leurs déclarations : 1° à la mairie de la commune où est situé le siège de la section qui élit ses représentants ; 2° aux mairies des sièges desdites associations, lorsqu'ils sont situés dans la circonscription de cette section. Les déclarations doivent être faites par un mandataire autorisé des associations. — Pendant les trois semaines à dater de l'affichage, les réclamations des associations intéressées au sujet de la liste primitive ou revisée, rédigées en double exemplaire par un mandataire autorisé, sont reçues à la mairie de la commune où est situé le siège de l'association dont les droits électoraux sont contestés. Si ce siège n'est pas situé dans la circonscription qui élit ses représentants, les réclamations sont reçues dans la même forme à la mairie du siège de la section. Un exemplaire de la protestation est envoyé par la mairie à l'association mise en cause. — Dans le délai de trente jours à dater de l'affichage, les listes revisées, les réclamations et les réponses sont transmises au préfet avec l'avis du maire. Le préfet arrête la liste électorale définitive ; en cas de contestation recevable, il inscrit l'association pour le nombre de voix seulement que celle-ci aura accepté de justifier.

Art. 7. — Le préfet désigne les locaux où aura lieu la vote. Il fixe l'heure de l'ouverture et celle de la fermeture du scrutin. Il désigne la personne chargée de présider le bureau électoral. Le bureau est formé du président, du plus jeune et du plus âgé parmi les mandataires des associations ayant droit de prendre part au vote, présents à l'ouverture du scrutin. — L'élection a lieu au scrutin de liste. — Le mandataire de toute association prenant part au vote dépose entre les mains du président un bulletin portant les indications suivantes : nom de l'association, noms des candidats choisis par elle, date et lieu où s'est tenue l'assemblée générale ayant désigné ses candidats, signature du secrétaire et d'un administrateur de l'association certifiant l'exactitude de ces mentions. — Aucune condition n'est requise du mandataire. Si les désignations portées au bulletin, autres que les noms des candidats choisis par l'association, sont réputées incomplètes par le bureau, celui-ci en avertit le mandataire et l'invite à faire compléter le bulletin avant la fermeture du scrutin. — Dès la réception du bulletin, le président y inscrit, en présence du mandataire, le nombre de suffrages attribués à l'association par liste, électorale définitive communiquée au bureau par le préfet. — Le vote est acquis au premier tour à la majorité absolue des suffrages exprimés ; au deuxième tour, à la majorité relative. En cas de partage des voix au deuxième tour, le plus âgé des deux candidats est élu. — Le résultat du vote est proclamé par le président du bureau et transmis par ses soins au préfet, avec le procès-verbal des opérations et les bulletins de vote. — Les protestations doivent être consignées au procès-verbal ou adressées, à peine de nullité, dans les trois jours qui suivent l'élection, au préfet, qui en accuse réception. — En cas de protestation, ou si le préfet estime que les conditions prescrites ne sont pas remplies, le dossier est transmis, avec son avis, au plus tard quinze jours après l'élection, au ministre du Commerce et de l'Industrie, qui statue. — En cas d'annulation, il est procédé à de nouvelles élections dans le délai d'un mois.

Art. 8. — Des représentants des conseils de prud'hommes fonctionnant dans la région sont appelés, dans les conditions fixées par l'arrêté instituant le Conseil du travail, à faire partie des sections correspondant à la profession exercée par eux. — Les conseillers prud'hommes ne peuvent, en aucun cas, former plus de moitié de l'effectif de la section. — Ils seront désignés : les patrons, par le vote des prud'hommes patrons ; les ouvriers, par le vote des prud'hommes ouvriers de chaque conseil de prud'hommes ainsi représenté.

Art. 9. — Les membres des sections du Conseil du travail sont nommés pour deux ans et renouvelables par moitié tous les ans. — Sera considéré comme démissionnaire celui qui, sans excuse valable, ne répondra pas à trois convocations successives ou qui cessera d'être éligible par le collège électoral qu'il représente. — Il est pourvu à la vacance lors du renouvellement annuel.

Art. 10. — Chaque section se réunit au moins une fois par trimestre. — Elle peut être, en outre, convoquée lorsqu'il est saisie d'un différend ou sur la demande de la moitié de ses membres.

Art. 11. — Dans les délibérations relatives aux objets énumérés à l'article 2, § 3, ou si, en vertu des dispositions de l'article 2, § 1er, elles sont appelées à intervenir comme conciliateur ou comme arbitre dans les différends collectifs entre les patrons et leurs ouvriers ou employés, les sections doivent être composées effectivement d'un nombre égal de patrons et d'ouvriers ou d'employés. Lorsque, pour une cause quelconque, les uns et les autres ne sont plus en nombre égal, le ou les plus jeunes membres de la partie la plus nombreuse n'ont que voix consultative.

Art. 12. — Chaque section nomme, tous les ans, un président et un secrétaire, l'un des deux parmi les patrons et l'autre parmi les ouvriers ou employés. — A défaut d'élection ou par suite d'absence des titulaires, la section sera présidée par le plus ancien des membres présents ; le plus jeune membre de la catégorie qui n'aura pas fourni le président remplira les fonctions de secrétaire.

Art 13. — La convocation d'un conseil de travail en assemblée plénière, toutes sections réunies, est faite par le préfet. Cette assemblée a lieu au moins une fois par an. — La lettre de convocation fixe l'ordre du jour et la durée de la session. — Le conseil nomme son bureau, conformément aux dispositions de l'article 10 ci-dessus.

Art. 14. — Le conseil de travail ou la section qui sort de ses attributions peut être dissous par arrêté du ministre du Commerce et de l'Industrie.

Arrêtés du Ministre du Commerce, de l'Industrie, des Postes et Télégraphes, instituant cinq Conseils du Travail à Paris. (17 octobre 1900 et du 2 février 1901.)

Article premier. — Il est institué cinq Conseils du travail à Paris.

Art. 2. — La circonscription de ces conseils comprend tout le département de la Seine, pour les industries et commerces ci-après désignés.

Premier conseil.

Art. 3. — Le premier Conseil du travail de Paris est divisé en sept sections, auxquelles sont rattachées respectivement les professions suivantes :

1re section : extraction et cuisson des pierres et terres (carrières, chaux, plâtre, ciment, briques et tuiles).

2e section : industries du bâtiment (pierre et terre, maçonnerie, taille de pierres, terrasse).

3ᵉ section : charpente et menuiserie.
4ᵉ section : peinture en bâtiment.
5ᵉ section : industries de l'ameublement.
6ᵉ section : serrurerie.
7ᵉ section : couverture, plomberie, fumisterie.

ART. 4. — La 1ʳᵉ section comprend six membres, savoir :

1° Deux membres élus par les syndicats comme électeurs patrons ;

2° Deux membres élus par les syndicats inscrits comme électeurs ouvriers ;

3° Un membre patron et un membre ouvrier de la 8ᵉ catégorie du Conseil des prud'hommes de Paris (bâtiment), élus respectivement par les prud'hommes patrons et par les prud'hommes ouvriers de ce Conseil.

ART. 5. — La 2ᵉ section comprend douze membres, savoir :

1° Quatre membres élus par les syndicats inscrits comme électeurs patrons ;

2° Quatre membres élus par les syndicats inscrits comme électeurs ouvriers ;

3° Deux membres patrons et deux membres ouvriers de la 5ᵉ ou de la 7ᵉ catégorie du Conseil des prud'hommes de Paris (bâtiment), élus respectivement par les prud'hommes patrons et par les prud'hommes ouvriers de ce Conseil.

ART. 6. — La 3ᵉ section comprend dix membres, savoir :

1° Quatre membres élus par les syndicats inscrits comme électeurs patrons ;

2° Quatre membres élus par les syndicats inscrits comme électeurs ouvriers ;

3° Un membre patron et un membre ouvrier de la 3ᵉ catégorie (1ʳᵉ section) ou de la 4ᵉ catégorie du Conseil des prud'hommes de Paris (bâtiment), élus respectivement par les prud'hommes ouvriers de ce Conseil.

ART. 7. — La 4ᵉ section comprend six membres, savoir :

1° Deux membres élus par les syndicats inscrits comme électeurs patrons ;

2° Deux membres élus par les syndicats inscrits comme électeurs ouvriers :

3° Un membre patron et un membre ouvrier de la 6ᵉ catégorie du Conseil des prud'hommes de Paris (bâtiment), élus respectivement par les prud'hommes patrons et par les prud'hommes ouvriers de cet Conseil.

ART. 8. — La 5ᵉ section comprend huit membres, savoir :

1° Trois membres élus par les syndicats inscrits comme électeurs patrons ;

2° Trois membres élus par les syndicats inscrits comme électeurs ouvriers ;

3° Un membre patron et un membre ouvrier de la 3ᵉ catégorie (2ᵉ section) du Conseil des prud'hommes de Paris (bâtiment), élus respectivement par les prud'hommes patrons et par les prud'hommes ouvriers de ce Conseil.

ART. 9. — La 6ᵉ section comprend six membres, savoir :

1° Deux membres élus par les syndicats inscrits comme électeurs patrons ;

2° Deux membres élus par les syndicats inscrits comme électeurs ouvriers ;

3° Un membre patron et un membre ouvrier de la 1ʳᵉ catégorie du Conseil des prud'hommes de Paris (bâtiment), élus respectivement par les prud'hommes patrons et par les prud'hommes ouvriers de ce Conseil.

ART. 10. — La 7ᵉ section comprend six membres, savoir :

1° Deux membres élus par les syndicats inscrits comme électeurs patrons ;

2° Deux membres élus par les syndicats inscrits comme électeurs ouvriers ;

3° Un membre patron et un membre ouvrier de la 2ᵉ catégorie du Conseil des prud'hommes de Paris (bâtiment), élus respectivement par les prud'hommes patrons et par les prud'hommes ouvriers de ce Conseil.

Deuxième Conseil.

ART. 11. — Le deuxième Conseil du travail de Paris est divisé en huit sections, auxquelles sont rattachées respectivement les professions suivantes :

1ʳᵉ section : industrie de la fonderie et du moulage des métaux.

2ᵉ section : grosse industrie mécanique et chaudronnerie.

3ᵉ section : gros travaux métalliques, ponts, etc.

4ᵉ section : fabrication des articles de chauffage, d'éclairage et de ferblanterie.

5ᵉ section : industries de la carrosserie et de la charronnerie.

6ᵉ section : industries de la bijouterie, de la joaillerie et de l'orfèvrerie.

7ᵉ section : industries de l'article de Paris, tabletterie, bimbeloterie.

8ᵉ section : industrie des instruments de précision, de chirurgie, d'optique.

ART. 12. — La 1ʳᵉ section comprend dix membres, savoir :

1° Quatre membres élus par les syndicats inscrits comme électeurs patrons ;

2° Quatre membres élus par les syndicats inscrits comme électeurs ouvriers ;

3° Un membre patron et un membre ouvrier de la 4ᵉ ou de la 5ᵉ catégorie du Conseil des prud'hommes de Paris (métaux et industries diverses), élus respectivement par les prud'hommes patrons et par les prud'hommes ouvriers de ce Conseil.

ART. 13. — La 2ᵉ section comprend douze membres, savoir :

1° Cinq membres élus par les syndicats inscrits comme électeurs patrons ;

2° Cinq membres élus par les syndicats inscrits comme électeurs ouvriers ;

3° Un membre patron et un membre ouvrier de la 1ʳᵉ catégorie du Conseil des prud'hommes de Paris (métaux et industries diverses), élus respectivement par les prud'hommes patrons et ouvriers de ce Conseil.

ART. 14. — La 3ᵉ section comprend huit membres, savoir :

1° Trois membres élus par les syndicats inscrits comme électeurs patrons ;

2° Trois membres élus par les syndicats comme électeurs ouvriers ;

3° Un membre patron et un membre ouvrier de la 1ʳᵉ catégorie du Conseil des prud'hommes de Paris (métaux et industries diverses), élus respectivement par les prud'hommes patrons et par les prud'hommes ouvriers de ce Conseil.

ART. 15. — La 4ᵉ section comprend six membres, savoir :

1° Deux membres élus par les syndicats inscrits comme électeurs patrons ;

2° Deux membres élus par les syndicats inscrits comme électeurs ouvriers ;

3° Un membre patron et un membre ouvrier de la 1ʳᵉ ou de la 4ᵉ catégorie du Conseil des prud'hommes de Paris (métaux et industries diverses), élus respectivement par les prud'hommes patrons et par les prud'hommes ouvriers de ce Conseil.

ART. 16. — La 5ᵉ section comprend huit membres, savoir :

1° Trois membres élus par les syndicats inscrits comme électeurs ouvriers ;

2° Trois membres élus par les syndicats inscrits comme électeurs ouvriers ;

3° Un membre patron et un membre ouvrier de la 1ʳᵉ catégorie du Conseil des prud'hommes de Paris (métaux et industries diverses), élus respectivement par les prud'hommes patrons, et par les prud'hommes ouvriers de ce Conseil.

ART. 17. — La 6ᵉ section comprend six membres, savoir :

1° Deux membres élus par les syndicats inscrits comme électeurs patrons ;

2° Deux membres élus par les syndicats inscrits comme électeurs ouvriers ;

3° Un membre patron et un membre ouvrier de la 2ᵉ catégorie du Conseil des prud'hommes de Paris (métaux et industries diverses), élus respectivement par les prud'hommes patrons et par les prud'hommes ouvriers de ce Conseil.

ART. 18. — La 7ᵉ section comprend six membres, savoir :

1° Deux membres élus par les syndicats inscrits comme électeurs patrons ;

2° Deux membres élus par les syndicats inscrits comme électeurs ouvriers ;

3° Un membre patron et un membre ouvrier de la 6ᵉ catégorie du Conseil des prud'hommes de Paris (métaux et industries diverses), élus respectivement par les prud'hommes patrons et par les prud'hommes ouvriers de ce Conseil.

ART. 19. — La 8ᵉ section comprend huit membres, savoir :

1° Trois membres élus par les syndicats inscrits comme électeurs patrons ;

2° Trois membres élus par les syndicats inscrits comme électeurs ouvriers ;

3° Un membre patron et un membre ouvrier de la 3ᵉ ou de la 5ᵉ catégorie du Conseil des prud'hommes de Paris (métaux et industries diverses), élus respectivement par les prud'hommes patrons et par les prud'hommes ouvriers de ce Conseil.

Troisième Conseil.

ART. 20. — Le troisième Conseil du travail de Paris est divisé en quatre sections, auxquelles sont rattachées respectivement les professions suivantes :

1ʳᵉ section : industries de la confection ;

2ᵉ section : industries de la chapellerie, de la lingerie, des modes, des fleurs et des plumes artificielles ;

3ᵉ section : industries des articles en cuir ou en peau, cordonnerie, sellerie et maroquinerie ;

4ᵉ section : industries capillaires (coiffure, etc.).

ART. 21. — La 1ʳᵉ section comprend huit membres, savoir :

1° Trois membres élus par les syndicats inscrits comme électeurs patrons ;

2° Trois membres élus par les syndicats inscrits comme électeurs ouvriers ;

3° Un membre patron et un membre ouvrier de la 5ᵉ catégorie du Conseil des prud'hommes de Paris (tissus), élus respectivement par les prud'hommes patrons et par les prud'hommes ouvriers de ce Conseil.

ART. 22. — La 2ᵉ section comprend six membres, savoir :

1° Deux membres élus par les syndicats inscrits comme électeurs patrons ;

2° Deux membres élus par les syndicats inscrits comme électeurs ouvriers ;

3° Un membre patron et un membre ouvrier de la 2ᵉ ou de la 4ᵉ catégorie du Conseil des prud'hommes de Paris (tissus), élus respectivement par les prud'hommes patrons et par les prud'hommes ouvriers de ce Conseil.

Art. 23. — La 3ᵉ section comprend huit membres, savoir :

1ᵉ Trois membres élus par les syndicats inscrits comme électeurs patrons;

2ᵉ Trois membres élus par les syndicats inscrits comme électeurs ouvriers;

3ᵉ Un membre patron et un membre ouvrier de la 3ᵉ catégorie du Conseil des prud'hommes de Paris (tissus), élus respectivement par les prud'hommes patrons et par les prud'hommes ouvriers de ce Conseil.

Art. 24. — La 4ᵉ section comprend huit membres, savoir :

1ᵉ Trois membres élus par les syndicats inscrits comme électeurs patrons;

2ᵉ Trois membres élus par les syndicats inscrits comme électeurs ouvriers;

3ᵉ Un membre patron et un membre ouvrier de la 1ʳᵉ catégorie du Conseil de prud'hommes de Paris (tissus), élus respectivement par les prud'hommes patrons et par les prud'hommes ouvriers de ce Conseil.

Quatrième Conseil.

Art. 25. — Le quatrième Conseil du travail de Paris est divisé en cinq sections, auxquelles sont rattachées respectivement les professions suivantes :

1ʳᵉ section : industries de la boucherie, de la triperie, de la charcuterie et des abattoirs;

2ᵉ section : industries de la boulangerie, de la patisserie et de la confiserie;

3ᵉ section : commerce de l'alimentation (restaurants et hôtels, boissons, denrées alimentaires);

4ᵉ section : industries chimiques, gaz, teinture et blanchisserie;

5ᵉ section : préparation des cuirs et peaux (corroirie, mégisserie et tannerie).

Art. 26. — La 1ʳᵉ section comprend dix membres, savoir :

1ᵉ Quatre membres élus par les syndicats inscrits comme électeurs patrons;

2ᵉ Quatre membres élus par les syndicats inscrits comme électeurs ouvriers;

3ᵉ Un membre patron et un membre ouvrier de la 2ᵉ catégorie du Conseil des prud'hommes de Paris (produits chimiques), élus respectivement par les prud'hommes patrons et par les prud'hommes ouvriers de ce Conseil.

Art. 27. — La 2ᵉ section comprend douze membres, savoir :

1ᵉ Cinq membres élus par les syndicats inscrits comme électeurs patrons;

2ᵉ Cinq membres élus par les syndicats inscrits comme électeurs ouvriers;

3ᵉ Un membre patron et un membre ouvrier de la 2ᵉ catégorie du Conseil des prud'hommes de Paris (produits chimiques), élus respectivement par les prud'hommes patrons et par les prud'hommes ouvriers de ce Conseil.

Art. 28. — La 3ᵉ section comprend douze membres, savoir :

1ᵉ Cinq membres élus par les syndicats inscrits comme électeurs patrons;

2ᵉ Cinq membres élus par les syndicats inscrits comme électeurs ouvriers;

3ᵉ Un membre patron et un membre ouvrier de la 2ᵉ catégorie du Conseil des prud'hommes de Paris (produits chimiques), élus respectivement par les prud'hommes patrons et par les prud'hommes ouvriers de ce Conseil.

Art. 29. — La 4ᵉ section comprend huit membres, savoir :

1ᵉ Trois membres élus par les syndicats inscrits comme électeurs patrons :

2ᵉ Trois membres élus par les syndicats inscrits comme électeurs ouvriers;

3ᵉ Un membre patron et un membre ouvrier de la 1ʳᵉ catégorie du Conseil des prud'hommes de Paris (produits chimiques), élus respectivement par les prud'hommes patrons et par les prud'hommes ouvriers de ce Conseil.

Art. 30. — La 5ᵉ section comprend six membres. savoir :

1ᵉ Deux membres élus par les syndicats inscrits comme électeurs patrons;

2ᵉ Deux membres élus par les syndicats inscrits comme électeurs ouvriers ;

3ᵉ Un membre patron et un membre ouvrier de la 5ᵉ catégorie du Conseil des prud'hommes de Paris. (produits chimiques), élus respectivement par les prud'hommes patrons et par les prud'hommes ouvriers de ce Conseil.

Cinquième Conseil.

Art. 31. — Le cinquième Conseil du travail de Paris est divisé en cinq sections, auxquelles sont rattachées respectivement les professions suivantes :

1ʳᵉ section : imprimerie typographique, fonderie de caractères, clicherie, galvanoplastie et photogravure.

2ᵉ section : imprimerie lithographique, tailledouce, gravure, brochage, reliure et cartonnage.

3ᵉ section : entreprise de transport et de manutention (chemins de fer non compris).

4ᵉ section : banques et assurances.

5ᵉ section : commerce des fils et tissus, nouveautés et divers.

Art. 32. — La 1ʳᵉ section comprend dix membres, savoir :

1ᵉ Quatre membres élus par les syndicats inscrits comme électeurs patrons;

2ᵉ Quatre membres élus par les syndicats inscrits comme électeurs ouvriers;

3ᵉ Un membre patron et un membre ouvrier de la 3ᵉ catégorie du Conseil des prud'hommes de Paris (produits chimiques), élus respectivement par les prud'hommes patrons et par les prud'hommes ouvriers de ce Conseil.

Art. 33. — La 2ᵉ section comprend six membres, savoir :

1ᵉ Deux membres élus par les syndicats inscrits comme électeurs patrons ;

2ᵉ Deux membres élus par les inscrits syndicats comme électeurs ouvriers;

3ᵉ Un membre patron et un membre ouvrier de la 3ᵉ catégorie du Conseil des prud'hommes de Paris (produits chimiques), élus respectivement par les prud'hommes patrons et par les prud'hommes ouvriers de ce Conseil.

Art. 34. — La 3ᵉ section comprend douze membres, savoir :

1ᵉ Six membres élus par les syndicats inscrits comme électeurs patrons;

2ᵉ Six membres élus par les syndicats inscrits comme électeurs ouvriers ou employés.

Art. 35. — La 4ᵉ section comprend six membres, savoir :

1ᵉ Trois membres élus par les syndicats inscrits comme électeurs patrons;

2ᵉ Trois membres élus par les syndicats inscrits comme électeurs employés.

Art. 36. — La 5ᵉ section comprend douze membres, savoir :

1ᵉ Six membres élus par les syndicats inscrits comme électeurs patrons;

2ᵉ Six membres élus par les syndicats inscrits comme électeurs employés.

Art. 37. — Les membres de l'un quelconque des Conseils du travail de Paris, élus à titre de conseillers prud'hommes, cesseront de faire partie du Conseil du travail lorsqu'ils cesseront de faire partie du Conseil des prud'hommes.

LOI DU 21 MARS 1884

Relative à la création des Syndicats professionnels.

Article premier. — Sont abrogés la loi des 14-27 juin 1791 et l'article 417 du Code pénal.

Les articles 291, 292, 293 et 294 du Code pénal et la loi du 18 avril 1834 ne sont pas applicables aux syndicats professionnels.

Art. 2. — Les syndicats ou associations professionnels, même de plus de vingt personnes exerçant la même profession, des métiers similaires, ou des professions connexes concourant à l'établissement de produits déterminés, pourront se constituer librement sans l'autorisation du gouvernement.

Art. 3. — Les syndicats professionnels ont exclusivement pour objet l'étude et la défense des intérêts économiques, industriels, commerciaux et agricoles.

Art. 4. — Les fondateurs de tout syndicat professionnel devront déposer les statuts et les noms de ceux qui, à un titre quelconque, seront chargés de l'administration ou de la direction.

Ce dépôt aura lieu à la mairie de la localité où le syndicat est établi, et à Paris à la Préfecture de la Seine.

Ce dépôt sera renouvelé à chaque changement de la direction ou des statuts.

Communication des statuts devra être donnée par le maire ou le préfet de la Seine au procureur de la République.

Les membres de tout syndicat professionel chargés de l'administration ou de la direction de ce syndicat devront être Français et jouir de leurs droits civils.

Art. 5. — Les syndicats professionnels, régulièrement constitués d'après les prescriptions de la présente loi pourront librement se concerter pour l'étude et la défense de leurs intérêts économiques, industriels, commerciaux et agricoles.

Ces unions devront faire connaître, conformément au deuxième paragraphe de l'article 4, les noms qui les composent.

Elles ne pourront posséder aucun immeubles ni ester en justice.

Art. 6. — Les syndicats professionnels de patrons ou ouvriers auront le droit d'ester en justice.

Ils pourront employer les sommes provenant des cotisations.

Toutefois ils ne pourront acquérir d'autres immeubles que ceux qui seront nécessaires à leurs bibliothèques et à des cours d'instruction professionnelle.

Ils pourront sans autorisation, mais en se conformant aux autres dispositions de la loi, constituer entre leurs membres des caisses spéciales de secours mutuels et de retraites.

Ils pourront librement créer et administrer des offices de renseignements pour les offres et les demandes de travail.

Ils pourront être consultés sur tous les différends et toutes les questions se rattachant à leur spécialité.

Dans les affaires contentieuses, les avis de syndicat seront tenus à la disposition des parties, qui pourront en prendre communication et copie.

Art. 7. — Tout membre d'un syndicat professionnel peut se retirer à tout instant de l'association, nonobstant toute clause contraire, mais sans préjudice du droit pour le syndicat de réclamer la cotisation de l'année courante.

Toute personne qui se retire d'un syndicat conserve le droit d'être membre des sociétés de secours mutuels et de pensions de retraite pour la vieillesse à l'actif desquelles elle a contribué par des cotisations ou versements de fonds.

Art. 8. — Lorsque les biens auront été acquis contrairement aux dispositions de l'article 6, la nullité de l'acquisition ou de libéralité pourra être demandée par le procureur de la République ou par les intéressés. Dans le cas d'acquisition à titre onéreux, les immeubles seront vendus, et le prix en sera déposé à la caisse de l'association. Dans les cas de libéralité, les biens feront retour aux disposants ou à leurs héritiers ou ayants cause.

Art. 9. — Les infractions aux dispositions des articles 2, 3, 4, 5 et 6 de la présente loi seront poursuivies contre les directeurs ou administrateurs des syndicats et punis d'une amende de 16 à 200 francs. Les tribunaux pourront en outre, à la diligence du procureur de la République, prononcer la dissolution du syndicat et la nullité des acquisitions d'immeubles faites en violation des dispositions de l'article 6.

Au cas de fausse déclaration relative aux statuts et aux noms et qualités des administrateurs ou directeurs, l'amende pourra être portée à 500 francs.

Art. 10. — La présente loi est applicable à l'Algérie.

Elle est également applicable aux colonies de la Martinique, de la Guadeloupe et de la Réunion. Toutefois, les travailleurs étrangers et engagés sous le nom d'immigrants ne pourront faire partie des syndicats.

Réorganisation du Conseil supérieur du travail,

décret du 14 mars 1903, *Journal officiel* du 26 mars.

Article premier. — Le Conseil supérieur du travail est présidé par le ministre du Commerce, de l'Industrie, des Postes et des Télégraphes.

En l'absence du ministre, le conseil est présidé par l'un des vice-présidents élus en conformité de l'article 3 ci-après.

Le directeur du travail, le directeur de l'assurance et de la prévoyance sociales, le directeur de l'enseignement technique et à leur défaut, les sous-directeurs de ces services ont entrée au Conseil pour assister ou représenter le ministre du Commerce. Ils participent aux délibérations sans prendre part aux votes.

Chaque ministre peut également, d'accord avec le ministre du Commerce, désigner un chef de service pour prendre part dans les mêmes conditions aux délibérations de nature à intéresser spécialement son département.

Art. 2. — Le Conseil est composé de 65 membres, savoir :

26 membres nommés par les patrons dans les conditions fixées dans les articles 5 et suivants;

26 membres nommés par les ouvriers dans les conditions fixées dans les articles 6 et suivants;

3 sénateurs élus par le Sénat;

5 députés élus par la Chambre des députés;

1 membre de la Chambre de commerce de Paris désigné par cette chambre;

1 membre du Comité fédéral des bourses du travail élu par les bourses du travail adhérentes;

1 membre de la Chambre consultative des associations ouvrières de production, élu par les associations adhérentes;

2 membres choisis par le ministre parmi les membres de l'Institut et les professeurs de l'Université de Paris.

Art. 3. — Le Conseil choisit parmi ses membres deux vice-présidents.

Le ministre désigne par arrêté, dans le personnel de l'administration du commerce, trois secrétaires et trois secrétaires adjoints du Conseil.

Art. 4. — Les sénateurs élus par le Sénat pour faire partie du Conseil sont soumis à réélection après chaque renouvellement partiel du Sénat.

Les députés élus par la Chambre conservent leur mandat pendant la durée de la législature.

Les autres membres restent en fonctions pendant trois ans.

Art. 5. — Les 26 délégués élus par les patrons se répartissent en deux séries :

1° 18 délégués élus, dans les conditions déterminées aux articles 8 et 9, par les membres des chambres de commerce et ceux des chambres consultatives des arts et manufactures ;

2° 8 conseillers prud'hommes patrons élus dans les conditions fixées par l'article 7.

Art. 6. — Les 26 délégués élus par les ouvriers se répartissent en deux séries :

1° 18 délégués élus, dans les conditions déterminées aux articles 10, 11, 12 et 13, par les syndicats ouvriers ;

2° 8 conseillers prud'hommes ouvriers élus dans les conditions fixées par l'article 7.

Art. 7. — Les conseils de prud'hommes sont divisés en trois catégories comprenant; la première, les conseils de prud'hommes siégeant à Paris ; la deuxième, ceux siégeant dans les villes d'au moins 40,000 habitants; la troisième, ceux des autres villes.

La première catégorie fournit 2 prud'hommes patrons et 2 prud'hommes ouvriers ; la deuxième catégorie fournit 3 prud'hommes patrons et 3 prud'hommes ouvriers; la troisième catégorie fournit 3 prud'hommes patrons et 3 prud'hommes ouvriers.

Pour l'élection des 2 prud'hommes patrons et des 2 prud'hommes ouvriers de la première catégorie, les conseillers prud'hommes de Paris forment deux assemblées électorales distinctes comprenant, l'une, les membres patrons; l'autre, les membres ouvriers des conseils. La présidence de chaque assemblée électorale appartient au doyen d'âge des présidents ou vice-présidents en fonctions.

Un tirage au sort fait au ministère du Commerce désigne trois tribunaux de la deuxième catégorie et trois tribunaux de la troisième catégorie dans chacun desquels les prud'hommes patrons nomment un représentant ; celui-ci peut d'ailleurs être choisi par eux dans l'un quelconque des conseils de prud'hommes de la catégorie.

Trois autres tribunaux de la deuxième catégorie et trois autres tribunaux de la troisième catégorie, désignés dans les mêmes conditions, procèdent, d'après les mêmes règles, à l'élection de six prud'hommes ouvriers.

La présidence de la séance où les patrons des conseils de prud'hommes désignés par le sort élisent leur représentant appartient au président ou vice-président patron de ce conseil.

De même pour l'élection du représentant des ouvriers, la présidence appartient au président ou vice-président ouvrier.

La convocation des électeurs est faite, dans chacune des trois catégories, au moins huit jours à l'avance, par le président de l'assemblée électorale.

L'élection a lieu à la majorité des membres présents. La majorité relative est suffisante au troisième tour. En cas de partage des voix au troisième tour, le bénéfice de l'élection est acquis au plus âgé. Le procès-verbal de l'élection est transmis au ministère du Commerce sous une enveloppe portant la mention : « Election au Conseil supérieur du travail. »

Art. 8. — Les membres des chambres de commerce et ceux des chambres consultatives des arts et manufactures élisent au scrutin de liste les 18 représentants des 18 groupes professionnels ci-après :

1. Mines, carrières, salines ;

2. Alimentation : grandes industries et commerces de gros ;

3. Alimentation : petites industries et commerces de détail ;

4. Industries chimiques, céramique et verrerie, fabrication du papier ;

5. Industrie des cuirs et peaux ;

6. Industrie de la laine, du lin, du jute et leurs mélanges, y compris les industries similaires et succédanées ;

7. Industrie du coton et ses mélanges, y compris les industries similaires et succédanées ;

8. Industrie de la soie et ses mélanges, y compris les industries similaires et succédanées ;

9. Travail des étoffes, vêtement, toilette (département de la Seine) ;

10. Travail des étoffes, vêtement, toilette (départements autres que la Seine);

11. Industries du bois et du bâtiment (bois), commerce et manutention non compris ;

12. Métallurgie et construction mécanique ;

13. Travail des métaux communs et bâtiment (métaux) ;

14. Bâtiment (pierre, enduits, canalisations);

15. Transports par voie ferrée ;

16. Transports par terre et par eau, manutention ;

17. Industries relatives aux lettres, sciences, arts (industrie du livre, photographie, instruments de précision, orfèvrerie, bijouterie, arpenteurs-géomètres, etc.) ;

18. Commerce, banque (les commerces d'alimentation exceptés) ;

Pour être éligible, il faut être Français, âgé de vingt-cinq ans au moins et non déchu de ses droits civils et civiques.

La candidature des femmes est admise suivant les mêmes conditions d'âge et de nationalité;

Nul ne peut représenter un autre groupe professionnel que celui auquel il appartient ou a appartenu.

Art. 9. — Le ministre fait connaître, un mois au moins à l'avance, à chaque président de chambre de commerce ou de chambre consultative, les dates extrêmes entre lesquelles doit avoir l'élection. Il lui fait parvenir en même temps les bulletins de vote destinés aux membres de la Chambre.

Au jour fixé par le président pour l'élection, chaque membre de la Chambre lui remet son bulletin de vote dans une enveloppe fermée. Le nom de chaque candidat est inscrit sur ce bulletin en regard du groupe auquel il appartient. Au cas où plusieurs noms seraient portés en regard du même groupe, le premier seul entrerait en ligne de compte.

Les membres, empêchés d'assister à la séance ou à lieu le vote, peuvent faire parvenir au président l'enveloppe fermée contenant leur bulletin de vote sous une deuxième enveloppe signée qui sera ouverte au cours de la séance.

Les enveloppes contenant les bulletins de vote

sont adressées, avec le procès-verbal de la séance, au ministère du Commerce, sous un pli portant la mention : « Élection au Conseil supérieur du travail ». Le procès-verbal mentionne la date de l'élection, les noms des membres présents à la séance, le nombre des membres de la Chambre, le nombre des votants, les protestations qui se seraient produites et les observations auxquelles elles donnent lieu.

Il est procédé à un nouveau tour de scrutin pour les groupes professionnels dont aucun candidat n'a obtenu au premier tour la majorité des suffrages exprimés. Cette fois, l'élection a lieu à la majorité relative, et, en cas de partage, le bénéfice en est acquis au plus âgé.

Art. 10. — Pour procéder à l'élection de leurs 18 représentants, les syndicats d'ouvriers et d'employés sont répartis dans les 18 groupes industriels et commerciaux ci-après :

1. Mines, carrières, salines ;

2. Alimentation : grandes industries et commerces de gros ;

3. Alimentation : petites industries et commerces de détail ;

4. Industries chimiques, allumettes et tabacs, céramique et verrerie, fabrication du papier ;

5. Industrie des cuirs et peaux ;

6. Industries de la laine, du lin, du jute et leurs mélanges, y compris les industries similaires et succédanées ;

7. Industrie du coton et ses mélanges, y compris les industries similaires et succédanées ;

8. Industrie de la soie et ses mélanges, y compris les industries similaires et succédanées ;

9 et 10. Travail des étoffes, vêtement, toilette ;

11. Industries du bois et du bâtiment (bois), commerce et manutention non compris ;

12. *a)* Métallurgie et construction mécanique ;

12. *b)* Chauffeurs, conducteurs, mécaniciens ;

13. Travail des métaux communs et bâtiments (métaux) ;

14. Bâtiment ;

15. Transport par voies ferrées ;

16. Transport par terre et par eau, manutention, garçons de magasin ;

17. Industries relatives aux lettres, sciences et arts (industrie du livre, instruments de précision, bijouterie, orfèvrerie, ingénieurs, artistes, etc.) ;

18. Commerce et administrations (les commerces d'alimentation exceptés).

Les deux représentants des groupes 2 et 3 (industries et commerces de l'alimentation) sont élus au scrutin de liste par l'ensemble des syndicats inscrits à ces deux groupes.

Il en est de même : 1° pour les deux représentants des groupes 6 et 7 (industrie de la laine et industrie du coton) ; 2° pour les deux représentants des groupes 9 et 10 (travail des étoffes, vêtement, toilette) ; 3° pour les deux représentants des groupes 12 et 13 (métallurgie et travail des métaux).

Pour être éligible, il faut être Français, âgé de vingt-cinq ans au moins et non déchu de ses droits civils et civiques.

La candidature des femmes est admise suivant les mêmes conditions d'âge et de nationalité.

L'un des deux représentants des groupes 9 et 10 doit être du sexe féminin.

Nul ne peut représenter un autre groupe professionnel que celui auquel il appartient ou a appartenu.

Art. 11. — Sont électeurs les syndicats ouvriers régulièrement constitués au 1er janvier de l'année où ont lieu les élections.

Chaque syndicat dispose d'un nombre de voix proportionnel au nombre de ses membres, à raison d'une voix par 25 membres et par fraction supplémentaire de 1 à 25.

Le syndicat ayant moins de 25 membres dispose d'une voix.

Le nombre des membres de chaque syndicat et l'étendue de ses droits électoraux sont évalués par le ministre du Commerce d'après les renseignements fournis par les syndicats. Les syndicats qui n'ont pas fourni de renseignements suffisants pour cette évaluation voient, quel que soit le nombre de leurs membres, leur droit de suffrage réduit à une voix.

Il n'est pas tenu compte, dans l'évaluation, du nombre des membres en retard de plus de six mois pour le payement de leurs cotisations.

Art. 12. — Il est procédé dans le courant de mai, et dans les formes suivantes, à la vérification du nombre des membres déclarés par les syndicats.

La liste électorale, dressée au ministère du Commerce, contient, pour chaque groupe professionnel, le nom de chaque syndicat électeur et le nombre déclaré de ses membres ;

Le préfet fait déposer un exemplaire de la liste électorale à la mairie de chacun des chefs-lieux de canton où il existe des syndicats électeurs. En même temps, il porte le dépôt à la connaissance du public par voie d'affiches.

Un exemplaire de la liste est communiqué aux bourses du travail et aux conseils de prud'hommes du département.

Les protestations relatives aux diverses énonciations contenues dans la liste électorale, ainsi qu'au classement des syndicats dans les groupes professionnels, sont reçues jusqu'au 15 juin.

Elles sont instruites par le préfet et jugées par le ministre du Commerce.

Les modifications qui seraient apportées à la liste électorale, à la suite de réclamations reconnues fondées, sont inscrites sur un état joint à la liste par les soins du préfet.

Art. 13. — Lorsque la liste électorale est définitive, le ministère du Commerce fait parvenir à chaque syndicat un bulletin de vote indiquant le groupe auquel il appartient et le nombre de voix dont il dispose.

Il doit s'écouler au moins dix jours entre la date d'envoi de ces bulletins aux syndicats et celle à laquelle ils doivent être renvoyés au ministère du Commerce. Ces deux dates sont annoncées par le *Journal officiel*.

Chaque syndicat adresse, dans le délai ci-dessus indiqué, sous le couvert du ministère du Commerce, son bulletin de vote renfermé dans une enveloppe portant la mention : « Élection au Conseil supérieur du travail. »

L'élection des représentants des syndicats a lieu à la majorité absolue des suffrages exprimés. Dans le cas où dans l'un quelconque des groupes énumérés à l'article 10 aucun candidat n'obtient la majorité absolue, il est procédé dans un délai d'un mois et dans les mêmes formes à un deuxième tour de scrutin. Cette fois, l'élection a lieu à la majorité relative. En cas de partage, le bénéfice du vote est acquis au candidat le plus âgé.

Art. 14. — La commission permanente du Conseil supérieur du travail dépouille les bulletins et recense les votes des chambres de commerce, des chambres consultatives et des syndicats ouvriers. Elle procède à la vérification de toutes les opérations électorales.

Les résultats des élections sont publiés au *Journal officiel*.

Les réclamations relatives aux élections doivent être faites dans le délai de quinze jours qui suit leur insertion au *Journal officiel*. Elles sont jugées par le ministre.

Art. 15. — Les 52 délégués des patrons et des ouvriers désignés aux articles 5 et 6 conservent leur mandat, même s'ils viennent à perdre la qualité en raison de laquelle ils ont été appelés à siéger au Conseil supérieur du travail.

Au cas où des membres du Conseil supérieur du travail décéderaient, seraient démissionnaires ou perdraient leurs droits civils ou civiques, il serait procédé à leur remplacement dans les conditions ci-après :

1° Pour les élus des chambres de commerce et des chambres consultatives, dans le cas seulement où il se produirait parmi eux trois vacances ;

2° Pour les représentants des syndicats ouvriers, au cas où il se produirait parmi eux trois vacances ;

3° Pour les représentants patrons ou ouvriers des conseils de prud'hommes, au cas où deux vacances se produiraient, soit chez les prud'hommes patrons, soit chez les prud'hommes ouvriers ;

4° Pour les autres membres du Conseil supérieur du travail, à chaque vacance.

Le mandat des membres ainsi élus prend fin à la date à laquelle aurait expiré le mandat du membre remplacé.

Art. 16. — Le Conseil se réunit chaque année, le deuxième lundi de novembre. La session dure quinze jours. Le Conseil fixe lui-même, dans ces limites, les jours et heures des séances.

L'ordre du jour de la session, arrêté par le ministre, est communiqué aux membres quinze jours avant l'ouverture de cette session.

Le ministre peut convoquer le Conseil en session extraordinaire à toute époque de l'année ; il fixe lui-même la date, la durée et l'objet de chaque session extraordinaire.

Art. 17. — La commission permanente du Conseil supérieur du travail, aux travaux de laquelle prennent part, dans les conditions fixées par l'article 1er, les chefs de service mentionnés audit article, comprend : 7 patrons, 7 ouvriers, 1 sénateur, 1 député, tous élus par le Conseil supérieur, et 3 membres de droit, savoir :

Le représentant de la Chambre de commerce de Paris ;

Le représentant de la Chambre consultative des associations ouvrières de production ;

Le représentant des Bourses de travail.

La commission permanente élit un président. Elle a à sa disposition les secrétaires et secrétaires adjoints du Conseil supérieur du travail.

Elle se réunit, sur convocation de son président, jusqu'à la clôture des travaux entrepris.

Art. 18. — La commission permanente étudie, à la demande du ministre, les conditions du travail, la condition des travailleurs, les rapports entre patrons et ouvriers. Elle prend connaissance des documents et des statistiques qui doivent servir de base à ses travaux, demande des compléments d'enquête, provoque les témoignages écrits ou oraux des personnes compétentes et fait ressortir, dans un rapport d'ensemble au Conseil supérieur, les faits qu'elle a observés, les abus qu'elle a constatés, les réformes que l'enquête indique comme efficaces. Elle peut aussi, à la demande du ministre, déposer entre ses mains un rapport sur les causes et circonstances d'une grève ou d'une coalition patronale.

En cas d'urgence, la commission permanente peut, sans les soumettre au Conseil supérieur, émettre les avis qui lui sont demandés par le ministre. Il en est rendu compte au Conseil supérieur lors de sa prochaine session.

Art. 19. — Les comptes rendus des enquêtes de la commission permanente sont envoyés à chaque membre du Conseil supérieur du travail. Ils doivent eur parvenir quinze jours au moins avant l'ouverture de la session où ils seront discutés.

Le Conseil peut, au besoin, provoquer de nouveaux témoignages, recevoir des dépositions.

La discussion est close par une résolution énumérant les inconvénients et les abus démontrés par l'enquête et les réformes appropriées à chacun d'eux.

Art. 20.— Les élus des syndicats ouvriers et des conseils de prud'hommes ont droit aux allocations suivantes :

Ceux qui résident hors du département de la Seine : 1º à une indemnité de 12 francs par jour pendant la durée des sessions du Conseil supérieur auxquelles ils assistent; 2º à des frais de déplacement s'élevant à 13 centimes par kilomètre de la distance par voie ferrée entre Paris et la gare la plus voisine de leur résidence.

Ceux qui habitent le département de la Seine, à une indemnité de 10 francs pour chaque journée où ils assistent aux séances du Conseil supérieur.

Quelle que soit leur résidence, à des jetons de présence de 5 francs pour chacune des séances de la commission permanente tenues en dehors des sessions du Conseil supérieur.

Art. 21. — Les décrets des 22 janvier 1891, 9 juin 1892, 1er septembre 1899, 20 octobre 1900 et 23 mars 1902 sont et demeurent abrogés.

Art. 22. — Les membres du conseil supérieur du travail, actuellement en exercice, conserveront leurs fonctions jusqu'à l'époque où expire le mandat qui leur a été confié en vertu du décret du 1er septembre 1899.

Les représentants des chambres de commerce et des chambres consultatives des arts et manufactures et ceux des conseils de prud'hommes qui seront élus en 1903, pour porter la représentation patronale et la représentation prud'homale aux nombres fixés par les articles 5 à 8 du présent décret, cesseront leurs fonctions en même temps que les autres membres de leur catégorie.

Loi du 30 novembre 1894 relative aux habitations à bon marché. (*Journal officiel* du 1er décembre 1894.) B. 1666.

Article premier. — Il pourra être établi dans chaque département un ou plusieurs comités des habitations à bon marché.

Ces comités ont pour mission d'encourager la construction de maisons salubres et à bon marché, soit par des particuliers ou des sociétés, en vue de les louer ou de les vendre à échéances fixes ou par payements fractionnés à des personnes n'étant propriétaires d'aucune maison, notamment à des ouvriers ou employés vivant principalement de leur travail ou de leur salaire, soit par les intéressés eux-mêmes pour leur usage personnel.

2. Ces comités peuvent recevoir des subventions de l'État, des départements et des communes, ainsi que des dons et legs, aux conditions prescrites par l'article 910 du Code civil pour les établissements d'utilité publique.

Toutefois, ils ne peuvent posséder d'autres immeubles que celui qui est nécessaire à leurs réunions.

Ils peuvent faire des enquêtes, ouvrir des concours d'architecture, distribuer des prix d'ordre et de propreté, accorder des encouragements pécuniaires, et plus généralement employer les moyens de nature à provoquer l'initiative en faveur de la construction et de l'amélioration des maisons à bon marché.

Dans le cas où ces comités cesseraient d'exister, leur actif après liquidation pourra être dévolu, sur avis du Conseil supérieur institué à l'article 14 ci-après, aux sociétés de construction des habitations à bon marché, aux associations de prévoyance et aux bureaux de bienfaisance de la circonscription.

3. Les frais de local et de bureau, l'allocation au secrétaire du comité et les jetons de présence qui pourront être alloués, à titre d'indemnité de déplacement, aux membres des comités n'habitant pas la localité où se tiendraient les réunions pourront être mis par le conseil général à la charge du budget départemental.

4. Ces comités sont institués par décret du Président de la République, après avis du conseil général et du Conseil supérieur des habitations à bon marché. Le même décret détermine l'étendue de leur circonscription et fixe le nombre de leurs membres, dans la limite de neuf au moins et de douze au plus.

Le tiers des membres du comité est nommé par le conseil général, qui le choisit parmi les conseillers généraux, les maires et les membres des chambres de commerce ou des chambres consultatives des arts et manufactures de la circonscription du comité.

Les deux autres tiers sont nommés par le préfet : l'un parmi les personnes spécialement versées dans les questions d'hygiène, de construction et d'économie sociale; l'autre parmi les membres des sociétés de construction d'habitations à bon marché, des sociétés mutuelles de prévoyance et d'épargne et des syndicats professionnels institués conformément à la loi.

Ces comités ainsi constitués font leur règlement, qui est soumis à l'approbation du préfet. Ils désignent leur président et leur secrétaire. Ce dernier peut être pris en dehors du comité.

Ces comités sont nommés pour trois ans.

Leur mandat peut être renouvelé.

5. Les avantages concédés par la présente loi s'appliquent exclusivement :

En ce qui concerne les maisons individuelles destinées à être acquises par les personnes visées à l'article premier, ou construites par elles, aux immeubles dont le revenu net imposable à la contribution foncière, déterminé conformément à l'article 5 de la loi du 8 août 1890, ne dépasse pas de plus d'un dixième :

Dans les communes au-dessous de 10.00 habitants, quatre-vingt-dix francs (90 fr.);

De 1.001 à 5.000 habitants, cent cinquante francs (150 fr.);

De 5.001 à 30.000 habitants, cent soixante-dix francs (170 fr.) ;

De 30.001 à 200.000 habitants et dans celles qui sont situées dans un rayon de 40 kilomètres autour de Paris, deux cent vingt francs (220 fr.);

Dans les communes de 200.001 habitants et au-dessus, trois cents francs (300 fr.);

A Paris, trois cent soixante-quinze francs (375 fr.);

En ce qui a trait aux maisons habituelles ou collectives destinées à être louées, à celles dont le revenu net imposable, pour leur intégralité ou pour chacun des logements les composant et destinés à être loués séparément, ne comporte pas un chiffre supérieur à ceux qui sont indiqués ci-dessus pour chaque catégorie de communes.

6. Les bureaux de bienfaisance, hospices et hôpitaux peuvent, avec l'autorisation du préfet, employer une fraction de leur patrimoine, qui ne pourra excéder un cinquième, à la construction de maisons à bon marché, dans les limites de leurs circonscriptions charitables, ainsi qu'en prêts hypothécaires aux sociétés de construction de maisons à bon marché et aux sociétés de crédit qui, ne construisant pas elles-mêmes, ont pour objet de faciliter l'achat ou la construction de ces maisons et en obligations de ces sociétés.

La Caisse des dépôts et consignations est autorisée à employer, jusqu'à concurrence du cinquième, la réserve provenant de l'emploi des fonds des caisses d'épargne qu'elle a constituée, en obligations négociables des sociétés de construction et de crédit indiquées au paragraphe précédent.

7. La Caisse d'assurances en cas de décès, instituée par la loi du 17 juillet 1868, est autorisée à passer avec les acquéreurs ou les constructeurs de maisons à bon marché, qui se libèrent du prix de leur habitation au moyen d'annuités, des contrats d'assurances temporaires ayant pour but de garantir à la mort de l'assuré, si elle survient dans la période d'année déterminée, le payement des annuités restant à échoir.

Le chiffre maximum du capital assuré ne pourra pas dépasser la somme déduite du taux de capitalisation de 4,27 p. 100, appliqué au revenu net énoncé à l'article 5.

Tout signataire d'une proposition d'assurance faite dans les conditions du paragraphe premier du présent article devra répondre aux questions et se soumettre aux constatations médicales qui seront prescrites par les polices. En cas de rejet de la proposition, la décision ne devra pas être motivée. L'assurance produira son effet dès la signature de la police, nonobstant toute clause contraire.

La somme assurée sera, dans le cas du présent article, cessible en totalité dans les conditions fixées par les polices.

La durée du contrat devra être fixée de manière à ne reporter aucun payement éventuel de prime après l'âge de soixante-cinq ans.

8. Lorsqu'une maison individuelle, construite dans les conditions édictées par la présente loi, figure dans une succession, et que cette maison est occupée, au moment du décès de l'acquéreur ou du constructeur, par le défunt, son conjoint ou l'un de ses enfants, il est dérogé aux dispositions du Code civil, ainsi qu'il est dit ci-après :

1º Si le défunt laisse des descendants, l'indivision peut être maintenue, à la demande du conjoint ou de l'un de ses enfants, pendant cinq années à partir du décès.

Dans le cas où il se trouverait des mineurs parmi les descendants, l'indivision pourra être continuée pendant cinq années à partir de la majorité de l'aîné des mineurs, sans que sa durée totale puisse, à moins d'un consentement unanime, excéder dix ans.

Si le défunt ne laisse pas de descendants, l'indivision pourra être maintenue pendant cinq ans à compter du décès, à la demande et en faveur de l'époux survivant, s'il en est copropriétaire au moins pour moitié et s'il habite la maison au moment du décès.

Dans ces divers cas, le maintien de l'indivision est prononcé par le juge de paix, après avis du conseil de famille.

2º Chacun des héritiers et le conjoint survivant, s'il a un droit de copropriété, a la faculté de reprendre la maison, sur estimation. Lorsque plusieurs intéressés veulent user de cette faculté, la préférence est accordée d'abord à celui que le défunt a désigné, puis à l'époux, s'il est copropriétaire pour moitié au moins. Toutes choses égales, la majorité des intéressés décide. A défaut de majorité, il est procédé par voie de tirage au sort. — S'il y a contestation sur l'estimation de la maison, cette estimation est faite par le comité des habitations à bon marché et homologuée par le juge de paix. — Si l'attribution de la maison doit être faite par la majorité ou par le sort, les intéressés y procèdent sous la présidence du juge de paix, qui dresse procès-verbal des opérations.

9. Sont affranchies des contributions foncières et des portes et fenêtres les maisons individuelles ou collectives destinées à être louées ou vendues, et celles qui sont construites par les intéressés eux-mêmes pourvu qu'elles réunissent les conditions exigées par les articles 1 et 5.

Cette exemption sera annuelle et d'une durée de cinq années à partir de l'achèvement de la maison. Elle cesserait de plein droit si, par suite de transformations ou d'agrandissements, l'immeuble perdait le caractère d'une habitation à bon marché et acquérait une valeur sensiblement supérieure au maximum légal.

Pour être admis à jouir du bénéfice de la présente loi, on devra produire, dans les formes et les délais fixés par l'article 9, paragraphe 2, de la loi du 8 août 1890, une demande qui sera instruite et jugée comme les réclamations pour décharge ou réduction de contributions directes. Cette demande pourra être formulée dans la déclaration exigée, par le même article de ladite loi, de tout propriétaire ayant l'intention d'élever une construction passible de l'impôt foncier.

Les parties des bâtiments dont il est question au présent article destinées à l'habitation personnelle donneront lieu, conformément à l'article 2 de la loi du 4 août 1844, à l'augmentation du contingent départemental dans la contribution personnelle mobilière, à raison du vingtième de leur valeur locative réelle, à dater de la troisième année de l'achèvement des bâtiments, comme si ces bâtiments ne jouissaient que de l'immunité ordinaire d'impôt foncier accordée par l'article 88 de la loi du 3 frimaire an VII, aux maisons nouvellement construites ou reconstruites.

Sont exemptées de la taxe établie par l'article premier de la loi du 20 février 1849, dans les termes de la loi du 29 décembre 1875, les sociétés, quelle qu'en soit la forme, qui ont pour objet exclusif la construction et la vente des maisons auxquelles s'applique la présente loi.

La taxe continuera à être perçue pour les maisons exploitées par la société ou mises en location par elle.

10. Les actes constatant la vente de maisons individuelles à bon marché, construites par les bureaux de bienfaisance, hospices ou hôpitaux, les sociétés de construction, ou par des particuliers, soit avec leurs propres ressources, soit avec le concours des sociétés de crédit mentionnées aux articles 6 et 11, sont soumis aux droits de mutation établis par les lois en vigueur.

Toutefois, lorsque le prix aura été stipulé payable par annuités, la perception de ce droit pourra, sur la demande des parties, être effectuée en plusieurs fractions égales, sans que le nombre de ces fractions puisse excéder celui des annuités prévues au contrat ni être supérieur à cinq. Il sera justifié de la qualité de l'acquéreur par un certificat du maire de sa résidence. Il sera également justifié par un certificat du maire de la commune de la situation que l'immeuble a été reconnu exempt de l'impôt foncier par application des articles 5 et 9, ou que, tout au moins, une demande d'exemption a été formée dans les conditions prévues par ces articles. Ces deux certificats seront délivrés sans frais, chacun en double original, dont l'un sera annexé au contrat de vente, et l'autre déposé au bureau de l'enregistrement, lors de l'accomplissement de la formalité.

Le payement de la première fraction du droit aura lieu au moment où le contrat sera enregistré ; les autres fractions seront exigibles d'année en année et seront acquittées dans le trimestre qui suivra l'échéance de chaque année, de manière que la totalité du droit soit acquittée dans l'espace de quatre ans et trois mois au maximum à partir du jour de l'enregistrement du contrat.

Si la demande d'exemption d'impôt foncier qui a motivé le fractionnement de la perception vient à être définitivement rejetée, les droits non encore acquittés seront immédiatement recouvrés.

Dans le cas où, par anticipation, l'acquéreur se libérerait entièrement du prix avant le payement intégral du droit, la portion restant due deviendrait exigible dans les trois mois du règlement définitif. Les droits seront dus solidairement par l'acquéreur et par le vendeur.

L'enregistrement des actes visés au présent article sera effectué dans les délais fixés et, le cas échéant, sous les peines édictées par les lois en vigueur. Tout retard dans le payement de la seconde fraction ou des fractions subséquentes des droits rendra immédiatement exigible la totalité des sommes restant dues au Trésor. Si la vente est résolue avant le payement complet des droits, les termes acquittés ou échus depuis plus de trois mois demeureront acquis au Trésor ; les autres tomberont en non-valeur.

La résolution volontaire ou judiciaire du contrat ne donnera ouverture qu'au droit fixe de trois francs (3 fr.).

11. Les actes nécessaires à la constitution et à la dissolution des associations de construction ou de crédit actuellement existantes, ou à créer, telles qu'elles sont définies dans la présente loi, sont dispensés du timbre et enregistrés gratis, s'ils remplissent les conditions prévues par l'article 68, paragraphe 3, n° 4, de la loi du 22 frimaire an VII. Les pouvoirs en vue de la représentation aux assemblées générales sont dispensés du timbre. Toutefois, ces sociétés restent soumises aux droits de timbre pour leurs titres d'actions et obligations, ainsi qu'au droit de timbre-quittance établi par l'article 18 de la loi du 23 août 1871.

Ces sociétés ne seront admises au bénéfice de ces exonérations et des autres faveurs concédées par la loi qu'autant que leurs statuts, approuvés par le ministre compétent, sur l'avis du Conseil supérieur institué par l'article 14, limiteront leurs dividendes à un chiffre maximum.

12. L'abonnement au timbre souscrit pour leurs actions par ces sociétés ne subira aucune réduction, quelle que soit la diminution du capital social ; mais, en cas d'émissions nouvelles, les droits de timbre resteront les mêmes tant que le capital social précédemment soumis à l'abonnement ne sera pas dépassé.

13. Les mêmes sociétés sont dispensées de toute patente. Elles sont également exonérées de l'impôt sur le revenu attribué aux actions et aux parts d'intérêt, à la condition que les statuts imposent pour ces titres la forme nominative, mais seulement pour les associés dont le capital versé, constaté par le dernier inventaire, ne dépassera pas deux mille francs (2000 fr.).

Les sociétés actuellement existantes jouiront, au même titre que celles qui se fonderont après la promulgation de la loi, de cette dispense et des autres faveurs ou immunités qu'elle concède, à la condition de modifier leurs statuts, le cas échéant, conformément à ses prescriptions.

14. Il sera constitué auprès du ministre du Commerce et de l'Industrie un Conseil supérieur des habitations à bon marché auquel devront être soumis tous les règlements à faire en vertu de la présente loi, et d'une façon générale toutes les questions concernant les logements économiques.

Les comités locaux lui adresseront chaque année, dans le courant de janvier, un rapport détaillé sur leurs travaux. Le Conseil supérieur en donnera le résumé, avec ses observations, dans un rapport d'ensemble adressé au Président de la République.

15. Un règlement d'administration publique déterminera les mesures propres à assurer l'application des dispositions qui précèdent et notamment : 1° l'organisation et le fonctionnement du Conseil supérieur des habitations à bon marché et des comités locaux ; 2° les dispositions que devront contenir les statuts des sociétés de construction et de crédit, pour que ces sociétés puissent bénéficier des faveurs de la loi ; 3° les conditions dans lesquelles la caisse d'assurance en cas de décès pourra organiser des assurances temporaires ; 4° la procédure à suivre pour l'application de l'article 8.

16. La présente loi est applicable à l'Algérie.

Décret d'application du 21 septembre 1895.

Loi sur les Sociétés par actions du 24 juillet 1867. Modifiée par la loi du 9 mars 1898.

« ARTICLE PREMIER. § 1ᵉʳ. — Les sociétés en commandite ne peuvent diviser leur capital en actions ou coupons d'actions de moins de 25 francs lorsque ce capital n'excède pas 200.000 francs, de moins de 100 francs lorsque le capital est supérieur à 200.000 francs.

« § 2. — Elles ne peuvent être définitivement constituées qu'après la souscription de la totalité du capital et le versement en espèces, par chaque actionnaire, du montant des actions ou coupons d'actions souscrites par lui, lorsqu'elles n'excèdent pas 25 francs, et du quart au moins des actions lorsqu'elles sont de 100 francs et au-dessus. »

ART. 2. — Les actions ou coupons d'actions sont négociables après le versement du quart.

ART. 3. — Les actions sont nominatives jusqu'à leur entière libération. Les actions représentant des apports devront être intégralement libérées au moment de la constitution de la société.

« Ces actions ne peuvent être détachées de la souche et ne sont négociables que deux ans après la constitution définitive de la société.

« Pendant ce temps, elles devront, à la diligence des administrateurs, être frappées d'un timbre indiquant leur nature et la date de cette constitution.

« Les titulaires, les cessionnaires intermédiaires et les souscripteurs sont tenus solidairement du montant de l'action.

« Tout souscripteur ou actionnaire qui a cédé son titre cesse, deux ans après la cession, d'être responsable des versements non encore appelés. »

ART. 4. — Lorsqu'un associé fait un apport qui ne consiste pas en numéraire, ou stipule à son profit des avantages particuliers, la première assemblée générale fait apprécier la valeur de l'apport ou la cause des avantages stipulés.

La société n'est définitivement constituée qu'après l'approbation de l'apport ou des avantages, donnée par une autre assemblée générale, après une nouvelle convocation.

La seconde assemblée générale ne pourra statuer sur l'approbation de l'apport ou des avantages qu'après un rapport qui sera imprimé et tenu à la disposition des actionnaires, cinq jours au moins avant la réunion de cette assemblée.

Les libérations sont prises par la majorité des actionnaires présents.

Cette majorité doit comprendre le quart des actionnaires et représenter le quart du capital social en numéraire.

Les associés qui ont fait l'apport ou stipulé les avantages particuliers soumis à l'appréciation de l'assemblée n'ont pas voix délibérative.

A défaut d'approbation, la société reste sans effet à l'égard de toutes les parties.

L'approbation ne fait pas obstacle à l'exercice ultérieur de l'action qui peut être intentée pour cause de vol ou de fraude.

Les dispositions du présent article relatives à la vérification de l'apport qui ne consiste pas en numéraire ne sont pas applicables en cas où la société à laquelle est fait ledit apport est formée entre ceux seulement qui en étaient propriétaires par indivis.

Art. 5. — Un conseil de surveillance, composé de trois actionnaires au moins, est établi dans chaque société en commandite par actions.

Ce conseil est nommé par l'assemblée générale des actionnaires immédiatement après la constitution définitive de la société et avant toute opération sociale.

Il est soumis à la réélection aux époques et suivant les conditions déterminées par les statuts.

Toutefois le premier conseil n'est nommé que pour une année.

Art. 6. — Ce premier conseil doit, immédiatement après sa nomination, vérifier si toutes les dispositions contenues dans les articles qui précèdent ont été observées.

Art. 7. — Est nulle et de nul effet à l'égard des intéressés toute société en commandite par actions constituée contrairement aux prescriptions des articles 1, 2, 3, 4, 5 de la présente loi.

Cette nullité ne peut être opposée aux tiers par les associés.

Art. 8. — Lorsque la société est annulée, aux termes de l'article précédent, les membres du premier conseil de surveillance peuvent être déclarés responsables, avec le gérant, du dommage résultant, pour la société ou pour les tiers, de l'annulation de la société.

La même responsabilité peut être prononcée contre ceux des associés dont les apports ou les avantages n'auraient pas été vérifiés et approuvés conformément à l'article 4 ci-dessus.

L'action en nullité de la société ou des actes et délibérations postérieurs à sa constitution n'est plus recevable lorsque, avant l'introduction de la demande, la cause de la nullité a cessé d'exister, et en outre que trois ans se sont écoulés depuis le jour où la nullité était encourue.

« Si, pour couvrir la nullité, une assemblée générale devait être convoquée, l'action en nullité ne sera plus recevable à partir de la date de la convocation régulière de cette assemblée.

« Ces actions en nullité contre les actes constitutifs des sociétés sont prescrites par dix ans.

« Cette prescription ne pourra, toutefois, être opposée avant l'expiration des dix années qui suivront la promulgation de la présente loi. »

Art. 9. — Les membres du conseil de surveillance n'encourent aucune responsabilité en raison des actes de la gestion et de leurs résultats. Chaque membre du conseil de surveillance est responsable de ses fautes personnelles, dans l'exécution de son mandat, conformément aux règles du droit commun.

Art. 10. — Les membres du conseil de surveillance vérifient les livres, la caisse, le portefeuille et les valeurs de la société.

Ils font chaque année, à l'assemblée générale, un rapport dans lequel ils doivent signaler les irrégularités et inexactitudes qu'ils ont reconnues dans les inventaires, et constater, s'il y a lieu, les motifs qui s'opposent aux distributions des dividendes proposées par le gérant.

Aucune répétition de dividendes ne peut être exercée contre les actionnaires si ce n'est dans le cas où la distribution en aura été faite en l'absence de tout inventaire ou en dehors des résultats constatés par l'inventaire.

L'action en répétition, dans le cas où elle est ouverte, se prescrit par cinq ans, à partir du jour fixé pour la distribution des dividendes.

Les prescriptions commencées à l'époque de la promulgation de la présente loi, et pour lesquelles il faudrait encore, suivant les lois anciennes, plus de cinq ans, à partir de la même époque, seront accomplies par ce laps de temps.

Art. 11. — Le conseil de surveillance peut convoquer l'assemblée générale et conformément à son avis provoquer la dissolution de la société.

Art. 12. — Quinze jours au moins avant la réunion de l'assemblée générale, tout actionnaire peut prendre par lui ou par un fondé de pouvoir, au siège social, communication du bilan, des inventaires et du rapport du conseil de surveillance.

Art. 13. — L'émission d'actions ou de coupons d'actions d'une société constituée contrairement aux prescriptions des articles 1, 2 et 3 de la présente loi, est puni d'une amende de cinq cents à dix mille francs.

Sont punis de la même peine :

Le gérant qui commence les opérations sociales avant l'entrée en fonctions du conseil de surveillance.

Ceux qui, en se présentant comme propriétaires d'actions ou de coupons d'actions qui ne leur appartiennent pas, ont créé frauduleusement une majorité factice dans une assemblée générale, sans préjudice de tous dommages-intérêts, s'il y a lieu, envers la société ou envers les tiers.

Ceux qui ont remis les actions pour en faire l'usage frauduleux.

Dans les cas prévus par les deux paragraphes précédents, la peine de l'emprisonnement de quinze jours à six mois peut en outre être prononcée.

Art. 14. — La négociation d'actions ou de coupons d'actions dont la valeur ou la forme serait contraire aux dispositions des articles 1, 2 et 3 de la présente loi, ou pour lesquels le versement du quart n'aurait pas été effectué conformément à l'article 2 ci-dessus, est punie d'une amende de cinq cents à dix mille francs.

Sont punies de la même peine toute participation à ces négociations et toute publication de la valeur desdites actions.

Art. 15. — Sont punis des peines portées par l'article 405 du Code pénal, sans préjudice de l'application de cet article à tous les faits constitutifs du délit d'escroquerie :

1° Ceux qui, par simulation de souscriptions ou de versements ou par publication, faite de mauvaise foi, de souscriptions ou de versements qui n'existent pas, ou de tous autres faits faux, ont obtenu ou tenté d'obtenir des souscriptions ou des versements ;

2° Ceux qui, pour provoquer des souscriptions ou des versements, ont, de mauvaise foi, publié les noms de personnes désignées, contrairement à la vérité, comme étant ou devant être attachées à la société à un titre quelconque ;

3° Les membres du conseil de surveillance ne sont pas civilement responsables des délits commis par le gérant.

Art. 16. — L'article 463 du Code pénal est applicable aux faits prévus par les trois articles qui précèdent.

Art. 17. — Des actionnaires représentant le vingtième au moins du capital social peuvent, dans un intérêt commun, charger à leurs frais un ou plusieurs mandataires de soutenir tant en demandant qu'en défendant, une action contre les gérants ou contre les membres du conseil de surveillance, et de les représenter, en ce cas, en justice, sans préjudice de l'action que chaque actionnaire peut intenter individuellement en son nom personnel.

Art. 18. — Les sociétés antérieures à la loi du 17 juillet 1856 et qui ne se seraient pas conformées à l'article 15 de cette loi, seront tenues dans un délai de six mois, de constituer un conseil de surveillance, conformément aux dispositions qui précèdent.

A défaut de constitution du conseil de surveillance dans le délai ci-dessus fixé, chaque actionnaire a le droit de faire prononcer la dissolution de la société.

Art. 19. — Les sociétés en commandite par actions antérieures à la présente loi, dont les statuts permettent la transformation en société anonyme autorisée par le gouvernement, pourront se convertir en société anonyme dans les termes déterminés par le titre 2 de la présente loi, en se conformant aux conditions stipulées dans les statuts pour la transformation.

Art. 20. — Est abrogée la loi du 17 juillet 1856.

Des sociétés anonymes.

Art. 21. — A l'avenir les sociétés anonymes pourront se former sans l'autorisation du gouvernement.

Elles pourront, quel que soit le nombre des associés, être formées par un acte sous seing privé fait en double original.

Elles seront soumises aux dispositions des articles 29, 30, 32, 33, 34 et 36 du Code de commerce et aux dispositions contenues dans le présent titre.

Art. 22. — Les sociétés anonymes sont administrées par un ou plusieurs mandataires à temps, révocables, salariés ou gratuits, pris parmi les associés.

Ces mandataires peuvent choisir parmi eux un directeur, ou, si les statuts le permettent se substituer un mandataire étranger à la société et dont ils sont responsables envers elle.

Art. 23. — La société ne peut être constituée si le nombre des associés est inférieur à sept.

Art. 24. — Les dispositions des articles 1, 2, 3 et 4 de la présente loi sont applicables aux sociétés anonymes.

La déclaration imposée au gérant par l'article 1er est faite par les fondateurs de la société anonyme ; elle est soumise, avec les pièces à l'appui, à la première assemblée générale, qui en vérifie la sincérité.

Art. 25. — Une assemblée générale est, dans tous les cas, convoquée, à la diligence des fondateurs, postérieurement à l'acte qui constate la souscription du capital social et le versement du quart du capital, qui consiste en numéraire. Cette assemblée nomme les premiers administrateurs ; elle nomme également, pour la première année, les commissaires institué par l'article 32 ci-après.

Ces administrateurs ne peuvent être nommés pour plus de six ans ; ils sont rééligibles, sauf stipulation contraire.

Toutefois, ils peuvent être désignés par les statuts, avec stipulation formelle que leur nomination ne sera point soumise à l'approbation générale. En ce cas, ils ne peuvent être nommés pour plus de trois ans.

Le procès-verbal de la séance constate l'acceptation des administrateurs et des commissaires présents à la réunion.

La société est constituée à partir de cette acceptation.

Art. 26. — Les administrateurs doivent être propriétaires d'un nombre d'actions déterminé par les statuts.

Ces actions sont affectées en totalité à la garantie de tous les actes de la gestion, même de ceux qui seraient exclusivement personnels à l'un des administrateurs.

Elles sont nominatives, inaliénables, frappées d'un timbre indiquant l'inaliénabilité et déposées dans la caisse sociale.

ART. 27. — Il est tenu, chaque année au moins, une assemblée générale à l'époque fixée par les statuts. Les statuts déterminent le nombre d'actions qu'il est nécessaire de posséder, soit à titre de propriétaire, soit à titre de mandataire, pour être admis dans l'assemblée, et le nombre de voix appartenant à chaque actionnaire, eu égard au nombre d'actions dont il est porteur.

« Tous propriétaires d'un nombre d'actions inférieur à celui déterminé pour être admis dans l'assemblée pourront se réunir pour former le nombre nécessaire et se faire représenter par l'un d'eux. »

Néanmoins dans les assemblées générales appelées à vérifier les apports, à nommer les premiers administrateurs et à vérifier la sincérité de la déclaration des fondateurs et à vérifier la sincérité de la déclaration des fondateurs de la société, prescrite par le deuxième paragraphe de l'article 24, tout actionnaire, quel que soit le nombre des actions dont il est porteur, peut prendre part aux délibérations avec le nombre de voix déterminé par les statuts, sans qu'il puisse être supérieur à dix.

ART. 28. — Dans toutes les assemblées générales, les délibérations sont prises à la majorité des voix.

Il est tenu une feuille de présence; elle contient les noms et domiciles des actionnaires et le nombre d'actions dont chacun d'eux est porteur.

Cette feuille, certifiée par le bureau de l'assemblée, est déposée au siège social et doit être communiquée à tout requérant.

ART. 29. — Les assemblées générales qui ont à délibérer dans des cas autres que ceux qui sont prévus par les deux articles qui suivent, doivent être composées d'un nombre d'actionnaires représentant le quart au moins du capital social.

Si l'assemblée générale ne réunit pas ce nombre, une nouvelle assemblée est convoquée dans les formes et avec les délais prescrits par les statuts et elle délibère valablement, quelle que soit la portion du capital représenté par les actionnaires présents.

ART. 30. — Les assemblées qui ont à délibérer sur la vérification des apports, sur la nomination des premiers administrateurs, sur la sincérité de la déclaration faite par les fondateurs aux termes du paragraphe 2 de l'article 24, doivent être composées d'un nombre d'actionnaires représentant la moitié au moins du capital social.

Le capital social, dont la moitié doit être représentée pour la vérification de l'apport, se compose seulement des apports non soumis à vérification.

Si l'assemblée générale ne réunit pas un nombre d'actionnaires représentant la moitié du capital social, elle ne peut prendre qu'une délibération provisoire. Dans ce cas, une nouvelle assemblée générale est convoquée. Deux avis, publiés à huit jours d'intervalle, au moins un mois à l'avance, dans l'un des journaux désignés pour recevoir les annonces légales, font connaître aux actionnaires les résolutions provisoires adoptées pendant la première assemblée, et ces résolutions deviennent définitives si elles sont approuvées par la nouvelle assemblée, composée d'un nombre d'actionnaires représentant le cinquième au moins du capital social.

ART. 31. — Les assemblées qui ont à délibérer sur des modifications aux statuts ou sur des propositions de continuation de la société au delà du terme fixé pour sa durée, ou de dissolution avant ce terme, ne sont régulièrement constituées et ne déli-

bèrent valablement qu'autant qu'elles sont composées d'un nombre d'actionnaires représentant la moitié au moins du capital social.

ART. 32. — L'assemblée générale annuelle désigne un ou plusieurs commissaires, associés ou non, chargés de faire un rapport à l'assemblée générale suivante sur la situation de la société, sur le bilan et sur les comptes présentés par les administrateurs.

La délibération contenant approbation du bilan et des comptes est nulle, si elle n'a été précédée du rapport des commissaires.

A défaut de nomination des commissaires par l'assemblée générale, ou en cas d'empêchement ou de refus d'un ou de plusieurs des commissaires nommés, il est procédé à leur nomination ou à leur remplacement par ordonnance du président du tribunal de commerce du siège de la société, à la requête de tout intéressé, les administrateurs dûment appelés.

ART. 33. — Pendant le trimestre qui précède l'époque fixée par les statuts pour la réunion de l'assemblée générale, les commissaires ont droit, toutes les fois qu'ils le jugent convenable dans l'intérêt social, de prendre communication des livres et d'examiner les opérations de la société.

Ils peuvent toujours, en cas d'urgence, convoquer l'assemblée générale.

ART. 34. — Toute société anonyme doit dresser, chaque semestre, un état sommaire de la situation active et passive.

Cet état est mis à la disposition des commissaires.

Il est, en outre, établi chaque année, conformément à l'article 9 du Code de commerce, un inventaire contenant l'indication des valeurs mobilières et immobilières et de toutes les dettes actives et passives de la société.

L'inventaire, le bilan et le compte des profits et pertes sont mis à la disposition des commissaires le quarantième jour, au plus tard, avant l'assemblée générale. Ils sont présentés à cette assemblée.

ART. 35. — Quinze jours au moins avant la réunion de l'assemblée générale, tout actionnaire peut prendre, au siège social, communication de l'inventaire et de la liste des actionnaires, et se faire délivrer copie du bilan résumant l'inventaire et du rapport des commissaires.

ART. 36. — Il est fait annuellement, sur les bénéfices nets, un prélèvement d'un vingtième au moins, affecté à la formation d'un fonds de réserve.

Ce prélèvement cesse d'être obligatoire lorsque le fonds de réserve a atteint le dixième du capital social.

ART. 37. — En cas de perte des trois quarts du capital social, les administrateurs sont tenus de provoquer la réunion de l'assemblée générale de tous les actionnaires, à l'effet de statuer sur la question de savoir s'il y a lieu de prononcer la dissolution de la société.

La résolution de l'assemblée est, dans tous les cas, rendue publique.

A défaut par les administrateurs de réunir l'assemblée générale comme dans le cas où cette assemblée n'aurait pu se constituer régulièrement, tout intéressé peut demander la dissolution de la société devant les tribunaux.

ART. 38. — La dissolution peut être prononcée sur la demande de toute partie intéressée, lorsqu'un an s'est écoulé depuis l'époque où le nombre des associés est réduit à moins de sept.

ART. 39. — L'article 17 est applicable aux sociétés anonymes.

ART. 40. — Il est interdit aux administrateurs de

prendre ou de reverser un intérêt direct ou indirect dans une entreprise ou dans un marché fait avec la société ou pour son compte, à moins qu'ils n'y soient autorisés par l'assemblée générale.

Il est, chaque année, rendu à l'assemblée générale un compte spécial de l'exécution des marchés ou entreprises par elle autorisés, aux termes du paragraphe précédent.

ART. 41. — Est nulle et de nul effet à l'égard des intéressés toute société anonyme pour laquelle n'ont pas été observées les dispositions des articles 22 23, 24 et 25 ci-dessus.

ART. 42. — Lorsque la nullité de la société ou des actes ou délibérations a été prononcée aux termes de l'article précédent, les fondateurs auxquels la nullité est imputable et les administrateurs en fonctions au moment où elle a été encourue, sont responsables solidairement envers les tiers et les actionnaires du dommage résultant de cette annulation.

La même responsabilité solidaire peut être prononcée contre ceux des associés dont les apports ou les avantages n'auraient pas été vérifiés et approuvés conformément à l'article 24.

L'action en nullité et celle en responsabilité en résultant sont soumises aux dispositions de l'article 8 ci-dessus.

ART. 43. — L'étendue et les effets de la responsabilité des commissaires envers la société sont déterminés d'après les règles générales du mandat.

ART. 44. — Les administrateurs sont responsables, conformément aux règles du droit commun, individuellement ou solidairement suivant les cas, envers la société ou envers les tiers, soit des infractions aux dispositions de la présente loi, soit des fautes qu'ils auraient commises dans leur gestion, notamment en distribuant ou en laissant distribuer sans opposition les dividendes fictifs.

ART. 45. — Les dispositions des articles 13, 14, 15 et 16 de la présente loi sont applicables en matière de sociétés anonymes, sans distinction entre celles qui sont actuellement existantes et celles qui se constitueront sous l'empire de la présente loi. Les administrateurs qui, en l'absence d'inventaire ou au moyen d'inventaire frauduleux, auront opéré des dividendes fictifs, seront punis de la peine qui est prononcée dans ce cas par le n° 3 de l'article 15 contre les gérants des sociétés en commandites.

Sont également applicables en matière de sociétés anonymes les dispositions des trois derniers paragraphes de l'article 10.

ART. 46. — Les sociétés anonymes actuellement existantes continueront à être soumises, pendant toute leur durée, aux dispositions qui les régissent.

Elles pourront se transformer en sociétés anonymes dans les termes de la présente loi, en obtenant l'autorisation du Gouvernement et en observant les formes prescrites pour la modification de leurs statuts.

ART. 47. — Les sociétés à responsabilité limitée pourront se convertir en sociétés anonymes dans les termes de la présente loi, en se conformant aux conditions stipulées pour la modification de leurs statuts.

Sont abrogés les articles 31, 37 et 40 du Code de commerce et la loi du 23 mai 1863, sur les sociétés à responsabilité limitée.

Dispositions particulières aux sociétés à capital social.

ART. 48. — Il peut être stipulé, dans les statuts de toute société, que le capital social sera susceptible d'augmentation par des versements successifs faits par les associés ou l'admission d'associés nouveaux, et de diminution par la reprise totale ou partielle des apports effectués.

Les sociétés dont les statuts contiendront la stipulation ci-dessus seront soumises, indépendamment des règles générales qui leur sont propres suivant leur forme spéciale, aux dispositions des articles suivants.

Art. 49. — Le capital social ne pourra être porté par les statuts constitutifs de la société au-dessus de la somme de deux cent mille francs.

Il pourra être augmenté par des délibérations de l'assemblée générale, prises d'année en année; aucune des augmentations ne pourra être supérieure à deux cent mille francs.

Art. 50. — Les actions ou coupons d'actions seront nominatifs, même après leur entière libération. Ils ne seront négociables qu'après la constitution définitive de la société.

La négociation ne pourra avoir lieu que par voie de transfert sur les registres de la société, et les statuts pourront donner, soit au conseil d'administration, soit à l'assemblée générale, le droit de s'opposer au transfert.

Art. 51. — Les statuts détermineront une somme au-dessous de laquelle le capital ne pourra être réduit par les reprises des apports autorisés par l'article 48.

Cette somme ne pourra être inférieure au dixième du capital social.

La société ne sera définitivement constituée qu'après le versement du dixième.

Art. 52. — Chaque associé pourra se retirer de la société lorsqu'il le jugera convenable, à moins de conventions contraires et sauf l'application du paragraphe 1er de l'article précédent.

Il pourra être stipulé que l'assemblée générale aura le droit de décider, à la majorité fixée pour la modification des statuts, que l'un ou plusieurs des associés cesseront de faire partie de la société.

L'associé qui cessera de faire partie de la société, soit par l'effet de sa volonté, soit par suite de décision de l'assemblée générale, restera tenu, pendant cinq ans, envers les associés et envers les tiers, de toutes les obligations existant au moment de sa retraite.

Art. 53. — La société, quelle que soit sa forme, sera valablement représentée en justice par ses administrateurs.

Art. 54. — La société ne sera pas dissoute par la mort, la retraite, l'interdiction, la faillite ou la déconfiture de l'un des associés; elle continuera de plein droit entre les autres associés.

Dispositions
relatives à la publication des actes de société.

Art. 55. — Dans le mois de la constitution de toute société commerciale, un double de l'acte constitutif, s'il est sous seing privé, ou une expédition, s'il est notarié, est déposé aux greffes de la justice de paix et du tribunal de commerce du lieu dans lequel est établie la société.

Dans l'acte constitutif des sociétés en commandite par action et des sociétés anonymes sont annexées :

1° une expédition de l'acte notarié constatant la souscription du capital social et le versement du quart ; 2° une copie certifiée des délibérations prises par l'assemblée générale dans les cas prévus par les articles 4 et 24.

En outre, lorsque la Société est anonyme, on doit annexer à l'acte constitutif la liste nominative, dûment certifiée, des souscripteurs, contenant les noms, prénoms, qualités, demeure et le nombre d'actions de chacun d'eux.

Art. 56. — Dans le même délai d'un mois, un extrait de l'acte constitutif et des pièces annexées est publié dans l'un des journaux désignés pour recevoir les annonces légales.

Il sera justifié de l'insertion par un exemplaire du journal certifié par l'imprimeur, légalisé par le maire et enregistré dans les trois mois de sa date.

Les formalités prescrites par l'article précédent et par le présent article seront observées, à peine de nullité, à l'égard des intéressés; mais le défaut d'aucune d'elles ne pourra être opposé aux tiers par les associés.

Art. 57. — L'extrait doit contenir les noms des associés autres que les actionnaires ou commanditaires; la raison de commerce ou la dénomination adoptée par la société et l'indication du siège social; la désignation des associés autorisés à gérer, administrer et signer pour la société; le montant du capital social et le montant des valeurs fournies ou à fournir par les actionnaires ou commanditaires; l'époque où la société commence, celle où elle doit finir, et la date du dépôt fait aux greffes de la justice de paix et du tribunal de commerce.

Art. 58. — L'extrait doit énoncer que la société est en nom collectif ou en commandite simple, ou en commandite par actions, ou anonyme, ou à capital variable.

Si la société est anonyme, l'extrait doit énoncer le montant du capital social en numéraire et en autres objets, la quotité à prélever sur les bénéfices pour composer le fonds de réserve.

Enfin, si la société est à capital variable, l'extrait doit contenir l'indication de la somme au-dessous de laquelle le capital social ne peut être réduit.

Art. 59. — Si la société a plusieurs maisons de commerce situées dans divers arrondissements, le dépôt prescrit par l'article 55 et la publication prescrite par l'article 56 ont lieu dans chacun des arrondissements où existent les maisons de commerce.

Dans les villes divisées en plusieurs arrondissements, le dépôt sera fait seulement au greffe de la justice de paix du principal établissement.

Art. 60. — L'extrait des actes et pièces déposées et signé, pour les actes publics, par le notaire, et, pour les actes sous seing privé, par les associés en nom collectif, par les gérants des sociétés en commandite ou par les administrateurs des sociétés anonymes.

Art. 61. — Sont soumis aux formalités et aux pénalités prescrites par les articles 55 et 56 :

Tous actes et délibérations ayant pour objet la modification des statuts, la continuation de la société au delà du terme fixé pour sa durée, la dissolution avant ce terme et le mode de liquidation, tout changement ou retraite d'associés et tout changement à la raison sociale.

Sont également soumises aux dispositions des articles 55 et 56 les délibérations prises dans les cas prévus par les articles 19, 37, 46, 47 et 49 ci-dessus.

Art. 62. — Ne sont pas assujettis aux formalités de dépôt et de publication les actes constatant les augmentations ou les diminutions du capital social opérées dans les termes de l'article 48, ou les retraites d'associés, autres que les gérants ou administrateurs, qui auraient lieu conformément à l'article 52.

Art. 63. — Lorsqu'il s'agit d'une société en commandite par actions ou d'une société anonyme, toute personne a le droit de prendre communication des pièces déposées aux greffes de la justice de paix et du Tribunal de commerce, ou même de s'en faire délivrer à ses frais expédition ou extrait par le greffier ou par le notaire détenteur de la minute.

Toute personne peut également exiger qu'il lui soit délivré au siège de la société une copie certifiée des statuts moyennant paiement d'une somme qui ne pourra excéder un franc.

Enfin, les pièces déposées doivent être affichées d'une manière apparente dans les bureaux de la société.

Dans tous les actes, factures, annonces, publications et autres documents imprimés ou autographiés, émanés des sociétés anonymes ou des sociétés en commandite par actions, la dénomination sociale doit toujours être précédée ou suivie immédiatement de ces mots, écrits lisiblement et en toutes lettres : Société anonyme ou Société en commandite par actions, et de l'énonciation du montant du capital social.

Si la société a usé de la faculté accordée par l'article 48, cette circonstance doit être mentionnée par l'addition de ces mots : à capital variable.

Toute contravention aux dispositions qui précèdent est punie d'une amende de cinquante à mille francs.

Art. 65. — Sont abrogés les dispositions des articles 42, 43, 44, 45 et 46 du Code de commerce.

Des tontines et des sociétés d'assurance.

Art. 66. — Les associations de la nature des tontines et les sociétés d'assurances sur la vie, mutuelles ou à primes restent soumises à l'autorisation et à la surveillance du gouvernement.

Les autres sociétés d'assurances pourront se former sans autorisation. Un règlement d'administration publique déterminera les conditions sous lesquelles elles pourront être constituées.

Art. 67. — Les sociétés d'assurances désignées dans le paragraphe 2 de l'article précédent, qui existent actuellement, pourront se placer sous le régime qui sera établi par le règlement d'administration publique, sans l'autorisation du gouvernement, en observant les formes et les conditions prescrites pour la modification de leurs statuts.

Art. 68. — Quel que soit leur objet, les sociétés en commandite ou anonymes qui seront constituées dans les formes du Code de commerce ou de la présente loi seront commerciales et soumises aux lois et usages du commerce.

Art. 69. — Il pourra être consenti hypothèque au nom de toute société commerciale en vertu des pouvoirs résultant de son acte de formation même sous seing privé, ou des délibérations ou autorisations constatées dans les formes réglées par ledit acte. L'acte d'hypothèque sera passé en forme authentique, conformément à l'article 2127 du Code civil.

Art. 70. — Dans les cas où les sociétés ont continué à payer les intérêts ou dividendes des actions, obligations ou tous autres titres remboursables par suite d'un tirage au sort, elles ne peuvent répéter ces sommes lorsque le titre est présenté au remboursement.

Loi du 9 juillet 1902 tendant à compléter l'article 34 du Code de commerce et l'article 3 de la loi du 24 juillet 1867 en ce qui concerne les actions de priorité et les actions d'apport.

Article premier. — L'article 34 du Code de commerce est ainsi complété :

« Le capital social de la société anonyme se divise en actions et même en coupons d'action d'une valeur nominale égale.

« Sauf les dispositions contraires des statuts, la société peut créer des actions de priorité, investies du droit de participer avant les autres actions à la répartition des bénéfices ou au partage de l'actif social.

« Sauf dispositions contraires des statuts, les actions de priorité et les autres actions ont dans les assemblées un droit de vote égal.

« Dans le cas où la décision de l'assemblée générale comporterait une modification dans les droits respectifs des actions des différentes catégories, il faut, en dehors de l'assemblée générale, convoquer une assemblée spéciale des actionnaires dont les droits ont été modifiés. Cette assemblée spéciale doit délibérer, eu égard au capital représenté par les actions dont il s'agit, dans les conditions de l'article 31 de la loi du 24 juillet 1867 en tant que les statuts ne contiendraient pas d'autres prescriptions. »

Art. 2. — Le paragraphe 3 de l'article 3 de la loi du 24 juillet 1867, modifié par la loi du 1er août 1893, est ainsi complété :

« Ces prescriptions et ces prohibitions ne sont pas applicables au cas de fusion de sociétés anonymes ayant plus de deux ans d'existence, soit par absorption de ces sociétés par l'une d'entre elles, soit par la création d'une société anonyme nouvelle englobant les sociétés préexistantes. »

Décret du 4 juin 1888 qui fixe les conditions exigées des Sociétés d'ouvriers français pour pouvoir soumissionner les travaux et fournitures faisant l'objet des adjudications de l'État.

Article premier. — Les adjudications et marchés de gré à gré, passés au nom de l'État, sont, autant que possible, divisés en plusieurs lots, selon l'importance des travaux ou des fournitures, ou en tenant compte de la nature des professions intéressées.

Dans le cas où tous les lots ne seraient pas adjugés, l'administration aura la faculté soit de traiter à l'amiable pour les lots non adjugés, soit de remettre en adjudication l'ensemble de l'entreprise ou les lots non adjugés, en les groupant, s'il y a lieu.

Art. 2. — Les sociétés d'ouvriers français, constituées dans l'une des formes prévues par l'article 19 du Code de commerce et par la loi du 24 juillet 1867, peuvent soumissionner, dans les conditions ci-après déterminées, les travaux ou fournitures faisant l'objet des adjudications de l'État.

Des marchés de gré à gré peuvent également être passés avec ces sociétés pour les travaux ou fournitures dont la dépense totale n'excède pas vingt mille francs (20.000 fr.).

Art. 3. — Pour être admis à soumissionner, soit par voie d'adjudication publique, soit par voie de marché de gré à gré, les entreprises de travaux publiques ou de fournitures, les sociétés devront préalablement produire :

1° La liste nominative de leurs membres ;

2° L'acte de société ;

3° Des certificats de capacité délivrés aux gérants, administrateurs ou autres associés spécialement délégués pour diriger l'exécution des travaux ou fournitures qui font l'objet du marché et assister aux opérations destinées à constater les quantités d'ouvrage effectué ou de fournitures livrées.

Les sociétés indiqueront, en outre, le nombre minimum de sociétaires qu'elles s'engagent à employer à l'exécution du marché.

En cas d'adjudication, les pièces justificatives exigées par le présent article seront produites dix jours au moins avant celui de l'adjudication.

Art. 4. — Les sociétés d'ouvriers sont dispensées de fournir un cautionnement, lorsque le montant prévu des travaux ou fournitures faisant l'objet du marché ne dépasse pas cinquante mille francs (50.000 fr.).

Art. 5. — A égalité de rabais entre une soumission d'entrepreneur ou fournisseur et une soumission de société d'ouvriers, cette dernière sera préférée.

Dans le cas où plusieurs sociétés d'ouvriers offriraient le même rabais, il sera procédé à une réadjudication entre ces sociétés sur de nouvelles soumissions.

Si les sociétés se refusaient à faire de nouvelles offres, ou si les nouveaux rabais ne différaient pas, le sort en déciderait.

Art. 6. — Des acomptes sur les ouvrages exécutés ou les fournitures livrées sont payés tous les quinze jours aux sociétés d'ouvriers, sauf les retenues prévues par les cahiers des charges.

Art. 7. — Les sociétés d'ouvriers sont soumises aux clauses et conditions générales imposées aux entrepreneurs de travaux et fournitures par les départements ministériels, en tout ce qu'elles n'ont pas de contraire au présent décret.

Art. 8. — Les dispositions du présent décret ne sont pas applicables aux marchés ou adjudications qui concernent les travaux ou fournitures de la guerre et de la marine, lorsque l'application de ces dispositions paraîtra au ministre préjudiciable aux intérêts du service.

Avis du Conseil d'État, du 27 juin 1889, sur la question de savoir si le décret du 4 juin 1888, relatif à la participation des Sociétés d'ouvriers français aux marchés de travaux et de fournitures passés au nom de l'État, est également applicable au nom des départements.

Le Conseil d'État qui, sur le renvoi ordonné par le ministre de l'Intérieur, a été consulté sur la question de savoir si le décret du 4 juin 1888, relatif à la participation des Sociétés d'ouvriers français aux marchés de travaux et de fournitures passés au nom de l'État, est également applicable aux marchés passés au nom des départements :

Considérant que, si les marchés de l'État et ceux des communes et des établissements de bienfaisance sont aujourd'hui respectivement régis par les règlements d'administration publique du 18 novembre 1882 et du 14 novembre 1837, aucun règlement spécial n'est intervenu jusqu'à ce jour sur les marchés passés au nom des départements ;

Considérant que ces marchés, en l'absence d'une réglementation qui leur soit propre, ont toujours été assimilés aux marchés de l'État, régis par les mêmes règles générales, et soumis, en principe, aux mêmes formalités ;

Considérant que, sous l'empire de l'ordonnance du 4 décembre 1836, un complet accord existait sur ce point tant dans la doctrine que dans la jurisprudence administrative et contentieuse, affirmée par les circulaires du ministre de l'Intérieur, en date des 26 décembre 1838 et 5 mai 1852, et par les décisions du Conseil d'État statuant au contentieux du 1er septembre 1841 (département de Seine-et-Oise) et du 21 février 1845 (Giraud) ; que cette jurisprudence a d'ailleurs été ultérieurement consacrée par le décret du 31 mai 1860 sur la comptabilité publique, qui, après avoir reproduit dans les articles 61 à 81 les dispositions de l'ordonnance du 4 décembre 1836, déclarait dans l'article 480 applicables aux dépenses des départements les règles prescrites pour les dépenses générales de l'État, sauf en ce qui concerne la déchéance quinquennale ;

Considérant, à la vérité, que les lois de décentralisation du 18 juillet 1866 et du 10 août 1871 ont transféré aux conseils généraux le pouvoir de statuer définitivement sur les projets, plans et devis des travaux des routes départementales et de tous les autres travaux à exécuter sur les fonds départementaux ; mais que ce changement de compétence n'a pas entraîné la modification des règles antérieures relatives soit aux mesures d'instruction, soit aux mesures d'exécution, qui d'ailleurs appartiennent en principe aux préfets, par application de l'article 2 de la loi du 10 août 1871 ; qu'il a toujours été admis, au contraire, comme l'ont affirmé notamment les circulaires du ministre de l'Intérieur, en date des 4 août 1866 et 25 mars 1872, sans qu'aucune contestation se soit élevée à cet égard, que les nouveaux pouvoirs conférés aux Conseils généraux doivent s'exercer sous l'empire des règles qui s'imposaient à l'administration avant les lois de décentralisation précitées ;

Considérant que, de tout ce qui précède, il résulte que l'assimilation dont il s'agit s'est poursuivie sans interruption jusqu'au décret du 18 novembre 1882, qui a remplacé l'ordonnance du 4 décembre 1836 et abrogé les articles 68 à 81 du décret du 31 mai 1862, que ce décret de 1882 ne contient aucune réserve relative à ladite assimilation, et qu'il est dès lors rationnel d'admettre que celle-ci continue d'exister :

Considérant, d'autre part, que le décret du 4 juin 1888 a été rendu sur le rapport du ministre des Finances et par application de l'article 12 de la loi du 31 janvier 1833, c'est-à-dire dans la même forme et en vertu de la même délégation que le décret du 18 novembre 1882, qui, d'ailleurs, figure parmi les visas de ce décret ;

Considérant, en outre, que le décret du 4 juin 1888, qui a pour but de faciliter aux Sociétés d'ouvriers français la participation aux marchés de l'État, édicte des règles générales applicables à tous ces marchés, sauf la restriction prévue par l'article 8 et relative aux marchés de la Guerre et de la Marine ;

Considérant que, dans ces conditions, le décret dont il s'agit constitue en réalité une annexe du décret du 18 novembre 1882, et qu'il doit être regardé, de même que ce dernier, comme applicable de plein droit, en l'absence de toute clause restrictive, aux marchés passés au nom des départements.

Est d'avis :

Qu'il y a lieu de répondre à la question posée par le ministre dans le sens des observations qui précèdent.

Loi du 29 juillet 1893, qui admet les associations ouvrières françaises aux marchés de travaux et des fournitures à passer pour le compte des communes.

Article unique. — Les associations d'ouvriers sont admises aux adjudications des travaux communaux dans les conditions déterminées par le décret du 4 juin 1888, relatif à la participation des Sociétés françaises d'ouvriers aux adjudications et marchés passés au nom de l'État.

Décret du 6 août 1902, modifiant les articles 4 et 14 du décret du 10 mars 1894 sur l'hygiène et la sécurité des travailleurs.

Article premier. — L'article 4, § 1er, du décret du 10 mars 1894 est modifié ainsi qu'il suit :

Les cabinets d'aisances ne devront pas communiquer directement avec les locaux fermés où seront employés les ouvriers ; ils seront éclairés et aménagés de manière à ne dégager aucune odeur. Le sol et les parois seront en matériaux imperméables, les peintures seront d'un ton clair.

Art. 2. — L'article 14 du décret du 10 mars 1893 est complété ainsi qu'il suit :

Paragraphe 3. — Chaque machine-outil, métier, etc..., sera, en outre, installé et entretenu de manière à pouvoir être isolé par son conducteur de la commande qui l'actionne.

Franchises Postales

Circulent en franchise postale toutes les correspondances : *originaires de France, des colonies et de l'étranger* adressées aux magistrats et fonctionnaires désignés ci-après : le président de la République, les présidents de la Chambre et du Sénat, le grand chancelier de la Légion d'honneur, les ministres, les sous-secrétaires d'Etat, le gouverneur de l'Algérie, les président et vice-président du Conseil d'Etat, le premier président et le procureur de la Cour des Comptes, le président et le procureur de la Cour de Cassation, le gouverneur militaire de Paris, le chef d'Etat-major général, le préfet de police, les directeurs généraux des Contributions directes et indirectes, de l'administration des cultes, des douanes, de l'enregistrement, des domaines et du timbre, des manufactures de l'Etat, des monnaies, du personnel du ministère de la Guerre, des forêts au ministère de l'Agriculture, de la Caisse des dépôts et consignations. Le président de la Commission des bureaux de tabac et le secrétaire général du Conseil d'Etat.

Circulent en franchise postale les correspondances *originaires du département de la Seine et adressées :* au préfet de la Seine, au directeur de Assistance publique à Paris ;

Originaires du ressort du commandant de Corps d'armée et adressées au commandant dudit Corps ;

Originaires du ressort de la Cour d'appel et adressées au procureur général de ladite Cour ;

Originaires du département où siège la Cour d'assises et adressées au procureur de la République près de ladite Cour d'assises ;

Originaires de l'arrondissement et adressées au procureur de la république près le tribunal dudit arrondissement.

Les correspondances originaires du département du Rhône et des départements limitrophes adressées au préfet du Rhône.

TRIBUNAUX CIVILS
Justices de Paix

Il y a un juge de paix par canton. Là où il n'y a pas de Conseil de prud'hommes, le juge de paix statue sur les différents entre patrons et ouvriers. Le juge de paix connaît : 1° sans appel jusqu'à 100 francs et à charge d'appel jusqu'à 1.500 fr. des contestations entre voyageurs et hôteliers, locataires et logeurs, fermiers, locataires et propriétaires ; — 2° sans appel jusqu'à 100 francs et indéfiniment à charge d'appel, des actions en paiement de loyers ou fermage lorsque les locations n'excèdent pas 400 fr. par an ; des actions pour dommages faits aux champs et à la propriété lorsque les droits de propriété ou de servitude ne sont pas contestés, des réparations locatives, des contestations relatives aux gens de travail, domestiques et autres ; des constatations relatives aux nourrices ; des actions civiles pour diffamations verbales et injures autrement que par la voie de la presse ; des contestations relatives aux saisies-arrêts, sur les salaires et traitements des ouvriers et employés ; — 3° à charge d'appel, quelle que soit la somme, des actions en bornage ou relatives, aux constructions, aux travaux divers, à la mitoyenneté, aux pensions alimentaires ; 4° des demandes reconventionnelles ou en compension, à charge d'appel au dessus de 100 francs.

La conciliation est au début de l'instance, la citation est donnée devant le juge de paix du domicile du défendeur. Il doit y avoir un jour au moins entre celui de la citation et le jour indiqué pour la comparution. La partie condamnée par défaut peut former opposition à jugement dans les trois jours de la signification du jugement. L'appel des jugements des juges de paix est porté devant le tribunal civil de l'arrondissement. L'appel n'est recevable ni avant les trois jours qui suivent celui de la prononciation du jugement ni après les trente jours qui suivent la signification de ce jugement. L'appel des jugements en dernier ressort ne peut avoir lieu que si l'on a évoqué l'incompétence du juge.

TRIBUNAL DE COMMERCE

Les juges du commerce sont élus par les citoyens français commerçants patentés ou associés en nom collectif depuis cinq ans au moins, directeurs de compagnies anonymes, agents de change et courtiers, les anciens membres des tribunaux ou des chambres de commerce, et les présidents anciens ou en exercice des conseils de prud'hommes, à la condition qu'ils soient tous domiciliés depuis cinq ans au moins dans le ressort du tribunal. Les femmes commerçantes remplissant les mêmes conditions sont inscrites sur la liste des électeurs et admises à voter. Les listes électorales sont dressées tous les ans, au 1er du mois de septembre, elles sont communiquées au greffe du tribunal à tout requérant. Les réclamations dans le délai de quinzaine, du 1er au 15 septembre, doivent être portées devant le juge de paix du canton. Sont éligibles : aux fonctions de président tous les électeurs âgés de trente ans (et les anciens commerçants) ayant exercé pendant deux ans au moins les fonctions de juge titulaire ; aux fonctions de juge titulaire, les mêmes électeurs ou anciens commerçants ayant exercé pendant un an les fonctions de juge suppléant ; aux fonctions de juge suppléant, les électeurs et les anciens commerçants ayant exercé leur profession pendant cinq ans au moins dans l'arrondissement et y résidant.

Les parties peuvent se défendre elles-mêmes devant le tribunal de commerce ; nul ne peut plaider pour une partie si cette partie n'est pas présente à l'audience ou si elle n'a pas donné un pouvoir spécial à son mandataire. Il y a des agréés qui remplissent à la fois les fonctions d'avoués et d'avocats près de ces tribunaux.

Les tribunaux de commerce connaissent exclusivement : 1° des contestations entre commerçants et non commerçants mais seulement quand il s'agit d'actes de commerce ; 2° des conventions dites commerciales (quant ces conventions émanent de commerçants, elles sont dites commerciales jusqu'à preuve du contraire) ; 3° des contestations entre associés de maisons de commerce ; 4° des effets de commerce et billets souscrits ; 5° des actions contre les commis des marchands, leurs agents ou leurs serviteurs, pour le fait seulement de trafic commercial ; 6° de tout ce qui concerne les faillites et les liquidations judiciaires ; 7° des appels de sentences rendues par les Conseils de prud'hommes.

Là où il n'y a pas de tribunal de commerce, le tribunal civil en tient lieu et juge commercialement.

Les tribunaux de commerce jugent en dernier ressort : 1° toutes demandes pour lesquelles les justiciables en cause auront déclaré vouloir être jugés définitivement et sans appel ; 2° toutes demandes dont le principal n'excède pas 1500 fr. ; 3° toutes demandes reconventionnelles ou en compensation, lors même que réunies à la demande principale elles excéderaient 1.500 fr. Toutefois, si l'une des demandes, principale ou reconventionnelle, excède 1.500 fr. le tribunal de commerce ne juge qu'en premier ressort. L'appel est porté devant la Cour d'appel du ressort. Le délai pour interjeter appel est de deux mois à compter du jour de la signification du jugement lorsque celui-ci a été rendu contradictoirement, et du jour de l'expiration du délai d'opposition (huitaine) lorsque le jugement a été rendu par défaut.

Tribunaux de première instance.

Ces tribunaux connaissent en dernier ressort des décisions rendues par les juges de paix de l'arrondissement. Ils connaissent en dernier ressort des actions personnelles et mobilières jusqu'à la valeur de 1.500 francs et des actions immobilières jusqu'à 60 francs de revenu. Lorsqu'une demande reconventionnelle est basée sur la demande principale et que cette dernière n'excède pas 1.500 francs, il est statué, en dernier ressort, quelle que soit le montant de la demande reconventionnelle. Le défendeur doit être assigné devant le tribunal de son domicile.

Les parties doivent se faire représenter par des avoués qui seuls peuvent postuler (introduire l'instance) et conclure en leur nom. Défaut peut être donné contre le demandeur et contre le défendeur. Les jugements par défaut doivent être exécutés dans les six mois, sinon ils sont réputés non avenus. Si le jugement par défaut a été rendu contre une partie ayant constitué avoué, l'opposition ne sera recevable que pendant la huitaine qui suivra la signification à avoué. Si le jugement a été rendu contre une partie qui n'avait pas d'avoué, l'opposition sera recevable jusqu'à l'exécution du jugement.

Cours d'appel.

Il y a vingt-six cours d'appels pour la France continentale, les décisions de ces cours portent le nom d'arrêts. Le délai pour interjeter appel est de deux mois ; ce délai court pour les jugements contradictoires du jour de la signification à personne ou à domicile ; pour les jugements par défaut, du jour où l'opposition n'est plus recevable. L'appel des jugements par défaut ne peut être interjeté qu'à partir du jour où l'opposition n'est plus recevable ; mais l'appel des jugements contradictoires peut être interjeté le jour même du jugement. La procédure devant la cour d'appel est à peu près la même que devant les tribunaux de première instance.

Cour de cassation.

La cour de cassation se compose de trois chambres : chambre des requêtes, chambre civile et chambre criminelle. Elle compte quarante-cinq conseillers et siège à Paris. Pour porter une affaire devant la cour de cassation, il faut s'adresser à un avocat spécialement attaché à cette Cour et qui remplit en même temps qu'avocat les fonctions d'avoué. La cour de cassation ne s'occupe pas du fond des affaires, sa seule mission est de casser les jugements ou arrêts rendus contrairement à la loi. La contravention à la loi peut résulter : 1° de la violation formelle des textes ; 2° de l'inobservation des formes ou de la procédure ; 3° d'un excès de pouvoir des juges ; 4° de la contrariété des jugements de même cause.

Le délai pour se pourvoir en cassation (sauf pour les affaires criminelles) est de deux mois à partir de la signification à personne ou à domicile quand il y a jugement contradictoire, à partir du jour où l'opposition n'est plus recevable quand il y a jugement par défaut.

Des livres de commerce.

Les livres de commerce exigés par la loi de tout commerçant sont : 1° le livre journal ; 2° le livre des copies de lettres ; 3° le livre des inventaires.

DES ASSOCIATIONS

Des sociétés (voir p. 114, loi du 24 juillet 1867, modifiée par la loi du 1er août 1893).

La loi relative au contrat d'association du

1er juillet 1901 a été faite en vue des sociétés et associations constituées dans un autre but que celui de partager des bénéfices.

Cette loi consacre la liberté d'association, en déclarant que (art. 2) les associations de personnes pourront se former librement sans autorisation ni déclaration préalable, mais elles ne jouiront de la capacité juridique que si elles se sont conformées aux dispositions de l'article 5 suivant : Toute association qui voudra obtenir la capacité juridique devra être rendue publique par les soins de ses fondateurs. — ART. 13. Aucune congrégation religieuse ne peut se former sans une autorisation donnée par une loi. — ART. 16. Toute congrégation formée sans autorisation sera déclarée illicite.

Sociétés de crédit agricole (voir p. 102, les lois du 5 novembre 1894, du 18 juillet 1898 sur les warrants agricoles, du 31 mars 1899 sur les caisses régionales).

Une loi du 17 novembre 1897 a imposé à la Banque de France une avance de 40 millions et une redevance annuelle de 2 millions au minimum, en vue de favoriser la formation d'établissements de crédit agricole.

L'article 10 de la loi de finances du 13 avril 1900 porte application de la loi du 31 mars 1899. Enfin le décret du 6 mai 1900 (*J. of.* du 17 mai) a organisé le contrôle et la surveillance de ces caisses et établissements.

Des saisies.

Tout créancier, en vertu d'un titre quelconque authentique ou sous seing privé, jugement, reconnaissance de dette, constatation de fournitures, etc., peut saisir-arrêter entre les mains d'un tiers les sommes et effets appartenant à son débiteur. C'est aussi ce qu'on appelle : *les oppositions à la vente* des maisons de commerce, des meubles, biens et divers. S'il n'y a pas de titre, le juge du domicile du débiteur peut, s'il en est requis par le créancier, permettre la saisie-arrêt ou opposition. L'opposition peut être amiable, c'est-à-dire acceptée comme telle jusqu'à la vérification par le tiers saisi ; sinon l'exploit devra être adressé par ministère d'huissier. Dans la huitaine, il faut dans tous les cas assigner en validité d'opposition.— C. de P.C., art. de 559 à 577.

Les pensions de retraites soit civiles, soit militaires sont incessibles et insaisissables. Les traitements des militaires en activité de service sont saisissables pour un cinquième. Les traitements des employés et fonctionnaires pour un cinquième sur les premiers mille francs, pour un quart sur les 5.000 francs suivants et pour un tiers sur tout ce qui dépasse 6.000 francs. Les salaires ou appointements des ouvriers et gens de service, domestiques et autres, ne sont saisissables que pour un dixième, quel que soit le montant de ces salaires ou appointements. (Voir art. de 203 à 207, du C. C. et la loi du 12 janvier 1895.)

La saisie que le créancier fait exécuter se nomme saisie-exécution. Cette saisie doit être précédée d'un commandement à payer adressé par huissier au débiteur. Ne peuvent être saisis : le coucher nécessaire des débiteurs ; les habits dont ils sont couverts ; les livres relatifs à leur profession ; les machines, objets et instruments servant à l'instruction ; les équipements militaires ; les outils des artisans ; les farines et menues denrées nécessaire à la consommation des débiteurs ; une seule vache, ou trois brebis ou deux chèvres pour chacun de ces débiteurs avec les pailles, fourrages et grains nécessaires pour la nourriture de ces animaux pendant un mois. (C. de P. C., art. 592 à 597.) La saisie-brandon est celle qui est relative aux fruits pendants par racine. Elle ne peut être faite dans les conditions ci-dessus que dans les six semaines qui précèdent l'époque ordinaire de la maturité des fruits.

La saisie immobilière ne peut être faite que trente jours après le commandement. Pour la vente des immeubles et des objets saisis, les créanciers ne peuvent agir qu'en vertu d'un jugement ou sur ordonnance de référé. (C. de P. C., art. de 674 à 689.)

Des actes, du timbre et de l'enregistrement.

Les actes sont dits authentiques ou sous seing privé. L'acte authentique, c'est-à-dire celui qui a été reçu par un officier public (notaire, greffier, maire, huissier, ayant le droit d'instrumenter) fait foi, est réputé sincère et ne peut être attaqué qu'au moyen de l'inscription de faux. L'acte authentique est exécutoire par lui-même sans qu'il soit besoin de jugement.

L'acte sous seing privé est celui qui est souscrit sans l'intervention d'un officier public et sous la seule signature des parties contractantes. C'est à celui qui invoque un acte sous seing privé à en prouver la sincérité. Pour poursuivre l'exécution d'un acte sous seing privé, les ayants droit doivent s'adresser aux tribunaux compétents.

L'acte sous seing privé qui contient des conventions synallagmatiques, c'est-à-dire obligeant les parties contractantes l'une envers l'autre, n'est valable que s'il est signé par les parties et dûment daté ; toutes ratures et adjonctions devant être constatées à cette date. Il sera fait en autant d'originaux qu'il y a de parties contractantes (chaque original mentionnant le nombre d'originaux qui ont été faits) et chiffres et dates devront être écrits en lettres et non en chiffres.

Le billet ou la promesse par lequel une seule partie s'engage à payer une somme d'argent doit être entièrement écrit de la main du souscripteur ou dans le cas contraire qu'il fasse précéder sa signature des mots : « Bon pour telle somme ou telle quantité », en toutes lettres.

Le billet à ordre, pour être valable, doit être avant toute signature revêtu du timbre proportionnel. Si ce timbre est mobile, il sera annulé par le souscripteur qui y apposera la date de la souscription et sa signature. Le billet à ordre doit être daté et chiffré en toutes lettres, les mots : « A l'ordre de ou à son ordre », doivent être inscrits dans le corps du billet sans rature ni surcharge pour l'ensemble de ce billet (1).

Les testaments olographes doivent être écrits en entier, datés et signés de la main du testateur.

Tous les actes sous seing privé doivent être, sous peine d'amende mais non à peine de nullité, être écrits sur papier timbré, ils doivent être soumis à l'enregistrement avant de pouvoir être produits en justice. L'empreinte du timbre ne doit pas être altérée, à peine de 5 francs d'amende. Pour les contrats de mariage, les constitutions d'hypothèques, les donations entre vifs, les actes respectueux pour le mariage, les testaments autres que ceux dits olographes, les cessions de brevets d'invention, etc., il ne peut être fait d'acte sous seing privé, la forme notariée étant exigible.

L'enregistrement des actes, c'est-à-dire leur inscription sur un registre public donne auxdits actes une date certaine. A chaque transmission de biens ou mutations, il y a lieu à enregistrement. L'Etat perçoit un droit qui est, du reste, exigible chaque fois que l'administration prouve qu'il y a eu mutation. Toute dissimulation est punie d'une amende égale au quart de la somme dissimulée.

Ces délais des formalités d'enregistrement sont : de trois mois pour les actes sous seing privé : ventes et mutations, transmission de propriétés, baux, etc. ; et de six mois pour les déclarations de successions. Les omissions ou évaluations insuffisantes donnent lieu à double droit.

La quantité des droits perçus pour l'enregistrement est fixée à 0 fr. 15 % pour les partages et à 0 fr. 20 % pour tous les autres actes. En sus, il est perçu deux décimes et demi par franc pour tous les produits dont le recouvrement est confié à l'administration.

Le revenu des valeurs mobilières est frappé d'un impôt de 4 °/₀ par la loi du 26 décembre 1890.

Le tant pour cent des droits d'enregistrement est décompté : sur le prix annuel exprimé pour les baux et locations ; sur le capital exprimé pour les créances à termes ; sur le total des sommes exprimées pour les quittances et tous actes de libération ; sur l'évaluation faite pour les marchés et traités ; sur le prix exprimé et le capital des charges qui s'ajoutent à ce prix pour les ventes et autres transmissions à titre onéreux ; sur le capital constitué et aliéné pour les créations de rentes perpétuelles ou viagères (1) ; sur le capital des sommes et les intérêts et dépens liquidés pour les actes et jugements portant condamnation ; sur le revenu annuel multiplié par 25 s'il s'agit d'immeubles ruraux et par vingt s'il s'agit d'autres immeubles, pour les échanges ; sur les prix et sommes stipulés pour les engagements ; sur le prix exprimé et le capital des charges qui s'y ajoutent pour toutes les adjudications, cessions, licitations, translations à titre onéreux ; sur les ventes de meubles et de marchandises après faillite, il est perçu 0 fr. 50 % par l'enregistrement. La vente des meubles, objets mobiliers et fonds de commerce donne lieu à un droit d'enregistrement de 2 % auxquels s'ajoutent les deux décimes et demi de recouvrement. La cession ou transport de créances donne lieu à un droit d'enregistrement de 1 % pour le capital cédé et non sur le prix de cession. L'échange d'objets mobiliers donne lieu à la perception d'un droit de 2 %. Les droits d'enregistrement sur les baux à loyer, à ferme et à cheptel se décomptent à 0 fr. 20 par 100 francs sur le prix cumulé de toutes les années. Il peut être procédé à un fractionnement triennal pour la perception de ces droits.

Automobiles.

La loi du 13 juillet 1900 a modifié l'article 3 de la loi du 13 avril 1898 relativement aux taxes imposées aux voitures automobiles.

A Paris, les voitures à 1 ou 2 places paient 50 francs par an, les voitures à plus de 2 places 90 francs par an, plus pour chaque cheval-vapeur 5 francs.

Dans les communes ayant plus de 40.000 habitants cette taxe est de 40 francs pour les voitures de 1 à 2 places et de 75 francs pour les voitures de plus de 2 places, plus la somme de 5 francs par cheval vapeur.

Dans les communes de 20 à 40.000 âmes la taxe est de 30 et de 60 francs.

Dans les communes de 10 à 20.000 âmes la taxe est de 25 à 50 francs et dans les communes de moins de 10.000 âmes de 20 francs pour les voitures à 2 places et de 40 francs pour les voitures de plus de 2 places.

---

(1) Doivent être rédigés sur papier revêtu du timbre proportionnel à la valeur énoncée : les billets et obligations négociables ou non ; les warrants ; les obligations ou lettres de change, les billets au porteur ou à l'ordre, les bordereaux des agents de change et courtiers ; les actions ou obligations tant françaises qu'étrangères quand l'acte est écrit sur papier libre au lieu d'être écrit sur papier timbré, il y a contravention et amende qui est de 50 francs quand il s'agit de timbre fixe et de 6 p. 100 de la valeur énoncée lorsqu'il s'agit du timbre proportionnel, l'amende frappe à la fois le souscripteur et l'endosseur.

(1) L'usufruit transmis à titre gratuit s'évalue à la moitié de la valeur entière de l'objet pour la perception des droits d'enregistrement.

VIII

DÉCRETS ET LOIS de 1903-1904.

Hygiène.

Décret du 18-20 février 1903, portant règlement du Conseil d'hygiène publique de France. — 1. Le ministre de l'Intérieur désigne chaque année un président et un vice-président. — 2. Les délibérations sont prises soit en assemblée générale, soit en section. La présence du tiers des membres est nécessaire. Les sections sont au nombre de trois : 1re section : Salubrité générale, eaux potables, évacuation des matières usées, habitations, services départementaux, conseils d'hygiène et commissions. — 2e section : Épidémies, services de désinfection, bureaux d'hygiène, vaccine, services sanitaires maritime. — 3e section : Alimentation, hygiène industrielle et professionnelle. Exercice de la médecine et de la pharmacie, substances vénéneuses, sérums, eaux minérales. Une section permanente est instituée.

Décret du 10-20 février 1903, fixant la liste des maladies auxquelles sont applicables les dispositions de la loi du 15 février 1902 relative à la protection de la santé publique. Maladies pour lesquelles la déclaration et la désinfection sont obligatoires; 1° fièvre typhoïde, 2° typhus, 3° variole, 4° scarlatine, 5° rougeole, 6° dyphtérie, 7° la suette milliaire, 8° le choléra, 9° la peste, 10° la fièvre jaune, 11° la dysenterie, 12° les infections puerpérales, 13° la méningite. Maladies pour lesquelles la déclaration est facultative : la tuberculose, la coqueluche, la grippe, la teigne, etc.

Décret du 7-12 mars 1903, portant règlement sur les conditions que doivent remplir les appareils de désinfection.

Loi du 7-9 avril 1903, relative à l'application à Paris et dans le département de la Seine de la loi du 15 février 1902 sur la protection de la santé publique. Pouvoirs des préfets de la Seine et de police. Conseil d'hygiène de la Seine.

Loi du 11-12 juillet 1903, portant modification de la loi du 12 juin 1893 sur l'hygiène et la sécurité des travailleurs. Cette loi étend la surveillance à tous ateliers, boutiques, magasins, écoles et ouvroirs, théâtres, cirques, etc.

Décret du 27-31 juillet 1903, relatif au service de la vaccine.

Décret du 27 novembre, 8 décembre 1903, modifiant la nomenclature des établissements classés. Dénaturation des alcools, 1re classe; approvisionnement d'hydrocarbures, 3e classe; régénération du caoutchouc, 2e classe.

Commerce-industrie.

Décret du 4-9 mai 1903, complétant et modifiant les tableaux annexés au décret du 4 septembre 1901 sur la livraison en franchise du droit de consommation des sels destinés à l'industrie.

Décret du 22 février, 30 mai 1903, qui détermine le titre des commissaires de police attachés au service de l'inspection des poids et mesures du ressort de la préfecture de police.

Décret du 20-27 mai 1903, relatif à l'enregistrement international des marques de fabriques entre la France, la Belgique, le Brésil, l'Espagne, l'Italie, les Pays-Bas, le Portugal, la Suisse et la Tunisie.

Décret du 13-14 juin 1903, instituant au ministère de l'Intérieur une commission pour l'étude des questions relatives à la question des voitures automobiles et nommant les membres de cette commission.

Loi du 11-31 juillet 1903, relative aux unités fondamentales du système métrique. — Noms, valeurs, abréviations.

Décret du 7-17 août 1903, modifiant le décret du 21 mai 1898 relatif à l'office du commerce extérieur de la France.

Décret du 19-24 septembre 1903, modifiant le décret du 19 mai 1873 relativement à la vente et emmagasinage du pétrole et de ses dérivés.

Loi du 16-17 novembre 1903, modifiant la loi du 9 juillet 1902 relative aux actions de priorité.

Loi du 22-29 décembre 1903, tendant à compléter l'outillage nationale par l'exécution de grands travaux, ports, canaux, rivières, etc.

Loi du 30-31 décembre 1903, relative à la réhabilitation des faillis,

Loi du 31 décembre 1903, 8 janvier 1904, relative à la vente des objets abandonnés chez les ouvriers et industriels. Ces objets pourront être vendus au bout de deux ans; déclaration de vente sera faite au juge de paix du canton. La vente aura lieu aux enchères publiques. Le surplus de la vente sera versé au trésor.

Prud'hommes.

Décret du 5-7 février 1903, portant que les affineurs sont justiciables du Conseil de Bordeaux (1re catégorie).

Décret du 22-27 mai 1903, modifiant la composition du Conseil de prud'hommes de Flers (Orne).

Décret du 10-16 juillet 1903, portant création d'un Conseil de prud'hommes à Oyonnax.

Décret du 25-29 juillet 1903, modifiant le Conseil de Perpignan.

Décret du 22-28 août 1903, créant un Conseil à Saint-Brieuc.

Décret du 10-13 novembre 1903, modifiant le Conseil de Bohain.

Enseignement.

Décret du 13-19 février, réglant l'organisation et le fonctionnement des écoles professionnelles d'Armentières, de Vierzon, de Voiron et de Nantes qui ont été transférées du ministère de l'Instruction publique au ministère du Commerce par la loi de finances de 1902, article 73. 1. Les écoles nationales professionnelles formant des chefs d'ateliers. — 2. Elles sont placées sous la direction du ministre du Commerce et sous la surveillance des préfets. — 3. Elles reçoivent des internes, des demi-pensionnaires et des externes. — 4. L'admission a lieu par voix de concours. — 5. La durée normale des études est de quatre années. — 7. Un diplôme est délivré à fin d'études. — 10. L'enseignement est donné gratuitement, les élèves internes et demi-pensionnaires, non-boursiers, payent leur pension.

Loi du 5-7 juillet 1903, relative à l'apprentissage de la dentelle à la main, est organisée dans les écoles primaires de fille de certains départements et créant des cours dans les centres dentelliers.

Décret du 28 octobre 1902, 3 juin 1903, modifiant l'article 20 du décret du 18 juillet 1890 et portant organisation de l'école des mines de Saint-Étienne.

Décret du 13-19 janvier 1904, désignant Le Puy, Caen, Alançon pour l'enseignement de la dentelle à la main.

Ministère du Commerce et de l'Industrie. Réglementation et inspection du travail

Décret du 7-14 janvier 1903, modifiant celui du 13 juin 1895 sur le service de l'inspection du travail. La commission de classement des inspections sera présidée par le ministre ou à son défaut par le directeur du travail. Elle comprend, en outre, le chef de bureau de l'inspection, les onze inspecteurs divisionnaires, trois membres ouvriers du Conseil supérieur du travail nommé pour un an par le ministre.

Décret du 14-26 mars 1903, portant réorganisation du Conseil supérieur du travail. — 1. Présidé par le ministre ou par l'un de ses vice-présidents élus. — 2. Le Conseil est composé de 65 membres, 26 nommés par les patrons, 26 nommés par les ouvriers, 3 sénateurs, 5 députés élus, 1 membre de la Chambre de Commerce, 1 membre du comité fédéral des bourses du travail, 1 membre de la chambre consultative des associations ouvrières, 2 membres choisis par le ministre.

Sur les 26 patrons 18 sont élus par la Chambre de Commerce et 1 par les conseillers prud'hommes patrons ; sur les 26 ouvriers, 18 sont élus par les syndicats groupés et 8 par les conseillers prud'hommes ouvriers. Le conseil se réuni chaque année, sa session dure quinze jours à partir du 2e lundi de novembre. Hors session, il est représenté par sa commission permanente composée de 7 patrons, 7 ouvriers, un sénateur, un député, le représentant de la Chambre de commerce de Paris, le représentant de la chambre consultative des associations ouvrières et le représentant des bourses du travail.

Décret du 4-8 juin 1903, appliquant la taxe spéciale de la loi du 29 mars 1889 à la correspondance de service expédiée par les inspecteurs et les inspectrices du travail.

Décret du 26 juin, 19 juillet 1903, fixant la composition du comité consultatif des arts et manufactures. Ce comité est composé de 18 membres. Sont en outre membres de droit, le directeur des douanes, le directeur des contributions indirectes, le directeur de l'enseignement technique, le directeur du travail, le directeur du commerce et de l'industrie, un directeur du ministère de l'Agriculture, un fonctionnaire des poudres et salpêtres.

Décret du 12-18 juillet 1903, réorganisant les bureaux de l'administration centrale du ministère du Commerce et de l'Industrie.

Décret du 14 août, 16 septembre 1903, comprenant les travaux extérieurs dans les chantiers de l'industrie du bâtiment un nombre des industries admises à bénéficier des tolérances prévues par la loi du 2 novembre 1892, article 5 du décret du 15 juillet et du 4 juillet 1902.

Loi du 30-31 décembre 1903, relative à l'amnistie pour faits de grèves et faits connexes.

Bureaux de placement.

Loi du 14-17 mars 1904. — ARTICLE PREMIER. A partir de la promulgation de la présente loi, les bureaux de placement payants pourront être supprimés moyennant une juste indemnité. — ART. 2. Les bureaux de placement gratuits créés par les municipalités, les syndicats, les bourses du travail, les compagnonnages et les sociétés de secours mutuels ne sont soumis à aucune autorisation. — ART. 3. Les bureaux autres que ceux créés par les municipalités sont astreints à une déclaration préalable effectuée à la mairie de la commune. La déclaration devra être renouvelée à chaque changement de local. — ART. 4. Les communes comptant plus de 10.000 habitants sont tenus de créer un bureau municipal de placement gratuit. — ART. 5. Sont exemptés du droit de timbre les affiches portant offres et demandes d'emplois des bureaux de placement gratuits. — ART. 6-7. Ceux qui auront perçu une rétribution quelconque seront poursuivis. Il est interdit à tout hôtelier, logeur, restaurant, débitant, de joindre à son établissement la tenue d'un bureau de placement. — ART. 8. Toute infraction est punie d'une amende de 16 à 100 francs et d'un emprisonnement de six jours à un mois. — ART. 10, 11, 12 et 13. — La suppression des bureaux payants sera ordonnée par l'autorité municipale et l'indemnité en résultant payée par elle. Jusque-là les frais de placement dans les bureaux payants seront payés par les employeurs.

NOTA : *Le premier chiffre indique la date de la signature de promulgation du décret ou de la loi, le second chiffre indique la date de l'insertion au Journal officiel,*

TABLE DES MATIÈRES

AVANT-PROPOS

TOME PREMIER

TOME II

TOME III

ANNEXES : LÉGISLATION OUVRIÈRE, LOIS, DÉCRETS, JURISPRUDENCE

LOIS
CITÉES DANS CET OUVRAGE

DÉCRETS

CITÉS DANS CET OUVRAGE

TABLE DES MATIÈRES PAR ORDRE ALPHABÉTIQUE

PARIS. — IMPRIMERIE F. LEVÉ, RUE CASSETTE, 17.

9 782019 973490